500

문제로
끝내는

Michael A. Putlack | Stephen Poirier |
Tony Covello | 다락원 토익 연구소 공저

실전
토익
RC

다락원

500 문제로 끝내는 실전 토익 RC

지은이 Michael A. Putlack, Stephen Poirier, Tony Covello,
다락원 토익 연구소
펴낸이 정규도
펴낸곳 (주)다락원

초판 1쇄 발행 2018년 9월 11일
초판 3쇄 발행 2023년 3월 15일

편집 조상익, 홍인표
디자인 박나래, 윤현주

다락원 경기도 파주시 문발로 211
내용 문의 (02)736-2031 내선 550~551
구입 문의 (02)736-2031 내선 250~252
Fax (02)732-2037
출판 등록 1977년 9월 16일 제406-2008-000007호

Copyright © 2018 Michael A. Putlack

값 12,500원
(본책 + 해설집)

ISBN 978-89-277-0960-2 14740
ISBN 978-89-277-0958-9 14740 (set)

http://www.darakwon.co.kr
다락원 홈페이지를 방문하시면 상세한 출판 정보와 함께 MP3 자료 등의 다양한 어학 정보를 얻으실 수 있습니다.

500
문제로
끝내는 실전
토익
RC

머리말

토익은 전 세계적으로 가장 권위 있는 공인 영어 시험 중 하나입니다. 학교나 직장에서 구성원들의 영어 능력을 평가할 때 주로 토익 점수를 기준으로 삼는 것도 바로 이러한 사실 때문입니다. 하지만 요구되는 토익 점수를 받는 일이 그렇게 쉽지만은 않습니다.

토익에서 원하는 점수를 받으려면 먼저 기본적인 영어 실력이 뒷받침되어야 합니다. 하지만 기본 실력이 갖추어져 있다고 하더라도 시험의 특성을 이해하지 못하거나 그에 대한 대비가 충분히 되어 있지 않으면 시험장에서 자신의 실력을 발휘할 수 없을 것입니다.

〈500문제로 끝내는 실전 토익〉 시리즈는 영역별 5회분의 실전 모의고사를 통해 수험생들이 실제 시험에서 본인의 실력을 충분히 발휘할 수 있도록 돕기 위해 만들어졌습니다. 여기에 수록된 모든 지문은 토익의 최신 경향을 반영하고 있으며 문제의 난이도 또한 실전과 동일하게 책정되어 있습니다. 따라서 본 시리즈로 학습하는 수험생들은 비교적 짧은 기간 내에 실전에 대한 적응력을 기를 수 있을 것입니다.

저희 다락원 토익 연구소는 자부심과 사명감을 가지고 실제 시험과 가장 가까운 모의고사를 개발해 왔으며 본 시리즈 역시 그러한 결과물 중 하나입니다. 이 책을 통해 모든 수험생들이 원하는 토익 점수를 받기를 진심으로 바랍니다.

다락원 토익 연구소

목차

머리말
토익이란
모의고사 점수 계산법

별책 정답 및 해설

토익이란

토익(TOEIC)은 Test of English for International Communication의 약자로서, 영어를 모국어로 사용하지 않는 사람이 국제 환경에서 생활을 하거나 업무를 수행할 때 필요한 실용 영어 능력을 평가하는 시험입니다. 현재 한국과 일본은 물론 전 세계 약 60개 국가에서 연간 4백만 명 이상의 수험생들이 토익에 응시하고 있으며, 수험 결과는 채용 및 승진, 해외 파견 근무자 선발 등 다양한 분야에서 활용되고 있습니다.

● 시험 구성

구성	PART	내용		문항수	시간	배점
Listening Comprehension	1	사진 묘사		6	45분	495점
	2	질의 응답		25		
	3	짧은 대화		39		
	4	짧은 담화		30		
Reading Comprehension	5	단문 공란 채우기		30	75분	495점
	6	장문 공란 채우기		16		
	7	독해	단수 지문	29		
			복수 지문	25		
TOTAL				200	120분	990점

● 출제 분야

토익의 목적은 일상 생활과 업무 수행에 필요한 영어 능력을 평가하는 것이기 때문에 출제 분야도 이를 벗어나지 않습니다. 비즈니스와 관련된 주제를 다루는 경우라도 전문적인 지식을 요구하지는 않으며, 아울러 특정 국가나 문화에 대한 이해도 요구하지 않습니다. 구체적인 출제 분야는 아래와 같습니다.

분야	내용
일반적인 비즈니스 (General Business)	계약, 협상, 마케팅, 영업, 기획, 콘퍼런스 관련
사무 (Office)	사내 규정, 일정 관리, 사무 기기 및 사무 가구 관련
인사 (Personnel)	구직, 채용, 승진, 퇴직, 급여, 포상 관련
재무 (Finance and Budgeting)	투자, 세금, 회계, 은행 업무 관련
생산 (Manufacturing)	제조, 플랜트 운영, 품질 관리 관련
개발 (Corporate Development)	연구 조사, 실험, 신제품 개발 관련
구매 (Purchasing)	쇼핑, 주문, 선적, 결제 관련
외식 (Dining Out)	오찬, 만찬, 회식, 리셉션 관련
건강 (Health)	병원 예약, 진찰, 의료 보험 업무 관련
여행 (Travel)	교통 수단, 숙박, 항공권 예약 및 취소 관련
엔터테인먼트 (Entertainment)	영화 및 연극 관람, 공연 관람, 전시회 관람 관련
주택 / 법인 재산 (Housing / Corporate Property)	부동산 매매 및 임대, 전기 및 가스 서비스 관련

● 응시 방법

시험 접수는 한국 TOEIC 위원회 웹사이트(www.toeic.co.kr)에서 온라인으로 할 수 있습니다. 접수 일정 및 연간 시험 일정 등의 정보 또한 이곳에서 확인이 가능합니다.

● 시험 당일 일정

수험생들은 신분증과 필기구(연필 및 지우개)를 지참하고 오전 9시 20분까지 혹은 오후 2시 20분까지 고사장에 입실해야 합니다.

시간	진행
9:30 - 9:45 A.M. / 2:30 - 2:45 P.M.	**입실, 오리엔테이션** 답안지에 이름, 수험 번호 등을 표시하고 직업이나 응시 회수 등을 묻는 설문에 응합니다.
9:45 - 9:50 A.M. / 2:45 - 2:50 P.M.	**휴식** 5분간의 휴식 시간 동안 화장실을 이용할 수 있습니다.
9:50 A.M. / 2:50 P.M.	**입실 마감** 50분부터 출입을 통제하므로 늦어도 45분까지는 고사장에 도착하는 것이 좋습니다.
9:50 - 10:05 A.M. / 2:50 - 3:05 P.M.	**신분증 검사** LC 시험 시작 전에 감독관이 신분증을 검사하고 답안지에 확인 서명을 합니다. RC 시험 시간에는 감독관이 돌아다니면서 다시 한 번 신분증을 검사하고 확인 서명을 합니다.
10:05 - 10:10 A.M. / 3:05 - 3:10 P.M.	**파본 검사** 받은 문제지가 파본이 아닌지 확인한 후 문제지에 수험 번호를 적고 답안지에 문제지 번호를 적습니다. 파본이 확인되더라도 시험이 시작되면 문제지를 교체해 주지 않으므로 이때 문제지를 빨리, 제대로 확인하는 것이 중요합니다.
10:10 - 10:55 A.M. / 3:10 - 3:55 P.M.	**LC 문제 풀이** 45분 동안 LC 문제를 풉니다.
10:55 - 12:10 A.M. / 3:55 - 5:10 P.M.	**RC 문제 풀이** 75분 동안 RC 문제를 풉니다.

● 성적 확인

TOEIC 홈페이지에 안내된 성적발표일에 인터넷과 어플리케이션을 통해 성적을 확인할 수 있습니다. 성적표 발급은 시험 접수 시에 선택한 방법으로, 즉 우편이나 온라인으로 이루어집니다.

모의고사 점수 계산법

토익 점수는 5점 단위로 채점되며 영역당 만점은 495점입니다. 그리고 총점수(Total Score)는 10점에서 990점 사이로, 두 영역에서 모두 만점을 받는 경우 990점을 받게 됩니다. 하지만 실제 성적은 토익 고유의 통계 처리 방식에 따라 산출되기 때문에, 단순히 정답 개수 혹은 오답 개수만으로 토익 성적을 산출할 수는 없습니다. 그러나 모의고사의 경우 통상적으로 아래의 두 가지 방법에 의해 본인의 점수를 가늠해 볼 수 있습니다.

■ 단순 환산법을 이용하는 경우: 문항당 5점씩 계산

예 LC에서 72개, RC에서 69개를 맞은 경우 → (72×5) + (69×5) = 720점

■ 점수 환산표를 이용하는 경우

Listening Comprehension		Reading Comprehension	
정답수	환산 점수대	정답수	환산 점수대
96-100	475-495	96-100	460-495
91-95	435-495	91-95	425-490
86-90	405-475	86-90	395-465
81-85	370-450	81-85	370-440
76-80	345-420	76-80	335-415
71-75	320-390	71-75	310-390
66-70	290-360	66-70	280-365
61-65	265-335	61-65	250-335
56-60	235-310	56-60	220-305
51-55	210-280	51-55	195-270
46-50	180-255	46-50	165-240
41-45	155-230	41-45	140-215
36-40	125-205	36-40	115-180
31-35	105-175	31-35	95-145
26-30	85-145	26-30	75-120
21-25	60-115	21-25	60-95
16-20	30-90	16-20	45-75
11-15	5-70	11-15	30-55
6-10	5-60	6-10	10-40
1-5	5-50	1-5	5-30
0	5-35	0	5-15

예 LC에서 90개, RC에서 76개를 맞은 경우 → (405~475) + (335~415) = 740~890점

Actual Test

Test

RC

1

READING TEST

In the Reading test, you will read a variety of texts and answer several different types of reading comprehension questions. The entire Reading test will last 75 minutes. There are three parts, and directions are given for each part. You are encouraged to answer as many questions as possible within the time allowed.

You must mark your answers on the separate answer sheet. Do not write your answers in your test book.

PART 5

Directions: A word or phrase is missing in each of the sentences below. Four answer choices are given below each sentence. Select the best answer to complete the sentence. Then mark the letter (A), (B), (C), or (D) on your answer sheet.

101. TR Partners, a consulting firm, ------- to sign contracts with several companies in the next few days.

(A) expecting
(B) expected
(C) expectation
(D) expects

102. The software proved to be unreliable, so the buyer ------- it for another product that worked better.

(A) considered
(B) repaired
(C) uploaded
(D) exchanged

103. Mr. Bender ------- a table for eight at a restaurant, where he intends to entertain some foreign clients.

(A) will book
(B) was booked
(C) will booking
(D) has been booked

104. The Tomato Garden is such a popular restaurant that diners must sometimes wait an hour to be -------.

(A) seats
(B) seating
(C) seated
(D) seat

105. ------- fulfill the order, the assembly line will be kept running for the entire week.

(A) In order to
(B) As a result of
(C) In addition to
(D) In spite of

106. The ------- menu at Pier 88 gives the chef the opportunity to vary the dishes he cooks all year long.

(A) seasoned
(B) seasonal
(C) seasoning
(D) seasons

107. Despite receiving more than fifty applications, only three people were ------- qualified for the position.

(A) carefully
(B) patiently
(C) fully
(D) purposely

108. ------- for the project was given to Angela Turner, who will be assisted by Frank Grant.

(A) Response
(B) Responsiveness
(C) Responsibility
(D) Responding

109. The Lexington Zoo is looking for individuals interested in volunteering ------- and help take care of its animals.

(A) to feed
(B) feeding
(C) will feed
(D) feed

110. Each volunteer will be given a voucher that can be ------- for a free meal at Sal's Deli.

(A) approved
(B) converted
(C) purchased
(D) redeemed

111. ------- Ms. Winters is retiring from the company, there will not be a farewell party held for her.

(A) Moreover
(B) Although
(C) Because
(D) For

112. Accountants are urged to ------- themselves with the software once it is installed.

(A) familiarize
(B) research
(C) utilize
(D) calculate

113. The company directory is updated on a ------- basis since correcting information online is simple.

(A) temporary
(B) standard
(C) continual
(D) reported

114. Management ------- employees to leave work early if they arrive before the start of the workday.

(A) permits
(B) grants
(C) lets
(D) consents

115. Ravenwood Manufacturing recently acquired Davis, Inc., one of its ------- in the Providence area.

(A) competitions
(B) competitors
(C) competitive
(D) competitively

116. According to reports, the deal with Duncan Electronics could be worth ------- seven million dollars.

(A) most of
(B) up to
(C) as of
(D) in with

117. More than half of the members of the focus group ------- the advertisement for the utility vehicle which they saw.

(A) disliked
(B) were disliked
(C) will be disliked
(D) had been disliked

118. Funds are to be ------- only when a supervisor has authorized the purchase the worker wishes to make.

(A) spend
(B) spending
(C) spends
(D) spent

119. Employees who recommend ------- for a position will receive a $200 bonus should that individual be hired.

(A) something
(B) someone
(C) somewhere
(D) somehow

120. All interactions with clients are ------- unless permission to share information is granted.

(A) confidence
(B) confidential
(C) confiding
(D) confidentiality

GO ON TO THE NEXT PAGE

121. Thus far, little ------- has been made on the blueprints for the building by the lead architect.

(A) design
(B) announcement
(C) progress
(D) proposal

122. Customers have ------- options to choose from when trying to decide which wallpaper to purchase.

(A) such
(B) many
(C) little
(D) any

123. The box was sealed with a lock, and nobody was aware of the combination to open -------.

(A) it
(B) them
(C) those
(D) its

124. Ms. Carter is in line for a promotion if she ------- the merger with Dexter Associates well.

(A) handling
(B) handles
(C) handled
(D) has handled

125. Please ------- to the user's manual if you experience any problems with your newly purchased toaster.

(A) refer
(B) request
(C) renew
(D) revise

126. The building at 49 Cross Street was ------- a theater but has been converted into a department store.

(A) original
(B) originally
(C) origin
(D) originated

127. ------- planning to attend a meeting scheduled for later in the day should cancel it at once.

(A) Each
(B) Another
(C) Anyone
(D) Few

128. Mr. Roberts believes the investors are ------- regarding the viability of the Anderson project.

(A) accused
(B) regarded
(C) involved
(D) mistaken

129. The brochure is extremely -------, so it has been praised by many of the store's customers.

(A) informed
(B) information
(C) informative
(D) informs

130. Even though the furniture requires -------, doing so takes little time or effort.

(A) assembly
(B) purchase
(C) connection
(D) placement

PART 6

Directions: Read the texts that follow. A word, phrase, or sentence is missing in parts of each text. Four answer choices for each question are given below the text. Select the best answer to complete the text. Then mark the letter (A), (B), (C), or (D) on your answer sheet.

Questions 131-134 refer to the following letter.

November 12

Dear Mr. Sullivan,

This is to inform you that payment of the bill dated October 3 has yet -------. The amount
131.
on your bill was $894.23, and the minimum monthly payment was $75.00. Payment was

due on October 31. As such, a late ------- of $30 has been applied to your account, and the
132.
entire balance owed is being charged interest at a rate of 17.9%. We encourage you to make

a payment at once. If you are currently ------- financial hardship, please call us at 1-800-
133.
945-9484. -------. Should you have any questions regarding your bill, you can contact us at
134.
1-800-847-1739.

Sincerely,

Desmond Watts
Customer Service Representative
Silvan Card

---

131. (A) been received
(B) will receive
(C) be receiving
(D) to be received

132. (A) fee
(B) rate
(C) salary
(D) refund

133. (A) experience
(B) experiencing
(C) have experienced
(D) be experienced

134. (A) As a result, your card will be canceled
by the end of the month.
(B) The address you should send the
payment to is listed at the bottom of
the page.
(C) You can speak to one of our
representatives to work out a
repayment plan.
(D) Instructions on how to get to our main
office will be given to you.

GO ON TO THE NEXT PAGE

Questions 135-138 refer to the following e-mail.

To: <undisclosed-recipients@ferris.com>
From: <johnharper@ferris.com>
Subject: Overtime Work
Date: April 19

To all employees,

We have secured several new contracts which will require us to keep the factory open for

at least 20 hours a day for the next 2 months. At this time, we have no ------- of hiring new
                                                                          135.

employees. Instead, we would prefer ------- our current employees work extra hours.
                                     136.

If you are interested in working overtime, particularly on the night shift or on the weekend,

please speak with your immediate supervisor at once. -------. You are permitted to work up
                                                     137.

to 15 hours of overtime ------- week. You will be compensated at 1.5 times your normal pay
                        138.

rate. Supervisors will allot hours on a first-come, first-served basis.

Regards,

John Harper
Factory Supervisor
Ferris, Inc.

---

135. (A) reasons
 (B) announcements
 (C) intentions
 (D) plans

136. (A) that
 (B) how
 (C) why
 (D) which

137. (A) You may also respond to this e-mail.
 (B) Your resignation will then be accepted.
 (C) This will let you reduce your working
  hours.
 (D) That will begin the process of applying
  for a transfer.

138. (A) few
 (B) many
 (C) some
 (D) each

Questions 139-142 refer to the following article.

Repair Work at Fullerton Library

Fullerton (March 18) – Last night, the city council voted in ------- of providing enough funds
139.

to repair the parking lot at the Fullerton Library. Library patrons have complained for years

about the potholes and other problems there. -------.
140.

However, the city recently received a grant of one million dollars from the state government.

The money is supposed to be used to improve the city's -------. The library's request of
141.

$60,000 was approved by a vote of 4 to 1. The work is scheduled to begin on March 23 and

should conclude in 5 days. The parking lot will be closed ------- that entire time.
142.

---

139. (A) lieu
(B) favor
(C) appearance
(D) state

140. (A) The city has frequently promised to
improve the library's collection.
(B) This will enable the library to provide
more services for its users.
(C) Yet the city has always claimed it lacked
the money needed for repairs.
(D) As a result, usage of the library has
been higher than ever this year.

141. (A) infrastructure
(B) budget
(C) schools
(D) roads

142. (A) within
(B) during
(C) about
(D) since

GO ON TO THE NEXT PAGE

Questions 143-146 refer to the following memo.

To: All Managers
From: Jessica Blanco
Subject: Training
Date: August 6

-------. It will instead be held on August 9. In addition, the ------- has been moved. It will
143.   **144.**

start at 10 in the morning and conclude at noon. Finally, the instructor will not be Timothy

Warden but has been changed to Simon Palmer. Mr. Warden has to visit the home office on

an important project all week, which is ------- the session has been delayed.
                                          145.

Please inform any employees of yours who are scheduled to attend the session. If you are

------- who should be there, call me at extension 46, and I can inform you of that.
146.

143. (A) We are pleased to announce that Mr.
Palmer will be handling your training.
(B) This is a reminder that the training
session is taking place this afternoon.
(C) The training session set to be held
tomorrow has been postponed.
(D) All employees need to report for their
training three days from now.

144. (A) day
(B) instructor
(C) room
(D) time

145. (A) how
(B) why
(C) where
(D) what

146. (A) unsure
(B) pleased
(C) reported
(D) aware

PART 7

Directions: In this part you will read a selection of texts, such as magazine and newspaper articles, e-mails, and instant messages. Each text or set of texts is followed by several questions. Select the best answer for each question and mark the letter (A), (B), (C), or (D) on your answer sheet.

Questions 147-148 refer to the following letter.

December 16

Dear Sir/Madam,

Last night, I visited your store, Deacon's Clothing Store, at the Cloverdale Mall to do some shopping for the upcoming holiday. I found several items I was interested in purchasing yet was unable to acquire them. There were just too many people waiting in line at the checkout counter.

I understand more shoppers than usual are visiting your store these days. However, there were more than twenty people standing in line, but only a single cash register was open. In addition, I saw at least two employees who weren't doing anything at that time. I wonder why they didn't open a second register. As I was in a hurry, I departed the store without buying anything and instead shopped at one of your competitors on the other side of the mall.

Regretfully,

Cynthia Harris

147. What problem does Ms. Harris mention?

(A) Some items were unavailable.
(B) An employee was rude to her.
(C) She could not try any clothes on.
(D) The waiting time was too long.

148. What did Ms. Harris do after leaving Deacon's Clothing Store?

(A) She visited another store.
(B) She went to a different shopping center.
(C) She ordered some items online.
(D) She called the store to complain.

GO ON TO THE NEXT PAGE

Questions 149-150 refer to the following text message chain.

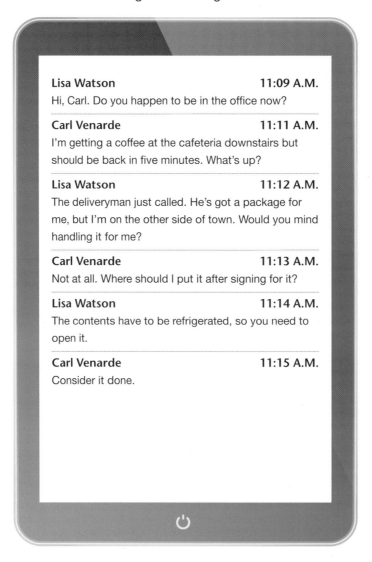

Lisa Watson   11:09 A.M.

Hi, Carl. Do you happen to be in the office now?

Carl Venarde   11:11 A.M.

I'm getting a coffee at the cafeteria downstairs but should be back in five minutes. What's up?

Lisa Watson   11:12 A.M.

The deliveryman just called. He's got a package for me, but I'm on the other side of town. Would you mind handling it for me?

Carl Venarde   11:13 A.M.

Not at all. Where should I put it after signing for it?

Lisa Watson   11:14 A.M.

The contents have to be refrigerated, so you need to open it.

Carl Venarde   11:15 A.M.

Consider it done.

149. Why did Ms. Watson write to Mr. Venarde?

(A) To have him contact a deliveryman
(B) To ask him to do a favor for her
(C) To inquire about an item he ordered
(D) To tell him to mail a package at the post office

150. At 11:15 A.M., what does Mr. Venarde mean when he writes, "Consider it done"?

(A) He already signed for the package.
(B) He just returned to the office.
(C) He will put some items in a refrigerator.
(D) He will pay the delivery fee.

Questions 151-152 refer to the following receipt.

Medford Deli
42 Anchor Street
Medford, IL

Item	Quantity	Price
Ham & Cheese Sandwich	1	$ 5.99
Pasta Salad	2	$13.98
Turkey Breast	1	$ 7.99
Eggplant Parmesan	1	$ 8.49
	Subtotal	$36.45
	Tax	$ 1.82
	Delivery	$ 7.00
	Total	$45.27

Your order was paid for with the credit card ending in 8944. Thank you for your business.

151. What is indicated on the receipt?

(A) The customer paid cash for the items.
(B) The customer bought one of each item.
(C) The customer received a discount.
(D) The customer paid to have the order delivered.

152. According to the receipt, which item is the most expensive?

(A) Eggplant parmesan
(B) Pasta salad
(C) Ham and cheese sandwich
(D) Turkey breast

GO ON TO THE NEXT PAGE

Book Giveaway

This Saturday, August 10, the Midtown Library will be holding its annual book giveaway. The library will give away many of its older, unread books to make room for new arrivals. The event will take place in the library's main lobby from 12 P.M. to 3 P.M. Each person is permitted to take no more than five books for as long as supplies last. Included in the event will be books for people of all ages. Many science-fiction books, fantasy novels, and romance books will be given away, and there are an especially large number of children's books that must be disposed of. No reservations are necessary, but only residents of Midtown may participate in this event.

153. What is NOT mentioned about the event?

(A) There is a limit on the number of books people can acquire.
(B) Only people from a specific area may take books.
(C) Books in several different genres will be included in it.
(D) It is scheduled to take place over the entire weekend.

154. What is suggested about the books at the event?

(A) Some of them can be acquired for a small fee.
(B) Visitors may not take them until they pay their library fines.
(C) There are more children's books than other genres.
(D) Many of them will be recently released books.

Questions 155-157 refer to the following e-mail.

To: customerservice@kerrigans.com
From: geraldlong@mymail.comm
Subject: Easy Reader
Date: April 21

To Whom It May Concern,

My name is Gerald Long, and my membership number is 3840-939348. I have been a longtime customer of yours and have never had any problems with my purchases until now. –[1]–. However, on April 10, I bought an Easy Reader from your Web site. I was very excited to start reading e-books, so I ordered five e-books as soon as my Easy Reader arrived the following day. –[2]–. Unfortunately, last night, my Easy Reader suddenly turned off and wouldn't turn back on again. –[3]–. I know that it's not a battery problem because I recharged it immediately prior to using it.

I tried operating it again this morning, but it still wouldn't operate properly. –[4]–. I'd like to get my Easy Reader fixed without having to return it to you by mail. Is it possible for me to have it fixed at my local Kerrigan's?

I would appreciate a prompt response to my inquiry.

Regards,

Gerald Long

---

155. What happened on April 10?

(A) An order was received.
(B) An item stopped working.
(C) A purchase was made.
(D) A battery malfunctioned.

156. What would Mr. Long prefer to do?

(A) Have his Easy Reader repaired at a store
(B) Receive a refund on his Easy Reader
(C) Get instructions on how to repair his Easy Reader
(D) Request a repairperson visit his home

157. In which of the positions marked [1], [2], [3], and [4] does the following sentence best belong?

"I have no idea what I should do now."

(A) [1]
(B) [2]
(C) [3]
(D) [4]

GO ON TO THE NEXT PAGE

MEMO

To: All Employees
From: Nancy Clark, HR Department
Re: Intranet System
Date: October 9

Please be aware that the IT team has just completed the installation of the new companywide intranet system. Before you will be given an ID and a password, you must take a training course to learn to how utilize the system properly.

Starting tonight, we will be providing training sessions each evening for the rest of the week. The sessions will start at 6 P.M. and will last until 8 P.M. There will be two simultaneous sessions in rooms 304 and 305. A maximum of 20 individuals can take a session at the same time. Each employee must undergo the training at least once.

Your department heads will provide you with the schedule. You are free to switch days with another employee if the day assigned to you does not fit your schedule. However, both employees changing days must confirm this with their managers. Should you be unable to be trained at any time this week, speak with your supervisor at once.

As the sessions will take place outside normal working hours, you will receive two hours of overtime, which will be reflected in your next paycheck.

158. Why was the memo sent?

(A) To provide information on an educational course
(B) To request feedback on the training sessions
(C) To encourage managers to speak with their workers
(D) To confirm that employees will be paid for the training

159. What will each employee receive after completing the training?

(A) A promotion
(B) A certificate
(C) A user ID and a password
(D) A manual for the intranet

160. What is NOT true about the training?

(A) It will last until the end of the week.
(B) The classes will last for two hours.
(C) There will be two classes each day.
(D) At least 20 students must take each class.

161. What should employees switching schedules do?

(A) Contact the trainer
(B) Talk to their bosses
(C) Get permission in writing
(D) Check the schedule

Questions 162-164 refer to the following advertisement.

Introducing the New Waycool Refrigerator

The Belmont Corporation is proud to introduce the perfect refrigerator for the twenty-first century: the Waycool. It has everything you could possibly need in a refrigerator and more. This refrigerator-freezer has plenty of space for fresh fruits and vegetables, meats, beverages, and frozen foods. You'll love the individual compartments that permit you to separate foods from one another to keep your refrigerator well organized.

The Waycool comes with the world's fastest-filling ice maker, which is capable of producing one liter of ice cubes every five minutes. The thru-the-door ice and water dispensers provide convenient access for drinks and also contain child locks to avoid nasty mishaps. Internally, the water is filtered before it gets to the dispenser, ensuring you get the cleanest and freshest water possible. Inside the Waycool, you can control the precise temperature by using the digital control, or you can download the voice-controlled app. The app also runs the child lock and ice and water dispensers.

The Waycool comes in four separate models in three colors and is sold at prices starting at $899. Visit www.belmont.com/waycool to learn more about the Waycool.

---

162. According to the advertisement, what will customers like about the Waycool?

(A) Its unique design
(B) Its multiple colors
(C) Its various sections
(D) Its large size

163. What is NOT mentioned as a feature of the Waycool?

(A) The ability to lock parts of it
(B) An internal light
(C) A fast ice maker
(D) Temperature controls

164. What is indicated about the Waycool?

(A) It has been on the market for years.
(B) The refrigerator comes in four colors.
(C) The newest version does not have a freezer.
(D) Some models may cost more than $899.

GO ON TO THE NEXT PAGE

Questions 165-168 refer to the following article.

www.prwmanufacturing.com

| HOME | ABOUT US | OUR PRODUCTS | NEWSLETTER | CONTACT US |

Health at PRW Manufacturing
by Oriana Verducci

Last year, more employees than ever before took time off due to sickness. Others reported health issues which resulted in lower productivity. As such, the company has determined that it must make employee health a primary focus during the next twelve months.

Yesterday, Vice President of Personnel Daniel Herbst announced that the company is taking several steps toward improving the health of everyone at the firm. He started by discussing the food at the company cafeteria. —[1]—. This weekend, a salad bar will be installed at the cafeteria to provide more green vegetables for employees. In addition, the cafeteria will serve fewer fried foods and will instead offer healthier and more nutritious options. —[2]—. Vending machines will no longer sell chocolate, chips, and other junk food but will instead contain fresh fruit such as oranges, apples, and bananas.

The firm has also taken out a group membership for all employees at the Silver Star Health Club located at 129 Hampton Lane, a mere two-minute walk from the front gate. —[3]—. All employees need to do is show their company ID to be able to work out there for free.

Finally, the company will be conducting health screenings for all employees during the month of April. These checkups will test employees' physical condition and check for any major diseases or health issues. —[4]—. Mr. Herbst stated that the schedule would be posted sometime in the middle of March.

---

165. What is suggested about PRW Manufacturing?

(A) It is charging employees more for health insurance.
(B) It was negatively affected by sick employees last year.
(C) It will give bonuses to employees who get in good shape.
(D) It has installed a health clinic in its facility.

166. What is NOT mentioned about the changes in food service?

(A) Certain foods will no longer be available.
(B) Many new foods will be nutritious.
(C) Fried foods will not be sold anymore.
(D) Employees will be able to eat salads.

167. How can employees gain access to the Silver Star Health Club?

(A) By registering online
(B) By paying a monthly fee
(C) By contacting a supervisor
(D) By bringing a work ID

168. In which of the positions marked [1], [2], [3], and [4] does the following sentence best belong?

"There will be no noticeable difference in the prices of the dishes either."

(A) [1]
(B) [2]
(C) [3]
(D) [4]

To:	Wayne Frasier <waynef@cranson.com>
From:	Ted Sutherland <tedsutherland@limnos.com>
Subject:	News
Date:	May 18

Dear Mr. Frasier,

I need to inform you of something which has just come up. While I was looking forward to attending the conference in Dallas five days from now, it appears that I must alter my plans. There is a major problem at my firm's factory in Berlin, and the CEO has decided to send me there to deal with it. I'm scheduled to fly there tonight.

I have no idea when I am going to be back in the country, but I was told to expect to be there for at least one week. As a result, it appears as though I will not be able to attend the conference.

I regret doing this since I was scheduled to be the keynote speaker. Fortunately, I know someone who would be an ideal replacement. His name is Fred Peterson, and he is a researcher in my laboratory. He knows a great deal about robot technology and is also an accomplished speaker. He indicated to me that he is willing to speak in my place and doesn't mind giving the speech I had already prepared. I have given him your e-mail address so that the two of you can discuss the matter. I hope this works out to your advantage.

Sincerely,

Ted Sutherland

169. What is the purpose of the e-mail?

(A) To make a reservation
(B) To confirm an agreement
(C) To discuss an upcoming talk
(D) To cancel a scheduled appearance

170. Why will Mr. Sutherland go to Berlin?

(A) To give a speech
(B) To attend a conference
(C) To visit a company facility
(D) To interview for a position

171. What does Mr. Sutherland suggest about Mr. Peterson?

(A) He intends to write his own speech.
(B) He will contact Mr. Frasier soon.
(C) He will be promoted to manager.
(D) He already registered for the conference.

GO ON TO THE NEXT PAGE

Questions 172-175 refer to the following online chat discussion.

Brenda Long [1:11 P.M.]		The meeting regarding sales last quarter has just been scheduled. It's set to take place this Friday morning right after the weekly staff meeting.
Harold Pruitt [1:13 P.M.]		Who's giving the presentation for our team? I haven't seen any of the details yet.
Brenda Long [1:15 P.M.]		Me neither. Frederick, do you happen to have the sales figures and other information we need?
Frederick Patton [1:16 P.M.]		Yes, I just got everything ten minutes ago. I'll send it to both of you now.
Harold Pruitt [1:17 P.M.]		How did we do? Was our performance as good as we had expected it to be?
Frederick Patton [1:19 P.M.]		Open your e-mail and take a look for yourself. Then tell me what you think.
Brenda Long [1:23 P.M.]		Wow. It looks like we're in line for bonuses.
Harold Pruitt [1:24 P.M.]		You can say that again. Anyway, which of us should give the presentation?
Frederick Patton [1:25 P.M.]		Brenda, you've been here the longest. It will look better if you do it.
Brenda Long [1:26 P.M.]		That sounds reasonable.

Send

172. What is supposed to happen on Friday?

(A) Bonuses will be awarded.
(B) An agenda will be released.
(C) A presentation will be rehearsed.
(D) A sales meeting will be held.

173. How does Mr. Patton give the agenda to Mr. Pruitt and Ms. Long?

(A) By presenting it in person
(B) By sending it by fax
(C) By sending it via e-mail
(D) By having an intern deliver it

174. At 1:23 P.M., what does Ms. Long imply when she writes, "It looks like we're in line for bonuses"?

(A) She expects to receive more than last year.
(B) She is satisfied with her bonus.
(C) She just looked at the sales figures.
(D) She has already passed her sales quota.

175. What does Ms. Long agree to do?

(A) Speak at an upcoming meeting
(B) Lead an orientation session
(C) Give some advice to Mr. Pruitt
(D) Help Mr. Patton with the agenda

GO ON TO THE NEXT PAGE

Open Position at PTR, Inc.

PTR, Inc. is a manufacturer of high-end electronics which currently has an opening for an assembly line manager at its newest facility. The ideal candidate should have a minimum of seven years of management experience. A college degree is not required but is desired. The person selected for the job needs the ability to get along well with others and also possess outstanding time-management and communication skills. This is a full-time position that will require working overtime on occasion, but extra work will be paid at overtime rates. The starting salary is $62,000, and benefits will be provided. They include a pension and medical insurance. Send your application to Henry Coburn at henry_c@ptr.com by August 10. Only qualified individuals will receive responses, and those who are selected for an interview will be required to complete a test of their skills and abilities.

To:	henry_c@ptr.com
From:	mauricedavidson@mymail.com
Subject:	Open Position
Date:	August 4

Dear Mr. Coburn,

My name is Maurice Davidson, and I am interested in the assembly line manager position at your company. I have attached my résumé and application form to this e-mail so that you can take a look at my qualifications.

I am presently employed at Kendrick Motors, where I manage the assembly line at its Scottsdale plant. I have worked here for the past five years, and I get along well with both management and my employees. There have never been any injuries in the factory while I have been working. I really enjoy my job and would prefer to remain here, but I will be moving to Richmond because my wife accepted a job there.

I am able to interview by phone or in person, but should you need me to be there in person, I will have to make travel arrangements, which could take some time. Please contact me with any questions. I look forward to hearing from you soon.

Sincerely,

Maurice Davidson

176. What is NOT indicated about the assembly line manager position?

(A) It may require a person to work long hours.

(B) The person who does it must have prior experience.

(C) A college degree is necessary for it.

(D) The ability to speak well to others is important.

177. According to the advertisement, what will people being interviewed have to do?

(A) Prove their knowledge

(B) Meet with the CEO

(C) Negotiate their salary

(D) Show their leadership skills

178. Why did Mr. Davidson send the e-mail?

(A) To accept an offer of employment

(B) To schedule an interview

(C) To inquire about the requirements of a job

(D) To express interest in a position

179. What does Mr. Davidson mention about his work at Kendrick Motors?

(A) He has been there for more than a decade.

(B) It involves him working with upper management.

(C) It has resulted in increased efficiency.

(D) He has kept his employees safe.

180. What is suggested about PTR, Inc.?

(A) It is expanding into foreign markets.

(B) It opened a new building in Richmond.

(C) It expects to make a profit this year.

(D) It has several positions that are open.

GO ON TO THE NEXT PAGE

Questions 181-185 refer to the following order form and e-mail.

Florence Catering Services
1010 Lincoln Ave.
Tulsa, OK 74108
(539) 830-9101

Customer Name	Tom Snyder	Company Name	Harrison Manufacturing
Phone Number	(539) 239-8347	E-Mail Address	t_snyder@hm.com
Address	483 Main Street, Tulsa, OK 74111		
Deliver To	Main Entrance, Forest Park, Tulsa, OK 74109		
Order Date	June 28	Delivery Date	July 15

Product Number	Description	Quantity	Price
4830	Sandwich Platter (Large)	3	$210.00
1012	Salad Platter (Large)	2	$ 80.00
3829	Italian Sampler Platter (Medium)	2	$130.00
8393	Dessert Tray (Large)	3	$120.00
7331	Assorted Beverages (Large)	4	$200.00
		Subtotal	$ 740.00
		Delivery	$ 0.00
		Tax	$ 37.00
		Total	$ 777.00

Thank you doing business with us. Your order has been paid for using the credit card ending in 7484. If you have any questions or requests, please contact us at orders@florencecatering. com, and we will do our best to accommodate you.

To: t_snyder@hm.com
From: orders@florencecatering.com
Re: Your Order
Date: June 30

Dear Mr. Snyder,

We received the online order form you submitted as well as the questions you contacted us with yesterday. First, I would like to confirm your order. A representative from Florence Catering Services will arrive with the items at 11:00 A.M. on July 15 and will assist you in setting up everything.

To answer the inquiry that you were the most concerned about, one of the dessert items has peanuts in it. It is clearly labeled, so your employee with a peanut allergy has no need to worry. In addition, I regret to inform you that we do not sell salmon this time of year. However, we could easily provide you with plenty of hamburger patties, hotdogs, and buns to have a cookout. We can even bring a couple of grills if you are interested. This will require the payment of a fee to rent the grills, and you will be charged for any propane gas you use.

Please let me know if there is anything else I can do for you.

Regards,

Melanie Jackson
Florence Catering Services

181. What information is NOT included on the order form?

(A) How many people the food is for
(B) Who made the order
(C) What the total price is
(D) Where the items will be sent

182. On the order form, the word "accommodate" paragraph 1, line 3, is closest in meaning to

(A) house
(B) assist
(C) lend
(D) update

183. According to Ms. Jackson, what will happen on July 15?

(A) Food will be delivered.
(B) A bill will be paid.
(C) An order will be confirmed.
(D) New foods will arrive.

184. Which item contains something one of Mr. Snyder's employees cannot eat?

(A) Product number 4830
(B) Product number 1012
(C) Product number 3829
(D) Product number 8393

185. Why did Ms. Jackson suggest Mr. Snyder have a cookout?

(A) To respond positively to Mr. Snyder's question
(B) To propose some alternative foods
(C) To encourage Mr. Snyder to rent some grills
(D) To mention a special offer that is available

GO ON TO THE NEXT PAGE

Questions 186-190 refer to the following online order form and e-mails.

www.westendstyle.com

Customer Name Heidi Mann
E-Mail Address hmann@homemail.com
Mailing Address 483 Beaumont Avenue, Las Alamos, NM
Membership Number 859403
Total Number of Orders 9
Order Date May 12

Item Number	Description	Quantity	Price
340834	High-Heeled Shoes (Black Leather)	1	$120.00
923409	Blouse (Small, Blue)	2	$ 40.00
812374	Sweater (Small, White)	1	$ 35.00
238433	T-Shirt (Small, Red)	1	$ 25.00
		Subtotal	$220.00
		Delivery	$ 00.00
		Total	$220.00

* Your order has been paid for with the credit card ending in 8433.
* All orders totaling $200 or more receive free overnight shipping.
* Click here to learn about our special sales this month.

Thank you for shopping at West End Style.

To:	hmann@homemail.com
From:	customerservice@westendstyle.com
Subject:	Your Order
Date:	May 12

Dear Ms. Mann,

We received the order you made last night and are currently processing it. While we are pleased to inform you that three of the items you ordered are available, the sweater which you requested is currently out of stock. According to our records, this item will not be available until later this fall when we start selling sweaters again. We can either refund the money you paid for the item or replace it with another one. In the meantime, we have mailed the other items you ordered so that you can receive them by tomorrow. Should you decide to order an additional item, we will send it by regular mail for no charge.

Sincerely,

Russell Washington
West End Style

To:	hmann@homemail.com
From:	customerservice@westendstyle.com
Subject:	Your Order
Date:	May 13

Dear Ms. Mann,

This is notification that your replacement order has been processed and is being mailed at once. The item you purchased cost $30, so an extra $5 has been credited to your account. In addition, we apologize that the item you initially ordered was not available. Please download the attached coupon. You can use it to get 50% off any one item of your choice the next time you order with us. There is no expiration date for this coupon. Please be aware that upon making your next order, you will become a VIP shopper at West End Style, which comes with a variety of privileges. If you have any questions in the future, please call our toll-free hotline at 1-888-394-8333.

Sincerely,

Ashley Harper
Customer Service Representative
West End Style

186. Why did Ms. Mann receive free shipping?

(A) She is a VIP shopper.
(B) She spent more than $200.
(C) She belongs to a shopping club.
(D) She used a coupon.

187. What item is currently unavailable?

(A) Item number 340834
(B) Item number 923409
(C) Item number 812374
(D) Item number 238433

188. What does Mr. Washington indicate about Ms. Mann's order?

(A) Part of it is being shipped.
(B) It is eligible for a bulk discount.
(C) The price of one item has been reduced.
(D) It was placed over the telephone.

189. What does Ms. Harper give Ms. Mann?

(A) A full refund
(B) A new password
(C) A buy-one, get-one-free coupon
(D) Store credit

190. What is suggested about VIP shoppers at West End Style?

(A) They spend an average of $100 per order.
(B) They have made at least ten orders.
(C) They make a purchase once a month.
(D) They receive discounts of up to 50%.

GO ON TO THE NEXT PAGE

ISA

February 26

Dear Ms. Sullivan,

The International Society of Architects (ISA) is meeting this summer in London, England from July 9-12. As a member of the ISA, you are invited to attend. The theme of this year's event is "new technology in architectural designs." The keynote speaker is Mr. William Forsythe, a world-famous architect and the owner of Croswell Architecture. There will be numerous seminars as well as presentations, conferences, and workshops. The daily topics are the following:

July 9	current technology in architecture
July 10	future technology in architecture
July 11	international trends in architecture
July 12	the overall state of architecture

We have enclosed a registration form. If you wish to attend, please complete it and return it by June 30. You may also register online. The registration fee for members is $90.

Sincerely,

Cindy Nguyen

Cindy Nguyen
Vice President
International Society of Architects

To: Tracy Perry, Gordon Scott, Alexis Montgomery, Sabrina Murray
From: Cynthia Sullivan
Date: March 10
Subject: ISA Meeting

I have been informed that you are eligible to attend the ISA meeting in London. If you're interested in going, the firm will pay for a round-trip economy-class ticket to London, hotel accommodations, and the registration fee. There's only enough money in the budget for two hotel rooms, so you'll have to share the rooms. You'll also receive $60 a day for meals. Please let me know by the end of the month if you'll be attending. I'll then instruct our travel agent to make the necessary arrangements. I'll do my best to get you on the same flight as Mr. Forsythe so that you can travel with the boss.

To: Cindy Nguyen
From: Cynthia Sullivan
Subject: Registration
Date: June 29

Dear Mr. Nguyen,

Hello. My name is Cynthia Sullivan. I am a member of the ISA (membership number 1934129). I registered four employees at my firm for the meeting in March, but I would like to sign up an additional person. Unfortunately, when I tried registering her on the ISA Web site, I was unable to complete the process. When I did the same thing in March, I had no problems, but the Web site simply didn't work this time.

There is not enough time to send a paper application form, so I wonder if you can assist me. Could you please let me know what I should do?

Regards,

Cynthia Sullivan

---

191. What is true about the ISA meeting?

(A) It will have a keynote speech every day.
(B) It charges a higher rate for nonmembers.
(C) It is only taking place on the weekend.
(D) It requires advance registration.

192. When would an attendee learn about architecture in different countries?

(A) On July 9
(B) On July 10
(C) On July 11
(D) On July 12

193. What is indicated about Ms. Sullivan?

(A) She works at Croswell Architecture.
(B) She frequently visits London.
(C) She will attend the meeting in London.
(D) She does not belong to the ISA.

194. What did Ms. Sullivan do for Mr. Scott in March?

(A) Signed him up for a meeting
(B) Reserved his plane ticket
(C) Introduced him to Mr. Forsythe
(D) Permitted him to attend a special event

195. What does Ms. Sullivan request Ms. Nguyen do?

(A) Call her at her office
(B) Help her register a colleague
(C) Cancel a registration
(D) Assist with booking accommodations

GO ON TO THE NEXT PAGE

Questions 196-200 refer to the following notice, form, and e-mail.

Special Event

After thirty-two years here, Erica Yang is resigning from Cross Airlines to enjoy some time with her family. To honor her service, there will be a party for Erica in the grand ballroom of the Madison Hotel on Friday, November 6. The party will start at 6:30 in the evening and will end around 9:00. All employees are invited. If you plan to be there, please let Kelly Arbor in HR know by 6:00 P.M. on Monday, November 2. We intend to purchase a gift for Erica, so please feel free to give Kelly whatever you can afford.

Madison Hotel

Special Events Reservation Form

Company	Cross Airlines
Address	829 Airport Boulevard, Springfield, IL
Contact	Kelly Arbor
Phone Number	854-3029
E-Mail Address	karbor@crossair.com
Room Rented	Grand Ballroom
Date	Saturday, November 7
Time	6:30 P.M. – 9:00 P.M.
Number of Expected Guests	120
Catering Service	[✓] Yes [ ] No
Number of Meals	120

Special Requests: The room should have a stage with a microphone and a/v equipment. We need 20 vegetarian meals. We will order the other 100 meals from the regular menu.

Customer's Signature: *Kelly Arbor*	**Manager's Signature:** *Dave Fleming*
Date: *October 31*	Date: *October 31*

To: Teresa St. Clair
From: Brian Crosby
Subject: Erica's Party
Date: November 3

Teresa,

I wonder if you can give me a hand with something. It looks like I'll be able to attend Erica's party after all. My business trip is going extremely well. I had been expecting to stay in Buenos Aires until the weekend, but it appears as though we'll be signing a contract tomorrow. That means I'll be flying home two days from now. I don't know the contact person's e-mail address or phone number, so I'd appreciate your letting her know I'm planning to be there. And if you would contribute $30 for a gift for me, that would be great. I'll pay you back when I return to the office.

Thanks a lot.

Brian

196. Why is the party being held?

(A) To celebrate a retirement
(B) To hand out awards
(C) To introduce a new employee
(D) To honor the CEO

197. According to the form, what information in the notice is incorrect?

(A) The number of attendees at the event
(B) The date of the event
(C) The time of the event
(D) The location of the event

198. What is NOT requested on the form?

(A) Meals with no meat
(B) A microphone
(C) Floral arrangements
(D) A stage

199. What does Mr. Crosby ask Ms. St. Clair to do?

(A) Sign a contract he will fax her
(B) Talk to Ms. Arbor about him
(C) Book a return flight for him
(D) Purchase a present for Ms. Yang

200. In the e-mail, the word "contribute" in paragraph 1, line 4, is closest in meaning to

(A) suggest
(B) offer
(C) donate
(D) lend

Stop! This is the end of the test. If you finish before time is called, you may go back to Parts 5, 6, and 7 and check your work.

Actual Test

Test

RC

2

READING TEST

In the Reading test, you will read a variety of texts and answer several different types of reading comprehension questions. The entire Reading test will last 75 minutes. There are three parts, and directions are given for each part. You are encouraged to answer as many questions as possible within the time allowed.

You must mark your answers on the separate answer sheet. Do not write your answers in your test book.

PART 5

Directions: A word or phrase is missing in each of the sentences below. Four answer choices are given below each sentence. Select the best answer to complete the sentence. Then mark the letter (A), (B), (C), or (D) on your answer sheet.

---

101. Ms. Shaw's ------- personality makes her an ideal mentor for many young employees.

(A) approaching
(B) approached
(C) approachable
(D) approachably

102. No orders have been received on the Web site ------- four o'clock in the afternoon.

(A) because
(B) when
(C) even
(D) since

103. The customer ------- that she had the right to return the item even though she lacked a receipt.

(A) insisted
(B) criticized
(C) talked
(D) resorted

104. Mr. Flanders made the decision to invest in the commodities market on -------.

(A) his
(B) him
(C) himself
(D) his own

105. Several celebrities ------- to attend the benefit in an attempt to raise a million dollars for charity.

(A) are agreed
(B) have agreed
(C) were agreed
(D) have been agreed

106. Profits rose an ------- amount during the past quarter thanks to the release of the new laptop.

(A) impressed
(B) impression
(C) impressive
(D) impresser

107. More than two million dollars has been ------- for the construction of a new warehouse.

(A) allocated
(B) determined
(C) restored
(D) purchased

108. Max Performance's online survey was completed by ------- 2,500 customers during the past three months.

(A) approximative
(B) approximation
(C) approximated
(D) approximately

109. The Lawrence Gardening Center ------- a variety of free instructional classes during the spring and summer months each year.

(A) offers
(B) is offered
(C) has offered
(D) will offer

110. Dr. Lambert promised to take the ------- train available so that he could arrive on time to give the keynote speech.

(A) early
(B) earlier
(C) earliest
(D) earlies

111. Companies that are ------- upon the weather for business often suffer slowdowns during the winter months.

(A) resilient
(B) considerate
(C) dependent
(D) apparent

112. Outstanding leadership skills and prior experience are ------- necessary for individuals interested in the job.

(A) both
(B) some
(C) much
(D) none

113. Only Cathy Vanderbilt, who is out of the country, is ------- from attending the planning committee's meeting tomorrow.

(A) exemption
(B) exempt
(C) exempting
(D) exemptible

114. The Golden Travel Agency agreed to change the dates of Mr. West's flight without ------- a fee.

(A) considering
(B) approving
(C) charging
(D) verifying

115. ------- having ordered the products three weeks ago, Mr. Roswell has yet to receive any of them.

(A) Despite
(B) However
(C) Since
(D) Moreover

116. Fans around the world are ------- anticipating the release of the next novel by Martin Stewart.

(A) eager
(B) eagerness
(C) eagerly
(D) eagers

117. Customers are permitted to pay their bills in monthly ------- over the course of a year.

(A) issues
(B) units
(C) installments
(D) appropriations

118. According to the company's guidelines, it is suggested ------- employees take one break between the hours of two and six.

(A) what
(B) that
(C) how
(D) when

119. Guests at the facility ------- an escort at all times to ensure they do not visit an off-limits area.

(A) required
(B) are required
(C) require
(D) will be required

120. Until every sales report is submitted, no decisions regarding the company's ------- can be made.

(A) financial
(B) financed
(C) financeable
(D) finances

GO ON TO THE NEXT PAGE

121. Since the patient ------- by health insurance, the cost to him was minimal.

(A) covers
(B) will be covering
(C) was covered
(D) has covered

122. The hiring committee is considering ------- to offer the position to Ms. Medina or Mr. Schultz.

(A) if
(B) what
(C) which
(D) whether

123. The merger between the two groups is still ------- because the lawyers have not yet agreed on some issues.

(A) pending
(B) considering
(C) negotiating
(D) discussing

124. The applicants being considered for the position ------- no later than this Friday.

(A) have interviewed
(B) will be interviewed
(C) are interviewed
(D) have been interviewed

125. Members of the shoppers' club can have their online purchases gift-wrapped at ------- charge.

(A) nothing
(B) not
(C) no
(D) none

126. At a press conference, a spokeswoman issued a ------- about the upcoming acquisition of the construction firm.

(A) statement
(B) release
(C) contract
(D) promise

127. Please look at the attached file to read the ------- for the furniture desired by the client.

(A) specific
(B) specifically
(C) specified
(D) specifications

128. The terms of the contract called for the payment to be made in full ------- the next two months.

(A) for
(B) during
(C) within
(D) since

129. Ms. Grande is aware of what to say at the presentation to get the most ------- response.

(A) considered
(B) positive
(C) convinced
(D) alert

130. Mr. Richardson wrote a ------- report on the possible benefits of opening a branch in Mexico.

(A) comprehended
(B) comprehensive
(C) comprehension
(D) comprehensively

PART 6

Directions: Read the texts that follow. A word, phrase, or sentence is missing in parts of each text. Four answer choices for each question are given below the text. Select the best answer to complete the text. Then mark the letter (A), (B), (C), or (D) on your answer sheet.

Questions 131-134 refer to the following e-mail.

To: jnightingale@homecafe.com
From: sdavidson@andersonfestival.org
Subject: Anderson Festival
Date: August 28

Dear Ms. Nightingale,

Congratulations. You have been selected to be one of the ------- at the Anderson Festival.
                                                              131.
You may set up a food truck every day of the festival from September 12 to 15. -------. It
                                                                                132.
shows where you are permitted to park your truck.

Please be advised that you must be on the festival grounds at least one hour before the

event begins on each day. You are also ------- for keeping the area around your food truck
                                       133.
clean. Failure to do so will result in a warning for the first violation. The second one will result

in your privileges being -------.
                         134.

Please contact me if you have any questions.

Regards,

Sam Davidson
Organizer, Anderson Festival

---

131. (A) organizers
(B) vendors
(C) sponsors
(D) guests

132. (A) Please refer to the file attached with this e-mail.
(B) You must send a check to cover the deposit by September 4.
(C) This year's festival should be bigger and better than ever.
(D) Several other food trucks will be located near you.

133. (A) responsible
(B) necessary
(C) considerable
(D) accurate

134. (A) suspension
(B) suspense
(C) suspended
(D) suspensive

GO ON TO THE NEXT PAGE

Call for Papers

The International Association of Geologists (IAG) is holding its fifteenth annual conference on March 10-12. The event will take place at the Hampton Conference Center in London, England. Those individuals wishing to present papers at the festival should submit them no later ------- January 10. Submissions must be made over the Internet by sending ------- to
135. **136.**
submissions@iag.org. Individuals will be notified by January 31 if their submissions -------.
137.
All presenters are responsible for paying for their own transportation and accommodations.
-------. IAG members must pay £60 to attend whereas nonmembers must pay £85.
138.

135. (A) when
(B) for
(C) than
(D) as

136. (A) it
(B) him
(C) her
(D) them

137. (A) are accepting
(B) have been accepted
(C) will be accepting
(D) being accepted

138. (A) No more applications are being considered at this time.
(B) The paper you present must be at least ten pages long.
(C) You can apply for a small grant if you require assistance.
(D) However, the registration fee will be waived for them.

October 3

Dear Ms. Lambert,

We received your request about altering the date of the flight you're scheduled to go on with your family on December 11. Unfortunately, the airline does not fly to Cairo on the date you requested your flight be changed to. -------. There are still open seats available on the 3:30
139.
P.M. flight on both days. If ------- date fits your new schedule, you are permitted to cancel
140.
your entire tour package. However, there will be a ------- fee of 15% of the value of your
141.
entire group tour. Please call me at 803-8547 during regular business hours so that we can

discuss the ------- in more detail.
142.

Regards,

David Smiley
Papyrus Tours

139. (A) Are you considering vacation in a different city?
(B) Would you like to fly on a different airline?
(C) How about flying there on December 9 or 12?
(D) Do you need me to change your hotel as well?

140. (A) neither
(B) both
(C) each
(D) some

141. (A) canceled
(B) canceling
(C) cancelation
(D) cancels

142. (A) refund
(B) matter
(C) offer
(D) response

GO ON TO THE NEXT PAGE

Questions 143-146 refer to the following review.

A New Place to Try Out
by Elena Carter, Staff Reporter

Augusta (October 11) – After undergoing ------- renovations, the Alderson Hotel recently
143.

reopened. One of the numerous changes was the addition of a buffet restaurant, which the

hotel has been ------- as the best in the city. Let me assure you that the statement is correct.
144.

The selection includes beef, pork, chicken, lamb, fish, and seafood dishes. There are also

numerous side dishes, salad options, and desserts. The food is fresh, and the platters are

------- refilled, so there is no waiting for any food you desire. -------. But it's worth the cost
145.   **146.**

due to the quality of the food. Reservations are recommended, especially for weekends.

---

143. (A) extent
(B) extending
(C) extensive
(D) extendable

144. (A) promoting
(B) requesting
(C) sponsoring
(D) considering

145. (A) fairly
(B) continually
(C) exclusively
(D) variously

146. (A) The price is a bit steep at $95 per
person.
(B) Three banquet rooms are also available
to rent.
(C) You can tell the chefs how to cook your
meat as well.
(D) The waitstaff is highly attentive and
professional.

PART 7

Directions: In this part you will read a selection of texts, such as magazine and newspaper articles, e-mails, and instant messages. Each text or set of texts is followed by several questions. Select the best answer for each question and mark the letter (A), (B), (C), or (D) on your answer sheet.

Questions 147-148 refer to the following announcement.

Summer Picnic

Harris Manufacturing will once again be holding a summer picnic, the most popular event of the year. This year's event promises to be even bigger and better than last year's. It will take place in Forest Park from noon to six in the evening on Saturday, July 28. All employees and their immediate family members are invited. This year, the food we are serving will be the same as we had last year, but to celebrate our recent financial successes, we'll also be grilling steaks and salmon. We'll be playing all sorts of games, so it will be a fun-filled afternoon. Please let Tom Snyder (ext. 91) in HR know if you intend to be there and how many people will be accompanying you. We look forward to seeing you there.

---

147. What is NOT true about the summer picnic?

(A) Steak and salmon will be among the food served.
(B) It is scheduled to take place on the weekend.
(C) There will be games for the attendees to play.
(D) This is the first year that it is being held.

148. What are company employees advised to do?

(A) Tell a colleague they will be attending the event
(B) Purchase tickets for the picnic in advance
(C) Inform Mr. Snyder they need transportation to the event
(D) Let someone know which food they will be bringing

GO ON TO THE NEXT PAGE

Questions 149-150 refer to the following text message chain.

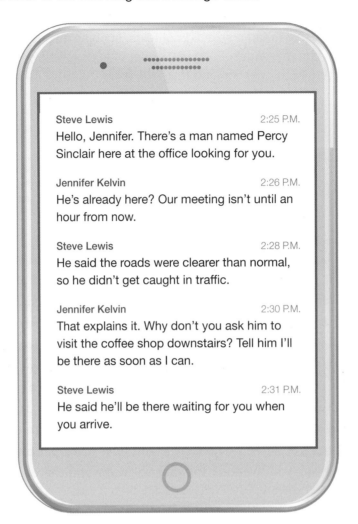

Steve Lewis   2:25 P.M.
Hello, Jennifer. There's a man named Percy Sinclair here at the office looking for you.

Jennifer Kelvin   2:26 P.M.
He's already here? Our meeting isn't until an hour from now.

Steve Lewis   2:28 P.M.
He said the roads were clearer than normal, so he didn't get caught in traffic.

Jennifer Kelvin   2:30 P.M.
That explains it. Why don't you ask him to visit the coffee shop downstairs? Tell him I'll be there as soon as I can.

Steve Lewis   2:31 P.M.
He said he'll be there waiting for you when you arrive.

149. At 2:26 P.M., why does Ms. Kelvin write, "He's already here"?

(A) To confirm her response
(B) To express her surprise
(C) To ask for an opinion
(D) To respond to a question

150. What is suggested about Ms. Kelvin?

(A) She will visit a coffee shop before going to the office.
(B) She frequently leaves the office on business.
(C) She has not met Mr. Sinclair in person before.
(D) She gave Mr. Sinclair directions to the office.

Stetson's is here to help you remodel your home or office. We will help you make the most out of the space you have available to create the ideal home or office space.

We'll talk to you to figure out what you want. And then we'll design everything just the way you like it. We purchase directly from major furniture dealers. So you'll always get the lowest prices.

We can provide you with the accessories you need, including lamps, rugs, and artwork. We will provide you with the blinds, curtains, wallpaper, and paint work you want.

Call 980-1823 to request a free estimate now.

ACTUAL TEST 2

151. What most likely is Stetson's?

(A) A furniture store
(B) An architectural firm
(C) An interior designer
(D) A landscaping company

152. What is mentioned about Stetson's?

(A) It does work at residences and businesses.
(B) It provides a money-back guarantee on its work.
(C) It charges clients for providing an estimate.
(D) It has a warehouse full of accessories for clients.

GO ON TO THE NEXT PAGE

★ ★ ★ ★ ☆

I can't say enough about the Burger Master Grill made by the Pacific Corporation. The Burger Master is easy to use and cooks food evenly without burning anything. It runs on propane gas, and you can easily control the temperature at which the food cooks. Every spring and summer, I barbecue food with it at least three times a week. The grill is also easy to clean thanks to the fact that the grill grates have no-stick coating on them. The only complaint I have is that the wheels don't rotate well, which makes moving the Burger Master difficult at times. I would love to see this aspect of it changed. Nevertheless, the grill is excellent, and the price can't be beat.

David Carter

---

153. What is suggested about Mr. Carter?

(A) He uses his grill to cook meat and vegetables.

(B) He enjoys cooking outdoors.

(C) He recently bought a Burger Master Grill.

(D) He is a professional chef.

154. How would Mr. Carter like to see the Burger Master Grill improved?

(A) By adding wheels to it

(B) By changing its appearance

(C) By making it more mobile

(D) By lowering the price

April 28

Dear Mr. Spencer,

I'm sure you have been eagerly awaiting the results of your application. It is my great pleasure to inform you that you have been approved as a member of the Center City Business Association. −[1]−. We're looking forward to the positive contributions we expect you will make to our organization.

Before you can receive your membership card and gain full access to the association, there are a few things you must do. −[2]−. First, a one-time fee of $300 must be paid in addition to the annual membership fee. Afterward, you will only have to pay the regular dues of $100 on an annual basis. −[3]−. Thus, we require a payment of $400 before the association's next meeting. Second, you must attend that meeting, which will be held on Saturday, May 6. −[4]−. You will meet the other new members and then be officially enrolled in the association.

Please contact me at 908-3842 if you require any assistance.

Sincerely,

Stanley Harper
President, Center City Business Association

155. Why did Mr. Harper send the letter?

(A) To request that Mr. Spencer pay a late fee
(B) To provide a status report on an application
(C) To note that all required materials have been submitted
(D) To approve a suggestion made by Mr. Spencer

156. What must Mr. Spencer do by May 6?

(A) Meet the other members of the association
(B) Pick up his membership card
(C) Make a payment of $400
(D) Speak with Mr. Harper in person

157. In which of the positions marked [1], [2], [3], and [4] does the following sentence best belong?

"Congratulations on this achievement."

(A) [1]
(B) [2]
(C) [3]
(D) [4]

GO ON TO THE NEXT PAGE

Cardiff Ski Resort Set to Reopen
by Roger McCabe

Florence (November 10) – Florence's only place for skiing, the Cardiff Ski Resort, is planning to reopen on December 1 this year. This should come as a welcome surprise to many eager skiers who were concerned the resort might not open until January.

Janet Marston has spent the last five months overseeing the renovating of the place. Among the improvements ordered by the owner were an addition to the main ski lodge, the installation of a new ski lift system, and the construction of two new ski slopes. A new kitchen and ten bedrooms were built in the main ski lodge, so there are now thirty rooms available for rent. There is also a new lounge with an enormous fireplace for skiers to gather around to warm themselves up after coming in from off the slopes. The entire interior has been redone in wood paneling with a wilderness motif.

"I decided to improve the way the resort looks," remarked Ms. Marston. "And I'm incredibly pleased with the results." As for the ski lift, it uses the latest technology to provide users with a smooth, safe, and swift trip to the top of Cardiff Mountain, where they can easily reach all of the slopes on the mountain. The two new slopes include one exclusively for snowboarders, who now comprise around 30% of all visitors to the resort.

158. What is the article mainly about?

(A) Winter sports on Cardiff Mountain
(B) The changes made to a ski resort
(C) Activities that can be done near Florence
(D) The increase in the popularity of skiing

159. What is suggested about the Cardiff Ski Resort?

(A) It opened several decades ago.
(B) It was built halfway up Cardiff Mountain.
(C) It provides special rates for groups.
(D) It is located near Florence.

160. Who is Ms. Marston?

(A) The owner of a resort
(B) A ski instructor
(C) A resident of Florence
(D) A resort employee

161. What is mentioned about the new slopes on Cardiff Mountain?

(A) They are both only for snowboarders.
(B) They are considered advanced courses.
(C) They are not yet ready for skiers.
(D) They are located close to the ski lift.

To: All Department Heads, Susan Rogers, Joseph Roth, Erica Dane
From: Aaron Hoyle, Vice President
Subject: Meeting
Date: September 21

Several departments are on pace to surpass their annual budgets while three have already spent their entire allotment for the year. This type of overspending has gotten out of control and must be halted.

CFO David Winter is displeased with the amount of spending going on and intends to address this issue immediately. Tomorrow at one, he will lead a meeting in the large conference room on the fifth floor. All department heads and upper-level accountants are required to attend. This meeting will last the entire afternoon, so cancel any other plans you have scheduled. No absences will be permitted unless you are already out of town.

Please come prepared with your department's annual budget as well as documentation of all the spending done in your department for the entire year. Be prepared to share this information with your colleagues. We will also be discussing potential avenues for reducing spending as well as the implementation of various policies regarding spending procedures.

Each attendee may bring one assistant to help with documents and notetaking.

162. What problem does Mr. Hoyle mention?

(A) Departments are spending too much money.
(B) The company's budget is being reduced.
(C) Spending procedures are difficult to understand.
(D) Departments are keeping poor records.

163. Who is NOT expected to be in attendance at the meeting?

(A) Some accountants
(B) The company's CEO
(C) Mr. Winter
(D) The heads of all departments

164. What are attendees instructed to bring to the meeting?

(A) Suggestions for increasing individual budgets
(B) Information on this year's expenditures
(C) Documents on spending from the past three years
(D) Copies of budget proposals for the coming year

GO ON TO THE NEXT PAGE

Questions 165-168 refer to the following e-mail.

To: undisclosed_recipients
From: tinakline@museumofscience.org
Subject: New Exhibit
Date: September 10

Greetings, everyone.

We are pleased to announce we're nearly ready to unveil our much-hyped exhibit for the coming fall. Our newest display, entitled "The Science of the Nineteenth Century," is set to open to the public on the first day of October. –[1]–.

The display is located in the east wing on the first floor, and those visiting it will have the opportunity to view some of the most important inventions of the 1800s. Take a look at early prototypes of Edison's lightbulb. –[2]–. We'll have one of Bell's first telephones on display as well. You'll get a chance to view some early internal combustion engines as well as some telegraphs. Even better, this is an interactive exhibit, so you will have the opportunity to handle some machines to see how they actually worked. –[3]–.

We already know you're wondering how you can wait until the beginning of the month to see the exhibit. As current financial backers of the museum, you're welcome to visit the museum on September 29 and 30 to get in before the crowds. –[4]–. The museum will be open at its regular hours but will only permit those with cards to enter on those two days.

Regards,

Tina Kline
Curator

---

165. Who most likely are the recipients of the e-mail?

(A) Students at local schools
(B) Collectors of special items
(C) Museum donors
(D) Previous museum visitors

166. What is indicated about the exhibit?

(A) It will be on display until the end of the year.
(B) Visitors can use the items on display.
(C) The items shown are on loan to the museum.
(D) It will require an extra fee to visit.

167. When will the exhibit open to the public?

(A) On September 29
(B) On September 30
(C) On October 1
(D) On October 2

168. In which of the positions marked [1], [2], [3], and [4] does the following sentence best belong?

"Just bring your museum-issued card with you when you visit on either day."

(A) [1]
(B) [2]
(C) [3]
(D) [4]

Fifth Street Bridge Notice

Notice is hereby given that the toll for the Fifth Street Bridge will increase from eighty cents to one dollar for all noncommercial vehicles starting on May 15. This increase was passed by the city commission on transportation by a vote of 3-2 at its last meeting on May 4. The extra money collected from the tolls will be used to assist the city in developing its biking infrastructure. Construction of bicycle lanes on some of the city's busiest streets will begin on June 10. This is being done to promote the usage of bicycles over motor vehicles such as automobiles and trucks. This should also serve to decrease traffic congestion in the downtown area and to reduce the amount of air pollution in the city.

169. For whom is the notice intended?

(A) City employees
(B) Local residents
(C) Construction companies
(D) The city council

170. What happened on May 4?

(A) Bicycle lanes were opened.
(B) Construction of a bridge was finished.
(C) The city's public transportation was improved.
(D) A price increase was voted on.

171. What is suggested about the bicycle lanes?

(A) They will be added to most of the city's roads.
(B) They should help make the city cleaner.
(C) They were requested by local residents.
(D) They are already being constructed.

GO ON TO THE NEXT PAGE

Questions 172-175 refer to the following online chat discussion.

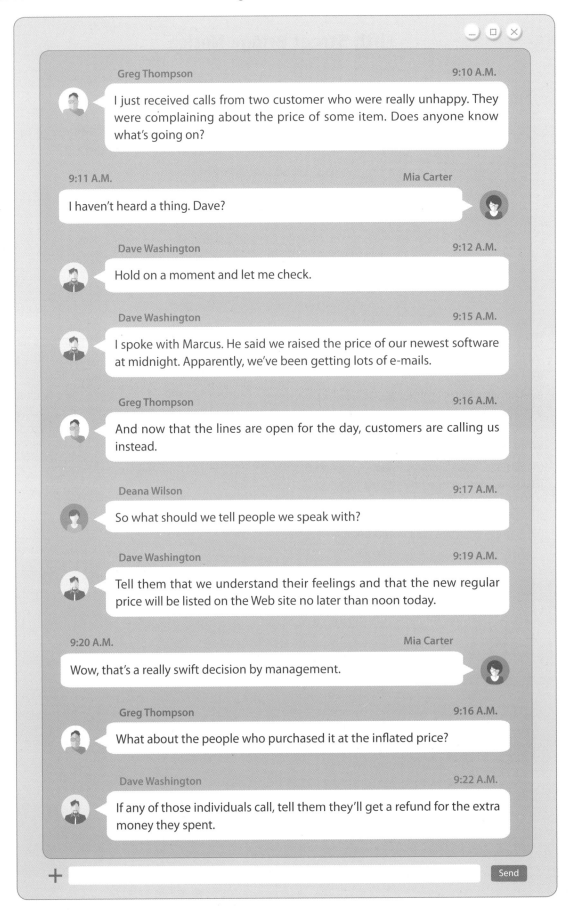

Greg Thompson   9:10 A.M.

I just received calls from two customer who were really unhappy. They were complaining about the price of some item. Does anyone know what's going on?

9:11 A.M.   **Mia Carter**

I haven't heard a thing. Dave?

Dave Washington   9:12 A.M.

Hold on a moment and let me check.

Dave Washington   9:15 A.M.

I spoke with Marcus. He said we raised the price of our newest software at midnight. Apparently, we've been getting lots of e-mails.

Greg Thompson   9:16 A.M.

And now that the lines are open for the day, customers are calling us instead.

Deana Wilson   9:17 A.M.

So what should we tell people we speak with?

Dave Washington   9:19 A.M.

Tell them that we understand their feelings and that the new regular price will be listed on the Web site no later than noon today.

9:20 A.M.   **Mia Carter**

Wow, that's a really swift decision by management.

Greg Thompson   9:16 A.M.

What about the people who purchased it at the inflated price?

Dave Washington   9:22 A.M.

If any of those individuals call, tell them they'll get a refund for the extra money they spent.

Send

172. What is the online chat discussion mainly about?

    (A) Some money that must be refunded

    (B) The uses of the company's newest software

    (C) The prices of the company's products

    (D) A recent decision by the company

173. At 9:15 A.M., what does Mr. Washington imply when he writes, "We've been getting lots of e-mails"?

    (A) Many customers are making complaints.

    (B) He recently checked his e-mail inbox.

    (C) Users are reporting a bug in the software.

    (D) Some customers are returning their purchases.

174. What is suggested about the software?

    (A) Several problems with it have been found.

    (B) It is not compatible with some computers.

    (C) The first time it was sold was last night.

    (D) The company lowered the price of it.

175. What does Mr. Thompson inquire about?

    (A) How to respond to customers

    (B) Why a price was changed

    (C) When to expect more calls

    (D) Who to blame a mistake on

GO ON TO THE NEXT PAGE

Questions 176-180 refer to the following notice and e-mail.

New Vacation Policy

The Azuma Corporation is instituting a new vacation policy. Employees must request time off one week prior to going on vacation. The only exceptions are for medical issues and family emergencies. In addition, employees must receive written permission to take time off from work. Supervisors can provide that for vacations lasting between one and five days. For vacations of six days or longer, department heads must grant permission. Employees taking vacations of more than five days are also required to indicate the reason why they need so much time off in writing. Supervisors will approve or deny requests within twenty-four hours of receiving them. This policy will go into effect on June 1.

To:	a_yeager@azumacorp.com
From:	peter-matthews@azumacorp.com
Subject:	Vacation
Date:	June 20

Dear Ms. Yeager,

I would like to inform you that I should be finished with the two projects I am presently working on by June 28. Please find attached to this e-mail a file describing the work I have completed and which is yet to be done on both assignments.

As I will no longer have any major tasks to do starting on June 29, I would like to formally request time off from work. I will be gone from June 30 to July 14 and will miss a total of 11 workdays. In case you are curious, my wife and I will be traveling to Australia during this time. I believe you are aware that we go on one long trip each summer. Last year, we visited Italy, and we have toured Russia and gone to South Africa on a safari in the past as well.

This year, my wife took advantage of an outstanding offer, so we bought tickets for a flight to Sydney. We have relatives in Melbourne, so we intend to go there, too. I have arranged for Phil Jenkins and Denise Kennedy to handle my individual clients while I am away. I hope you see fit to approve my request.

Regards,

Peter Matthews

176. How should a person request time off for three days?

(A) By completing an online form
(B) By contacting the department head
(C) By speaking to a supervisor
(D) By getting in touch with Human Resources

177. According to the notice, what must supervisors do regarding vacation requests?

(A) Speak with employees making them in person
(B) Respond to them quickly
(C) Give written permission for all of them
(D) Provide answers by e-mail

178. What did Mr. Matthews send with the e-mail?

(A) An update on his work
(B) A copy of his itinerary
(C) A form for Ms. Yeager to sign
(D) A request for reimbursement

179. What is suggested about Ms. Yeager?

(A) She is out of the country at the moment.
(B) She is the head of a department.
(C) She has several individual clients.
(D) She will give Mr. Matthews a new project soon.

180. What does Mr. Matthews imply about his tickets?

(A) They are nonrefundable.
(B) They were reserved with a travel agency.
(C) They are unable to be changed.
(D) They were purchased for a low price.

GO ON TO THE NEXT PAGE

Questions 181-185 refer to the following articles.

Rockport Festival to Start in One Week

by staff reporter Kendra Ellington

Rockport (May 21) – The annual Rockport Spring Festival is set to begin next Tuesday. It will open on May 29 and conclude on June 3. This spring's festival has expanded, so it will be taking place in two locations. The first is Liberty Park, the traditional venue, while the second is Shell Beach.

"We're expecting more than 35,000 people at the festival this year," said organizer Donovan West. "There will be all kinds of events, including music concerts, a farmers' market, an international food fair, and amusement park rides." There will also be a fishing contest, which will be held at the beach, along with a fireworks show to be held every night.

The city is currently looking for volunteers for the festival to ensure that everything runs smoothly. Interested individuals are urged to contact city hall at 849-9382.

Rockport Festival Ends on a High Note

by staff reporter Craig Sinclair

Rockport (June 4) – The Rockport Spring Festival came to a conclusion last night. 20,000 people were in attendance on the last day, and organizers estimate that more than 70,000 people attended the festival during the entire time it was open. Mayor George Allard commented, "Our volunteers were amazing. Thanks to them, this was the city's best festival ever."

A large number of festival attendees remarked that they had come to see Shell Beach. The beach had been polluted for years, but during winter, the garbage was removed and the beach restored over the course of a couple of months. Now, the beach is among the most beautiful ones in the state.

"I'm planning to return later in the summer," said Julie Smith. The resident of Haverford said, "I can't believe how great the beach looks. I'm going to tell everyone I know back home all about it."

181. What is suggested about the fishing contest?

(A) It was held for the first time.
(B) It took place at Liberty Park.
(C) Hundreds of people participated in it.
(D) There was an entry fee for it.

182. Why would a person call city hall?

(A) To reserve tickets for the festival
(B) To register for some festival events
(C) To offer to help at the festival
(D) To make a donation for the festival

183. What is indicated about the Rockport Spring Festival?

(A) There were more attendees than expected.
(B) Most of its events were popular with attendees.
(C) It averaged 20,000 visitors each day.
(D) The scheduled parade had to be canceled.

184. What is mentioned about Shell Beach?

(A) It has gotten visitors from out of state.
(B) It reopened to the public in June.
(C) Its appearance has been improved.
(D) Its facilities are still being repaired.

185. Who most likely is Ms. Smith?

(A) A festival organizer
(B) A festival attendee
(C) A festival volunteer
(D) A festival vendor

GO ON TO THE NEXT PAGE

March 11

Dear Mr. Andre,

The hiring committee was impressed with you at our meeting on March 8. We liked your outgoing attitude, prior work experience, and fluent command of English, French, and Spanish. As such, we would like to extend an offer of employment to you to work at our office in Nantes, France. As a sales manager, you'll be responsible for sales in the western region of France as well as all of Spain, so you'll be on the road constantly.

The position comes with an annual salary of $95,000, and you can earn quarterly bonuses based on sales. As you're presently based in Athens, Greece, we'll pay for you to move and will also provide a three-bedroom apartment in downtown Nantes. Finally, you'll receive two weeks of paid vacation and full benefits, including medical insurance and a pension.

Please call me at 749-3844 to inform me of your decision.

Regards,

Javier Solas
Hardaway International

To: Lucia Bouchard
From: Javier Solas
Subject: David Andre
Date: March 18

I received confirmation from Mr. Andre that he has accepted our offer. He'll be paid $110,000 annually plus the other benefits we discussed previously. Mr. Andre's first day of work will be on April 10. I've given him your number, so expect a call from him. In addition, I provided him with Rene Faucher's e-mail address since he'll require assistance with the transition to life in France. Please inform Rene that he should be hearing from Mr. Andre within the next day or so.

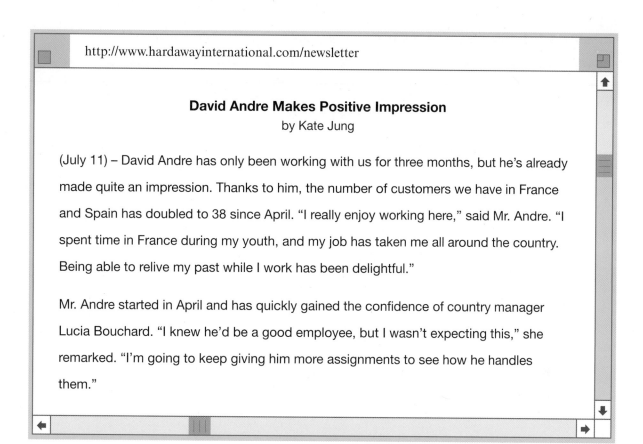

http://www.hardawayinternational.com/newsletter

David Andre Makes Positive Impression
by Kate Jung

(July 11) – David Andre has only been working with us for three months, but he's already made quite an impression. Thanks to him, the number of customers we have in France and Spain has doubled to 38 since April. "I really enjoy working here," said Mr. Andre. "I spent time in France during my youth, and my job has taken me all around the country. Being able to relive my past while I work has been delightful."

Mr. Andre started in April and has quickly gained the confidence of country manager Lucia Bouchard. "I knew he'd be a good employee, but I wasn't expecting this," she remarked. "I'm going to keep giving him more assignments to see how he handles them."

186. In the letter, what is NOT mentioned about Mr. Andre?

(A) He will be involved in sales.
(B) He is currently in another country.
(C) He has a friendly personality.
(D) He has worked in Spain before.

187. What is a requirement of the sales manager position?

(A) Having a marketing degree
(B) Working outside the office
(C) Speaking foreign languages
(D) Entertaining clients

188. What is the purpose of the memo?

(A) To request information on an employee
(B) To schedule a job interview
(C) To provide some contact numbers
(D) To inform a person of a new hire

189. What did Mr. Andre most likely do?

(A) Transferred to the Paris office
(B) Rejected the initial salary offer
(C) Met Mr. Faucher in person in March
(D) Kept his home in Athens

190. What is suggested about Ms. Bouchard?

(A) She will be transferring to Spain soon.
(B) She writes for the company newsletter.
(C) She accompanies Mr. Andre on his business trips.
(D) She increased Mr. Andre's responsibilities.

GO ON TO THE NEXT PAGE

Barton's Office Supplies

Do you need office supplies? Whenever you run out of items, give Barton's a call. We have the best selection of items in town. We also have the lowest prices.

This week, we're having a special sale:

pens and pencils: 30% off

office furniture: 20% off

white and colored paper: 35% off

printer ink: 10%

Visit our Web site at www.bartons.com or call us at 749-0493 to make an order.

Spend more than $80, and we will deliver your order within the city limits for no extra charge.

Barton's Office Supplies
384 Broadway Avenue
Ashland, VA
749-0493

Customer Name Leslie Devers
Company Parker International
Address 48 Cumberland Drive, Ashland, VA
Telephone Number 473-2984
E-Mail Address lesliedevers@parkerint.com
Customer Account Number 3847302
Order Date August 18
Delivery Date August 18

Item Number	Description	Quantity	Price
584-393	Copy Paper (White)	5 Boxes (1,500 Sheets/Box)	$48.75
202-192	Ballpoint Pen (Black)	3 Boxes (20 Pens/Box)	$11.50
943-293	Printer Ink (Blue)	2 Cartridges	$28.80
331-004	Spiral Notebook	10 (100 Pages/Notebook)	$20.00
		Subtotal	$109.05
		Tax	$5.45
		Total	$114.50

Your order has been charged to the credit card ending in 4980. We appreciate your doing business with us at Barton's Office Supplies.

To: customerservice@bartons.com
From: lesliedevers@parkerint.com
Subject: Order
Date: August 19

To Whom It May Concern,

This is Leslie Devers from Parker International. My company purchased some supplies from your online store yesterday. The items arrived early this morning, which impressed us. This is the first time for us to deal with a store that provides such quick delivery service before.

However, when I looked at the invoice which accompanied the items, I noticed that no discount had been applied to the ink cartridges we purchased. I'm sure this was just a simple oversight on your part, but if you would credit the money to our company account, we would appreciate it.

We look forward to doing business with you in the future.

Regards,

Leslie Devers
Parker International

191. According to the advertisement, how long will the sale last?

(A) One day
(B) Two days
(C) One week
(D) One month

192. What is indicated about the order for Parker International?

(A) It was sent a day after being made.
(B) It was mailed in two boxes.
(C) It was delivered for free.
(D) It was sent by courier.

193. In the e-mail, the phrase "deal with" in paragraph 1, line 2, is closest in meaning to

(A) do business with
(B) negotiate with
(C) approve of
(D) report to

194. What is suggested about Parker International?

(A) It has offices in several cities in the country.
(B) It is located across the street from Barton's.
(C) It made a purchase from Barton's for the first time.
(D) It deals with clients in the publishing industry.

195. How much of a discount does Ms. Devers want to receive?

(A) 10%
(B) 20%
(C) 30%
(D) 35%

GO ON TO THE NEXT PAGE

Software Training Seminar

Delta Consulting is presenting a one-day seminar on software training on Saturday, October 8, from 9 A.M. to 5 P.M. The following talks will be given:

★ 9 A.M. – 11 A.M.   The Internet of Things and Software Development (Rohit Patel)
★ 11 A.M. – 12 P.M.   The Effects of Artificial Intelligence on Software (Igor Rachmaninov)
★ 1 P.M. – 3 P.M.   Problems in Software Design (George Arnold)
★ 3 P.M. – 5 P.M.   New Coding Languages and Their Uses (Hans Dietrich)

All of the lecturers are experts in the fields they'll be discussing. Individual seats cost $250 per person, but discounts will be given to groups consisting of 5 or more people. Call 384-0938 to make the necessary arrangements. Same-day registration is permitted if seats are available.

To:	sbrandt@deltaconsulting.com
From:	awells@kaysoftware.com
Subject:	Request
Date:	October 10

Dear Ms. Brandt,

I represented my firm, Kay Software, at the training seminar your firm gave on Saturday and found it quite educational. Mr. Rachmaninov's lecture was of great interest to me because my company is currently experiencing problems regarding the topic of his talk. I wonder if he's available to visit my company to speak with our software engineers. They could surely benefit from his experience.

The following days and times are the best for us: October 19 at 3:00 P.M., October 21 at 1:00 P.M., November 3 at 9:00 A.M., and November 5 at 3:00 P.M. A talk and Q&A session lasting three hours should be sufficient.

I'm looking forward to receiving a response from you.

Best regards,

Alicia Wells
Kay Software

To:	awells@kaysoftware.com
From:	sbrandt@deltaconsulting.com
Subject:	[Re] Request
Date:	October 16

Good morning, Ms. Wells.

I'm very sorry for not responding to your request faster. I was in Brazil until the 15th and couldn't contact Mr. Rachmaninov until today. In fact, I just got off the phone with him a moment ago.

He indicated that his schedule is mostly full until December, but he can visit your firm on the second date you mentioned. In addition, Mr. Rachmaninov charges $1,000 per hour to visit companies. As he lives here in the city, he won't require the payment of any travel expenses.

Should this be acceptable to you, please call me at 584-3822, and we can finalize the details.

Sincerely,

Stacia Brandt
Delta Consulting

196. According to the flyer, what is true about the seminar?

(A) It is offered once a month.
(B) Groups can get lower prices.
(C) Tickets for it can be bought online.
(D) Participants in it receive certificates.

197. How did Ms. Wells feel about the seminar?

(A) She thought it was too expensive.
(B) She found it entertaining.
(C) She did not enjoy herself.
(D) She learned a great deal.

198. What do the software engineers at Kay Software most likely need help with?

(A) Coding languages
(B) The Internet of Things
(C) Software design
(D) Artificial intelligence

199. Why did Ms. Brandt apologize?

(A) She forgot to respond to a request.
(B) She missed a deadline Ms. Wells mentioned.
(C) She did not send an e-mail for several days.
(D) She could not find a speaker for Ms. Wells.

200. When can Mr. Rachmaninov visit Ms. Wells' company?

(A) On October 19
(B) On October 21
(C) On November 3
(D) On November 5

Stop! This is the end of the test. If you finish before time is called, you may go back to Parts 5, 6, and 7 and check your work.

Actual Test RC

3

READING TEST

In the Reading test, you will read a variety of texts and answer several different types of reading comprehension questions. The entire Reading test will last 75 minutes. There are three parts, and directions are given for each part. You are encouraged to answer as many questions as possible within the time allowed.

You must mark your answers on the separate answer sheet. Do not write your answers in your test book.

PART 5

Directions: A word or phrase is missing in each of the sentences below. Four answer choices are given below each sentence. Select the best answer to complete the sentence. Then mark the letter (A), (B), (C), or (D) on your answer sheet.

---

101. The workers will ------- the foundation of the building to ensure that it does not collapse.

(A) strong
(B) stronger
(C) strength
(D) strengthen

102. According to reports, Mr. Randolph ------- the offer and will make a decision on it within three days.

(A) will considered
(B) is considering
(C) has been considered
(D) considers

103. Several styles of sneakers are no longer in -------, so they must be delivered to the store from the warehouse.

(A) shelf
(B) amount
(C) stock
(D) order

104. Mr. Robinson was usually -------, which was something that his employees truly appreciated.

(A) decision
(B) decisive
(C) deciding
(D) decided

105. When the headquarters building was completed, ------- employees at the Delmont branch moved to it.

(A) most
(B) much
(C) every
(D) somebody

106. Unless the equipment is properly maintained by following the instructions in the manual, it is liable to break down with -------.

(A) regular
(B) regularity
(C) regulation
(D) regulatory

107. If Mr. Sheldon ------- for assistance, several people would have been willing to provide it.

(A) asks
(B) is asking
(C) will ask
(D) had asked

108. The easiest way ------- something from the company is to visit its online shopping mall.

(A) ordering
(B) ordered
(C) to order
(D) have ordered

109. We were ------- surprised by the decision to invest in the foreign commodities market.

(A) high
(B) highness
(C) higher
(D) highly

110. Ms. Breckinridge remarked that she had already visited the museum on a ------- visit to the city.

(A) previous
(B) probable
(C) practical
(D) positive

111. The researchers are ------- to conducting experiments and then writing reports on them.

(A) accustomed
(B) utilized
(C) comfortable
(D) approved

112. Unless the port is widened and deepened, large ships will be unable to dock at it, so they will sail ------- other locations.

(A) at
(B) over
(C) to
(D) in

113. According to the lease, the tenant is permitted to move out of the unit by giving one month's notice in -------.

(A) written
(B) writer
(C) write
(D) writing

114. ------- from vacation, Ms. Hollister discovered she had a large amount of work to complete.

(A) Be returned
(B) Returning
(C) Have returned
(D) Returns

115. Some customers are willing to pay a ------- to obtain better service and seats on their flights.

(A) scale
(B) discount
(C) premium
(D) wage

116. While the concert lasted longer than expected, it was not as ------- as the audience had hoped it would be.

(A) good
(B) well
(C) better
(D) best

117. Guests are expected to ------- with all rules and regulations, or they will be ordered to leave the premises.

(A) obey
(B) follow
(C) comply
(D) observe

118. Orders must be paid for in advance ------- the shipping process can be initiated.

(A) through what
(B) so that
(C) as such
(D) until then

119. It should take around a week for the market research firm to ------- the results of the recent survey it conducted.

(A) compile
(B) compiled
(C) compilation
(D) compiler

120. The orders, most ------- were from regular clients, were boxed and shipped out in the morning.

(A) by what
(B) of whom
(C) in that
(D) of which

GO ON TO THE NEXT PAGE

121. Individuals with a master's degree or higher ------- to apply for the supervisor's position being advertised.

(A) have encouraged
(B) will encourage
(C) are encouraging
(D) are encouraged

122. While Mr. Reynolds and Ms. Venters ------- their quotas for the month, Mr. Stark failed to do so.

(A) exceeded
(B) prepared
(C) indicated
(D) supported

123. Ms. Thompson requested that several documents be submitted for ------- presentation.

(A) she
(B) her
(C) hers
(D) herself

124. By the end of next week, Mr. Rogers ------- at Stevens Consulting for fifteen years.

(A) was employed
(B) is being employed
(C) will have been employed
(D) has been employed

125. The full ------- of the vehicle must be determined before it is released on the market.

(A) capacities
(B) capabilities
(C) capably
(D) capable

126. Purchases of office supplies may not be made ------- written permission from a supervisor.

(A) through
(B) among
(C) around
(D) without

127. All ------- expenses will be paid in full so long as receipts are submitted to the Personnel Department.

(A) mover
(B) moved
(C) moving
(D) movable

128. The complete failure of the new cosmetics line resulted in the ------- of the company's CEO.

(A) transition
(B) resignation
(C) retraction
(D) improvement

129. Those wishing to work abroad have to be willing to make a three-year ------- to the company.

(A) committing
(B) committee
(C) committed
(D) commitment

130. Not ------- on the agenda was discussed, so another meeting was scheduled to cover those topics.

(A) everything
(B) anyone
(C) another
(D) one

PART 6

Directions: Read the texts that follow. A word, phrase, or sentence is missing in parts of each text. Four answer choices for each question are given below the text. Select the best answer to complete the text. Then mark the letter (A), (B), (C), or (D) on your answer sheet.

Questions 131-134 refer to the following notice.

Notice for Tenants

Every spring, Bayside Apartments sends employees from the maintenance office to check each unit. We will be ------- inspections from April 2 to 12. They are typically completed in
131.
around 30 to 45 minutes. Please visit www.baysideapartment.com/inspections ------- for an
132.
inspection time. -------.
133.

Our employees will be looking for problems such as faulty appliances, plumbing issues, and faded or worn carpeting and paint. ------- you need something replaced or repaired, the
134.
employee will schedule a time for the work to be completed. Tenants who have not had their units painted in the past 4 years may request that work be done.

---

131. (A) replacing
(B) approving
(C) considering
(D) conducting

132. (A) registering
(B) be registered
(C) to register
(D) have registered

133. (A) We hope you are satisfied with the results of the inspection.
(B) Thank you for letting us know when you will be available.
(C) Be sure to fill out the survey to rate our inspectors when you sign up.
(D) You must be in your apartment during the entire inspection.

134. (A) Because
(B) However
(C) If
(D) Moreover

GO ON TO THE NEXT PAGE

December 11

To the Editor,

The article "Mulberry, Inc. to Close Factory Next Month," by Peter Chase in yesterday's *Daily Times* contained several factual ------- . First, the factory in question is not being closed
135.

down. In actuality, parts of it are being improved as state-of-the-art machinery will be added

to the third and fourth assembly lines. ------- will the company be laying off any workers.
136.

------- . Finally, the company is not experiencing any financial issues. In fact, we set records
137.

for profits in the second and third quarters of the year, and we anticipate doing the same

thing this quarter. We would appreciate ------- being printed in your paper.
138.

Regards,

Dean Morris
CEO, Mulberry, Inc.

135. (A) appearances
(B) data
(C) statements
(D) errors

136. (A) So
(B) But
(C) Nor
(D) And

137. (A) We intend to hire up to 30 new
employees in February.
(B) Several workers may receive
promotions in the next few months.
(C) They were given raises for their
outstanding performances.
(D) This is the reason we are no longer
hiring anyone.

138. (A) correctives
(B) corrections
(C) correctible
(D) correctly

The Employee of the Quarter Award

We are pleased to announce the employee of the quarter here at Drummond Technology. The winner for the second quarter of the year is Derrick Hutchinson from the Sales Department. During the months of April, May, and June, Derrick was responsible for signing contracts with a ------- value of more than $2.7 million. -------. There, he led several seminars and
                 139.   **140.**
workshops for the staff members to improve their sales -------. Derrick has been an
                                                        141.
employee at Drummond Technology ------- six years, and this is his third time to win the
                                   142.
award. Be sure to congratulate him on his outstanding performance whenever you see him.

139. (A) combination
     (B) combined
     (C) combining
     (D) combinate

140. (A) They were with two new companies.
     (B) He also spent time at the Beijing office.
     (C) The CEO personally congratulated him for that.
     (D) This is the most anyone has ever sold in three months.

141. (A) contracts
     (B) lessons
     (C) skills
     (D) deals

142. (A) for
     (B) since
     (C) during
     (D) after

GO ON TO THE NEXT PAGE

Questions 143-146 refer to the following article.

Cumberland Parade Canceled

Cumberland (May 11) – The annual Cumberland Parade, which was scheduled for Saturday, May 12, has been canceled. The ------- was made at an emergency meeting involving the
143.
mayor and city council last night. Mayor David Cord stated, "The parade has been a tradition for 52 years, so we hated to cancel it. However, ------- the wildfires raging in the forests near
144.
the city, we felt that having a festive event wouldn't be appropriate. -------." Mayor Cord
145.
remarked that he hoped to reschedule the parade for some time in the summer. But he said the most ------- thing to do was to put out the fires.
146.

---

143. (A) election
(B) result
(C) promise
(D) decision

144. (A) in addition to
(B) on account of
(C) in spite of
(D) instead of

145. (A) Therefore, the parade will go on as initially planned.
(B) It will therefore be delayed until the following Saturday.
(C) Now that the fires are extinguished, we have lots of other work to do.
(D) After all, so many people are being evacuated from their homes.

146. (A) urgent
(B) urgently
(C) urgency
(D) urgencies

PART 7

Directions: In this part you will read a selection of texts, such as magazine and newspaper articles, e-mails, and instant messages. Each text or set of texts is followed by several questions. Select the best answer for each question and mark the letter (A), (B), (C), or (D) on your answer sheet.

Questions 147-148 refer to the following memo.

MEMO

To: All Staff Members
From: Kimberly Wingard
Date: October 22

Despite undergoing renovations during spring, sales at our grocery store have been declining in the past few months. In August, they dropped by 11%, and last month, they fell by 18%. If this trend continues, we may have to close down the store.

I would like for everyone to do some brainstorming. Come up with some ways you believe will improve our financial situation here. Think of what we can do to convince customers to come and spend more money here. Tomorrow, before you begin your work shift, I'd like for each of you to speak with your direct supervisor to share what you came up with. Don't be shy about sharing your thoughts. No idea is too silly. We are in serious trouble and need to make immediate changes.

147. What is the problem?

(A) There are not enough employees.
(B) Renovations are needed.
(C) Similar stores have opened nearby.
(D) Fewer sales are being made.

148. What does Ms. Wingard request the staff members do?

(A) Make changes in their schedules
(B) Work longer hours for the same pay
(C) Consider how to attract more shoppers
(D) Think of some special promotions to run

GO ON TO THE NEXT PAGE

Wallace Department Store Giveaway Event

Wallace Department Store is having a special promotion for customers. The offer runs from July 1 to August 10.

Customers can get the following:

Spend $50 and get a free bottle of Watson hand lotion.
Spend $100 and get a free pair of Stetson sunglasses.
Spend $200 and get a free Verducci T-shirt.
Spend $400 and get two free movie tickets.

You can pick up your gift at the customer service center. Just bring your receipt with you. This offer is valid at all Wallace Department Stores except for the stores in Fairview and Wilmington.

149. What is NOT mentioned in the advertisement?

(A) The promotion will last for two months.
(B) A receipt is needed to get a complimentary item.
(C) Some stores are not participating in the event.
(D) Customers can receive different free items.

150. How can a shopper receive a free clothing item?

(A) By spending $50
(B) By spending $100
(C) By spending $200
(D) By spending $400

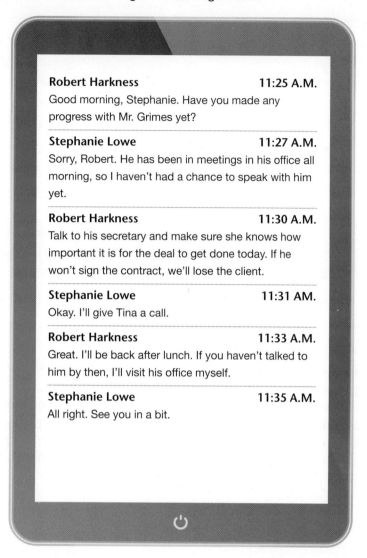

151. What problem is mentioned?

(A) A client was lost.

(B) Mr. Grimes is not in his office.

(C) A document has not been signed.

(D) A lunch meeting was canceled.

152. At 11:31 A.M., what does Ms. Lowe imply when she writes, "I'll give Tina a call"?

(A) She will speak with a customer.

(B) She will telephone her supervisor.

(C) She will get in touch with her client.

(D) She will contact Mr. Grimes's secretary.

GO ON TO THE NEXT PAGE

Nominations Needed

It's time to submit nominations for the employee of the year award. All full-time employees are eligible to suggest a fellow worker. To nominate someone, visit www.fostertech.com/awards and complete the form. Be sure to write the employee's name and department and then write a short explanation describing why you feel this individual should win this year's award. All nominations must be submitted by December 15. The winner of the award will be announced at the year-end party on December 29. This year's winner will receive a $2,500 cash bonus, one extra week of vacation, and a promotion.

153. How should a nomination be submitted?

(A) By sending an e-mail
(B) By filling out an online form
(C) By speaking with a supervisor
(D) By submitting a handwritten form

154. What will the winner of the award NOT receive?

(A) Time off from work
(B) A monetary prize
(C) A complimentary trip
(D) A better position

Travel Industry Trade Show

The annual Travel Industry Trade Show will take place in Orlando, Florida, this year. The conference is scheduled to be held in the convention center at the Radcliffe Hotel from Friday, October 10, to Monday, October 14. Besides the usual industry trade booths, there will be several world-famous speakers discussing various issues concerning domestic and international travel. Of special note is the seminar on the new travel aide computer software system which many travel agencies and airlines are considering using. Advance reservations for it are highly recommended. Please check the convention Web site (www.travelindustrytradeshow.org) for the complete schedule. Those who wish to attend should pay the required fee of $75 before October 5. The conference is not responsible for booking hotel rooms for attendees, so please make sure you do so in advance.

155. What is true about trade show?

(A) The keynote speaker is a computer programmer.
(B) It is taking place for the first time.
(C) Advance registration is necessary.
(D) The only focus is international travel.

156. What is suggested about the seminar on the computer system?

(A) It will be led by the person who designed it.
(B) An extra fee is required to take part in it.
(C) There are only 75 spots available for it.
(D) Many people will be interested in attending it.

157. What are attendees advised to do?

(A) Reserve their own accommodations
(B) Become members of an organization
(C) Show up early for several events
(D) Pay the attendance fee by October 10

Questions 158-161 refer to the following e-mail.

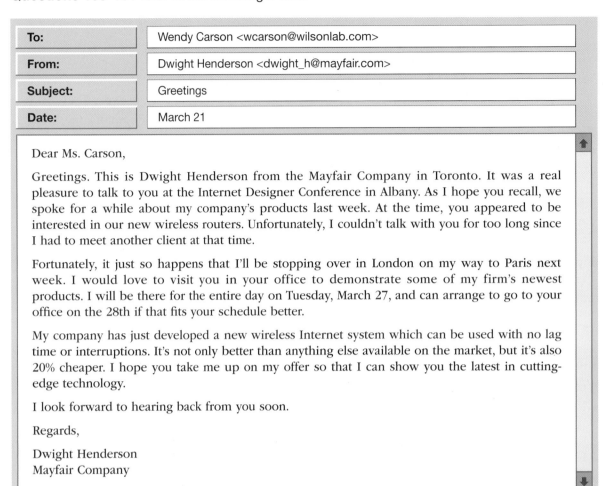

To:	Wendy Carson <wcarson@wilsonlab.com>
From:	Dwight Henderson <dwight_h@mayfair.com>
Subject:	Greetings
Date:	March 21

Dear Ms. Carson,

Greetings. This is Dwight Henderson from the Mayfair Company in Toronto. It was a real pleasure to talk to you at the Internet Designer Conference in Albany. As I hope you recall, we spoke for a while about my company's products last week. At the time, you appeared to be interested in our new wireless routers. Unfortunately, I couldn't talk with you for too long since I had to meet another client at that time.

Fortunately, it just so happens that I'll be stopping over in London on my way to Paris next week. I would love to visit you in your office to demonstrate some of my firm's newest products. I will be there for the entire day on Tuesday, March 27, and can arrange to go to your office on the 28th if that fits your schedule better.

My company has just developed a new wireless Internet system which can be used with no lag time or interruptions. It's not only better than anything else available on the market, but it's also 20% cheaper. I hope you take me up on my offer so that I can show you the latest in cutting-edge technology.

I look forward to hearing back from you soon.

Regards,

Dwight Henderson
Mayfair Company

---

158. According to the e-mail, how does Mr. Henderson know Ms. Carson?

(A) They work at the same company.
(B) She got in touch with him online.
(C) He met her at a professional meeting.
(D) They attended the same university.

159. Where does Mr. Henderson propose meeting Ms. Carson?

(A) In London
(B) In Albany
(C) In Paris
(D) In Toronto

160. What does Mr. Henderson want to do for Ms. Carson?

(A) Install a wireless router
(B) Give her some pamphlets
(C) Conduct a demonstration
(D) Renegotiate a contract

161. What is mentioned about the Mayfair Company's Internet system?

(A) It is not yet being sold.
(B) It costs less than similar products.
(C) It is being offered at a discounted price.
(D) It requires a technician to install.

June 11

Dear Mr. Robinson,

I would like to inform you of a change that is occurring here at Whitson, Inc. The Personnel Department has instituted a new policy. –[1]–. Now, rather than outsourcing various activities to freelancers such as yourself, we instead desire employees who are fully committed to our company and vision.

According to these new guidelines, we will no longer be making offers to motivational speakers to have them give talks to our employees. We are, however, creating a full-time job for an employee motivation specialist. –[2]–.

Over the years, you have been a major contributor to Whitson's success as you have been our most effective speaker. –[3]–. We hope you see fit to apply for the position. We are currently accepting applications and will continue to do so until the position is filled. Applicants will be evaluated almost entirely on their body of work as well as how influential their talks have been. We consider you a prime candidate. –[4]–.

I look forward to hearing from you soon.

Sincerely,

Jason Daniels

Whitson, Inc.

162. Why did Mr. Daniels write to Mr. Robinson?

(A) To request that he speak at the company
(B) To confirm that he has been hired
(C) To inform him of an available job
(D) To let him know about an upcoming interview

163. What does Mr. Robinson indicate about the new position?

(A) It requires a college degree.
(B) It will be in the Personnel Department.
(C) It will involve a lot of traveling.
(D) It will be a full-time position.

164. In which of the positions marked [1], [2], [3], and [4] does the following sentence best belong?

"This will be an upper-management position."

(A) [1]
(B) [2]
(C) [3]
(D) [4]

👤	**Delvin Patterson** [10:35 A.M.]	Did everyone see the results of the survey we conducted?
	Melanie Smith [10:37 A.M.]	They weren't what I was expecting.
	Ralph Taylor [10:38 A.M.]	You can say that again. How did we perform so poorly on customer service?
👤	**Delvin Patterson** [10:39 A.M.]	I've been reading the comments people wrote on the surveys. Apparently, our staffers aren't always familiar with the products we sell. Several provided wrong information to customers.
	Amy Chou [10:41 A.M.]	Another complaint was that they treat customers poorly on occasion.
	Melanie Smith [10:42 A.M.]	I suggest that we start retraining everyone. We can't allow problems like this to continue.
	Amy Chou [10:43 A.M.]	We've already arranged for that to happen.
	Ralph Taylor [10:44 A.M.]	Great. When will the sessions start?
👤	**Delvin Patterson** [10:46 A.M.]	Tomorrow morning. And every single person at the company has to attend them from the CEO down to the newest intern. I'll send you the schedule by e-mail when it comes out after lunch.

`                                                                    ` [Send]

165. What is the problem?

(A) Revenues are down at the company.
(B) Employees are doing their jobs poorly.
(C) Too many employees are calling in sick.
(D) Prices have been rising quickly lately.

166. What type of industry do the writers most likely work in?

(A) Retail
(B) Consulting
(C) Manufacturing
(D) Travel

167. At 10:43 A.M., what does Ms. Chou mean when she writes, "We've already arranged for that to happen"?

(A) Several employees will be fired.
(B) A job advertisement will be posted.
(C) Apologies will be made.
(D) A training event will be held.

168. What will Mr. Patterson do in the afternoon?

(A) E-mail some information
(B) Attend a managers' meeting
(C) Schedule a seminar
(D) Speak with some salespeople

Questions 169-171 refer to the following information.

http://www.fairfaxmuseum.org

| HOME | HOURS | SPECIAL ACTIVITIES | NEWS | VISIT US |

The Fairfax Museum is proud to announce an exciting new exhibit featuring dinosaur fossils. Among the fossils to be displayed are a nearly complete Tyrannosaurus Rex and a velociraptor. There will be a total of 32 different types of dinosaur fossils on display. They range in size from tiny eggs to a partial skeleton of an enormous brontosaurus. These fossils are on loan from Central University as well as the separate private collections of Jarod Watson and Melanie Zhong.

The exhibit is scheduled to run from June 10 to June 30. It will be open during the museum's regular hours of operation, which are from Tuesday to Sunday from 9 A.M. to 6 P.M. There is a separate fee required to view the exhibit. Teens and adults will be charged $7 while senior citizens ages 60 or older must pay $5. Children 12 or under will be admitted for free. Please inquire about group rates (10 or more people) by calling 584-7212. Museum members will not be charged to see the exhibit.

For pictures of the exhibit and for more information about dinosaurs, click here.

169. Where most likely would this information be located?

(A) Home
(B) Special Activities
(C) News
(D) Visit Us

170. What is suggested about the fossils?

(A) They were found in the local area.
(B) They are not owned by the museum.
(C) They are mostly in poor condition.
(D) They were found by the same person.

171. What is NOT indicated about the exhibit?

(A) Children do not have to pay to attend it.
(B) People cannot view it on Mondays.
(C) It will be open for less than a month.
(D) Groups will be given a 10% discount.

GO ON TO THE NEXT PAGE

Upcoming Work

Tenants should be aware that the management at Harbor View Apartments has scheduled some repair work to be done in the coming week. Please take note of the following and make the necessary adjustments in your daily schedules.

Tuesday, May 12: The electricity in the entire complex will be shut down from 10 A.M. to noon. During that time, a new master control board will be installed for the complex's entire electric system. –[1]–. This means that the elevators in every building will be nonoperational. Computers and televisions will not work either. Nor will refrigerators, freezers, or washing machines.

Wednesday, May 13: The gas in Buildings 101 and 105 will not work from 2 P.M. to 5 P.M. During that time, some gas pipes will be replaced. –[2]–. Neither building will have hot water while the repairs are being made. In addition, gas stoves and ovens cannot be used.

Thursday, May 14: The swimming pool between Buildings 106 and 109 will be closed for cleaning. –[3]–. The pool will not be open the entire day.

Friday, May 15: The grass will be cut and other lawn maintenance will be done. Those with allergies should take precautions.

–[4]–. Should the work take longer than expected, various services will be unavailable for a longer period of time. We will keep everyone updated as the work progresses.

172. What is the purpose of the notice?

(A) To advise tenants of some inspections
(B) To inform people of upcoming work projects
(C) To request that tenants help care for the complex
(D) To announce some problems at the complex

173. According to the notice, what will NOT happen on May 12?

(A) Individual units will be inspected.
(B) Appliances will not work for some time.
(C) The electric system will be worked on.
(D) There will be no electricity for two hours.

174. When will landscaping work be done at the apartment complex?

(A) On May 12
(B) On May 13
(C) On May 14
(D) On May 15

175. In which of the positions marked [1], [2], [3], and [4] does the following sentence best belong?

"Be advised that the times are merely estimates."

(A) [1]
(B) [2]
(C) [3]
(D) [4]

GO ON TO THE NEXT PAGE

To: Angela Carpenter <angela_c@performancemail.com>
From: Robert Harper <robert@tourpro.com>
Subject: Itinerary
Date: May 12
Attachment: Carpenter_itinerary

Dear Ms. Carpenter,

Thank you for making the payment for your upcoming trip to Europe. I would like to confirm that your airline, railroad, and hotel reservations have all been made.

Attached, please find a complete itinerary of your trip. You will be departing from Boston's Logan Airport on June 20 and will arrive at Fiumicino Airport in Rome, Italy, on the same day. You can pick up your rental car there. You'll fly to Athens, Greece, on June 26 and will go to Munich, Germany, on June 30. At the conclusion of your trip, on July 5, you will fly from Kloten Airport in Zurich, Switzerland, back to Boston.

If you need to make any changes to your itinerary, please let me know no later than May 31. Changes made prior to then will be free of charge, but any changes made afterward will result in a charge of $50 for each alteration to the itinerary.

Sincerely,

Robert Harper
Tour Pro

To:	Robert Harper <robert@tourpro.com>
From:	Angela Carpenter <angela_c@performancemail.com>
Subject:	My Trip
Date:	July 6

Dear Mr. Harper,

My husband and I just returned from our trip to Europe. I want you to know that we had the trip of a lifetime, and we appreciate everything you did to make that possible.

We were both a bit skeptical about your claim that we would be staying at 4-star hotels everywhere we went. However, that was definitely the case. The Pallas Hotel in Athens was particularly memorable. Our guides everywhere were not only extremely knowledgeable but were also fluent in English and very helpful. The only negative experience we had was having our train from Rome to Venice depart late by a couple of hours. But that was merely a minor setback.

We'll be sure to inform our friends about your travel agency and the quality trips you provide. I'll also be in touch again later when we go on our next trip.

Regards,

Angela Carpenter

176. Which mode of transportation is NOT mentioned by Mr. Harper?

(A) Airplane
(B) Train
(C) Car
(D) Taxi

177. According to Mr. Harper, what will happen after May 31?

(A) Refunds will not be offered.
(B) A fee will be charged for changes.
(C) Tickets will be unable to be canceled.
(D) The prices of hotels will increase.

178. Why did Ms. Carpenter send the e-mail?

(A) To express her thanks
(B) To request a clarification
(C) To make a new reservation
(D) To criticize a service

179. When most likely did Ms. Carpenter check in to the Pallas Hotel?

(A) On June 20
(B) On June 26
(C) On June 30
(D) On July 5

180. In the second e-mail, the word "setback" in paragraph 2, line 6, is closest in meaning to

(A) retreat
(B) delay
(C) penalty
(D) cancelation

GO ON TO THE NEXT PAGE

Edward Halpern   9:32 A.M.
Good morning, Carla. We're still planning to meet for the product demonstration next Tuesday, aren't we?

Carla Welch   9:34 A.M.
That's correct, Ed. When will you be coming here? Have you already made your travel arrangements?

Edward Halpern   9:35 A.M.
I just received my itinerary from the travel agency. It looks like I'll be flying in next Monday night. I'll be arriving at 10:45 P.M. on Flight RE232.

Carla Welch   9:36 A.M.
Do you need someone to pick you up at the airport? I can arrange for a driver to meet you there to take you to your hotel.

Edward Halpern   9:37 A.M.
I really appreciate it, but I've decided to rent a car this time. If I get some free time, I'm going to try to do a bit of sightseeing.

Carla Welch   9:38 A.M.
That sounds good. I can point out some places you ought to visit. See you next week.

Schloss Travel Agency
Zurich, Switzerland

Itinerary for Edward Halpern

Phone Number: 493-1933
E-Mail Address: edhalpern@mmc.com
Prepared By: Edith Mann

Date	Flight Number	Departure Time	Departing From	Arriving At
April 12	RE232	9:25 P.M.	Zurich	Berlin
April 15	RE11	10:30 A.M.	Berlin	Warsaw
April 17	NM490	2:05 P.M.	Warsaw	Athens
April 21	RE98	12:15 P.M.	Athens	Zurich

All of your seats are confirmed for business class. You may visit the VIP lounge in each airport prior to your departure. You may check two bags weighing no more than a combined 40kg. Please arrive at the airport at least two hours before your flight takes off.

181. Why most likely did Mr. Halpern write to Ms. Welch?

    (A) To discuss a demonstration
    (B) To provide his arrival date
    (C) To confirm a meeting
    (D) To negotiate a contract

182. What does Ms. Welch offer to do?

    (A) Reschedule her meeting with Mr. Halpern
    (B) Give Mr. Halpern a tour of the city
    (C) Arrange a rental car for Mr. Halpern
    (D) Have Mr. Halpern met when he arrives

183. According to the itinerary, what is NOT true?

    (A) Mr. Halpern will visit Athens on April 17.
    (B) Mr. Halpern has a weight limit on his luggage.
    (C) Mr. Halpern will be seated in first class.
    (D) Mr. Halpern will take flight RE11 on April 15.

184. Where will Mr. Halpern meet Ms. Welch?

    (A) In Zurich
    (B) In Berlin
    (C) In Warsaw
    (D) In Athens

185. Who most likely is Ms. Mann?

    (A) An airline employee
    (B) Mr. Halpern's colleague
    (C) A travel agent
    (D) Ms. Welch's driver

GO ON TO THE NEXT PAGE

To: All Cranston Burgers Franchise Owners

From: David Cotton

Subject: Revenues

Date: April 4

We have calculated the revenues from the first three months of the year, and the results are mostly positive. Revenues are generally up from the same time last year. However, one store is lagging behind the others. Tom Reynolds, I need to inspect your establishment in person to see if there are any obvious problems I can detect which will help you improve the situation at your franchise. It also appears as though our special promotion in March was successful as revenues were much higher than normal. Let's try to come up with some more ideas like the one Edith Thompson suggested so that we can keep customers coming to our stores.

After I inspect Tom's store, I'm going to call a meeting at my office. I expect to have it sometime in the week starting on April 16. I'll be in touch later.

Cranston Burgers Revenues

Franchise Location	January Revenues	February Revenues	March Revenues
Walden	$220,000	$240,000	$280,000
Edinburg	$310,000	$315,000	$350,000
Hampton	$175,000	$160,000	$180,000
Windsor	$255,000	$270,000	$305,000

To:	David Cotton
From:	Tom Reynolds
Subject:	Revenues
Date:	June 3

Dear Mr. Cotton,

Since you visited my restaurant in early April, my staff and I have been busy attempting to implement the suggestions you made. At first, I must admit that I was somewhat skeptical about how well some of them would work; however, I decided to give them a try since nothing else was working.

It took us two weeks for everything to go into effect, so revenues only improved moderately in April. It was in May that the effectiveness of the changes revealed themselves. Our revenues jumped a considerable amount. I don't have the exact numbers yet, but we brought in somewhere around the amount the Windsor franchise recorded in February. That's by far the most my restaurant has ever made. I'm looking forward to many more months of success in the future.

Sincerely,

Tom Reynolds

186. What does Mr. Cotton mention about Ms. Thompson?

(A) She had fewer customers in March.
(B) She calculated all of the revenues.
(C) She will have a sale at her establishment.
(D) She thought of a recent promotion.

187. What is suggested about Mr. Reynolds?

(A) He owns the Hampton franchise.
(B) He is the newest owner.
(C) He recently met with Mr. Cotton.
(D) He has previous restaurant experience.

188. Which franchise recorded the highest overall revenues?

(A) Walden
(B) Edinburg
(C) Hampton
(D) Windsor

189. Why did Mr. Reynolds send the e-mail?

(A) To ask for permission
(B) To provide an update
(C) To report a failure
(D) To make a suggestion

190. According to Mr. Reynolds, what were his franchise's approximate revenues in May?

(A) $240,000
(B) $255,000
(C) $270,000
(D) $280,000

GO ON TO THE NEXT PAGE

ILLUSTRATOR NEEDED

Samson Publishing is seeking a full-time illustrator for its Saratoga office. The ideal candidate should have professional experience as an illustrator, preferably at a publisher, newspaper, or magazine. A college degree is not required, but a high school diploma is. The individual selected needs to be able to handle multiple projects and must be good at meeting deadlines and working in a fast-paced environment. Applicants must be proficient in software programs such as Art Decorator and Graphic Illustrator. The salary and benefits will be determined by the individual's experience. Interested applicants should send a résumé, a cover letter, and some samples of their work to illustratorjob@samsonpublishing.com. The final date applications will be accepted is August 1. Interviews will be scheduled for mid-August.

Interviews for the illustrator position have been scheduled. Please take note of the following:

Applicant	Interview Date	Interview Time	Room	Interviewer
Josh Sheldon	August 14	10:30 A.M.	103	Eric Martel
Rosie Rodriguez	August 14	1:00 P.M.	102	Jane Garbo
Lawrence Smith	August 15	1:00 P.M.	105	Ken Murray
Adison Mattayakhun	August 16	9:00 A.M.	108	Eric Martel
Lily Ngoc	August 17	2:30 P.M.	102	Tim Watson

Interviewers should take comprehensive notes. All relevant information along with the interviewer's recommendation should be forwarded to Sue Grossman at suegrossman@samsonpublishing.com. Second interviews will be scheduled for late August.

To: amattayakhun@wondermail.com
From: suegrossman@samsonpublishing.com
Subject: Illustrator Position
Date: August 19

Dear Mr. Mattayakhun,

My name is Sue Grossman. I work at Samson Publishing and am in charge of hiring at the company. Your interviewer was highly impressed with you, particularly your ability to utilize various computer programs. As such, he recommended that you be called in for a second interview.

We have scheduled you to be here on Saturday, August 25, at 9:00 in the morning. The interview will last several hours, so be prepared to stay here all day. During that time, you will meet several individuals and will also be asked to make some illustrations for us so that we can get a first-hand look at your skills. When you come, make sure you have your portfolio as several of the people you'll be meeting need to look at it.

We look forward to seeing you soon.

Regards,

Sue Grossman
Samson Publishing

191. What is mentioned about the position?

(A) It requires a college diploma.
(B) It starts on the first of August.
(C) It requires the use of a computer.
(D) It is for work at a newspaper.

192. What is NOT indicated in the advertisement?

(A) The salary depends on the person who gets hired.
(B) Interested individuals must apply in person.
(C) A person with experience is preferred.
(D) The deadline to apply is August 1.

193. What is suggested about Ms. Rodriguez?

(A) She is able to work well with others.
(B) She possesses multitasking skills.
(C) She majored in computer science.
(D) She has management experience.

194. Who recommended that Mr. Mattayakhun be interviewed again?

(A) Eric Martel
(B) Jane Garbo
(C) Ken Murray
(D) Tim Watson

195. What does Ms. Grossman request Mr. Mattayakhun do?

(A) Wear formal clothes to his interview
(B) Contact her to confirm his appearance
(C) Bring a collection of his work
(D) E-mail a copy of his résumé

GO ON TO THE NEXT PAGE

Annual Auction

The Paulson Group, a Westchester-based charity, is hosting an auction on Saturday, December 18, in the Gold Room at the Regina Hotel. The festivities will start with a five-course dinner at 6:00 in the evening. At 7:30 P.M., Paulson Group president and founder Laurie Mitchell will give a short speech. Then, at 8:00, a silent auction will take place. Among the items being auctioned are some artwork by local resident Ken Dellwood, autographed movie memorabilia, and a trip for two to Hawaii. The evening will end with bids on the top item, a brand-new Sidewinder sports car donated by local car dealer Varnum Cars. The Paulson Group hopes to raise $200,000. All proceeds from the event will be used to support good causes in the city. Call 383-9487 to purchase tickets for the dinner and auction.

A Night to Remember

by Anna Belinda, Staff Reporter

Westchester (December 19) – Last night was definitely a night to remember for the Paulson Group, which hosted its annual fundraiser. More than 450 people attended both the dinner and the silent auction held afterward at the Regina Hotel.

The highlight of the event was the sale of a sports car for $50,000, which was more than the $38,000 it was expected to fetch. Other items were sold for high prices as well, with the end result being that more than $270,000 was raised on the night. "I can't believe how successful this event was," said Laurie Mitchell, the president of the group. "We only raised $150,000 last year. I'd like to thank the residents of Westchester for making this event a total success. We couldn't have done this without them."

December 23

Dear Mr. Anderson,

This is a friendly reminder that you have not yet transferred the $50,000 you bid on Saturday night. While we normally insist that all bids be paid in full on the night of the auction, we gave you extra time since the amount you bid was so high.

However, several days have passed, and we haven't heard from you since the night of the auction. Would you please call me at 754-3722 to let me know how you intend to make the payment? I hope to hear from you soon.

Sincerely,

Laurie Mitchell

Laurie Mitchell
President, Paulson Group

196. Who is Mr. Dellwood?

(A) An auctioneer
(B) A donor
(C) An artist
(D) A Paulson Group employee

197. What should individuals do to attend the event on Saturday?

(A) Make a small donation
(B) Send an e-mail
(C) Acquire tickets
(D) Make a reservation

198. What is indicated about the auction?

(A) It started later than expected.
(B) It exceeded its organizers' goals.
(C) It was attended by the most people ever.
(D) It was free for people to attend.

199. Why did Ms. Mitchell send the letter to Mr. Anderson?

(A) To congratulate him on a winning bid
(B) To confirm that he received an item
(C) To request payment for an item
(D) To thank him for attending the auction

200. What did Mr. Anderson bid on?

(A) A vehicle
(B) A painting
(C) A trip
(D) An autographed item

Stop! This is the end of the test. If you finish before time is called, you may go back to Parts 5, 6, and 7 and check your work.

Actual Test

RC

Test

4

READING TEST

In the Reading test, you will read a variety of texts and answer several different types of reading comprehension questions. The entire Reading test will last 75 minutes. There are three parts, and directions are given for each part. You are encouraged to answer as many questions as possible within the time allowed.

You must mark your answers on the separate answer sheet. Do not write your answers in your test book.

PART 5

Directions: A word or phrase is missing in each of the sentences below. Four answer choices are given below each sentence. Select the best answer to complete the sentence. Then mark the letter (A), (B), (C), or (D) on your answer sheet.

---

101. Half of the relocation costs are to be paid by the company while Mr. Rosemont is expected to handle the -------.

(A) rest
(B) amount
(C) salary
(D) lease

102. Should there be delays or ------- problems, LRW Manufacturing may file a complaint against its supplier.

(A) another
(B) each other
(C) any other
(D) others

103. Employees are requested not to arrive ------- to the meeting since the CEO will be in attendance.

(A) late
(B) lately
(C) lateness
(D) latest

104. Mr. Chen reviewed the proposal and then asked that several sections of it be considered for -------.

(A) revised
(B) revision
(C) revisor
(D) revisable

105. Ms. Cartwright ------- the project now that Mr. Wilson has resigned from his position.

(A) has overseen
(B) overseeing
(C) will oversee
(D) was overseen

106. Mr. Davidson learned about the job ------- he read an advertisement for it on the Internet.

(A) when
(B) therefore
(C) so
(D) but

107. Every effort to repair the broken machinery -------, so a new piece of equipment was ordered.

(A) failed
(B) resisted
(C) attempted
(D) considered

108. Due to the security breach, ------- to the computer files has been denied to certain individuals.

(A) access
(B) accession
(C) accessible
(D) accessing

109. Mr. Cranston will be replacing Daniel Kim, who is departing ------- having worked in the R&D Department for ten years.

(A) because
(B) which
(C) after
(D) thereby

110. An attempt to ------- new subscribers resulted in 550 more people signing up online.

(A) purchase
(B) recruit
(C) announce
(D) suspend

111. The museum curator will announce the opening of a new exhibit ------- art from the Renaissance.

(A) features
(B) will feature
(C) to be featured
(D) featuring

112. Some people complained about the unfair ------- of work projects by the senior engineers.

(A) distributor
(B) distribution
(C) distributed
(D) distributive

113. The negotiations came to an end as soon ------- the lawyers for Culberson International increased their offer.

(A) if
(B) on
(C) as
(D) for

114. Thanks to the ------- of the spring sale, a decision was made to hold another one a month later.

(A) popular
(B) popularly
(C) popularity
(D) popularities

115. It is vital to ------- the number of profitable items which are sold by the company.

(A) involve
(B) produce
(C) maneuver
(D) increase

116. The ------- of the firm's stock is expected to rise once the market opens tomorrow morning.

(A) value
(B) asset
(C) sale
(D) movement

117. Mr. Sullivan asked several questions ------- the effectiveness of the medicine the researchers developed.

(A) on account of
(B) in response to
(C) with regard to
(D) on top of

118. If you want to learn how to sign up for the program, please ------- your contact information with Ms. Winger.

(A) leave
(B) be leaving
(C) will leave
(D) have left

119. Of all the people who requested -------, only Ms. Appleton was permitted to move elsewhere.

(A) transfers
(B) raises
(C) promotions
(D) positions

120. Mr. Richards ------- attends conferences, preferring instead to send other individuals in his department.

(A) always
(B) appropriately
(C) seldom
(D) eventually

GO ON TO THE NEXT PAGE

121. Engineers ------- projects are about to conclude will receive new assignments from Ms. Ross on Thursday.

   (A) whom
   (B) whose
   (C) which
   (D) who

122. The museum will be hosting a ------- to celebrate the opening of its newest exhibit.

   (A) receiver
   (B) receptor
   (C) reception
   (D) receiving

123. Items must be returned in their ------- packaging to qualify for a full refund.

   (A) origin
   (B) original
   (C) originally
   (D) originality

124. ------- conference attendees are required to provide their estimated times of arrival to the organizers.

   (A) Any
   (B) Each
   (C) All
   (D) Much

125. Interns at Focus Machinery are typically assigned projects that ------- them with practical experience.

   (A) provide
   (B) provision
   (C) provisional
   (D) provided

126. The real estate agency agreed to give a tour of the facility in an effort to find a renter ------- it.

   (A) with
   (B) for
   (C) by
   (D) in

127. Mr. White suggested a ------- that would enable the tour group to avoid the heavy traffic downtown.

   (A) form
   (B) transportation
   (C) concept
   (D) detour

128. While the payment was being processed, the customer ------- on hold for a moment.

   (A) puts
   (B) will put
   (C) was put
   (D) is putting

129. The new apartment building has a recreation room, a laundry room, and other -------.

   (A) facilities
   (B) accommodations
   (C) utilities
   (D) functions

130. Managers are expected to meet with their employees at least ------- a quarter to give them a progress report.

   (A) some
   (B) once
   (C) few
   (D) any

PART 6

Directions: Read the texts that follow. A word, phrase, or sentence is missing in parts of each text. Four answer choices for each question are given below the text. Select the best answer to complete the text. Then mark the letter (A), (B), (C), or (D) on your answer sheet.

Questions 131-134 refer to the following memo.

To: Sandra Carter

From: Melissa Sanchez

Date: May 27

Subject: New Hires

Please be ------- that three new employees will be starting in your department tomorrow.
          131.

Their names are Cleo White, Marcia Strong, and Xavier Thompson. Mr. White will be

working on Roland Porter's team while Ms. Strong and Mr. Thompson will be on Kendra

Murray's team. In the morning, all three will attend the orientation session we're holding

in the auditorium. -------, they'll have lunch at noon with the CEO and department heads
                    132.

in the cafeteria. -------. Once lunch ends, you'll ------- them back to your department and
                  133.   **134.**

introduce them to everyone there. Please do everything you can to make their first week here

comfortable.

131. (A) advice
     (B) advisory
     (C) advised
     (D) advisor

132. (A) Afterward
     (B) However
     (C) Beforehand
     (D) Occasionally

133. (A) Your presence will not be necessary the
         entire day.
     (B) That's when you'll get the opportunity
         to meet them.
     (C) Someone from HR will lead them
         through the entire process.
     (D) The orientation session will take place
         at that time.

134. (A) approach
     (B) instruct
     (C) leave
     (D) escort

GO ON TO THE NEXT PAGE ▶

March 8

Dear Mr. Grimes,

-------. She will be taking possession of the apartment on April 3. You must therefore
135.

------- the premises no later than April 2. Prior -------, please contact George Shultz, the
136.   **137.**

building manager. He will conduct an inspection of the unit on your last day there. If there is

no damage to the apartment, your security deposit will be returned in -------. If he detects a
138.

problem, you may be required to pay to fix it. Please be sure to inform him when you will be

moving out. It has been a pleasure having you as a tenant at Griswold Apartments for the

past five years.

Regards,

Karen Lawson
Owner, Griswold Apartments

135. (A) We have decided to rent the apartment
        you asked about to someone else.
     (B) Your mortgage has been approved, so
        you can move into the apartment.
     (C) A replacement tenant has been found
        for the unit you are moving out of.
     (D) The rent on your apartment is being
        raised by $50 a month.

136. (A) attempt
     (B) move
     (C) terminate
     (D) vacate

137. (A) left
     (B) leave
     (C) to leaving
     (D) will leave

138. (A) full
     (B) complete
     (C) amount
     (D) entire

Questions 139-142 refer to the following announcement.

Munford Tunnel to Reopen Soon

The Munford Tunnel, which goes ------- through Sidewinder Mountain, will be reopening on
 139.

April 21. The tunnel had been closed for repairs to its ventilation system. ------- a failure with
 140.

the air conditioning, air was not being cycled in and out of the tunnel. That problem has since

been solved, so the tunnel is once again safe for traffic. The reopening of the tunnel should

------- traffic conditions in the local area. -------. For more information regarding the tunnel
 141. **142.**

and the repair work done on it, please contact the mayor's office at 580-2948.

---

139. (A) direction
(B) directive
(C) directly
(D) directed

140. (A) In spite of
(B) In return for
(C) Due to
(D) Instead of

141. (A) ease
(B) approve
(C) involve
(D) remove

142. (A) More funding to complete the
necessary work is required.
(B) Local residents are pleased the tunnel
has finally been built.
(C) The first vehicles will be allowed
through the tunnel in May.
(D) It should also reduce commuting times
by a significant amount.

GO ON TO THE NEXT PAGE

Introducing the Chamberlain Café

The Chamberlain Café will be opening its doors ------- the first time on November 1.
143.

Located at the corner of Duncan Street and Lucent Avenue, it's on the first floor of the Maple

Building. All kinds of hot and cold beverages will be sold at the café. Visitors can also buy

pastries, sandwiches, and salads. On the café's opening day, all food and drinks will be

sold for half off. Free Wi-Fi is ------- with the purchase of any drink. We will provide takeout
144.

services and make ------- within a five-block area of our location. -------. Visit our Web site at
145. **146.**

www.chamberlaincafe.com to learn more about us.

---

143. (A) at
(B) for
(C) on
(D) in

144. (A) available
(B) installed
(C) applied
(D) considered

145. (A) delivery
(B) deliverance
(C) deliveries
(D) delivered

146. (A) Ask a server about the types of drinks
we sell.
(B) This offer only applies to stores located
in the city limits.
(C) Our customers can't stop talking about
our service.
(D) A small fee will be applied to the total
charge.

PART 7

Directions: In this part you will read a selection of texts, such as magazine and newspaper articles, e-mails, and instant messages. Each text or set of texts is followed by several questions. Select the best answer for each question and mark the letter (A), (B), (C), or (D) on your answer sheet.

Questions 147-148 refer to the following notice.

Grayson Gym to Undergo Renovations

Grayson Gym will be closed for renovations from April 10 to April 16. During that time, the gym will increase in size by nearly 70%. This will provide more room for the gym's members to exercise. When the renovations are completed, there will be additional space for weightlifting, yoga, and aerobics. The men's and women's locker rooms will be enlarged, and two squash courts will be added. Most of the equipment will be replaced with newer and more modern machines. We regret to inform everyone that our doors will be closed during the renovation period

147. According to the notice, what is NOT true about the renovations?

(A) There will be more room for aerobics.
(B) Squash courts and a sauna will be made.
(C) Some new equipment will be added.
(D) They will make the gym become larger.

148. What is suggested about the gym's members?

(A) Their membership fees will increase in April.
(B) They requested that the renovations be done.
(C) Their class schedules will be altered by management.
(D) They will be unable to work out from April 10 to 16.

GO ON TO THE NEXT PAGE

Questions 149-150 refer to the following e-mail.

To:	brycewatson@quantummail.com
From:	grace_peters@mallardelectronics.com
Subject:	Good News
Date:	April 25

Dear Mr. Watson,

This is Grace Peters. I spoke with you on the telephone an hour ago. I'm pleased to report that I have some good news for you. The engineer discovered the problem with the Tristan 300 you sent us. There was a minor fault with the wiring that was causing it to make the pictures it took look blurry. He has already fixed it, so we'll mail the Tristan 300 to you this afternoon. We're sending it by overnight mail, so you ought to receive it tomorrow morning. We are very sorry about the inconvenience. We have added a credit of $50 to your Mallard Electronics account. You can use it to purchase any items you want from our online store. If you have any questions, please respond to this e-mail. I hope you get many hours of enjoyment from using your Tristan 300.

Sincerely,

Grace Peters
Customer Service Representative
Mallard Electronics

149. What most likely is the Tristan 300?

(A) A laptop computer
(B) A digital camera
(C) A laser printer
(D) A fax machine

150. What did Mr. Peters give to Mr. Watson?

(A) Credit to his store account
(B) A discount coupon
(C) A free user's manual
(D) Some complimentary accessories

Questions 151-152 refer to the following text message chain.

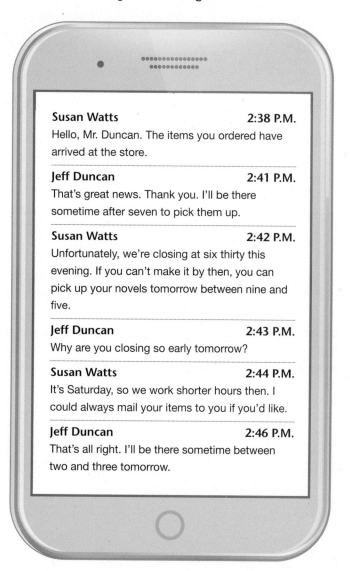

Susan Watts   2:38 P.M.

Hello, Mr. Duncan. The items you ordered have arrived at the store.

Jeff Duncan   2:41 P.M.

That's great news. Thank you. I'll be there sometime after seven to pick them up.

Susan Watts   2:42 P.M.

Unfortunately, we're closing at six thirty this evening. If you can't make it by then, you can pick up your novels tomorrow between nine and five.

Jeff Duncan   2:43 P.M.

Why are you closing so early tomorrow?

Susan Watts   2:44 P.M.

It's Saturday, so we work shorter hours then. I could always mail your items to you if you'd like.

Jeff Duncan   2:46 P.M.

That's all right. I'll be there sometime between two and three tomorrow.

151. Where does Ms. Watts most likely work?

(A) At an electronics store
(B) At a clothing store
(C) At a shoe store
(D) At a bookstore

152. At 2:46 P.M., why does Mr. Duncan write, "That's all right"?

(A) To thank Ms. Watts for her assistance
(B) To indicate he will visit today
(C) To express his happiness
(D) To turn down a suggestion

GO ON TO THE NEXT PAGE →

The Westside Hotel

The holder of this voucher is entitled to
a free stay in a junior suite for one week at the Westside Hotel.

- This offer is valid at all 153 Westside Hotel locations around the world.
- The holder must make a reservation at least two weeks in advance.
- This voucher has no expiration date and may be used at any time of the year.
- Call 1-888-403-3039 to make a booking or to ask questions.
- A booking request may be rejected if the hotel has no available rooms.

153. What is suggested about the Westside Hotel?

(A) Its best rooms are junior suites.
(B) It can be found in several countries.
(C) Its average rates are more than $150 a night.
(D) It gives coupons to all returning guests.

154. What is indicated about the coupon?

(A) It cannot be used during some months.
(B) It provides an upgrade to a better room.
(C) It is good for a stay lasting seven days.
(D) It is only valid for one year.

A New Start
by Rachel Weiss

Cooperstown (March 27) – In recent years, Cooperstown has been experiencing hard times. – [1] –. The population has declined, and several major employers have left. Many local residents have felt as if the town is in danger of dying.

Fortunately, one of Cooperstown's native sons has remembered his roots. Harold Williams moved away from Cooperstown when he was 18, but he never forgot the place where he grew up. – [2] –. Mr. Williams became a highly successful businessman and owned several sawmills throughout the country. Last month, Mr. Williams sold his properties so that he could retire.

He promptly contacted the Cooperstown City Council and asked what the town needed from him. – [3] –. Last night, it was revealed that the town's two schools will be completely renovated, and more teachers will be hired. Mr. Williams will be paying the bill for everything. "I want to make sure the children here get educated well," commented Mr. Williams. "I'm sure I'll do something else for the town in the near future. – [4] –. I'm open to suggestions."

155. What is the purpose of the article?

(A) To profile a local resident
(B) To describe ongoing renovations
(C) To advertise for some teaching positions
(D) To report on a donation to the city

156. What does the article indicate about Mr. Williams?

(A) He no longer works.
(B) He moved back to Cooperstown.
(C) He will become a teacher.
(D) He sold a property in Cooperstown.

157. In which of the positions marked [1], [2], [3], and [4] does the following sentence best belong?

"I'm just not sure what that will be."

(A) [1]
(B) [2]
(C) [3]
(D) [4]

GO ON TO THE NEXT PAGE

Questions 158-160 refer to the following memo.

MEMO

To: All Managers
From: David Bowman
Subject: Directory
Date: December 18

The Personnel Department will be updating the employee directory, so we need recent pictures of every manager at the firm. You can either submit a picture yourself, or you can visit Room 182 on December 20 between the hours of 1 P.M. and 4 P.M. to have one taken for you.

Should you hand in your own picture, you should be dressed in formal wear, and there should be a white background behind you. If you elect to have your picture taken here, please be sure to dress accordingly on Friday. All pictures must be submitted before the end of the day on Monday, December 23.

Because the company has grown so much in recent years, the directory will no longer be printed but will instead be posted online. Short biographies of each manager will be posted in it, so please write around 150 words about yourself. Your education, work history, and interests should be included.

---

158. What does the memo explain?

(A) Where employees can upload the directory
(B) Why the directory is being updated
(C) Who is in charge of making the directory
(D) What is needed to put in the directory

159. What is mentioned about the pictures?

(A) They should be taken in black and white.
(B) They can be taken at the company.
(C) They can be taken in casual wear.
(D) They will be taken on December 23.

160. What is suggested about the directory?

(A) Employees must pay for it.
(B) It is too big to print.
(C) It has already been posted.
(D) It needs to be edited.

To: Rachel Bellinger <rachelb@condortech.com>
From: Gerald Storm <g_storm@condortech.com>
Subject: This Friday
Date: September 8

Dear Ms. Bellinger,

I received the notice in my e-mail about the farewell party being held for Mr. Pike on his last day of work this coming Friday. I have had the pleasure of working alongside Mr. Pike for the past six years. He has served as a mentor to me, and I have learned a great deal from him about the technology industry.

I am truly sorry to hear that he is retiring and moving away after all these years. It's therefore with great regret that I must inform you that I will be unable to attend the party. I'm scheduled to lead a seminar in Dallas on that day, and there is no way I can alter my plans without causing problems for the seminar's organizers.

I wonder if I could send you a recorded message that you could play for Mr. Pike at the party. I think that would be a nice way to express my thanks and to let him know how much I will miss him. In addition, I'll drop by your office after lunch to contribute to the fund to purchase a gift for Mr. Pike.

Sincerely,

Gerald Storm

161. What is NOT indicated about Mr. Pike?

(A) He is resigning from his position.
(B) He was mentored by Mr. Storm.
(C) He will stop working this Friday.
(D) He will live in another city.

162. What is Mr. Storm scheduled to do on Friday?

(A) Conduct a professional event
(B) Travel to another country
(C) Meet some seminar organizers
(D) Interview some job applicants

163. What does Mr. Storm request he be allowed to do?

(A) Purchase his own going-away present
(B) Show up late for Mr. Pike's party
(C) Record a farewell for Mr. Pike to hear
(D) Thank everyone for attending the event

164. What will Mr. Storm probably do in the afternoon?

(A) Visit Mr. Pike
(B) Call Ms. Bellinger
(C) Send an e-mail
(D) Make a donation

GO ON TO THE NEXT PAGE

Questions 165-168 refer to the following Web site.

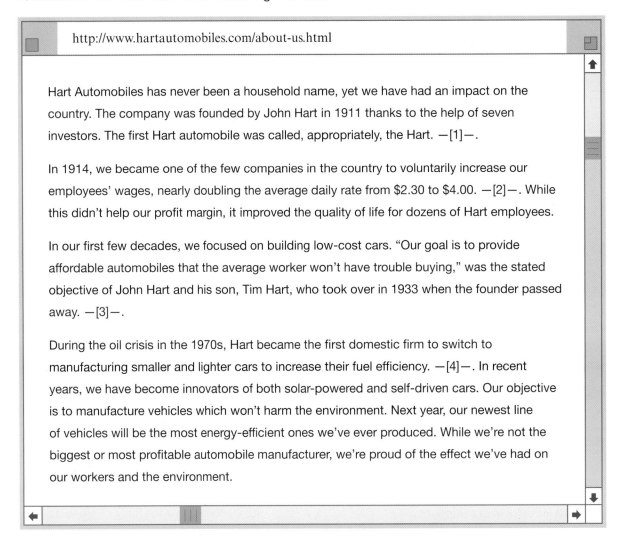

http://www.hartautomobiles.com/about-us.html

Hart Automobiles has never been a household name, yet we have had an impact on the country. The company was founded by John Hart in 1911 thanks to the help of seven investors. The first Hart automobile was called, appropriately, the Hart. —[1]—.

In 1914, we became one of the few companies in the country to voluntarily increase our employees' wages, nearly doubling the average daily rate from $2.30 to $4.00. —[2]—. While this didn't help our profit margin, it improved the quality of life for dozens of Hart employees.

In our first few decades, we focused on building low-cost cars. "Our goal is to provide affordable automobiles that the average worker won't have trouble buying," was the stated objective of John Hart and his son, Tim Hart, who took over in 1933 when the founder passed away. —[3]—.

During the oil crisis in the 1970s, Hart became the first domestic firm to switch to manufacturing smaller and lighter cars to increase their fuel efficiency. —[4]—. In recent years, we have become innovators of both solar-powered and self-driven cars. Our objective is to manufacture vehicles which won't harm the environment. Next year, our newest line of vehicles will be the most energy-efficient ones we've ever produced. While we're not the biggest or most profitable automobile manufacturer, we're proud of the effect we've had on our workers and the environment.

---

165. According to the information, what is true about Hart Automobiles?

(A) It has a line of solar-powered cars.
(B) It was established by Tim Hart.
(C) It is the country's largest car maker.
(D) It made vehicles that used less fuel.

166. When did Hart Automobiles pay its employees more?

(A) In 1911
(B) In 1914
(C) In 1933
(D) In 1970

167. What is the current goal of Hart Automobiles?

(A) To make the most affordable vehicles on the market
(B) To protect the environment with its vehicles
(C) To provide competitive salaries for its employees
(D) To increase the profits it earns each year

168. In which of the positions marked [1], [2], [3], and [4] does the following sentence best belong?

"It was praised for the quality of its workmanship."

(A) [1]
(B) [2]
(C) [3]
(D) [4]

November 8

Whistler Health Club

Dear Mr. Bell,

Thank you for your continued patronage at the Whistler Health Club. You have been a valued client for the past three years.

This notice is to remind you that you must make regular payments to utilize our services. According to our records, you opted to make monthly payments of $30. Perhaps you were busy last month and forgot, but we have not yet received the payment for October, which was due on the 31st of the month. Looking back at your history of payments, we see that you normally take care of your monthly bill between the 25th and 29th of each month.

Would you please submit your payment for October as soon as possible? You can do so with cash anytime you visit the gym, or you can send a check made out to Whistler Health Club to the following address: 4938 Grant Street, Madison, WI. You can also set up automatic payments through online banking. Visit www.whistlerhealthclub.com/payment to learn how to do that.

We look forward to receiving a positive response from you soon.

Regards,

Jeremy Gill

Whistler Health Club

---

169. Why did Mr. Gill send the letter?

(A) To request a membership renewal
(B) To provide an update on services
(C) To ask about a failure to pay
(D) To suspend a customer's membership

170. What is suggested about Mr. Bell?

(A) He has paid on time in the past.
(B) He works out at the gym daily.
(C) His home is located near the gym.
(D) His workplace pays for his membership.

171. According to the letter, which is NOT a way a customer can make a payment?

(A) By check
(B) By bank transfer
(C) By cash
(D) By credit card

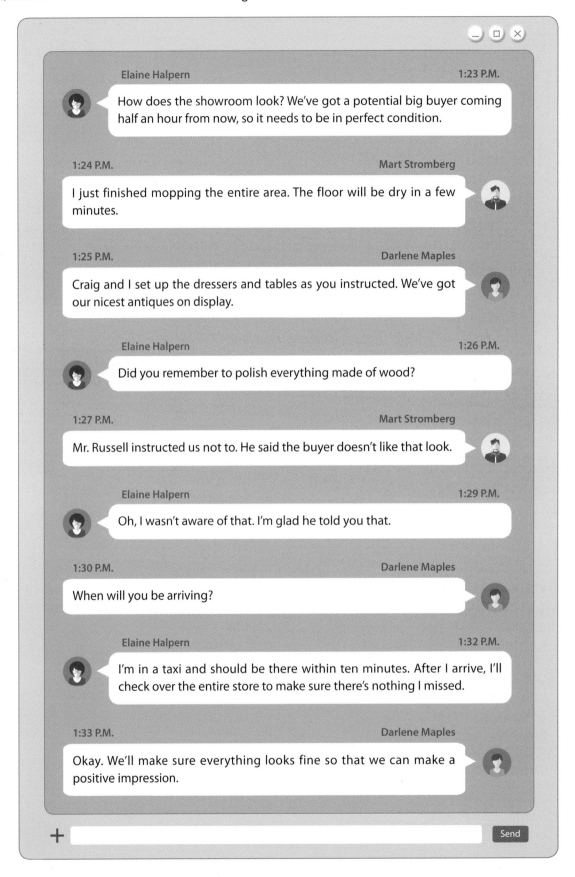

Elaine Halpern   1:23 P.M.

How does the showroom look? We've got a potential big buyer coming half an hour from now, so it needs to be in perfect condition.

1:24 P.M.   **Mart Stromberg**

I just finished mopping the entire area. The floor will be dry in a few minutes.

1:25 P.M.   **Darlene Maples**

Craig and I set up the dressers and tables as you instructed. We've got our nicest antiques on display.

Elaine Halpern   1:26 P.M.

Did you remember to polish everything made of wood?

1:27 P.M.   **Mart Stromberg**

Mr. Russell instructed us not to. He said the buyer doesn't like that look.

Elaine Halpern   1:29 P.M.

Oh, I wasn't aware of that. I'm glad he told you that.

1:30 P.M.   **Darlene Maples**

When will you be arriving?

Elaine Halpern   1:32 P.M.

I'm in a taxi and should be there within ten minutes. After I arrive, I'll check over the entire store to make sure there's nothing I missed.

1:33 P.M.   **Darlene Maples**

Okay. We'll make sure everything looks fine so that we can make a positive impression.

Send

172. Where does Ms. Halpern most likely work?

    (A) At a furniture store
    (B) At an electronics shop
    (C) At a car dealership
    (D) At a grocery store

173. According to the writers, what did they NOT do?

    (A) Arranged some items
    (B) Did some mopping
    (C) Removed price tags
    (D) Displayed some items

174. At 1:27 P.M. what does Mr. Stromberg imply when he writes, "Mr. Russell instructed us not to"?

    (A) He did not contact the customer.
    (B) He is not working today.
    (C) He is waiting for more instructions.
    (D) He did not polish anything.

175. What will Ms. Maples do next?

    (A) Call a taxi for Ms. Halpern
    (B) Speak with a customer
    (C) Look over the store
    (D) Clean the showroom

GO ON TO THE NEXT PAGE ➤

Construction on Hampton Road

Construction crews will work on Hampton Road from Monday, June 10, to Wednesday, June 12. They will begin at 6 A.M. and finish at 9 P.M. every day. The five affected areas are located between Jackson Lane and Carpenter Avenue. The work is being done to repair the street after it suffered a large amount of damage due to the flashflood that happened during last month's thunderstorms. Motorists should avoid traveling on Hampton Road during this time. Only one lane will be open on Hampton Road in each direction during the construction period. Visit the city's Web site at www.oxford.gov/construction to see the precise locations of the work as well as alternative roads that can be taken.

City Apologizes for Long Construction
reported by Christine Lee

Oxford (June 17) – Work on Hampton Road ended on Saturday, June 15. For five days, people driving in the downtown area experienced severe delays. "My morning commute usually only lasts for around thirty-five minutes," said Oxford resident Dean Reynolds. "But it took me two hours to get to work every single day this week," he complained.

Many other commuters made similar complaints. Mayor Melissa Carmichael apologized for the problems at a press conference last night. "We regret the lengthy construction period, but the road was much more severely damaged than we had anticipated before work started. Fortunately, everything is fine now."

According to the mayor, traffic should improve this week now that every lane on Hampton Road has been reopened. If this doesn't, the mayor's office is sure to get many calls from upset residents.

176. According to the notice, what is NOT true about the work on Hampton Road?

(A) It shut down the entire road.
(B) It lasted from morning until night.
(C) It was shown on a map on the city's Web site.
(D) It was done in multiple places.

177. What was the cause of the damage to Hampton Road?

(A) Heavy snow
(B) A traffic accident
(C) Rising water levels
(D) A gas explosion

178. What is indicated about the construction work on Hampton Road?

(A) Two different companies did it.
(B) Traffic was not interfered with.
(C) The work has not been paid for yet.
(D) It took longer than expected.

179. What happened on June 16?

(A) Road construction was completed.
(B) A press conference was held.
(C) A road was closed to traffic.
(D) A street was inspected.

180. What is suggested about the residents of Oxford?

(A) They are unhappy with the roadwork.
(B) Many of them complained to the mayor.
(C) They objected to the work done on the road.
(D) Some of them arranged a meeting at city hall.

GO ON TO THE NEXT PAGE

Benjamin's
Specials of the Day

All entrées come with a choice of soup or salad. Diners will also receive a free cold beverage of their choice. The specials of the day change on a daily basis. See the regular menu for all available appetizers and entrées.

Appetizers	Price	Entrées	Price
Fried Calamari	$4.99	Seafood Paella	$18.99
Ceviche	$6.99	Beef Lasagna	$15.99
Roasted Eggplant	$5.99	Lamb Kebabs	$19.99
Tuna Salad	$6.99	Shrimp Alfredo	$17.99

Customers with a Benjamin's Membership Card will not have any discounts applied to the above menu items.

To: benjamin@benjamins.com
From: lisajacobs@thismail.com
Subject: Lunch
Date: October 11
Attachment: receipt.jpg

Dear Mr. Morris,

My name is Lisa Jacobs. Yesterday, October 10, I had lunch at your dining establishment with one of my colleagues. I thoroughly enjoyed the meal that was prepared for me. The appetizer and the entrée were impressive, and the chocolate mousse which my waitress recommended to me for dessert was the best I've ever had. I definitely intend to return to your restaurant in the future.

However, as you can see from the picture of the receipt I am sending with this e-mail, I was charged too much for my meal. I paid $28.99 for my meal when I should have been charged only $18.99. I'm sure this was a simple mistake, but I would like to have the extra $10.00 refunded to my credit card.

Thank you.

Lisa Jacobs

181. What will individuals who order an entrée receive for free?

(A) A vegetable side dish
(B) A salad and coffee
(C) A cold drink
(D) A dessert

182. What is indicated about Benjamin's?

(A) It offers specials five days a week.
(B) It changes its menu every season.
(C) It is located inside a shopping center.
(D) It charges some customers lower prices.

183. What does Ms. Jacobs mention about the dessert she ate?

(A) She enjoyed it very much.
(B) She had ordered it on a previous visit.
(C) She requested the recipe for it.
(D) She thought it went well with her meal.

184. Why did Ms. Jacobs send the e-mail?

(A) To make a reservation
(B) To compliment the waitress
(C) To request some money back
(D) To ask about an upcoming special

185. What did Ms. Jacobs have for an entrée?

(A) Seafood paella
(B) Beef lasagna
(C) Lamb kebabs
(D) Shrimp alfredo

GO ON TO THE NEXT PAGE

Cumberland Clothes Survey

We value our customers at Cumberland Clothes. Please complete this survey and give it to any employee at the store to receive a coupon for $5. If you leave your name and contact information, we will enter you in a drawing. Ten winners will win special gifts.

How would you rate the following?

	Excellent	Good	Average	Poor	Terrible
Selection of Items			✓		
Prices of Items		✓			
Quality of Items				✓	
Style of Items					✓

Comments: *I used to shop here every month but rarely come anymore. The clothes are too old fashioned and get worn out quickly. I feel like I'm wasting my money by shopping here, so I doubt I'll come back again.*

Name: *Wilma Hamilton*

Contact Information: *whamilton@personalmail.com*

To: Daniel Marbut, Raisa Andropov, Jordan West, Elaine Nash
From: Craig Murphy
Subject: Survey Results
Date: August 21

In the past six week, we received more than 1,700 online and offline survey responses, and the overall results are disappointing. However, the responses clearly explain why we've been losing so many customers. Basically, our customers dislike the looks of our clothes, referring to them by words such as "ugly," "old fashioned," and "out of style." Many customers believe our clothes are poorly made. They complained about items ripping, tearing, and fading. They disliked the service we've been providing as well.

I took the liberty of speaking with every individual who left contact information on the survey and got in-depth responses from many of them. What we need to do is change the brands of the items we sell, or we'll go out of business soon.

BIG SALE
Visit every location of
Cumberland Clothes
for a sale lasting from
October 1-31.

We are introducing several new lines of clothes.

We now sell clothes made by:

Urias, Marconi, Andretti, and Christopher's.

You'll love the quality and the look of these clothes.

They are the most fashionable on the market.

And don't worry because the prices we're famous for will stay the same.

Visit the new Cumberland Clothes.

We provide the clothes our shoppers want.

186. What is indicated about Ms. Hamilton?

(A) She purchases items at Cumberland Clothes for their quality.
(B) She thinks the prices at Cumberland Clothes are high.
(C) She belongs to the Cumberland Shoppers Club.
(D) She received a coupon for Cumberland Clothes.

187. How did Ms. Hamilton feel about the items at Cumberland Clothes?

(A) She thought they were out of style.
(B) She thought they were overpriced.
(C) She thought they were well made.
(D) She thought they were colorful.

188. What is suggested about Mr. Murphy?

(A) He is the owner of Cumberland Clothes.
(B) He sent an e-mail to Ms. Hamilton.
(C) He works for a market research firm.
(D) He dislikes the selection at Cumberland Clothes.

189. What does Mr. Murphy recommend doing?

(A) Selling new brands
(B) Training workers better
(C) Lowering prices
(D) Conducting a new survey

190. Which complaint made by customers is NOT addressed in the advertisement?

(A) The styles of the clothes
(B) The customer service
(C) The clothing selections
(D) The appearances of the clothes

GO ON TO THE NEXT PAGE

February 15

Dear Mr. Swanson,

Congratulations on being hired by the Greenbrier Hotel. Your first day of work will be March 10. You will be employed in the Room Service Department. At times, you will assist with food preparation like the type you're doing at your current job. At other times, you will deliver food to guests in their rooms or work as a member of the wait staff at Crawford's, our fine-dining establishment on the third floor.

Room Service Department employees must wear uniforms at all times. You have to wear white pants and a white shirt while in the kitchen or delivering food. You must wear black pants and a white button-down shirt when working at Crawford's. Please complete the order form included with the letter and return it at once. The Greenbrier Hotel will pay for two of each clothing item listed above. You must pay for anything else you purchase.

Sincerely,

Tabitha Lang

Tabitha Lang
Supervisor, Room Service Department
Greenbrier Hotel

Imperial Fashions

874 Crossway Road
London, England
WP36 7TR

Order Form

Customer Name: Allan Swanson
Address: 39 Baker Street, London, England, OL43 2SE
Telephone Number: 954-3922
E-Mail Address: allanswanson@thamesmail.com

Item	Quantity	Unit Price	Total Price
Pants, Black (L)	2	£20	£40
Shirt, White (L)	1	£17	£17
Button-Down Shirt, White (L)	3	£25	£75
Pants, White (L)	2	£22	£44
		Total	£176

Bill To: Greenbrier Hotel, Room Service Department
Client Number: 9404392

Room Service Department Schedule
April 1-7

Employee: Allan Swanson

Day	Time	Location	Notes
April 1	9 A.M. – 6 P.M.	Kitchen	Delivery + Food Preparation
April 2	9 A.M. – 6 P.M.	Kitchen	Delivery
April 3	1 P.M. – 9 P.M.	Crawford's	Wait Staff
April 4	1 P.M. – 9 P.M.	Crawford's	Wait Staff + Food Preparation
April 5	6 P.M. – 2 A.M.	Kitchen	Delivery

Comments

April 6 and 7 are days off. However, this schedule is subject to change if another employee requests vacation time on either day. You will be informed no later than 6 P.M. on April 4 if your presence is required.

191. What is the purpose of the letter?

(A) To describe a process
(B) To give a schedule
(C) To make a request
(D) To provide instructions

192. What is Crawford's?

(A) A convenience store
(B) A restaurant
(C) A café
(D) A bakery

193. What is indicated about Mr. Swanson?

(A) He expected to work at the hotel's front desk.
(B) He will begin his new job in February.
(C) He has experience in the food service industry.
(D) He will be paid by the hour at his job.

194. How much money must Mr. Swanson reimburse the hotel?

(A) £17
(B) £20
(C) £22
(D) £25

195. According to the schedule, what is true about Mr. Swanson?

(A) He must wear black pants on April 3.
(B) He has three days off from April 1 to 7.
(C) He is working the night shift on April 2.
(D) He will cook food on April 5.

GO ON TO THE NEXT PAGE ▶

Archer Grocery Store Coming to Haven

by Nabil Apu

Haven (January 4) – The CEO of Archer Grocery Store, a large national chain, stated he hopes to open a store in Haven this year. "Haven's downtown lacks supermarkets," commented David Leatherwood. "Local residents would benefit by having a store there," he added.

Archer is highly regarded for the wide selection of inexpensive fresh foods its sells. Every Archer features a deli and a bakery and is open 24 hours a day, 7 days a week, increasing the convenience for shoppers. Most Archers are located in so-called food deserts, where there is a relative lack of fresh food options. Thus local residents reacted positively upon hearing the news Archer may be moving there.

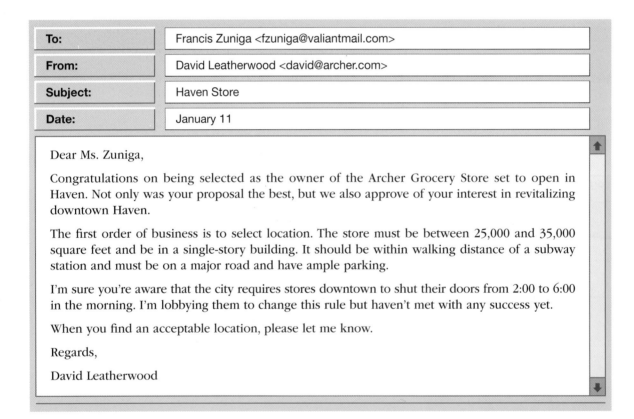

To:	Francis Zuniga <fzuniga@valiantmail.com>
From:	David Leatherwood <david@archer.com>
Subject:	Haven Store
Date:	January 11

Dear Ms. Zuniga,

Congratulations on being selected as the owner of the Archer Grocery Store set to open in Haven. Not only was your proposal the best, but we also approve of your interest in revitalizing downtown Haven.

The first order of business is to select location. The store must be between 25,000 and 35,000 square feet and be in a single-story building. It should be within walking distance of a subway station and must be on a major road and have ample parking.

I'm sure you're aware that the city requires stores downtown to shut their doors from 2:00 to 6:00 in the morning. I'm lobbying them to change this rule but haven't met with any success yet.

When you find an acceptable location, please let me know.

Regards,

David Leatherwood

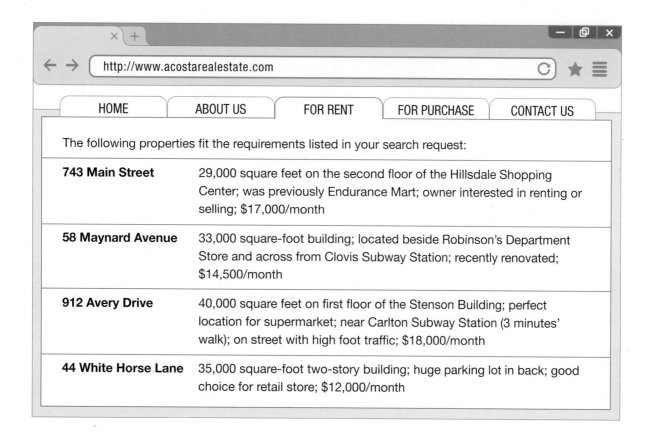

743 Main Street — 29,000 square feet on the second floor of the Hillsdale Shopping Center; was previously Endurance Mart; owner interested in renting or selling; $17,000/month

58 Maynard Avenue — 33,000 square-foot building; located beside Robinson's Department Store and across from Clovis Subway Station; recently renovated; $14,500/month

912 Avery Drive — 40,000 square feet on first floor of the Stenson Building; perfect location for supermarket; near Carlton Subway Station (3 minutes' walk); on street with high foot traffic; $18,000/month

44 White Horse Lane — 35,000 square-foot two-story building; huge parking lot in back; good choice for retail store; $12,000/month

196. Who is Mr. Leatherwood?

(A) A Haven resident
(B) An investor
(C) A shopper
(D) A company president

197. In the article, the word "relative" in paragraph 2, line 9, is closest in meaning to

(A) familial
(B) excessive
(C) unfortunate
(D) comparative

198. Why did Mr. Leatherwood send the e-mail?

(A) To describe some restrictions
(B) To offer a contract
(C) To negotiate a deal
(D) To respond to a suggestion

199. How will the Archer Grocery Store in Haven differ from other Archer Grocery Stores?

(A) It will not have a bakery.
(B) It will be on two floors.
(C) It will close each night.
(D) It will sell imported food.

200. Where is the place Ms. Zuniga will most likely recommend to Mr. Leatherwood?

(A) At 743 Main Street
(B) At 58 Maynard Avenue
(C) At 912 Avery Drive
(D) At 44 White Horse Lane

Stop! This is the end of the test. If you finish before time is called, you may go back to Parts 5, 6, and 7 and check your work.

Actual Test

RC

Test

5

In the Reading test, you will read a variety of texts and answer several different types of reading comprehension questions. The entire Reading test will last 75 minutes. There are three parts, and directions are given for each part. You are encouraged to answer as many questions as possible within the time allowed.

You must mark your answers on the separate answer sheet. Do not write your answers in your test book.

PART 5

Directions: A word or phrase is missing in each of the sentences below. Four answer choices are given below each sentence. Select the best answer to complete the sentence. Then mark the letter (A), (B), (C), or (D) on your answer sheet.

101. Ms. Collins cited several ------- of signing a contract with Delmont Shipping during the meeting.

(A) reasons
(B) opinions
(C) advantages
(D) considerations

102. New cutting machines were installed to increase the ------- of the workers on the factory floor.

(A) effective
(B) effecting
(C) effectiveness
(D) effectively

103. ------- options exist for individuals who are interested in changing the terms of their memberships.

(A) Several
(B) All
(C) Much
(D) Little

104. Tickets for the book signing ------- away on a first-come, first-served basis all week long.

(A) are giving
(B) are being given
(C) have been giving
(D) will give

105. The mayor hopes to ------- the plan to improve the city's infrastructure at the beginning of June.

(A) attract
(B) report
(C) approach
(D) implement

106. The unemployment rate in the region has improved ------- since several local manufacturers started hiring more workers.

(A) tremendously
(B) eventually
(C) responsibly
(D) quietly

107. Managers are investigating how ------- like the one that happened yesterday can be avoided.

(A) incidental
(B) incidents
(C) incidentally
(D) incident

108. Individuals who hope to take time off during the winter months need to clear it ------- a supervisor first.

(A) for
(B) with
(C) by
(D) on

109. As a general rule, the company selects the most ------- option when deciding on new suppliers.

(A) afford
(B) afforded
(C) affording
(D) affordable

110. The clerk ------- Ms. Carpenter to a suite as a way of apologizing for losing her reservation.

(A) awarded
(B) upgraded
(C) announced
(D) paid

111. While only three people applied for the position, ------- of them were highly qualified, which made selecting the ideal candidate difficult.

(A) each
(B) all
(C) both
(D) none

112. Several individuals had their schedules ------- since a new project was suddenly announced.

(A) changed
(B) been changing
(C) will change
(D) are changed

113. Once the contract is signed, ------- to pay for the raw materials must be sent within 48 hours.

(A) accounts
(B) intentions
(C) matter
(D) funds

114. The interns had lunch with the CEO ------- on their first day of work at the Ampere Company.

(A) him
(B) his own
(C) he
(D) himself

115. Ms. Kennedy will ------- up to six employees to attend this weekend's seminar in Des Moines.

(A) permit
(B) credit
(C) remit
(D) submit

116. The artist ------- to display more than 30 of her most recent works at an upcoming exhibition at the Furman Gallery.

(A) has been intended
(B) will have been intended
(C) intends
(D) is intended

117. All ------- must be interviewed before they complete the firm's competency test.

(A) applications
(B) applies
(C) applicants
(D) applicable

118. Ms. Thompson got in touch with the buyer ------- her meeting with Mr. Roberts concluded.

(A) instead of
(B) as a result of
(C) as soon as
(D) in spite of

119. ------- for the contractors to enter the warehouse was given by Ms. Hoskins, the supervisor on duty.

(A) Clear
(B) Clearance
(C) Clearly
(D) Cleared

120. Ever since last November, Fulton Research ------- scientists to work in several of its laboratories.

(A) will hire
(B) will be hiring
(C) has been hiring
(D) was hire

GO ON TO THE NEXT PAGE

121. The demonstration at RC Technology was attended by a large number of ------- of the local media.

(A) members
(B) performers
(C) editors
(D) reporters

122. The company's new logo received widespread praise from both customers and industry -------.

(A) insides
(B) insiders
(C) inside
(D) insider

123. Once the ------- for proposals was made, several employees offered suggestions that were deemed interesting.

(A) admission
(B) submission
(C) request
(D) approval

124. Traffic had to be diverted while construction work was being done at the -------.

(A) intersect
(B) intersection
(C) intersective
(D) intersected

125. Lincoln Interior always provides a price ------- for customers before starting any work.

(A) endorsement
(B) warranty
(C) estimate
(D) support

126. ------- the article is rejected by the editor, another magazine might be interested in publishing it.

(A) Since
(B) However
(C) In addition
(D) Even if

127. The snowfall was ------- heavy that most vehicles in the downtown area could not move until snowplows were brought in.

(A) so
(B) very
(C) too
(D) most

128. The inspector hopes to ------- whether safety regulations are being followed.

(A) arrange
(B) determine
(C) clear
(D) approve

129. Unless the ID cards ------- soon, their holders will not be able to unlock any doors in the entire facility.

(A) fix
(B) will fix
(C) are fixed
(D) have fixed

130. The contract must be signed ------- Friday evening, or the agreement will be considered invalid.

(A) by
(B) within
(C) about
(D) in

PART 6

Directions: Read the texts that follow. A word, phrase, or sentence is missing in parts of each text. Four answer choices for each question are given below the text. Select the best answer to complete the text. Then mark the letter (A), (B), (C), or (D) on your answer sheet.

Questions 131-134 refer to the following e-mail.

To: rclark@betaengineering.com
From: lmarlowe@personalmail.com
Subject: Engineering Position
Date: September 28

Dear Mr. Clark,

I received your offer of employment by certified mail yesterday. After ------- the matter with
131.

my family, I have decided to accept your offer. I am looking forward to working at Beta

Engineering in the near future.

-------. I wonder if you would mind waiting until November 1. My current employer requires
132.

that I give 30 days' notice before resigning. I also need to move my family to a new city,

which will take ------- time.
133.

As for the financial ------- and benefits package you offered, I am fully satisfied. I will be
134.

signing the contract and returning it to you in the mail tomorrow.

Regards,

Lewis Marlowe

131. (A) discussed
(B) discussion
(C) discussing
(D) discusses

132. (A) Increasing my salary by $10,000 a year
would be ideal.
(B) I'm willing to start my tenure at the firm
as soon as possible.
(C) It is important for me to give this matter
a bit more consideration.
(D) Your letter mentioned that you would
like me to begin on October 15.

133. (A) some
(B) few
(C) many
(D) any

134. (A) compensate
(B) compensation
(C) compensated
(D) compensatory

GO ON TO THE NEXT PAGE

Questions 135-138 refer to the following memo.

To: All Department Heads
From: Jason Cheswick
Subject: Funds
Date: March 25

As you should be aware, departmental funds are distributed on a quarterly basis.

-------. Any funds not spent by that time will be returned to the company's general fund
135.

unless you explain in writing ------- they should remain in your budget. In addition, please
136.

be aware that failure to spend all of the money ------- in your budget being decreased in the
137.

coming quarter. If you have already exceeded your quarterly budget, I need ------- explaining
138.

why no later than April 4. The amount of money you went over your budget will be extracted

from your funds for the second quarter unless I determine otherwise.

135. (A) We are giving consideration to changing this policy.
(B) The end of the first quarter of the year is on March 31.
(C) You may apply for extra funding if you need it at once.
(D) I do not have access to the funds that you were given.

136. (A) where
(B) when
(C) why
(D) how

137. (A) has resulted
(B) may result
(C) will have resulted
(D) is resulting

138. (A) document
(B) documented
(C) documentable
(D) documentation

Housing Prices in Benson Continue to Rise

Benson (August 19) – According to the latest statistics, the prices of individual houses in Benson have risen for the past fourteen months in a row. In July, the average price of a 3-bedroom home in the city was $147,400. -------.
139.

Benson is currently suffering a housing shortage as its ------- rises dramatically. This is
140.
happening because several companies in the local area have expanded and are therefore hiring large numbers of workers.

Construction companies in Benson are busy building dozens of new houses, ------- the first
141.
ones are not scheduled to be completed until November. When that happens, it is expected that housing prices will ------- to some extent.
142.

139. (A) This is an increase of 1.2% from the average price in June.
(B) Residents can sell their homes with various real estate agencies.
(C) June saw prices of homes go down by a slight amount.
(D) Apartment buildings are considered more convenient by some residents.

140. (A) unemployment
(B) income
(C) population
(D) taxation

141. (A) or
(B) when
(C) before
(D) but

142. (A) stabilize
(B) appear
(C) increase
(D) advertise

ACTUAL TEST 5

GO ON TO THE NEXT PAGE

March 4

Dear Mr. Merriweather,

I am writing this letter to announce that ------- application to become a member of the Salem
143.

Community Swimming Pool has been accepted. You requested a family membership, and it

has been granted. -------. However, your application fee of $150 will be ------- to the cost of
144. **145.**

this year's membership. Please make the remaining $600 payment no later than March 31.

Otherwise, we will assume you are no longer interested in joining the swimming pool. For

more information about the pool, the hours, swimming lessons, and our swim team, please

call 843-9283 during ------- business hours.
146.

Sincerely,

Steve Atkins
Salem Community Swimming Pool

---

143. (A) my
(B) his
(C) their
(D) your

144. (A) It was a pleasure meeting your family at
the interview.
(B) The total cost of membership per year
is $750.
(C) We hope you enjoy swimming at the
pool.
(D) You are now welcome to visit the pool
at any time.

145. (A) deducted
(B) applied
(C) reduced
(D) observed

146. (A) regular
(B) regulated
(C) regulation
(D) regulatory

PART 7

Directions: In this part you will read a selection of texts, such as magazine and newspaper articles, e-mails, and instant messages. Each text or set of texts is followed by several questions. Select the best answer for each question and mark the letter (A), (B), (C), or (D) on your answer sheet.

Questions 147-148 refer to the following announcement.

Employee Benefits

As previously announced, we are switching medical and dental insurance providers. The new providers are able to offer much more affordable insurance packages. These changes will not only guarantee that you get more money in your monthly paychecks but will also give you more comprehensive health care. According to the law, we need your permission to permit our new providers to access your personal information. Please log on to the computer system and update and confirm your family records, such as names and birthdates. In addition, check the box at the bottom of the screen stating "I agree" so we can guarantee that the transition goes smoothly. The deadline is this Friday at 6:00 P.M.

147. What is being announced?

(A) An increase in health insurance rates
(B) A new way to make insurance payments
(C) An alteration to employee benefits
(D) A date for annual employee checkups

148. What are employees asked to do?

(A) Complete a form
(B) Check some information
(C) Pay a fee
(D) Select a new provider

GO ON TO THE NEXT PAGE

Questions 149-150 refer to the following e-mail.

To:	Georgia Worthy
From:	David Schwartz
Subject:	Mr. Martinez
Date:	February 18

Dear Ms. Worthy,

Mr. Martinez from Dresden Manufacturing visited my office yesterday afternoon, and we looked over the design of the factory your team worked on. Overall, he was pleased with the plans, but he mentioned a couple of adjustments he desires. First, he decided that the facility needs a third assembly line, which will increase its size by approximately 40%. He also wants to install solar panels on the roof.

Why don't you visit my office today so we can go over everything in detail? I've got time available between 2:00 and 3:30. Bring Peter Verma with you because I'd prefer to speak with both of you at the same time.

Regards,

David Schwartz

149. Why did Mr. Schwartz send the e-mail?

(A) To ask for an opinion
(B) To request advice
(C) To provide an update
(D) To make an apology

150. What is suggested about Mr. Verma?

(A) He is involved with Mr. Martinez's project.
(B) He is an employee at Dresden Manufacturing.
(C) He has not met Mr. Schwartz in person.
(D) He is currently inspecting a facility.

```
                      Oceanside Resort
            488 Pacific Avenue, Honolulu, HI 96813
                  Telephone: (808) 371-8473
```

Receipt

Name: Caroline Mason
Address: 81 Liberty Road, Los Angeles, CA 90219
E-Mail Address: carolinemason@privatemail.com
Reservation Date: May 3
Reservation Number: OR847-944

Date	Description	Amount
May 5	Double Room	$75.00
May 6	Double Room	$75.00
May 6	Room Service	$22.00
May 7	Double Room	$75.00
May 7	Mini Bar	$34.00
	Subtotal	$281.00
	Tax	$16.86
	Total	$287.86

E-Mail Address: May 8
Credit Card Holder: Caroline Mason
Signature: *Caroline Mason*

ACTUAL TEST 5

151. When did Ms. Mason check in to the Oceanside Resort?

(A) On May 3
(B) On May 5
(C) On May 6
(D) On May 7

152. What is indicated about Ms. Mason?

(A) She stayed at the resort for four nights.
(B) She reserved her room online.
(C) She ate a meal in her room.
(D) She received a discounted rate.

GO ON TO THE NEXT PAGE

Questions 153-154 refer to the following text message chain.

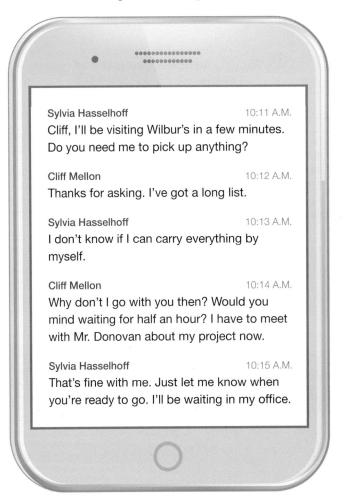

Sylvia Hasselhoff   10:11 A.M.
Cliff, I'll be visiting Wilbur's in a few minutes. Do you need me to pick up anything?

Cliff Mellon   10:12 A.M.
Thanks for asking. I've got a long list.

Sylvia Hasselhoff   10:13 A.M.
I don't know if I can carry everything by myself.

Cliff Mellon   10:14 A.M.
Why don't I go with you then? Would you mind waiting for half an hour? I have to meet with Mr. Donovan about my project now.

Sylvia Hasselhoff   10:15 A.M.
That's fine with me. Just let me know when you're ready to go. I'll be waiting in my office.

153. At 10:13 A.M., what does Ms. Hasselhoff mean when she writes, "I don't know if I can carry everything by myself"?

(A) She has not been going to the gym lately.
(B) She has decided to drive to the store instead.
(C) She will ask another employee to go with her.
(D) She cannot purchase everything Mr. Mellon wants.

154. What will Mr. Mellon probably do next?

(A) Talk to Mr. Donovan
(B) Visit Ms. Hasselhoff's office
(C) Drive to Wilbur's
(D) Make a telephone call

Questions 155-157 refer to the following e-mail.

To: customerservice@falconair.com
From: pedrodelgado@lombard.com
Subject: Flight FA34
Date: August 18

To Whom It May Concern,

My name is Pedro Delgado. I flew on Falcon Air Flight FA34 from Miami, Florida, to Panama City, Panama, this morning. My reservation number was GT8594AR, and I was seated in economy class in seat 45B. —[1]—.

Unfortunately, it appears as though I didn't take all of my possessions when I got off the plane. I was working the entire flight and placed some important papers in the pocket in the seat in front of me. —[2]—. When it was time to get off the plane, I forgot to recover those documents. —[3]—. I need them for a business meeting tomorrow.

I'm staying in room 283 at the Excelsior Hotel in downtown Panama City and can be reached anytime on my cellphone at (615) 398-9021.

Thank you very much. —[4]—.

Pedro Delgado

---

155. What problem does Mr. Delgado mention?

(A) He left something on the airplane.
(B) He missed his flight to Panama.
(C) He arrived late for a meeting.
(D) He failed to book a return flight.

156. What is suggested about Mr. Delgado?

(A) He has taken Flight FA34 in the past.
(B) He works at an office in Miami, Florida.
(C) He would prefer to be contacted by phone.
(D) His changed seats on his flight.

157. In which of the positions marked [1], [2], [3], and [4] does the following sentence best belong?

"Could you please see if anyone has found them?"

(A) [1]
(B) [2]
(C) [3]
(D) [4]

GO ON TO THE NEXT PAGE

MPT, Inc. Certification Seminars

MPT, Inc. will be holding certification seminars for its software in several cities throughout the country. The following is the schedule for June and July:

Date	Time (Seminar Only)	Location	Software	Instructor
June 14	9 A.M. – 12 P.M.	Los Angeles, CA	Art Pro	Darlene Campbell
June 28	1 P.M. – 4 P.M.	Houston, TX	Omega	Sophia Beam
July 12	11 A.M. – 2 P.M.	Chicago, IL	Art Pro	Rudolph Mudd
July 19	2 P.M. – 5 P.M.	Baltimore, MD	Diamond	Martin Croft
July 26	10 A.M. – 1 P.M.	Atlanta, GA	Vox	Sophia Beam

Each seminar will consist of a three-hour class providing instruction on the software in question. Then, following a one-hour break, a certification exam will be given. The length of the exam depends upon the software being tested.

All seminars cost $250 to attend. The registration period begins on June 1. Registration for each seminar will end the day before it is scheduled to take place. Those who intend to take the exam must pay a testing fee of $150. Anyone wishing to do both activities can pay a discounted rate of $350. Individuals can register by visiting www.mpt.com/seminarregistration. Test takers will be notified of their scores within 24 hours of taking the exam.

158. Where will the seminar on Diamond be held?

(A) In Chicago
(B) In Atlanta
(C) In Los Angeles
(D) In Baltimore

159. What is indicated about Ms. Beam?

(A) She works in the Houston office.
(B) She prefers afternoon seminars.
(C) She is an expert on Art Pro.
(D) Her job requires her to travel.

160. By when must a person taking the exam in Houston register?

(A) By June 25
(B) By June 26
(C) By June 27
(D) By June 28

161. What is suggested about people who take the exam on July 19?

(A) They will learn their scores on July 20.
(B) They will learn about some art software.
(C) They will take the exam in the morning.
(D) They will pay $400 for the seminar and exam.

Questions 162-164 refers to the following article.

A Festival Comes to Town

by staff reporter Brad Thompson

Bayside (October 2) – While Bayside has long been known for its beautiful beaches and outstanding seafood restaurants, another part of the city has been ignored in recent years. That's going to change thanks to the inaugural Bayside Festival.

The festival will last from Friday, October 5, to Sunday, October 7. The festival will focus on the historical aspects of the city, which was founded in 1753. The majority of the festival will be held at Harbor Park, but there will be places for visitors to go all around the city. Many of the city's 43 historical homes will be available for viewing, and the

Bayside Museum will be hosting some special events to coincide with the festival.

The featured activity will be the historical reenactments set to take place. Among the events to be recreated will be the founding of the city, the battles that were fought here, and the rivalry between the Burns and Watsons, the two original founding families. These can be viewed at the park.

Numerous restaurants and stores will be taking part in the festival as well. For a full description of the events and locations, interested individuals can go to www.baysidefestival.org.

162. What is the article mainly about?

(A) The results of an event in a city
(B) The local history of Bayside
(C) The events at an upcoming festival
(D) The founding of Bayside

163. What is NOT mentioned about the festival?

(A) It will be held in many places.
(B) It is being sponsored by some restaurants.
(C) It is taking place for the first time.
(D) It will focus on the city's history.

164. Where should attendees go to see the historical reenactments?

(A) To the Bayside Museum
(B) To some historical homes
(C) To Harbor Park
(D) To the waterfront

GO ON TO THE NEXT PAGE ▶

Questions 165-168 refer to the following online chat discussion.

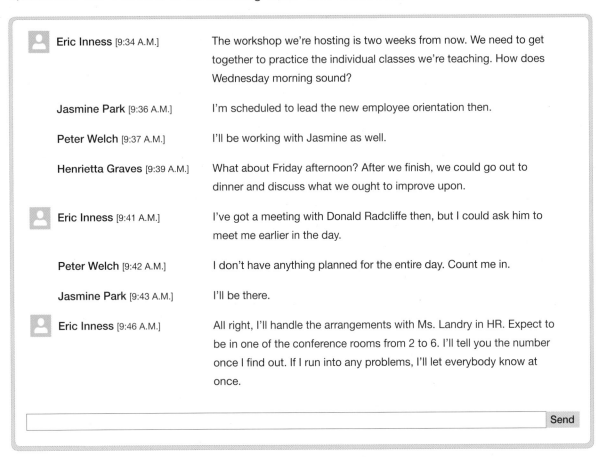

Eric Inness [9:34 A.M.]	The workshop we're hosting is two weeks from now. We need to get together to practice the individual classes we're teaching. How does Wednesday morning sound?
Jasmine Park [9:36 A.M.]	I'm scheduled to lead the new employee orientation then.
Peter Welch [9:37 A.M.]	I'll be working with Jasmine as well.
Henrietta Graves [9:39 A.M.]	What about Friday afternoon? After we finish, we could go out to dinner and discuss what we ought to improve upon.
Eric Inness [9:41 A.M.]	I've got a meeting with Donald Radcliffe then, but I could ask him to meet me earlier in the day.
Peter Welch [9:42 A.M.]	I don't have anything planned for the entire day. Count me in.
Jasmine Park [9:43 A.M.]	I'll be there.
Eric Inness [9:46 A.M.]	All right, I'll handle the arrangements with Ms. Landry in HR. Expect to be in one of the conference rooms from 2 to 6. I'll tell you the number once I find out. If I run into any problems, I'll let everybody know at once.

Send

165. Why did Mr. Inness start the online chat discussion?
(A) To discuss plans for a workshop
(B) To make a change in plans
(C) To schedule a meeting
(D) To ask for some opinions

166. At 9:37 A.M., what does Mr. Welch imply when he writes, "I'll be working with Jasmine as well"?
(A) He is busy on Wednesday morning.
(B) He shares an office with Ms. Park.
(C) He was recently hired.
(D) He will go on a business trip soon.

167. What does Ms. Graves suggest doing?
(A) Having a meal together
(B) Postponing the workshop
(C) Meeting with Mr. Radcliffe
(D) Talking in a conference room

168. What does Mr. Inness indicate he will do?
(A) E-mail Mr. Radcliffe
(B) Rehearse his lecture today
(C) Invite Ms. Landry to a meeting
(D) Reserve a room

You are invited to attend the world premiere of the play *Daylight*.

Daylight is the most recent play written by Jodie Camargo. It tells the story of the last day of a man's life and what he does during it.

The play will be performed for the first time at the Humboldt Theater in downtown Springfield at 7:00 P.M. on Friday, November 8. Following the performance, there will be a special Q&A session with Ms. Camargo and award-winning director Neil Peterson.

Tickets for the play cost $35 per person. They include the performance and the Q&A session. For those who wish to gain backstage access following the play, a ticket will cost $60. There are only 40 of these tickets available.

Tickets may be purchased at the theater's Web site at www.humboldttheater.com. They will also be sold at the theater's box office on the day of the performance starting at 5:00 P.M. The more expensive tickets may only be acquired online. Any questions regarding the performance may be addressed to Darlene Mercy at 854-1732.

169. What is being advertised?

(A) An autograph session with a writer
(B) The grand opening of a theater
(C) The first performance of a play
(D) The premiere of a film

170. What is mentioned about *Daylight*?

(A) There is only one performer in it.
(B) Audiences have enjoyed watching it.
(C) The setting for it is Springfield.
(D) It was composed by Ms. Camargo.

171. How can a person buy a ticket to go backstage?

(A) By visiting a Web page
(B) By contacting a ticket broker
(C) By visiting a theater
(D) By making a phone call

ACTUAL TEST **5**

GO ON TO THE NEXT PAGE

To:	All Staff <undisclosed_recipients@belmontindustries.com>
From:	Brian Lockwood <blockwood@belmontiindustries.com>
Subject:	Trenton Fun Run
Date:	April 18

Everyone,

The Trenton Fun Run will be on Saturday, April 28, and we are once again going to be one of the sponsors of the event. In case you don't know, the race is held to help local elementary schools raise enough money to purchase materials they can use for their classes.

We encourage everyone at Belmont Industries to participate in the race. While the main race is ten kilometers, there are also a 5k race, a 3k race, and a 6k walk. The 10k race starts at 9:30 A.M. while the others begin a bit later in the morning. There is an entry fee of $15, and you will receive a free T-shirt and water bottle upon registering.

If running is not for you, the organizers would love for you to devote some time to volunteering. People are needed to help with registration, to give water to participants as they run, and to lend a hand at the finish line. You can speak with Jade Kennedy regarding this.

We hope to see you there next Saturday. A group from Belmont Industries will be running together. Let Maynard Williams know if you'd like to join them. They won't be trying to win any prizes but will be focused on enjoying the race.

Regards,

Brian Lockwood

172. What is the purpose of the e-mail?

(A) To request donations to charity
(B) To announce the winners of a race
(C) To encourage people to attend a picnic
(D) To promote a sporting event

173. How can a person get a T-shirt?

(A) By taking part in a running event
(B) By winning one of the races
(C) By working as a volunteer
(D) By making a monetary donation

174. What is NOT mentioned about the Trenton Fun Run?

(A) It utilizes the services of unpaid workers.
(B) There are walking and running events.
(C) It is scheduled to begin in the morning.
(D) People of all ages can register for it.

175. According to the e-mail, what is Ms. Kennedy in charge of?

(A) Handling people who want to help
(B) Organizing a group of runners
(C) Collecting registration forms
(D) Arranging transportation for volunteers

GO ON TO THE NEXT PAGE

Coldwater Academy
Registration Form

Please fill out the form in its entirety and submit it in person to the front office by August 30. Classes for the fall session will begin on August 31. Classes cost $200 per credit.

Name	Roger Dare	Address	930 W. Davidson Ave., Milton, OH
Telephone Number	857-4093	E-Mail Address	roger_dare@homemail.com

Class Number	Title	Day/Time	Credits
RJ54	Introduction to Robotics	Mon. 9:00 A.M. – 11:30 A.M.	3
AT22	Mechanical Engineering	Thurs. 1:00 P.M. – 3:00 P.M.	4
MM98	Advanced Calculus	Wed. 9:00 A.M. – 10:30 A.M.	2
XR31	Organic Physics w/ Lab	Fri. 2:00 P.M. – 5:00 P.M.	3

Are you a returning student?	[✓] Yes	[ ] No
Are you receiving financial assistance?	[ ] Yes	[✓] No
Payment Method	[✓] Credit Card [ ] Cash	[ ] Check [ ] Bank Transfer

Amount Owed: $2,400
Signature: Roger Dare
Date Submitted: August 27

To: roger_dare@homemail.com
From: registration@coldwateracademy.edu
Subject: Fall Semester
Date: August 29

Dear Mr. Dare,

We are looking forward once again to having you as a student at the Coldwater Academy. We received your registration form and would like to inform you that you have been successfully enrolled in three of the classes on your list.

Unfortunately, Professor Wilcox, whom you were scheduled to learn calculus with, will not be teaching here this fall because of a personal reason. His classes have therefore been canceled.

We have hired a replacement for him. Her name is Andrea Wang. If you are interested in learning with her, you can take her class on Monday afternoon from 2:00 to 3:30 P.M. We would appreciate your informing us of your intentions before 6:00 P.M. tomorrow, which is the day before the semester begins.

Best of luck in the coming semester.

Meredith Watson
Registration Office

176. What will happen on August 31?

(A) Orientation will take place.
(B) Registration will begin.
(C) A professor will be hired.
(D) Classes will be held.

177. What is indicated about Mr. Dare?

(A) He visited the academy on August 27.
(B) He is studying at the academy for the first time.
(C) He is primarily interested in studying business.
(D) He paid for his classes with a bank transfer.

178. Which class Mr. Dare registered for costs the most?

(A) Introduction to Robotics
(B) Mechanical Engineering
(C) Advanced Calculus
(D) Organic Physics w/Lab

179. Which class was canceled?

(A) RJ54
(B) AT22
(C) MM98
(D) XR31

180. What does Ms. Watson request Mr. Dare do?

(A) Attend class on the first day of the semester
(B) Respond to her question by the next day
(C) Give her a telephone call to discuss a class
(D) Make his final tuition payment

GO ON TO THE NEXT PAGE

ACTUAL TEST 5

Deerfield Branch Moving

Hobson, Inc., one of the largest manufacturers of high-end electronics in the country, will be moving its Deerfield branch. The Deerfield location, which employs 27 full-time and 12 part-time employees, is being relocated to Andover. The new branch will be at 982 Fulton Street and will be in a building owned by Hobson, Inc. and built specifically to house the new branch. The Deerfield branch will close on Friday, April 19, and the Andover branch will open the following Monday, April 22. The Andover branch will handle all matters in the tri-state area, so several new employees will be hired to work there. Any questions or comments regarding the Deerfield and Andover locations should be directed to Melvin Sullivan at 897-1902

To: Ken Worthy, Sue Parker, Elliot Jung, Rosemary Kline
From: Andrew Meade
Subject: Transfers
Date: April 4

We have made our decision regarding internal transfers at our domestic locations. Here is the list of the branch managers we are permitting to move. In all cases, they will retain the same titles and duties at their new locations:

Manager	Present Location	New Location	Transfer Date
Dina Smith	Biloxi	Harrisburg	April 10
Serina Chapman	Sweetwater	Baton Rouge	April 17
Lucas Bobo	Jacksonville	Andover	April 22
Tom Wright	Anniston	Athens	April 29
Peter Sullivan	Harrisburg	Gainesville	May 1

The list of regular workers who are transferring is much longer, so it will be sent through e-mail sometime after lunch. You can contact me at extension 58 anytime.

181. What is mentioned about the Deerfield branch?

(A) It will be shut down.
(B) It is run by Mr. Sullivan.
(C) It will get a new supervisor.
(D) It recently fired some workers.

182. In the announcement, the word "matters" in paragraph, line 9, is closest in meaning to

(A) associations
(B) comments
(C) buildings
(D) business

183. What is suggested about Mr. Sullivan?

(A) He requested a transfer to Athens.
(B) He recently started at Hobson, Inc.
(C) He will be replaced by Ms. Smith.
(D) He will move to another state.

184. What is indicated about the Andover branch?

(A) Its manager will be Mr. Bobo.
(B) It will be on one floor of a building.
(C) 50 full-time employees will work there.
(D) It will handle some international clients.

185. What will Mr. Meade probably do in the afternoon?

(A) Make some decisions about transfers
(B) E-mail a list to his colleagues
(C) Hold some employee interviews
(D) Schedule a meeting about transfers

GO ON TO THE NEXT PAGE

Calhoun Library Workshop

The Calhoun Library is holding a workshop for writers on Saturday, May 23. The following events will take place:

10:00 A.M. – 10:50 A.M.	Making Fictional Characters	Carlos Correia
11:00 A.M. – 11:50 A.M.	Creating New Worlds	Mei Johnson
1:00 P.M. – 2:50 P.M.	Editing Your Work	Xavier Mahler
3:00 P.M. – 3:50 P.M.	Publishing Your Manuscript	Belinda York

This event may be attended at no charge by all residents of Richmond, but seats are limited. Please call 482-8274 to reserve a seat.

The leaders of the individual sessions are locally based writers of fiction novels. Their works will be on sale at the library on the day of the workshop.

The workshop will take place on the second floor of the library in the Belmont Room. Light snacks and cold beverages will be made available for a small price.

Calhoun Library Comment Card

Guest: Carla Stewart
Date: May 23

Comments: I attend several workshops at the library each year, and this was easily the best I've been to. I didn't arrive until eleven but managed to stay until the end. I'm writing my own fiction novel now, so the advice I received at the workshop was invaluable. With luck, I'll be able to complete my work and become a published author by the end of the year.

Workshop Series Proves to Be Popular
by Jefferson Lee

The Calhoun Library started hosting workshops last year, and they've been the most popular activities there. Last weekend, a writers' workshop took place. Every seat was filled, and the library had so many requests for tickets from aspiring writers that it will be holding the same workshop again next month. Librarian Beth Robinson said every writer but one had committed to coming back. Xavier Mahler will be promoting his recent released novel *The Dark Side of the Moon*, so he'll be replaced by Melissa Gilbert.

Ms. Robinson said the library plans to have two workshops each month until the year concludes. If it can acquire more funding, then more will take place next year.

---

186. What is suggested about the Calhoun Library?

(A) It has three floors.
(B) It charges a fee for late books.
(C) It has a workshop each weekend.
(D) It is located in Richmond.

187. What is NOT true about the workshop?

(A) Anyone in the local area could attend.
(B) Refreshments were available.
(C) Novels were sold during it.
(D) There was a fee to attend it.

188. Whose session was Ms. Stewart unable to attend?

(A) Mr. Correia's
(B) Ms. Johnson's
(C) Mr. Mahler's
(D) Ms. York's

189. What is the article mainly about?

(A) The expansion of the library
(B) The success of a program
(C) The library's future activities
(D) The best way to write a book

190. What is most likely true about Ms. Gilbert?

(A) She is friends with Ms. Robinson.
(B) She has published a novel.
(C) She works at a publishing company.
(D) She knows Mr. Mahler.

GO ON TO THE NEXT PAGE

Memories of Georgia
by Richard Horner
Kirkwood Studios

Richard Horner is back after a four-year absence from recording and touring. The multimillion-selling folk singer/songwriter has just released a new album, entitled *Memories of Georgia*. The songs on this album are easily some of his best since his debut work, *My Life*, and his second album, *Heading out West*. It's a tremendous improvement over his last album, *What's Going On*? Fans will be pleased to know that Mr. Horner not only wrote all the lyrics to the songs on this album but also played every single musical instrument. This album is sure to be recognized for its outstanding music, and the first single, "Appalachian Home," is already getting plenty of airplay on radio stations around the country. Be sure to pick up a copy of this album and don't forget to see Mr. Horner if he visits your city on his upcoming tour.

Richard Horner

Richard Horner is coming back to the Rosemont Theater in Louisville after a four-year absence.

Mr. Horner will be performing live on the following nights:
Thursday, September 28
Friday, September 29
Saturday, September 30
Sunday, October 1

All concerts will start at 7:00 P.M. Call 849-2892 or visit www.rosemonttheater.com to make reservations. Tickets start at $30 per seat. Don't miss this opportunity to see a living legend up close and personal.

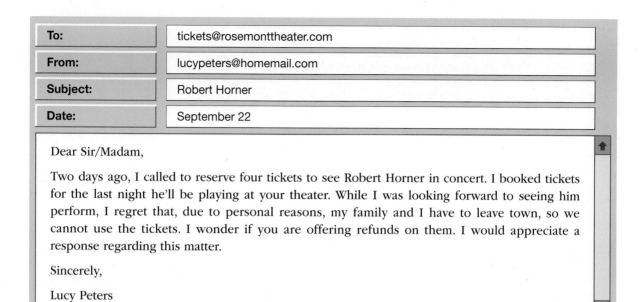

To:	tickets@rosemonttheater.com
From:	lucypeters@homemail.com
Subject:	Robert Horner
Date:	September 22

Dear Sir/Madam,

Two days ago, I called to reserve four tickets to see Robert Horner in concert. I booked tickets for the last night he'll be playing at your theater. While I was looking forward to seeing him perform, I regret that, due to personal reasons, my family and I have to leave town, so we cannot use the tickets. I wonder if you are offering refunds on them. I would appreciate a response regarding this matter.

Sincerely,

Lucy Peters

191. What is NOT indicated about Mr. Horner?

(A) His new album has not been released yet.
(B) He can play musical instruments.
(C) He writes lyrics to songs.
(D) His last album came out a few years ago.

192. In the review, the word "recognized" in paragraph 1, line 9, is closest in meaning to

(A) awarded
(B) greeted
(C) understood
(D) appreciated

193. Which album did Mr. Horner just release when he last appeared in Louisville?

(A) *Heading out West*
(B) *Memories of Georgia*
(C) *What's Going On?*
(D) *My Life*

194. Why did Ms. Peters send the e-mail?

(A) To make a booking for a concert
(B) To inquire bout getting her money back
(C) To find out where her seats are
(D) To ask about a method of payment

195. For which concert did Ms. Peters reserve tickets?

(A) September 28
(B) September 29
(C) September 30
(D) October 1

GO ON TO THE NEXT PAGE

To:	Susan Wallace <susanwallace@caravanhotel.com>
From:	Cathy Wilde <cathy_w@honoria.com>
Subject:	Question
Date:	March 14

Dear Ms. Wallace,

This is Cathy Wilde from Honoria, Inc. We will be holding a special dinner for an employee who's leaving the firm after many years. We'd like to treat him to dinner at one of your restaurants. The event will take place on Friday, March 29, from approximately 6:30 to 9:00 P.M. There will be 40 people in attendance at the event.

We are hoping to spend between $60 and $75 per person for food. This price does not include any beverages but should be inclusive of appetizers and dessert. A buffet-style dinner would be ideal, but we would also be satisfied with a seafood or steak restaurant. We'd also prefer to have a private room. The last time we had an event there, we were told no restaurants had private rooms, but I believe you underwent some renovations recently, so I hope your response will be positive this time.

Sincerely,

Cathy Wilde
Honoria, Inc.

CARAVAN HOTEL RESTAURANTS

Company: Honoria, Inc.
Contact Person: Cathy Wilde
Number of Guests: 40

Restaurant	Type of Food	Price (Person/Total)	Private Room
The Grill	Steak/Barbecue	$62 / $2,480	Yes
Blue Rhapsody	Seafood	$85 / $3,400	No
The Washingtonian	Western/Asian Buffet	$80 / $3,200	Yes
Green Forest	Vegetarian	$50 / $2,000	Yes

A nonrefundable deposit amounting to half the total cost must be paid at least 3 days prior to the dinner. Food orders should be made 1 day before the dinner.

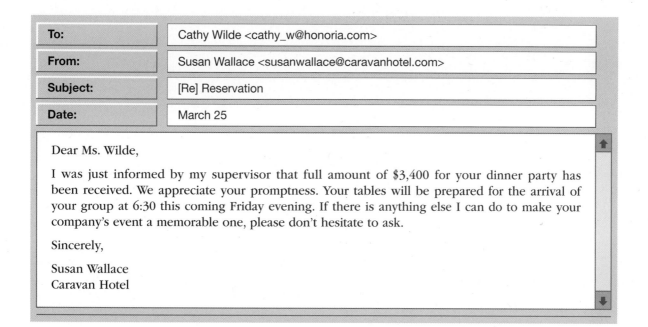

To:	Cathy Wilde <cathy_w@honoria.com>
From:	Susan Wallace <susanwallace@caravanhotel.com>
Subject:	[Re] Reservation
Date:	March 25

Dear Ms. Wilde,

I was just informed by my supervisor that full amount of $3,400 for your dinner party has been received. We appreciate your promptness. Your tables will be prepared for the arrival of your group at 6:30 this coming Friday evening. If there is anything else I can do to make your company's event a memorable one, please don't hesitate to ask.

Sincerely,

Susan Wallace
Caravan Hotel

196. According to the first e-mail, what type of event will be celebrated?

(A) A birthday party
(B) A contract signing
(C) An awards ceremony
(D) A farewell party

197. What does Ms. Wilde mention about the Caravan Hotel?

(A) The hotel's rates increased.
(B) She has never eaten there before.
(C) It has been improved recently.
(D) A new restaurant just opened there.

198. Which restaurant fits the budget mentioned by Ms. Wilde?

(A) The Grill
(B) Blue Rhapsody
(C) The Washingtonian
(D) Green Forest

199. Why did Ms. Wallace send the e-mail to Ms. Wilde?

(A) To ask about her reservation
(B) To list the dinner menu
(C) To confirm a payment
(D) To change the time of the dinner

200. What type of food will be served to the guest from Honoria, Inc.?

(A) Steak
(B) Seafood
(C) Western and Asian food
(D) Vegetarian

Stop! This is the end of the test. If you finish before time is called, you may go back to Parts 5, 6, and 7 and check your work.

ANSWER SHEET

TOEIC 실전 테스트

확 인

수험번호	
성 명	한글
	한자

LISTENING COMPREHENSION (Part 1-4)

No.	ANSWER	No.	ANSWER	No.	ANSWER	No.	ANSWER	No.	ANSWER
1	Ⓐ Ⓑ Ⓒ Ⓓ	21	Ⓐ Ⓑ Ⓒ	41	Ⓐ Ⓑ Ⓒ Ⓓ	61	Ⓐ Ⓑ Ⓒ Ⓓ	81	Ⓐ Ⓑ Ⓒ Ⓓ
2	Ⓐ Ⓑ Ⓒ Ⓓ	22	Ⓐ Ⓑ Ⓒ	42	Ⓐ Ⓑ Ⓒ Ⓓ	62	Ⓐ Ⓑ Ⓒ Ⓓ	82	Ⓐ Ⓑ Ⓒ Ⓓ
3	Ⓐ Ⓑ Ⓒ Ⓓ	23	Ⓐ Ⓑ Ⓒ	43	Ⓐ Ⓑ Ⓒ Ⓓ	63	Ⓐ Ⓑ Ⓒ Ⓓ	83	Ⓐ Ⓑ Ⓒ Ⓓ
4	Ⓐ Ⓑ Ⓒ Ⓓ	24	Ⓐ Ⓑ Ⓒ	44	Ⓐ Ⓑ Ⓒ Ⓓ	64	Ⓐ Ⓑ Ⓒ Ⓓ	84	Ⓐ Ⓑ Ⓒ Ⓓ
5	Ⓐ Ⓑ Ⓒ Ⓓ	25	Ⓐ Ⓑ Ⓒ	45	Ⓐ Ⓑ Ⓒ Ⓓ	65	Ⓐ Ⓑ Ⓒ Ⓓ	85	Ⓐ Ⓑ Ⓒ Ⓓ
6	Ⓐ Ⓑ Ⓒ Ⓓ	26	Ⓐ Ⓑ Ⓒ	46	Ⓐ Ⓑ Ⓒ Ⓓ	66	Ⓐ Ⓑ Ⓒ Ⓓ	86	Ⓐ Ⓑ Ⓒ Ⓓ
7	Ⓐ Ⓑ Ⓒ Ⓓ	27	Ⓐ Ⓑ Ⓒ	47	Ⓐ Ⓑ Ⓒ Ⓓ	67	Ⓐ Ⓑ Ⓒ Ⓓ	87	Ⓐ Ⓑ Ⓒ Ⓓ
8	Ⓐ Ⓑ Ⓒ Ⓓ	28	Ⓐ Ⓑ Ⓒ	48	Ⓐ Ⓑ Ⓒ Ⓓ	68	Ⓐ Ⓑ Ⓒ Ⓓ	88	Ⓐ Ⓑ Ⓒ Ⓓ
9	Ⓐ Ⓑ Ⓒ Ⓓ	29	Ⓐ Ⓑ Ⓒ	49	Ⓐ Ⓑ Ⓒ Ⓓ	69	Ⓐ Ⓑ Ⓒ Ⓓ	89	Ⓐ Ⓑ Ⓒ Ⓓ
10	Ⓐ Ⓑ Ⓒ Ⓓ	30	Ⓐ Ⓑ Ⓒ	50	Ⓐ Ⓑ Ⓒ Ⓓ	70	Ⓐ Ⓑ Ⓒ Ⓓ	90	Ⓐ Ⓑ Ⓒ Ⓓ
11	Ⓐ Ⓑ Ⓒ	31	Ⓐ Ⓑ Ⓒ	51	Ⓐ Ⓑ Ⓒ Ⓓ	71	Ⓐ Ⓑ Ⓒ Ⓓ	91	Ⓐ Ⓑ Ⓒ Ⓓ
12	Ⓐ Ⓑ Ⓒ	32	Ⓐ Ⓑ Ⓒ Ⓓ	52	Ⓐ Ⓑ Ⓒ Ⓓ	72	Ⓐ Ⓑ Ⓒ Ⓓ	92	Ⓐ Ⓑ Ⓒ Ⓓ
13	Ⓐ Ⓑ Ⓒ	33	Ⓐ Ⓑ Ⓒ Ⓓ	53	Ⓐ Ⓑ Ⓒ Ⓓ	73	Ⓐ Ⓑ Ⓒ Ⓓ	93	Ⓐ Ⓑ Ⓒ Ⓓ
14	Ⓐ Ⓑ Ⓒ	34	Ⓐ Ⓑ Ⓒ Ⓓ	54	Ⓐ Ⓑ Ⓒ Ⓓ	74	Ⓐ Ⓑ Ⓒ Ⓓ	94	Ⓐ Ⓑ Ⓒ Ⓓ
15	Ⓐ Ⓑ Ⓒ	35	Ⓐ Ⓑ Ⓒ Ⓓ	55	Ⓐ Ⓑ Ⓒ Ⓓ	75	Ⓐ Ⓑ Ⓒ Ⓓ	95	Ⓐ Ⓑ Ⓒ Ⓓ
16	Ⓐ Ⓑ Ⓒ	36	Ⓐ Ⓑ Ⓒ Ⓓ	56	Ⓐ Ⓑ Ⓒ Ⓓ	76	Ⓐ Ⓑ Ⓒ Ⓓ	96	Ⓐ Ⓑ Ⓒ Ⓓ
17	Ⓐ Ⓑ Ⓒ	37	Ⓐ Ⓑ Ⓒ Ⓓ	57	Ⓐ Ⓑ Ⓒ Ⓓ	77	Ⓐ Ⓑ Ⓒ Ⓓ	97	Ⓐ Ⓑ Ⓒ Ⓓ
18	Ⓐ Ⓑ Ⓒ	38	Ⓐ Ⓑ Ⓒ Ⓓ	58	Ⓐ Ⓑ Ⓒ Ⓓ	78	Ⓐ Ⓑ Ⓒ Ⓓ	98	Ⓐ Ⓑ Ⓒ Ⓓ
19	Ⓐ Ⓑ Ⓒ	39	Ⓐ Ⓑ Ⓒ Ⓓ	59	Ⓐ Ⓑ Ⓒ Ⓓ	79	Ⓐ Ⓑ Ⓒ Ⓓ	99	Ⓐ Ⓑ Ⓒ Ⓓ
20	Ⓐ Ⓑ Ⓒ	40	Ⓐ Ⓑ Ⓒ Ⓓ	60	Ⓐ Ⓑ Ⓒ Ⓓ	80	Ⓐ Ⓑ Ⓒ Ⓓ	100	Ⓐ Ⓑ Ⓒ Ⓓ

READING COMPREHENSION (Part 5-7)

No.	ANSWER	No.	ANSWER	No.	ANSWER	No.	ANSWER	No.	ANSWER
101	Ⓐ Ⓑ Ⓒ Ⓓ	121	Ⓐ Ⓑ Ⓒ Ⓓ	141	Ⓐ Ⓑ Ⓒ Ⓓ	161	Ⓐ Ⓑ Ⓒ Ⓓ	181	Ⓐ Ⓑ Ⓒ Ⓓ
102	Ⓐ Ⓑ Ⓒ Ⓓ	122	Ⓐ Ⓑ Ⓒ Ⓓ	142	Ⓐ Ⓑ Ⓒ Ⓓ	162	Ⓐ Ⓑ Ⓒ Ⓓ	182	Ⓐ Ⓑ Ⓒ Ⓓ
103	Ⓐ Ⓑ Ⓒ Ⓓ	123	Ⓐ Ⓑ Ⓒ Ⓓ	143	Ⓐ Ⓑ Ⓒ Ⓓ	163	Ⓐ Ⓑ Ⓒ Ⓓ	183	Ⓐ Ⓑ Ⓒ Ⓓ
104	Ⓐ Ⓑ Ⓒ Ⓓ	124	Ⓐ Ⓑ Ⓒ Ⓓ	144	Ⓐ Ⓑ Ⓒ Ⓓ	164	Ⓐ Ⓑ Ⓒ Ⓓ	184	Ⓐ Ⓑ Ⓒ Ⓓ
105	Ⓐ Ⓑ Ⓒ Ⓓ	125	Ⓐ Ⓑ Ⓒ Ⓓ	145	Ⓐ Ⓑ Ⓒ Ⓓ	165	Ⓐ Ⓑ Ⓒ Ⓓ	185	Ⓐ Ⓑ Ⓒ Ⓓ
106	Ⓐ Ⓑ Ⓒ Ⓓ	126	Ⓐ Ⓑ Ⓒ Ⓓ	146	Ⓐ Ⓑ Ⓒ Ⓓ	166	Ⓐ Ⓑ Ⓒ Ⓓ	186	Ⓐ Ⓑ Ⓒ Ⓓ
107	Ⓐ Ⓑ Ⓒ Ⓓ	127	Ⓐ Ⓑ Ⓒ Ⓓ	147	Ⓐ Ⓑ Ⓒ Ⓓ	167	Ⓐ Ⓑ Ⓒ Ⓓ	187	Ⓐ Ⓑ Ⓒ Ⓓ
108	Ⓐ Ⓑ Ⓒ Ⓓ	128	Ⓐ Ⓑ Ⓒ Ⓓ	148	Ⓐ Ⓑ Ⓒ Ⓓ	168	Ⓐ Ⓑ Ⓒ Ⓓ	188	Ⓐ Ⓑ Ⓒ Ⓓ
109	Ⓐ Ⓑ Ⓒ Ⓓ	129	Ⓐ Ⓑ Ⓒ Ⓓ	149	Ⓐ Ⓑ Ⓒ Ⓓ	169	Ⓐ Ⓑ Ⓒ Ⓓ	189	Ⓐ Ⓑ Ⓒ Ⓓ
110	Ⓐ Ⓑ Ⓒ Ⓓ	130	Ⓐ Ⓑ Ⓒ Ⓓ	150	Ⓐ Ⓑ Ⓒ Ⓓ	170	Ⓐ Ⓑ Ⓒ Ⓓ	190	Ⓐ Ⓑ Ⓒ Ⓓ
111	Ⓐ Ⓑ Ⓒ Ⓓ	131	Ⓐ Ⓑ Ⓒ Ⓓ	151	Ⓐ Ⓑ Ⓒ Ⓓ	171	Ⓐ Ⓑ Ⓒ Ⓓ	191	Ⓐ Ⓑ Ⓒ Ⓓ
112	Ⓐ Ⓑ Ⓒ Ⓓ	132	Ⓐ Ⓑ Ⓒ Ⓓ	152	Ⓐ Ⓑ Ⓒ Ⓓ	172	Ⓐ Ⓑ Ⓒ Ⓓ	192	Ⓐ Ⓑ Ⓒ Ⓓ
113	Ⓐ Ⓑ Ⓒ Ⓓ	133	Ⓐ Ⓑ Ⓒ Ⓓ	153	Ⓐ Ⓑ Ⓒ Ⓓ	173	Ⓐ Ⓑ Ⓒ Ⓓ	193	Ⓐ Ⓑ Ⓒ Ⓓ
114	Ⓐ Ⓑ Ⓒ Ⓓ	134	Ⓐ Ⓑ Ⓒ Ⓓ	154	Ⓐ Ⓑ Ⓒ Ⓓ	174	Ⓐ Ⓑ Ⓒ Ⓓ	194	Ⓐ Ⓑ Ⓒ Ⓓ
115	Ⓐ Ⓑ Ⓒ Ⓓ	135	Ⓐ Ⓑ Ⓒ Ⓓ	155	Ⓐ Ⓑ Ⓒ Ⓓ	175	Ⓐ Ⓑ Ⓒ Ⓓ	195	Ⓐ Ⓑ Ⓒ Ⓓ
116	Ⓐ Ⓑ Ⓒ Ⓓ	136	Ⓐ Ⓑ Ⓒ Ⓓ	156	Ⓐ Ⓑ Ⓒ Ⓓ	176	Ⓐ Ⓑ Ⓒ Ⓓ	196	Ⓐ Ⓑ Ⓒ Ⓓ
117	Ⓐ Ⓑ Ⓒ Ⓓ	137	Ⓐ Ⓑ Ⓒ Ⓓ	157	Ⓐ Ⓑ Ⓒ Ⓓ	177	Ⓐ Ⓑ Ⓒ Ⓓ	197	Ⓐ Ⓑ Ⓒ Ⓓ
118	Ⓐ Ⓑ Ⓒ Ⓓ	138	Ⓐ Ⓑ Ⓒ Ⓓ	158	Ⓐ Ⓑ Ⓒ Ⓓ	178	Ⓐ Ⓑ Ⓒ Ⓓ	198	Ⓐ Ⓑ Ⓒ Ⓓ
119	Ⓐ Ⓑ Ⓒ Ⓓ	139	Ⓐ Ⓑ Ⓒ Ⓓ	159	Ⓐ Ⓑ Ⓒ Ⓓ	179	Ⓐ Ⓑ Ⓒ Ⓓ	199	Ⓐ Ⓑ Ⓒ Ⓓ
120	Ⓐ Ⓑ Ⓒ Ⓓ	140	Ⓐ Ⓑ Ⓒ Ⓓ	160	Ⓐ Ⓑ Ⓒ Ⓓ	180	Ⓐ Ⓑ Ⓒ Ⓓ	200	Ⓐ Ⓑ Ⓒ Ⓓ

ANSWER SHEET

TOEIC 실전 테스트

수험번호		
성 명	한글	
	한자	

LISTENING COMPREHENSION (Part 1-4)

No.	ANSWER	No.	ANSWER	No.	ANSWER	No.	ANSWER	No.	ANSWER
1	Ⓐ Ⓑ Ⓒ Ⓓ	21	Ⓐ Ⓑ Ⓒ Ⓓ	41	Ⓐ Ⓑ Ⓒ Ⓓ	61	Ⓐ Ⓑ Ⓒ Ⓓ	81	Ⓐ Ⓑ Ⓒ Ⓓ
2	Ⓐ Ⓑ Ⓒ Ⓓ	22	Ⓐ Ⓑ Ⓒ Ⓓ	42	Ⓐ Ⓑ Ⓒ Ⓓ	62	Ⓐ Ⓑ Ⓒ Ⓓ	82	Ⓐ Ⓑ Ⓒ Ⓓ
3	Ⓐ Ⓑ Ⓒ Ⓓ	23	Ⓐ Ⓑ Ⓒ Ⓓ	43	Ⓐ Ⓑ Ⓒ Ⓓ	63	Ⓐ Ⓑ Ⓒ Ⓓ	83	Ⓐ Ⓑ Ⓒ Ⓓ
4	Ⓐ Ⓑ Ⓒ Ⓓ	24	Ⓐ Ⓑ Ⓒ Ⓓ	44	Ⓐ Ⓑ Ⓒ Ⓓ	64	Ⓐ Ⓑ Ⓒ Ⓓ	84	Ⓐ Ⓑ Ⓒ Ⓓ
5	Ⓐ Ⓑ Ⓒ Ⓓ	25	Ⓐ Ⓑ Ⓒ Ⓓ	45	Ⓐ Ⓑ Ⓒ Ⓓ	65	Ⓐ Ⓑ Ⓒ Ⓓ	85	Ⓐ Ⓑ Ⓒ Ⓓ
6	Ⓐ Ⓑ Ⓒ Ⓓ	26	Ⓐ Ⓑ Ⓒ Ⓓ	46	Ⓐ Ⓑ Ⓒ Ⓓ	66	Ⓐ Ⓑ Ⓒ Ⓓ	86	Ⓐ Ⓑ Ⓒ Ⓓ
7	Ⓐ Ⓑ Ⓒ Ⓓ	27	Ⓐ Ⓑ Ⓒ Ⓓ	47	Ⓐ Ⓑ Ⓒ Ⓓ	67	Ⓐ Ⓑ Ⓒ Ⓓ	87	Ⓐ Ⓑ Ⓒ Ⓓ
8	Ⓐ Ⓑ Ⓒ Ⓓ	28	Ⓐ Ⓑ Ⓒ Ⓓ	48	Ⓐ Ⓑ Ⓒ Ⓓ	68	Ⓐ Ⓑ Ⓒ Ⓓ	88	Ⓐ Ⓑ Ⓒ Ⓓ
9	Ⓐ Ⓑ Ⓒ Ⓓ	29	Ⓐ Ⓑ Ⓒ Ⓓ	49	Ⓐ Ⓑ Ⓒ Ⓓ	69	Ⓐ Ⓑ Ⓒ Ⓓ	89	Ⓐ Ⓑ Ⓒ Ⓓ
10	Ⓐ Ⓑ Ⓒ Ⓓ	30	Ⓐ Ⓑ Ⓒ Ⓓ	50	Ⓐ Ⓑ Ⓒ Ⓓ	70	Ⓐ Ⓑ Ⓒ Ⓓ	90	Ⓐ Ⓑ Ⓒ Ⓓ
11	Ⓐ Ⓑ Ⓒ Ⓓ	31	Ⓐ Ⓑ Ⓒ Ⓓ	51	Ⓐ Ⓑ Ⓒ Ⓓ	71	Ⓐ Ⓑ Ⓒ Ⓓ	91	Ⓐ Ⓑ Ⓒ Ⓓ
12	Ⓐ Ⓑ Ⓒ Ⓓ	32	Ⓐ Ⓑ Ⓒ Ⓓ	52	Ⓐ Ⓑ Ⓒ Ⓓ	72	Ⓐ Ⓑ Ⓒ Ⓓ	92	Ⓐ Ⓑ Ⓒ Ⓓ
13	Ⓐ Ⓑ Ⓒ Ⓓ	33	Ⓐ Ⓑ Ⓒ Ⓓ	53	Ⓐ Ⓑ Ⓒ Ⓓ	73	Ⓐ Ⓑ Ⓒ Ⓓ	93	Ⓐ Ⓑ Ⓒ Ⓓ
14	Ⓐ Ⓑ Ⓒ Ⓓ	34	Ⓐ Ⓑ Ⓒ Ⓓ	54	Ⓐ Ⓑ Ⓒ Ⓓ	74	Ⓐ Ⓑ Ⓒ Ⓓ	94	Ⓐ Ⓑ Ⓒ Ⓓ
15	Ⓐ Ⓑ Ⓒ Ⓓ	35	Ⓐ Ⓑ Ⓒ Ⓓ	55	Ⓐ Ⓑ Ⓒ Ⓓ	75	Ⓐ Ⓑ Ⓒ Ⓓ	95	Ⓐ Ⓑ Ⓒ Ⓓ
16	Ⓐ Ⓑ Ⓒ Ⓓ	36	Ⓐ Ⓑ Ⓒ Ⓓ	56	Ⓐ Ⓑ Ⓒ Ⓓ	76	Ⓐ Ⓑ Ⓒ Ⓓ	96	Ⓐ Ⓑ Ⓒ Ⓓ
17	Ⓐ Ⓑ Ⓒ Ⓓ	37	Ⓐ Ⓑ Ⓒ Ⓓ	57	Ⓐ Ⓑ Ⓒ Ⓓ	77	Ⓐ Ⓑ Ⓒ Ⓓ	97	Ⓐ Ⓑ Ⓒ Ⓓ
18	Ⓐ Ⓑ Ⓒ Ⓓ	38	Ⓐ Ⓑ Ⓒ Ⓓ	58	Ⓐ Ⓑ Ⓒ Ⓓ	78	Ⓐ Ⓑ Ⓒ Ⓓ	98	Ⓐ Ⓑ Ⓒ Ⓓ
19	Ⓐ Ⓑ Ⓒ Ⓓ	39	Ⓐ Ⓑ Ⓒ Ⓓ	59	Ⓐ Ⓑ Ⓒ Ⓓ	79	Ⓐ Ⓑ Ⓒ Ⓓ	99	Ⓐ Ⓑ Ⓒ Ⓓ
20	Ⓐ Ⓑ Ⓒ Ⓓ	40	Ⓐ Ⓑ Ⓒ Ⓓ	60	Ⓐ Ⓑ Ⓒ Ⓓ	80	Ⓐ Ⓑ Ⓒ Ⓓ	100	Ⓐ Ⓑ Ⓒ Ⓓ

READING COMPREHENSION (Part 5-7)

No.	ANSWER	No.	ANSWER	No.	ANSWER	No.	ANSWER	No.	ANSWER
101	Ⓐ Ⓑ Ⓒ Ⓓ	121	Ⓐ Ⓑ Ⓒ Ⓓ	141	Ⓐ Ⓑ Ⓒ Ⓓ	161	Ⓐ Ⓑ Ⓒ Ⓓ	181	Ⓐ Ⓑ Ⓒ Ⓓ
102	Ⓐ Ⓑ Ⓒ Ⓓ	122	Ⓐ Ⓑ Ⓒ Ⓓ	142	Ⓐ Ⓑ Ⓒ Ⓓ	162	Ⓐ Ⓑ Ⓒ Ⓓ	182	Ⓐ Ⓑ Ⓒ Ⓓ
103	Ⓐ Ⓑ Ⓒ Ⓓ	123	Ⓐ Ⓑ Ⓒ Ⓓ	143	Ⓐ Ⓑ Ⓒ Ⓓ	163	Ⓐ Ⓑ Ⓒ Ⓓ	183	Ⓐ Ⓑ Ⓒ Ⓓ
104	Ⓐ Ⓑ Ⓒ Ⓓ	124	Ⓐ Ⓑ Ⓒ Ⓓ	144	Ⓐ Ⓑ Ⓒ Ⓓ	164	Ⓐ Ⓑ Ⓒ Ⓓ	184	Ⓐ Ⓑ Ⓒ Ⓓ
105	Ⓐ Ⓑ Ⓒ Ⓓ	125	Ⓐ Ⓑ Ⓒ Ⓓ	145	Ⓐ Ⓑ Ⓒ Ⓓ	165	Ⓐ Ⓑ Ⓒ Ⓓ	185	Ⓐ Ⓑ Ⓒ Ⓓ
106	Ⓐ Ⓑ Ⓒ Ⓓ	126	Ⓐ Ⓑ Ⓒ Ⓓ	146	Ⓐ Ⓑ Ⓒ Ⓓ	166	Ⓐ Ⓑ Ⓒ Ⓓ	186	Ⓐ Ⓑ Ⓒ Ⓓ
107	Ⓐ Ⓑ Ⓒ Ⓓ	127	Ⓐ Ⓑ Ⓒ Ⓓ	147	Ⓐ Ⓑ Ⓒ Ⓓ	167	Ⓐ Ⓑ Ⓒ Ⓓ	187	Ⓐ Ⓑ Ⓒ Ⓓ
108	Ⓐ Ⓑ Ⓒ Ⓓ	128	Ⓐ Ⓑ Ⓒ Ⓓ	148	Ⓐ Ⓑ Ⓒ Ⓓ	168	Ⓐ Ⓑ Ⓒ Ⓓ	188	Ⓐ Ⓑ Ⓒ Ⓓ
109	Ⓐ Ⓑ Ⓒ Ⓓ	129	Ⓐ Ⓑ Ⓒ Ⓓ	149	Ⓐ Ⓑ Ⓒ Ⓓ	169	Ⓐ Ⓑ Ⓒ Ⓓ	189	Ⓐ Ⓑ Ⓒ Ⓓ
110	Ⓐ Ⓑ Ⓒ Ⓓ	130	Ⓐ Ⓑ Ⓒ Ⓓ	150	Ⓐ Ⓑ Ⓒ Ⓓ	170	Ⓐ Ⓑ Ⓒ Ⓓ	190	Ⓐ Ⓑ Ⓒ Ⓓ
111	Ⓐ Ⓑ Ⓒ Ⓓ	131	Ⓐ Ⓑ Ⓒ Ⓓ	151	Ⓐ Ⓑ Ⓒ Ⓓ	171	Ⓐ Ⓑ Ⓒ Ⓓ	191	Ⓐ Ⓑ Ⓒ Ⓓ
112	Ⓐ Ⓑ Ⓒ Ⓓ	132	Ⓐ Ⓑ Ⓒ Ⓓ	152	Ⓐ Ⓑ Ⓒ Ⓓ	172	Ⓐ Ⓑ Ⓒ Ⓓ	192	Ⓐ Ⓑ Ⓒ Ⓓ
113	Ⓐ Ⓑ Ⓒ Ⓓ	133	Ⓐ Ⓑ Ⓒ Ⓓ	153	Ⓐ Ⓑ Ⓒ Ⓓ	173	Ⓐ Ⓑ Ⓒ Ⓓ	193	Ⓐ Ⓑ Ⓒ Ⓓ
114	Ⓐ Ⓑ Ⓒ Ⓓ	134	Ⓐ Ⓑ Ⓒ Ⓓ	154	Ⓐ Ⓑ Ⓒ Ⓓ	174	Ⓐ Ⓑ Ⓒ Ⓓ	194	Ⓐ Ⓑ Ⓒ Ⓓ
115	Ⓐ Ⓑ Ⓒ Ⓓ	135	Ⓐ Ⓑ Ⓒ Ⓓ	155	Ⓐ Ⓑ Ⓒ Ⓓ	175	Ⓐ Ⓑ Ⓒ Ⓓ	195	Ⓐ Ⓑ Ⓒ Ⓓ
116	Ⓐ Ⓑ Ⓒ Ⓓ	136	Ⓐ Ⓑ Ⓒ Ⓓ	156	Ⓐ Ⓑ Ⓒ Ⓓ	176	Ⓐ Ⓑ Ⓒ Ⓓ	196	Ⓐ Ⓑ Ⓒ Ⓓ
117	Ⓐ Ⓑ Ⓒ Ⓓ	137	Ⓐ Ⓑ Ⓒ Ⓓ	157	Ⓐ Ⓑ Ⓒ Ⓓ	177	Ⓐ Ⓑ Ⓒ Ⓓ	197	Ⓐ Ⓑ Ⓒ Ⓓ
118	Ⓐ Ⓑ Ⓒ Ⓓ	138	Ⓐ Ⓑ Ⓒ Ⓓ	158	Ⓐ Ⓑ Ⓒ Ⓓ	178	Ⓐ Ⓑ Ⓒ Ⓓ	198	Ⓐ Ⓑ Ⓒ Ⓓ
119	Ⓐ Ⓑ Ⓒ Ⓓ	139	Ⓐ Ⓑ Ⓒ Ⓓ	159	Ⓐ Ⓑ Ⓒ Ⓓ	179	Ⓐ Ⓑ Ⓒ Ⓓ	199	Ⓐ Ⓑ Ⓒ Ⓓ
120	Ⓐ Ⓑ Ⓒ Ⓓ	140	Ⓐ Ⓑ Ⓒ Ⓓ	160	Ⓐ Ⓑ Ⓒ Ⓓ	180	Ⓐ Ⓑ Ⓒ Ⓓ	200	Ⓐ Ⓑ Ⓒ Ⓓ

500

토익의 최신 경향을 반영한
RC 실전 모의고사 5회분

실제와 **똑같은 난이도**의
지문과 문제

꼭 필요한 설명만으로 이루어진
간결하고 명쾌한 해설

문제로 끝내는 실전 토익

Michael A. Putlack | Stephen Poirier |
Tony Covello | 다락원 토익 연구소 공저

RC

해설집

다락원

500
문제로 끝내는
실전 토익
RC

해설집

Michael A. Putlack | Stephen Poirier |
Tony Covello | 다락원 토익 연구소 공저

다락원

Actual Test 1

PART 5

101.

컨설팅 업체인 TR Partners는 며칠 후 몇몇 기업과 계약을 체결할 것으로 기대하고 있다.

(A) expecting
(B) expected
(C) expectation
(D) expects

주어가 TR Partners이고 a consulting firm은 TR Partners와 동격이다. 주어진 문장에서 동사를 찾아볼 수 없기 때문에 정답은 현재시제의 동사인 (D)이다. 참고로 TR Partners는 회사명이므로 단수로 취급해야 한다.

어휘 **consulting firm** 컨설팅 회사

102.

그 소프트웨어는 신뢰할 수 없는 것으로 판명되었기 때문에 구매자는 그것을 보다 우수한 제품으로 교환했다.

(A) considered
(B) repaired
(C) uploaded
(D) exchanged

'신뢰할 수 없는'(unreliable) 제품에 대해 구매자가 어떤 행동을 하는 것이 자연스러운지 생각해 보면 정답을 쉽게 찾을 수 있다. 정답은 (D)인데, exchange A for B는 'A를 B로 바꾸다'라는 의미를 나타낸다.

어휘 **prove** 판명되다, 입증되다 **unreliable** 믿을 수 없는 **exchange A for B** A를 B로 바꾸다, 교체하다 **upload** 업로드하다

103.

Bender 씨는 식당에서 8명 자리를 예약할 것인데, 그곳에서 그는 외국인 고객들을 접대할 생각이다.

(A) will book
(B) was booked
(C) will booking
(D) has been booked

빈칸에는 Mr. Bender를 주어로 삼을 수 있는 book(예약하다)의 알맞은 형태가 들어가야 한다. 주어가 사람이므로 수동태 형식이 사용된 (B)와 (D)는 정답이 될 수 없고, (C)는 문법상 올바르지 못한 형태이다. 따라서 정답은 단순미래 시제의 (A)이다.

어휘 **book a table** 테이블을 예약하다 **intend to** ~할 의도이다 **entertain** 접대하다

104.

Tomato Garden은 매우 인기가 많은 식당이어서 손님들이 자리에 앉기 위해서는 한 시간을 기다려야 할 때도 있다.

(A) seats
(B) seating
(C) seated
(D) seat

seat는 '앉히다'라는 뜻이므로 '앉다'라는 표현은 수동형으로 나타내야 한다. 정답은 (C)이다.

어휘 **diner** 식당 손님 **seat** 앉히다

105.

주문을 처리하기 위해 일주일 내내 조립 라인이 가동될 것이다.

(A) In order to
(B) As a result of
(C) In addition to
(D) In spite of

내용상 빈칸에는 목적의 의미를 나타내는 표현이 들어가야 한다. 보기 중 '~하기 위해서'라는 목적의 의미를 나타낼 수 있는 것은 (A)이다. 그 밖에 so as to와 같은 표현도 정답이 될 수 있다.

어휘 **fulfill** 이행하다, 수행하다 **assembly line** 조립 라인 **as a result of** ~의 결과로 **in addition to** ~ 이외에도 **in spite of** ~에도 불구하고

106.

Pier 88의 계절별 메뉴를 통해 주방장은 일년 내내 본인의 요리에 변화를 줄 수 있다.

(A) seasoned
(B) seasonal
(C) seasoning
(D) seasons

'계절별 메뉴'는 seasonal menu로 나타내므로 정답은 (B)이다. 참고로 season은 '계절'이라는 의미와 '양념을 하다'라는 각기 다른 뜻을 나타내는데, 전자의 형용사형은 seasonal로, 후자의 형용사형은 seasoning이나 seasoned로 나타낼 수 있다.

어휘 seasonal 계절적인, 계절의 opportunity 기회 vary 다르다; 변화를 주다 all year long 일년 내내 seasoned 양념을 한; 경험이 많은 season 계절; 양념을 하다

107.

50명 이상의 지원자가 있었음에도 불구하고 단 세 명만이 그 자리에 요구되는 자격을 충족시키고 있었다.

(A) carefully
(B) patiently
(C) fully
(D) purposely

보기 중 qualified(자격을 갖춘)를 가장 자연스럽게 수식할 수 있는 부사는 (C)의 fully(완전히, 충분히)뿐이다.

어휘 despite ~에도 불구하고 be qualified for ~에 대한 자격을 갖추다 patiently 참을성 있게 purposely 고의적으로

108.

그 프로젝트의 책임은 Angela Turner에게 맡겨졌는데, 그녀는 Frank Grant의 도움을 받게 될 것이다.

(A) Response
(B) Responsiveness
(C) Responsibility
(D) Responding

가장 자연스럽게 for the project의 수식을 받을 수 있는 명사를 찾도록 한다. 정답은 '책임'이라는 의미를 나타내는 (C)이다.

어휘 responsibility 책임, 책임감 response 응답, 회신 responsiveness 민감성 respond 응답하다, 반응하다

109.

Lexington 동물원은 동물들에게 먹이를 주고 동물들을 보살필 자원 봉사에 관심이 있는 사람을 찾고 있다.

(A) to feed
(B) feeding
(C) will feed
(D) feed

volunteer(자원하다, 자원 봉사를 하다)는 to부정사를 목적어로 취하는 동사이다. 따라서 (A)가 정답이다.

어휘 look for ~을 찾다 interested in ~에 관심이 있는 take care of ~을 돌보다

110.

모든 자원 봉사자들은 Sal's Deli의 무료 식사권과 교환될 수 있는 바우처를 받게 될 것이다.

(A) approved
(B) converted
(C) purchased
(D) redeemed

redeem은 '바꾸다' 혹은 '교환하다'라는 뜻을 나타내는데, 특히 be redeemed for와 같은 형식으로 사용되면 '~으로 보상받다', '~으로 교환되다'라는 의미로 쓰인다. 빈칸 뒤의 for에 유의하면 정답은 (D)이다.

어휘 volunteer 자원 봉사자 voucher 바우처 be redeemed for ~으로 보상받다 convert 전환하다, 개조하다

111.

Winters 씨는 회사에서 은퇴할 예정이지만 그녀를 위한 송별회는 열리지 않을 것이다.

(A) Moreover
(B) Although
(C) Because
(D) For

'은퇴를 앞두고 있다'는 점과 '송별회가 열리지 않을 것이다'는 점은 서로 상반되는 의미를 나타낸다. 따라서 빈칸에는 양보의 의미를 나타내는 접속사인 (B)의 Although가 들어가야 한다.

어휘 retire 은퇴하다 farewell party 송별회 moreover 더욱이, 게다가

112.

회계부 직원들은 소프트웨어가 설치되면 그것에 익숙해져야 한다.

(A) familiarize
(B) research
(C) utilize
(D) calculate

새로 설치되는 소프트웨어에 어떻게 대처하라는 요구를 받는 것이 가장 자연스러울지 생각해 본다. 정답은 '익숙하게 하다', '친숙하게 만들다'라는 의미를 갖는 (A)이다.

어휘 accountant 회계사, 회계 담당자 urge 촉구하다 familiarize 익숙하게 하다, 친숙하게 만들다 install 설치하다 utilize 활용하다 calculate 계산하다

113.

온라인으로 정보를 수정하는 일은 간단하기 때문에 회사 디렉토리는 지속적으로 업데이트되고 있다.

(A) temporary
(B) standard
(C) continual
(D) reported

since가 이끄는 조건절이 정답의 단서이다. 정보를 수정하는 일이 간단하기 때문에 업데이트가 어떤 식으로 이루어질 것인지 생각해 보면 정답은 (C)의 continual(끊임없는, 지속적인)임을 쉽게 알 수 있다.

어휘 directory 디렉토리 on a continual basis 계속적으로, 지속적으로 correct 수정하다 temporary 일시적인, 임시의 standard 표준의; 일반적인

114.

경영진은 직원들이 근무 시간 전에 도착하는 경우에 직원들의 조기 퇴근을 허용하고 있다.

(A) permits
(B) grants
(C) lets
(D) consents

management(경영진)와 employees(직원)와의 관계를 고려하면 빈칸에는 '허가하다' 혹은 '허용하다'라는 의미를 나타내는 (A)의 permits가 들어가야 한다. permit는 목적보어로 to부정사를 취한다는 사실을 통해서도 정답을 확인할 수 있다.

어휘 management 경영, 경영진 workday 근무 시간대 grant 주다, 부여하다; 수락하다 consent 동의하다

115.

Ravenwood Manufacturing은 최근에 프로비던스 지역 내의 경쟁사 중 하나였던 Davis 주식회사를 인수했다.

(A) competitions
(B) competitors
(C) competitive
(D) competitively

빈칸 앞의 its는 Ravenwood Manufacturing을 가리킨다. 따라서 '경쟁사' 중 하나를 인수했다는 의미가 만들어져야 자연스러운 문장이 완성되므로 정답은 (B)이다.

어휘 acquire 얻다, 획득하다 competition 경쟁 competitor 경쟁자 competitive 경쟁력이 있는 competitively 경쟁적으로

116.

보도에 따르면 Duncan Electronics와의 협상액이 최대 7천만 달러가 될 수도 있다.

(A) most of
(B) up to
(C) as of
(D) in with

금액의 수치를 나타내는 seven million dollars(7천만 달러)와 어울릴 수 있는 표현을 찾도록 한다. 정답은 '~까지'라는 의미를 지닌 (B)의 up to이다.

어휘 worth ~의 가치가 있는 up to ~까지 as of ~일자로 in with ~와 친한

117.

포커스 그룹의 구성원 중 절반 이상은 자신들이 본 다용도 차량 광고를 싫어했다.

(A) disliked
(B) were disliked
(C) will be disliked
(D) had been disliked

주어가 사람인 more than half of the members of the focus group이고 목적어가 사물인 the advertisement이다. 따라서 정답은 (A)이고, 수동태 형식의 나머지 보기들은 정답이 될 수 없다.

어휘 focus group 포커스 그룹 (광고나 마케팅 조사를 위해 여러 계층을 대표하는 사람들로 이루어진 그룹) utility vehicle 다용도 차량, 소형 트럭

118.

직원이 희망하는 구매에 대해 관리자가 승인을 했을 경우에만 자금이 사용되어야 한다.

(A) spend
(B) spending
(C) spends
(D) spent

빈칸에 들어갈 동사의 의미상 주어가 funds(자금)이므로 정답은 spend의 과거분사형인 (D)의 spent이다. 참고로 이 문장에서 「be + to부정사」는 의무의 의미를 나타낸다.

어휘 fund 자금, 기금 authorize 권한을 주다

119.

어떤 자리에 누군가를 추천하는 직원은, 그 사람이 채용될 경우, 200달러의 보너스를 받게 될 것이다.

(A) something
(B) someone
(C) somewhere
(D) somehow

'어떤 직위에'(for a position) '추천할 수 있는'(recommend) 대상은 사람일 것이다. 따라서 정답은 사람을 가리키는 대명사인 (B)이다. 참고로 should that individual be hired는 if가 생략되어 있는 조건절이다.

120.

정보 공유가 승인되지 않는 이상, 고객과 소통한 내용은 모두 비밀이다.

(A) confidence
(B) confidential
(C) confiding
(D) confidentiality

빈칸 앞의 be동사에 유의하면 빈칸에는 형용사가 들어가야 하는데, unless가 이끄는 조건절의 의미에 유의하면 빈칸에는 '정보가 누출되지 않아야 한다'는 의미를 완성시킬 수 있는 (B)의 confidential(비밀의)이 들어가야 한다.

어휘 interaction 상호 작용; 교류 share 공유하다 grant 승인하다; 부여하다 confidential 비밀의, 기밀의 confidence 자신감; 신뢰 confiding 신뢰를 나타내는 confidentiality 비밀

121.

현재까지 건물 도면에 있어서 수석 건축가에 의해 이루어진 진전은 거의 없다.

(A) design
(B) announcement
(C) progress
(D) proposal

이 문장을 능동태로 바꾸어 보면 어렵지 않게 정답을 찾을 수 있다. 즉 'The lead architect has made little ------- on the blueprints for the building.'으로 문장을 다시 써 보면 빈칸에 들어가기에 가장 적절한 단어는 (C)의 progress(진보, 발전)임을 쉽게 알 수 있다.

어휘 thus far 지금까지, 현재까지 make progress 발전하다, 진보하다 blueprints 청사진, 도면 architect 건축가

122.

고객들이 어떤 벽지를 구입할 것인지 결정할 때 선택할 수 있는 옵션은 많다.

(A) such
(B) many
(C) little
(D) any

(A)의 such는 앞서 지칭했던 것을 가리킬 때 주로 사용되므로 내용상 이 문장에서 사용되기에는 적합하지 않으며, (C)는 불가산 명사 앞에, (D)는 주로 의문문이나 부정문에서 사용되기 때문에 이들 또한 정답이 될 수 없다. 따라서 정답은 (B)의 many이다.

어휘 option 선택(권), 옵션 wallpaper 벽지

123.

그 상자는 자물쇠로 잠겨 있었고 그것을 열 수 있는 비밀번호는 아무도 몰랐다.

(A) it
(B) them
(C) those
(D) its

빈칸 앞의 open을 고려하면 빈칸에는 the box를 가리키는 대명사의 목적격이 들어가야 한다. 따라서 (A)가 정답이다.

어휘 seal 봉인하다 lock 자물쇠 combination 조합, 결합; (자물쇠 등의) 비밀번호

124.

Carter 씨는 Dexter Associates와의 합병 문제를 잘 처리하는 경우에 승진할 가능성이 높다

(A) handling
(B) handles
(C) handled
(D) has handled

빈칸에는 if로 시작되는 조건절의 동사가 들어가야 한다. 주절의 시제가 현재이므로 보기 중 빈칸에 들어갈 수 있는 것은 현재시제인 (B)의 handles뿐이다.

어휘 in line for ~할 가능성이 큰 handle 다루다, 처리하다 merger 합병

125.

새로 구입한 토스터를 사용하는데 문제가 있는 경우에는 사용자 매뉴얼을 참고해 주십시오.

(A) refer
(B) request
(C) renew
(D) revise

'~을 참고하다'라는 의미는 refer to로 나타낸다. 정답은 (A)이다.

어휘 refer to ~을 참고하다 manual 설명서, 매뉴얼 renew 갱신하다 revise 수정하다, 개정하다

126.

Cross 가 49번지의 건물은 원래 극장이었지만 백화점으로 바뀌었다.

(A) original
(B) originally
(C) origin
(D) originated

빠져 있는 문장 성분이 없으므로 빈칸에는 부사가 들어가야 한다. 보기 중 부사는 (B)의 originally(원래, 본래)뿐이다.

어휘 convert 전환하다, 개조하다 department store 백화점 original 진짜의; 독창적인 origin 기원 originate 기원하다, 유래하다

127.

오늘 늦은 시간에 예정된 회의에 참석하려는 사람은 즉시 이를 취소해야 한다.

(A) Each
(B) Another
(C) Anyone
(D) Few

빈칸에는 planning to attend a meeting의 수식을 받을 수 단어가 들어가야 한다. 대명사는 원칙적으로 형용사(구)의 수식을 받을 수 없지만, something이나 anyone같이 -thing, -one이 붙은 대명사들은 그 뒤에 수식어(구)가 붙을 수 있다. 따라서 정답은 (C)이다.

128.

Roberts 씨는 Anderson 프로젝트의 실행 가능성에 대해 투자가들이 실수를 하고 있다고 생각한다.

(A) accused
(B) regarded
(C) involved
(D) mistaken

빈칸의 주어가 investors(투자가들)라는 점과 viability of the Anderson project(Anderson 프로젝트의 실현 가능성)의 의미에 유의하여 정답을 고르도록 한다. 보기 중 이 두 가지 의미와 어울려 사용될 수 있는 것은 (D)의 mistaken(실수한)이다.

어휘 investor 투자가 viability 실현 가능성 accuse 비난하다, 고발하다 regard 간주하다, 여기다 involve 연루되다, 개입하다

129.

그 브로셔는 매우 많은 정보를 담고 있어서 매장의 여러 고객들에게 높은 평가를 받고 있다.

(A) informed
(B) information
(C) informative
(D) informs

브로셔가 어떠해야 높은 평가를 받을 수 있는지 생각해 보면 정답은 (C)의 informative(정보를 주는, 유익한)임을 쉽게 알 수 있다.

어휘 extremely 매우, 극도로 informative 정보를 주는, 유익한 praise 칭찬하다 inform 알리다, 정보를 주다

130.

그 가구는 조립을 필요로 하지만, 조립하는데 시간이나 노력은 거의 필요하지 않다.

(A) assembly
(B) purchase
(C) connection
(D) placement

furniture(가구)와 관련해서 시간이나 노력이 필요할 수도 있는 일은 (A)의 assembly(조립)일 것이다.

어휘 even though 비록 ~할지라도 assembly 조립 effort 노력 connection 연결 placement 배치

PART 6

[131-134]

11월 12일

친애하는 Sullivan 씨께,

10월 3일자의 카드 대금이 **131.**납부되어야 한다는 점을 알려 드립니다. 명세서상의 금액은 894.23달러였고, 월 최소 상환액은 75.00달러였습니다. 결제일은 10월 31일이었습니다. 따라서 귀하의 계좌에 30달러의 **132.**연체료가 부과될 것이며 전체 미납 금액에 대해서는 17.9%의 이자가 부과될 것입니다. 즉시 카드 대금을 납부해 주실 것을 요청드립니다. 현재 재정적인 어려움을 **133.**겪고 계시는 경우에는 1-800-945-9484로 전화를 주십시오. **134.**저희 직원과 이야기를 하셔서 상환 계획을 수립하실 수 있습니다. 명세서와 관련된 문제가 있는 경우에는 1-800-847-1739로 연락을 주십시오.

Desmond Watts 드림
고객 서비스 담당
Silvan 카드

어휘 inform 알리다 payment 지급, 결제 bill 청구서 monthly payment 할부, 월 상환액 due (돈을) 지불해야 하는 as such 따라서, 그러므로 balance owed 남아 있는 빚 interest 이자 encourage 격려하다, 권장하다 hardship 곤란, 역경 work out a plan 계획을 세우다 repayment 상환

5

131.
(A) been received
(B) will receive
(C) be receiving
(D) to be received

카드 대금 납부를 독촉하는 편지이다. 빈칸 앞의 has에 유의하면 카드 대금을 '납부해야 한다'는 의미를 완성시킬 수 있는 (D)가 정답이다.

132.
(A) fee
(B) rate
(C) salary
(D) refund

'연체료'는 late fee로 나타낸다. 따라서 (A)가 정답이다.

어휘 rate 비율; 요금 salary 봉급, 급여

133.
(A) experience
(B) experiencing
(C) have experienced
(D) be experienced

빈칸에는 조건절의 동사를 완성시킬 수 있는 단어가 들어가야 하는데, 빈칸 앞에 are가 있다는 점을 감안하면 정답은 현재진행형 형태를 띠고 있는 (B)이다.

134.
(A) 따라서 귀하의 카드는 이번 달 말에 사용이 정지될 것입니다.
(B) 카드 대금을 보내실 주소는 페이지 하단에 나와 있습니다.
(C) 저희 직원과 이야기를 하셔서 상환 계획을 수립하실 수 있습니다.
(D) 저희 본점을 찾아오실 수 있는 방법을 알려 드릴 것입니다.

바로 앞 문장에서 정답의 단서를 찾아야 한다. 재정적인 어려움을 겪는 경우에 전화를 하면 어떤 서비스를 받을 수 있을 것인지 생각해 보자. 보기 중 가장 자연스럽게 문맥을 이어줄 수 있는 문장은 '문제 해결에 도움을 줄 수 있다'는 의미를 내포하고 있는 (C)이다.

어휘 instruction 설명 main office 본사, 본점

[135-138]

수신: 〈undisclosed-recipients@ferris.com〉
발신: 〈johnharper@ferris.com〉
제목: 초과 근무
날짜: 4월 19일

전 직원에게,

몇 건의 계약이 어렵게 성사되었는데, 이로 인해 앞으로 두 달간은 하루에 최소 20시간 동안 공장을 가동시켜야 합니다. 이번에는 신규로 직원을 고용할 **135.**생각이 없습니다. 대신 **136.**현재의 직원분들께서 초과 근무를 하시면 좋을 것 같습니다.

초과 근무에 관심이 있으신 경우에는, 특히 야간 근무나 주말 근무에 관심이 있으시면, 즉시 직속 상사에게 말씀해 주십시오. **137.**또한 이 이메일에 회신을 하셔도 좋습니다. **138.**매주 15시간까지 초과 근무를 하실 수 있습니다. 평소 받는 급여 수준의 1.5배를 보상받게 되실 것입니다. 관리자분들께서 선착순으로 근무 시간을 할당해 드릴 것입니다.

John Harper 드림
공장장
Ferris 주식회사

어휘 secure 확보하다, 힘들게 얻다 at least 최소한 intention 의도, 의향 particularly 특히 night shift 야간 근무 immediate supervisor 직속 상관, 직속 상사 up to ~까지 compensate 보상하다 allot 할당하다 first-come, first-served basis 선착순

135.
(A) reasons
(B) announcements
(C) intentions
(D) plans

우선 내용상 빈칸에는 '의향', '의도'의 의미를 나타내는 (C)나 '계획'의 의미를 나타내는 (D)가 들어갈 수 있을 것으로 보인다. 하지만 빈칸 다음의 of에 주의하면 정답은 (C)의 intentions라는 점을 알 수 있다. have an intention of는 '~할 의향이 있다'라는 뜻이다.

어휘 reason 이유; 이성 plan 계획

136.
(A) that
(B) how
(C) why
(D) which

prefer 다음에는 명사, 동명사, to부정사, 그리고 that절이 이어질 수 있다. 여기에서는 빈칸 다음에 「주어 + 동사」 형태를 찾아볼 수 있으므로 정답은 명사절을 이끄는 (A)의 that이다.

137.
(A) 또한 이 이메일에 회신을 하셔도 좋습니다.
(B) 그러면 신청이 받아들여질 것입니다.
(C) 이로써 근무 시간이 줄어들 것입니다.
(D) 그렇게 하면 전근 신청 절차가 시작될 것입니다.

바로 앞 문장에서 초과 근무를 신청할 수 있는 방법에 대해 이야기하고 있으므로 빈칸에는 또 다른 신청 방법, 즉 이메일 회신을 거론하고 있는 (A)가 들어가야 자연스러운 문맥이 완성된다.

138.
(A) few
(B) many
(C) some
(D) each

일주일에 최대로 근무할 수 있는 시간을 안내하고 있으므로 week와 함께 '매주'라는 의미를 완성시킬 수 있는 (D)의 each가 정답이다.

[139-142]

Fullerton 도서관의 보수 공사

풀러턴 (3월 18일) – 어젯밤 시의회가 투표를 통해 Fullerton 도서관 주차장의 보수를 위하여 충분한 자금을 지원하기로 **139.**결정했다. 도서관 이용객들은 그곳의 포트홀 및 기타 문제에 대해 수년간 불평을 해 왔다. **140.**그러나 시는 항상 보수 공사에 필요한 자금이 부족하다는 주장을 했다.

하지만 최근 시는 주 정부로부터 1백만 달러의 지원금을 받았다. 이 돈은 시의 **141.**기반 시설을 개선하는데 사용될 예정이다. 도서관의 60,000달러 지원 요청은 4대1로 가결되었다. 공사는 3월 23일에 시작해서 5일 후에 끝날 예정이다. 이 기간 **142.**동안 주차장은 폐쇄될 것이다.

어휘 city council 시의회 vote in favor of 투표로 ~을 승인[찬성]하다
library patron 도서관 이용객 pothole (도로의) 움푹 패인 홈, 포트
홀 grant 보조금, 지원금 conclude 결론짓다, 끝내다

139.
(A) lieu
(B) favor
(C) appearance
(D) state

in favor of는 '~을 찬성하여'라는 뜻으로, vote와 함께 사용되면 '(투표로)
~을 승인하다'라는 의미를 나타낸다. 정답은 (B)이다.

어휘 lieu 장소

140.
(A) 시는 종종 도서관의 소장 도서를 늘리겠다는 약속을 했다.
(B) 이로써 도서관은 이용객들에게 더 많은 서비스를 제공하게 될 것이다.
(C) 하지만 시는 항상 보수 공사에 필요한 자금이 부족하다는 주장을 했다.
(D) 따라서 올해 도서관 이용률은 그 어느 때보다 높았다.

빈칸 다음 문장의 however에 유의하여 정답을 찾아야 한다. 다음 문장에서
'하지만 (이제) 지원금을 받았다'라고 했으므로 빈칸에는 '(그 전에는) 돈이 부
족했다'는 의미를 담고 있는 (C)가 들어가야 자연스러운 문맥이 완성된다.

어휘 frequently 종종, 자주 usage 사용

141.
(A) infrastructure
(B) budget
(C) schools
(D) roads

빈칸 다음에 이어지는 문장에서 정답의 단서를 찾아야 한다. 즉 정부의 지원
금이 도서관 시설 개선에 일부 사용될 것임을 알리고 있으므로 빈칸에는 도
서관을 포함할 수 있는 개념인 (A)의 infrastructure가 들어가야 한다.

142.
(A) within
(B) during
(C) about
(D) since

'공사 기간 동안' 주차장이 폐쇄될 것이라는 의미를 나타내야 하므로 (B)의
during이 정답이다.

[143-146]

수신: 관리자 전원
발신: Jessica Blanco
제목: 교육
날짜: 8월 6일

^{143.}내일 진행 예정이던 교육이 연기되었습니다. 그 대신 8월 9일에 진
행될 것입니다. 또한 ^{144.}시간도 변경되었습니다. 오전 10시에 시작해서
12시에 끝날 예정입니다. 마지막으로 강사는 Timothy Warden 씨가
아니라 Simon Palmer 씨로 교체될 것입니다. Warden 씨는 중요한
프로젝트 때문에 이번 주 내내 본사를 방문해야 하는데, 이것이 바로 교
육이 연기된 ^{145.}이유입니다.

교육에 참석할 예정인 직원에게 알려 주시기 바랍니다. 참석 대상이 누
구인지 ^{146.}모르시는 경우에는 내선 번호 46으로 제게 전화를 주시면 제
가 알려 드리도록 하겠습니다.

어휘 postpone 연기하다 instructor 강사 not A but B A가 아니라
B이다 home office 본사, 본점 extension 내선 번호

143.
(A) Palmer 씨께서 여러분의 교육을 담당하실 것이라는 점을 알려 드리게 되
어 기쁘게 생각합니다.
(B) 교육이 오늘 오후에 실시될 것이라는 점을 다시 한 번 알려 드립니다.
(C) 내일 진행 예정이던 교육이 연기되었습니다.
(D) 전 직원은 지금부터 3일 후에 교육을 받았다는 보고를 해야 합니다.

회람의 주제문이 들어가야 할 자리이다. 지문의 전반적인 내용을 통해 교육
시간의 변경을 공지하는 것이 이 회람의 목적임을 알 수 있으므로 빈칸에 들
어갈 가장 적절한 문장은 (C)이다.

어휘 reminder 다시 생각하게 해 주는 것, 상기시켜 주는 것 report for
~을 보고하다, 신고하다

144.
(A) day
(B) instructor
(C) room
(D) time

빈칸 이후의 문장에서 변경된 교육 시간을 알려 주고 있으므로 보기 중 빈칸
에 들어갈 단어는 (D)이다.

145.
(A) how
(B) why
(C) where
(D) what

일종의 인과 관계를 설명하고 있는 문장이므로 빈칸에 들어갈 단어는 이유
의 의미를 나타내는 관계부사인 (B)의 why이다.

146.
(A) unsure
(B) pleased
(C) reported
(D) aware

참석 대상이 누구인지 '잘 모르는 경우에' 연락을 달라는 뜻을 전하고 있으므
로 (A)의 unsure가 정답이다.

PART 7
[147-148]

12월 16일

담당자 님께,

어젯밤 저는 다가오는 휴일을 위해 쇼핑을 하려고 Cloverdale 몰에 위
치한 귀하의 Deacon's 의류 매장을 방문했습니다. 하지만 제가 구입하
려고 했던 몇 가지 제품들은 살 수가 없다는 점을 알게 되었습니다. 계
산대에 줄을 서 기다리는 사람이 너무나도 많았습니다.

요즘 평소보다 많은 쇼핑객들이 귀하의 매장을 방문하고 있다는 점은
저도 알고 있습니다. 하지만 줄을 서 있는 사람들이 20명 이상이었음
에도 불구하고, 계산대는 단 한 곳만 개방되어 있었습니다. 게다가 저는
그 시간에 아무 일도 하지 않고 있던 직원을 최소 2명은 보았습니다.

그들이 왜 두 번째 계산대를 개방하지 않았는지 궁금합니다. 시간이 없었기 때문에 저는 아무것도 사지 않은 채로 매장을 나왔고, 그 대신 쇼핑몰 반대 편에 있는 귀하의 경쟁업체 중 한 곳에서 쇼핑을 했습니다.

Cynthia Harris 드림

어휘 acquire 얻다, 구하다 checkout counter 계산대 stand in line 줄을 서다 cash register 금전 등록기, 계산대 in a hurry 급한, 서두르는 competitor 경쟁자, 경쟁업체

147.

Harris 씨는 어떤 문제를 언급하는가?
(A) 일부 제품을 구입할 수 없었다.
(B) 한 직원이 그녀에게 무례하게 굴었다.
(C) 그녀는 옷을 입어볼 수 없었다.
(D) 기다리는 시간이 너무 길었다.

첫 번째 단락에서 Harris 씨는 '계산대에 기다리는 사람들이 너무 많았다'(just too many people waiting in line at the checkout counter)는 문제를 지적한 후 계속해서 그에 대한 불만을 토로하고 있다. 정답은 (D)이다.

어휘 rude 무례한 try on (옷 등을) 입어 보다

148.

Harris 씨는 Deacon's 의류 매장을 떠난 후에 무엇을 했는가?
(A) 다른 매장을 방문했다.
(B) 다른 쇼핑 센터로 갔다.
(C) 온라인으로 제품을 주문했다.
(D) 매장에 전화해서 불만을 표시했다.

마지막 부분의 instead shopped at one of your competitors on the other side of the mall이라는 문구에서 그녀가 매장을 떠난 후에 한 일을 알 수 있다. 그녀는 쇼핑몰 내의 다른 매장에서 쇼핑을 했으므로 정답은 (A)이다.

[149-150]

Lisa Watson	11:09 A.M.
안녕하세요, Carl. 혹시 지금 사무실인가요?	
Carl Venarde	11:11 A.M.
아래층 구내 매점에서 커피를 마시고 있는 중이기는 하지만 5분 후에 자리로 돌아갈 거예요. 무슨 일인가요?	
Lisa Watson	11:12 A.M.
택배 기사에게서 전화가 왔어요. 저한테 온 택배가 있다고 하는데, 저는 시내 반대편에 있거든요. 대신 받아줄 수 있나요?	
Carl Venarde	11:13 A.M.
물론이죠. 서명한 뒤에 어디에 놔둘까요?	
Lisa Watson	11:14 A.M.
내용물이 냉장고에 보관해야 하는 것이어서 개봉을 해야 해요.	
Carl Venarde	11:15 A.M.
맡겨만 주세요.	

어휘 deliveryman 배달원, 배달부 content 내용물 refrigerate 냉장하다, 냉장고에 두다

149.

Watson 씨는 왜 Venarde 씨에게 글을 썼는가?
(A) 택배 기사에게 연락하라고 하기 위해
(B) 부탁을 하기 위해

(C) 그가 주문한 제품에 대해 묻기 위해
(D) 우체국에서 소포를 부쳐 달라고 말하기 위해

Venarde 씨가 연락한 이유를 묻자 Watson 씨는 택배가 올 것이라는 소식을 전한 후 자기 대신 받아 줄 수 있는지 묻고 있다. 따라서 그녀가 글을 쓴 이유는 (B)로 볼 수 있다.

어휘 do a favor 부탁을 들어주다

150.

오전 11시 15분에 Venarde 씨가 "Consider it done"이라고 쓸 때 그가 의미한 것은 무엇인가?
(A) 이미 택배를 받았다는 사인을 했다.
(B) 방금 전에 사무실로 돌아왔다.
(C) 내용물을 냉장고에 넣을 것이다.
(D) 배송비를 지불할 것이다.

주어진 문장은 '맡겨만 달라' 혹은 '걱정 말고 있어라'라는 뜻으로, 상대방의 부탁을 흔쾌히 들어 줄 때 사용하는 표현이다. 여기에서는 냉장고에 넣어 달라는 부탁을 받고 한 말이므로 주어진 문장의 구체적인 의미는 (C)로 볼 수 있다.

[151-152]

Medford Deli
Anchor 가 42번지
메드퍼드, 일리노이

품목	수량	가격
햄 & 치즈 샌드위치	1	$ 5.99
파스타 샐러드	2	$13.98
터키 브레스트	1	$ 7.99
에그플랜 파마잔	1	$ 8.49
소계		$36.45
세금		$ 1.82
배달비		$ 7.00
합계		$45.27

귀하의 주문은 8944로 끝나는 신용 카드로 결제되었습니다. 이용해 주셔서 감사합니다.

151.

영수증에서 알 수 있는 것은 무엇인가?
(A) 고객이 현금으로 결제했다.
(B) 고객이 각각의 품목을 하나씩 구입했다.
(C) 고객은 할인을 받았다.
(D) 고객은 배달을 시키기 위한 비용을 지불했다.

영수증 하단에 7달러의 배달비가 표시되어 있으므로 (D)가 정답이다. 표 아래 문구에서 신용 카드로 결제했다는 사실을 알 수 있기 때문에 (A)는 오답이고, 표의 수량 항목을 보면 파스타 샐러드는 2개 구입했으므로 (B)도 잘못된 내용이다. (C)의 '할인'에 대한 언급은 영수증에서 찾아볼 수 없다.

152.

영수증에 의하면 어떤 음식이 가장 비싼가?
(A) 에그플랜 파마잔
(B) 파스타 샐러드
(C) 햄 & 치즈 샌드위치
(D) 터키 브레스트

각 메뉴의 1인분 가격을 살펴보면 (A)의 '에그플랜 파마잔'이 8.49달러로 가장 비싼 음식임을 쉽게 알 수 있다.

[153-154]

> **도서 무료 증정 행사**
>
> 이번 주 토요일인 8월 10일에 Midtown 도서관에서 매년 열리는 도서 증정 행사를 개최할 예정입니다. 도서관은 신간 도서의 공간을 마련하기 위해 오래되고 읽히지 않는 많은 도서들을 나누어 드릴 것입니다. 이번 행사는 오후 12시부터 3시까지 도서관의 메인 로비에서 열릴 것입니다. 수량이 남아 있는 한 1인당 최대 5권을 받으실 수 있습니다. 이번 행사에는 모든 연령대를 위한 도서가 포함될 것입니다. 많은 양의 공상 과학 소설, 판타지 소설, 그리고 로맨스 소설을 나누어 드릴 것이며, 특히 처분되어야 하는 아동 도서들이 상당히 많습니다. 예약은 필요하지 않지만 이번 행사에는 미드타운 주민들만 참석하실 수 있습니다.

어휘 giveaway 증정품　annual 매년 열리는, 연례의　give away 나누어 주다　make room for ~을 위한 공간을 마련하다　new arrival 신생아, 신상품　as long as ~하는 한　science-fiction 공상 과학 소설　dispose of ~을 처분하다

153.

행사에 대해 언급되지 않은 것은 무엇인가?
(A) 사람들이 가질 수 있는 책의 권수에 제한이 있다.
(B) 특정 지역의 사람들만 책을 받을 수 있다.
(C) 서로 다른 장르의 도서들이 포함될 것이다.
(D) 주말 내내 진행될 예정이다.

1인당 5권의 수량 제한이 있으므로 (A)는 언급된 내용이며, 미드타운 주민들만 참여가 가능하므로 (B)도 맞는 내용이다. 공상 과학, 판타지, 로맨스 소설 등이 대상 도서라고 했으므로 (C) 역시 사실이다. 첫 문장에서 행사일은 8월 10일 토요일 하루라고 안내되어 있으므로 사실과 다른 내용은 (D)이다.

154.

행사의 도서에 대해 암시되어 있는 것은 무엇인가?
(A) 일부 도서들을 저렴한 금액으로 구입할 수 있다.
(B) 방문객들은 연체료를 내지 않으면 책을 받을 수 없다.
(C) 다른 장르의 책보다 아동 도서가 더 많이 있다.
(D) 다수의 도서들은 최근에 출시된 도서일 것이다.

공지 후반부의 there are an especially large number of children's books 라는 문구에서 다른 종류의 책보다 아동 도서가 더 많다는 점을 추측할 수 있다. 따라서 정답은 (C)이다. 책을 유료로 구입할 수 있다던가 책을 받을 수 있는 조건으로 연체료를 내야 한다는 내용은 찾아볼 수 없으므로 (A)와 (B)는 오답이다. 행사 대상 도서는 오래되고 사람들이 찾지 않는 책이므로 (D)도 잘못된 내용이다.

어휘 library fine (도서관의) 연체료　genre 장르

[155-157]

> **수신** customerservice@kerrigans.com
> **발신** geraldlong@mymail.com
> **제목** Easy Reader
> **날짜** 4월 21일
>
> 담당자분께,
>
> 제 이름은 Gerald Long이고 회원 번호는 3840-939348입니다. 저는 오랫동안 귀하의 매장의 고객이었으며 지금까지 제가 구매한 것에 대해서는 한 번도 문제를 겪은 적이 없었습니다. 하지만 4월 10일에 저는 귀하의 웹사이트에서 Easy Reader를 구입했습니다. 저는 이북을 읽을 수 있다는 생각에 매우 들떠 있었고, 그래서 그 다음날 Easy Reader가

도착하자마자 5권의 이북을 주문했습니다. 안타깝게도, 제 Easy Reader는 어젯밤에 갑자기 전원이 꺼져서 다시 켜지지가 않았습니다. 사용하기 직전에 충전을 했기 때문에 배터리 문제는 아닌 것으로 생각됩니다.

저는 오늘 아침에 다시 작동시키려고 했지만, 여전히 정상적으로 작동되지 않았습니다. (이제 무엇을 해야 할지 모르겠습니다.) 우편으로 반품을 하지 않고 제 Easy Reader가 수리되었으면 좋겠습니다. 인근 Kerrigan's 매장에서 수리를 하는 것이 가능할까요?

제 문의에 신속한 답변을 주시면 감사하겠습니다.

Gerald Long 드림

어휘 longtime 오랫동안의　e-book 전자책, 이북　recharge 충전하다　operate 작동시키다, 가동하다　properly 적절히, 제대로　prompt 신속한　inquiry 문의, 질의

155.

4월 10일에 어떤 일이 발생했는가?
(A) 주문품을 받았다.
(B) 제품이 작동을 멈추었다.
(C) 구매가 이루어졌다.
(D) 배터리가 오작동했다.

질문의 핵심어구인 4월 10일은 'However, on April 10, I bought an Easy Reader from your Web site.'에서 찾을 수 있다. 이날은 이메일 작성자가 Easy Reader라는 기기를 구입한 날이므로 (C)가 정답이다.

어휘 malfunction 오작동하다

156.

Long 씨는 무엇을 하고 싶어하는가?
(A) 매장에서 Easy Reader를 수리한다
(B) Easy Reader에 대해 환불을 받는다
(C) Easy Reader를 수리하는 방법을 안내받는다
(D) 수리 기사에게 방문을 요청한다

이메일의 후반부에서 Long 씨는 반품하는 대신 수리를 받고 싶다는 의견을 밝힌 후 'Is it possible for me to have it fixed at my local Kerrigan's?'라고 묻는다. 즉 그가 원하는 것은 인근 매장에서 수리를 받는 것이므로 (A)가 정답이다.

157.

[1], [2], [3], [4] 중 다음 문장이 들어갈 곳으로 가장 알맞은 곳은 어디인가?
"이제 무엇을 해야 할지 모르겠습니다."
(A) [1]
(B) [2]
(C) [3]
(D) [4]

주어진 문장은 이메일 작성자가 자체적인 해결 방법을 모두 시도해 보았다는 내용 다음에 이어져야 한다. 그러한 시도는 [4] 앞 부분까지 언급되어 있으므로 주어진 문장이 들어가야 할 자리는 (D)이다.

[158-161]

MEMO

수신 전 직원

발신 인사부 Nancy Clark

제목 인트라넷 시스템

날짜 10월 9일

조금 전 IT 부서에서 회사 전체의 인트라넷 시스템을 새로 설치했다는 점을 알려 드립니다. ID와 패스워드를 받기에 앞서 시스템을 제대로 활용하는 법에 관한 교육을 받으셔야 합니다.

오늘 밤을 시작으로 남은 주일 동안 매일 저녁에 교육이 진행될 예정입니다. 교육은 오후 6시에 시작해서 오후 8시까지 진행될 것입니다. 304호실과 305호실에서 동시에 교육이 진행될 예정입니다. 한 번에 최대 20명이 교육을 받을 수 있습니다. 모든 직원은 최소한 한 차례의 교육을 받아야 합니다.

부서장들께서 일정을 알려 드릴 것입니다. 배정된 날짜가 본인 스케줄에 맞지 않는 경우에는 자유롭게 다른 직원과 날짜를 바꾸셔도 좋습니다. 하지만 날짜를 서로 바꾸려는 두 직원은 그러한 사실을 관리자에게 확인시켜 주어야 합니다. 이번 주에 교육을 받을 수 없는 경우에는 즉시 관리자에게 말씀을 해 주십시오.

교육은 정규 근무 시간 후에 이루어질 것이므로 2시간에 대한 초과 근무 수당이 지급될 것이며, 이는 다음 번 급여에 반영될 것입니다.

어휘 intranet 내부 전산망, 인트라넷 installation 설치 companywide 회사 전체의 utilize 활용하다 simultaneous 동시의 maximum 최대 at the same time 동시에 undergo 겪다 at least 최소한 switch 바꾸다 fit 맞다, 적합하다 reflect 반영하다 paycheck 급료

158.

회람은 왜 발송되었는가?

(A) 교육에 관한 정보를 알려 주기 위해

(B) 교육에 관한 피드백을 요청하기 위해

(C) 관리자들이 직원들과 이야기하는 것을 권장하기 위해

(D) 직원들에게 교육 수당이 지급될 것을 확인시키기 위해

회람이 작성된 이유는 첫 번째 단락에서 확인할 수 있다. 회람 작성자는 새로운 인트라넷 설치 소식을 알린 후 아이디 발급에 앞서 '인트라넷 교육을 받아야 한다'(you must take a training course to learn to how utilize the system properly)는 내용을 전달하고 있으므로 회람을 작성한 이유는 (A)이다. (D)의 교육 수당과 관련된 내용은 부가적인 정보일 뿐, 이를 회람 자체의 목적으로 보기는 힘들다.

159.

각 직원들은 교육을 이수한 후에 무엇을 받게 될 것인가?

(A) 승진

(B) 자격증

(C) 사용자 ID와 패스워드

(D) 인트라넷 사용 설명서

'Before you will be given an ID and a password, you must take a training course to learn to how utilize the system properly.'라는 문장을 통해 직원들은 교육 이수 후에 (C)의 '아이디와 패스워드'를 받게 될 것임을 알 수 있다.

어휘 certificate 자격증, 면허증 manual 사용 설명서, 매뉴얼

160.

교육에 관해 사실이 아닌 것은 무엇인가?

(A) 주말까지 계속될 것이다.

(B) 수업은 두 시간 동안 진행될 것이다.

(C) 매일 두 개의 수업이 있을 것이다.

(D) 최소 20명의 수강생이 각 수업을 들어야 한다.

'남은 주일 동안 저녁마다'(each evening for the rest of the week) 교육이 진행될 것이므로 (A)는 맞는 내용이며, 교육 시간은 6시부터 8시까지라고 했으므로 (B) 또한 사실이다. 304호와 305호에서 각각 수업이 진행될 것이라고 한 점에서 (C)도 사실이나, 수업 정원은 '최대 20명'(a maximum of 20 individuals)이라고 했기 때문에 사실과 다른 내용은 (D)이다.

161.

스케줄을 바꾸려는 직원들은 무엇을 해야 하는가?

(A) 강사에게 연락한다

(B) 상사에게 이야기한다

(C) 서면으로 허가를 받는다

(D) 일정을 확인한다

세 번째 단락에서 수강 날짜를 바꾸려는 직원들은 '관리자에게 확인을 시켜 줘야 한다'(must confirm this with their managers)고 했으므로 (B)가 정답이다.

[162-164]

새로운 Waycool 냉장고를 소개합니다

Belmont 사는 21세기를 위한 완벽한 냉장고를 소개하게 되어 자랑스럽게 생각합니다: 바로 Waycool입니다. 냉장고에 요구되는 모든 것과 그 이상을 갖추고 있습니다. 냉동실이 포함되어 있는 이 냉장고는 신선한 과일 및 채소, 육류, 음료, 그리고 냉동 식품을 담을 수 있는 넓은 공간을 가지고 있습니다. 냉장고가 잘 정리될 수 있도록 서로 다른 음식을 구분해 주는 각각의 칸이 마음에 드실 것입니다.

Waycool은 세계에서 가장 빠르게 채워지는 아이스 메이커를 갖추고 있는데, 이 아이스 메이커는 5분마다 1리터의 얼음을 만들 수 있습니다. 냉장고 문에 붙어 있는 물 디스펜서 및 얼음 디스펜서는 편하게 물을 마실 수 있게 해 주며, 위험한 사고를 방지할 수 있도록 아동 보호 잠금 장치도 포함되어 있습니다. 내부에서는, 디스펜서에 도달하기 전에 물이 필터로 걸러지기 때문에 가장 깨끗하고 신선한 물을 받으실 수 있습니다. Waycool의 내부는 디지털 컨트롤을 이용하여 온도 조절을 하실 수도 있으며 음성 제어 앱을 다운로드하실 수도 있습니다. 이 앱은 아동 보호 잠금 장치와 얼음 및 물 디스펜서도 작동시킵니다.

Waycool은 세 가지 색상의 각기 다른 네 개의 모델로 출시되고 있으며 판매 가격은 899달러부터 시작됩니다. www.belmont.com/waycool 을 방문하시면 Waycool에 대해 더 알아보실 수 있습니다.

어휘 refrigerator 냉장고 refrigerator-freezer 냉동실이 붙어 있는 냉장고 space 공간 compartment 칸, 객실 organize 조직하다, 정리하다 ice maker 제빙기, 아이스 메이커 be capable of ~을 할 수 있다 ice cube 얼음 덩어리 dispenser 디스펜서 (단추 등을 눌러 내용물을 꺼내 쓸 수 있는 장치) child lock 아동 보호용 잠금 장치 nasty 못된; 위험한 mishap 불행, 사고 filter 여과하다, (필터 등으로) 거르다

162.

광고에 의하면 고객들은 Waycool의 어떤 점을 좋아하게 될 것인가?

(A) 독특한 디자인

(B) 여러 가지 색상

(C) 다양한 공간

(D) 커다란 크기

첫 번째 단락에서 소비자들은 '음식을 분리해 둘 수 있는 개별 공간' (individual compartments that permit you to separate foods)을 마음에 들어 할 것이라고 광고하고 있다. 따라서 (C)가 정답이다.

어휘 unique 독특한 section 부문, 구획

163.
Waycool의 특징으로 언급되지 않은 것은 무엇인가?
(A) 일부를 잠글 수 있는 기능
(B) 내부 조명
(C) 속도가 빠른 아이스 메이커
(D) 온도 조절

Waycool의 특징은 두 번째 단락에 상세히 안내되어 있다. (A)는 child lock, (C)는 the world's fastest-filling ice maker, (D)는 digital control을 지칭하지만, (B)와 관계된 기능은 언급된 바 없다.

164.
Waycool에 대해 알 수 있는 것은 무엇인가?
(A) 수년 간 판매되어 왔다.
(B) 냉장고는 4가지 색상으로 출시된다.
(C) 가장 최신 버전에는 냉동고가 없다.
(D) 일부 모델의 가격은 899달러가 넘을 수도 있다.

광고 타이틀에서 Waycool은 새로 출시된 냉장고라는 점을 알 수 있기 때문에 (A)는 정답이 될 수 없고, 색상이 네 가지가 아니라 '모델 종류가 4개'(four separate models)라고 했으므로 (B)도 잘못된 내용이다. 해당 냉장고는 '냉동고가 달린 냉장고'(refrigerator-freezer)이므로 (C)도 오답이며, 최소 가격이 899달러라고 언급한 점을 통해 정답은 (D)임을 알 수 있다.

어휘 on the market 시장에 나와 있는, 판매 중인

[165-168]

PRW Manufacturing의 건강
Oriana Verducci 작성

작년에 그 어느 때보다 많은 직원들이 병가를 냈다. 생산성 저하로 이어진 건강 문제를 보고한 직원들도 있었다. 그 결과, 회사는 앞으로 12개월 동안 직원 건강을 최우선 과제로 삼겠다는 결정을 내렸다.

어제 인사부 차장인 Daniel Herbst는 사원들의 건강을 증진시키기 위해 회사가 몇 가지 조치를 취할 것이라고 발표했다. 그는 회사 구내 식당의 음식에 관한 논의로부터 시작했다. 직원들에게 보다 많은 채소를 제공하기 위해 이번 주말 구내 식당에는 샐러드 바가 설치될 것이다. 아울러 구내 식당에서 튀김 요리는 줄어들 것이며, 그 대신 보다 건강에 좋고 영양가 높은 메뉴들이 선보일 것이다. (또한 음식 가격은 크게 차이가 나지 않을 것이다.) 자동 판매기에서는 더 이상 초콜릿, 감자칩, 그리고 기타 정크 푸드들이 판매되지 않을 것이고, 대신 그곳에는 오렌지, 사과, 바나나와 같은 신선한 과일들이 채워질 것이다.

회사는 또한 전 직원을 위해 정문에서 도보로 단 2분 거리에 있는, Hampton 로 129번지의 Silver Star 헬스 클럽의 단체 회원권을 발급 받았다. 직원들은 사원증만 보여 주면 그곳에서 무료로 운동을 할 수 있다.

마지막으로 회사는 4월에 전 직원들을 대상으로 건강 검진을 실시할 것이다. 이러한 검진을 통해 직원들의 건강 상태를 검사하고 주요 질병이나 건강상의 문제가 없는지 확인할 것이다. Herbst 씨는 3월 중순 중으로 일정이 게시될 것이라고 말했다.

어휘 sickness 아픔, 질병 result in (결과로서) ~이 되다 productivity 생산성 primary 주된, 주요한 focus 집중, 초점 step 단계, 조치 cafeteria 구내 식당, 카페테리아 provide A for B B에게 A를 제공하다 nutritious 영양분이 많은 vending machine 자동 판매기 contain 포함하다 mere 단지 ~의 front gate 정문 work out 운동하다 health screening 건강 검진 checkup 건강 검진 post 게시하다

165.
PRW Manufacturing에 대해 암시되어 있는 것은 무엇인가?
(A) 직원들에게 건강 보험료 부담액을 높이고 있다.
(B) 작년에 아픈 직원들에 의해 부정적인 영향을 받았다.
(C) 건강이 좋은 직원에게 보너스를 줄 것이다.
(D) 시설 내에 진료소를 설치했다.

첫 번째 단락에서 작년에 병가를 낸 직원들이 많았으며 건강 문제로 '생산성이 저하되었다'(resulted in lower productivity)는 점을 지적하고 있다. 따라서 (B)가 정답이다.

어휘 negatively 부정적으로 get in good shape 건강을 유지하다 health clinic 진료소, 개인 병원

166.
음식 서비스의 변화에 대해 언급되지 않은 것은 무엇인가?
(A) 특정 음식은 더 이상 제공되지 않을 것이다.
(B) 새로운 많은 음식들은 영양분이 풍부한 음식일 것이다.
(C) 튀긴 음식은 더 이상 판매되지 않을 것이다.
(D) 직원들은 샐러드를 먹을 수 있을 것이다.

자동 판매기에서 기존에 판매되던 식품은 더 이상 제공되지 않을 것이므로 (A)는 맞는 내용이며, 건강에 좋고 영양분이 충분한 음식이 제공될 것이라고 했으므로 (B) 또한 사실이다. 샐러드 바가 설치될 것이라는 점에서 (D)도 언급된 사항이나, '구내 식당에서 튀긴 음식은 적어질 것'(the cafeteria will serve fewer fried foods)이라고만 안내되어 있을 뿐, 이들이 완전히 사라질 것이라는 말은 없으므로 (C)가 잘못된 설명이다.

167.
직원들은 어떻게 Silver Star 헬스 클럽을 이용할 수 있는가?
(A) 온라인으로 등록을 함으로써
(B) 매달 회비를 납부함으로써
(C) 관리자에게 연락함으로써
(D) 사원증을 가지고 감으로써

헬스 클럽 이용 방법은 세 번째 단락에서 찾아볼 수 있는데, 여기에서는 '사원증만 보여 주면'(show their company ID) 헬스 클럽을 이용할 수 있다고 안내되어 있다. 정답은 company ID를 work ID로 바꾸어 쓴 (D)이다.

168.
[1], [2], [3], [4] 중 다음 문장이 들어갈 곳으로 가장 알맞은 곳은 어디인가?
"또한 음식 가격은 크게 차이가 나지 않을 것이다."
(A) [1]
(B) [2]
(C) [3]
(D) [4]

주어진 문장의 the dishes에 주목하면 이 문장은 음식 이야기가 언급된 문장 뒤에 들어가야 함을 알 수 있다. 보기 중 음식 이야기가 전개되고 있는 부분에 위치하고 있는 것은 (B)의 [2]이다.

수신	Wayne Frasier 〈waynef@cranson.com〉
발신	Ted Sutherland 〈tedsutherland@limnos.com〉
제목	뉴스
날짜	5월 18일

친애하는 Frasier 씨께,

방금 전에 일어난 일을 귀하께 알려 드리고자 합니다. 저는 지금부터 5일 후 댈러스에서 열리는 콘퍼런스에 참석하는 것을 고대하고 있었지만, 계획을 바꾸어야만 할 것 같습니다. 베를린에 있는 저희 회사의 공장에 중대한 문제가 발생해서 대표 이사님께서는 문제가 처리되도록 저를 그곳에 보내시겠다고 결정하셨습니다. 저는 오늘 밤에 비행기편으로 그곳에 갈 예정입니다.

제가 언제 다시 입국할 수 있을지는 모르겠지만, 최소한 일주일은 그곳에 있게 될 것이라는 말을 들었습니다. 따라서 콘퍼런스에는 참석을 못하게 될 것 같습니다.

제가 기조 연설자로 예정되어 있었기 때문에 일이 이렇게 되어 유감입니다. 다행스럽게도, 저는 저를 대신할 수 있는 완벽한 인물을 알고 있습니다. 그의 이름은 Fred Peterson이고 제 실험실의 연구원입니다. 그는 로봇 공학에 대해 많은 것을 알고 있으며 또한 역량 있는 연사이기도 합니다. 그는 저를 대신해서 기꺼이 연설을 할 것이며 제가 이미 준비해 둔 연설을 하는 것도 상관없다고 했습니다. 당신 두 사람이 이번 문제를 논의할 수 있도록 제가 그에게 당신 이메일 주소를 알려 주었습니다. 이번 일이 귀하에게 유리한 쪽으로 진행되면 좋겠습니다.

Ted Sutherland 드림

어휘 inform A of B A에게 B를 알리다 come up 발생하다, 일어나다 alter 바꾸다, 변경하다 as though 마치 ~인 것처럼 keynote speaker 기조 연설자 replacement 대체, 교체 accomplished 능력 있는, 재능이 있는 in one's place ~을 대신하여 so that ~ can ~하기 위해 work out to one's advantage ~에게 유리하게 작용하다

169.
이메일의 목적은 무엇인가?
(A) 예약을 하기 위해
(B) 계약을 확정하기 위해
(C) 곧 있을 연설에 대해 논의하기 위해
(D) 예정된 참석을 취소하기 위해

이메일 작성자인 Sutherland 씨는 공장에서 발생한 문제 때문에 예정되어 있던 '콘퍼런스 참석이 힘들게 되었다'(it appears as though I will not be able to attend the conference)는 점을 알리고 있다. 정답은 (D)이다.

170.
Sutherland 씨는 왜 베를린에 갈 것인가?
(A) 연설을 하기 위해
(B) 콘퍼런스에 참석하기 위해
(C) 회사 시설을 방문하기 위해
(D) 취업 면접을 보기 위해

첫 번째 단락 중 my firm's factory in Berlin이라는 표현에서 베를린은 Sutherland 씨 회사의 공장이 위치해 있는 곳임을 알 수 있다. 따라서 정답은 (C)이다. 참고로 (A)와 (B)는 콘퍼런스 예정지인 댈러스에 가야 하는 이유이다.

171.
Sutherland 씨가 Peterson 씨에 대해 암시하고 있는 것은 무엇인가?
(A) 그는 자신의 연설문을 쓸 생각이다.
(B) 그는 곧 Frasier 씨에게 연락할 것이다.
(C) 그는 관리자로 승진할 것이다.
(D) 그는 이미 콘퍼런스에 등록했다.

이메일 마지막 부분에서 Sutherland 씨는 자신을 대신을 대신할 Peterson 씨와 이메일의 수신자인 Frasier 씨가 서로 논의할 수 있도록 'Peterson 씨에게 Frasier 씨의 연락처를 알려 주었다'(I have given him your e-mail address)고 했으므로 (B)가 정답이다. Peterson 씨는 이미 준비되어 있는 연설문을 읽는 것도 괜찮다고 했으므로 (A)는 사실과 다른 내용이고, (C)와 (D)는 언급된 바 없는 사항이다.

Brenda Long	1:11 P.M.
지난 분기 실적 회의의 일정이 조금 전에 정해졌어요. 이번 주 금요일 오전에 주간 회의가 끝난 직후에 열릴 예정이에요.	
Harold Pruitt	1:13 P.M.
우리 팀 발표는 누가 하죠? 저는 아직 세부적인 수치를 보지 못했어요.	
Brenda Long	1:15 P.M.
저도 그래요. Frederick, 혹시 매출액 및 기타 필요한 자료들을 당신이 가지고 있나요?	
Frederick Patton	1:16 P.M.
네, 제가 10분 전에 전부 받았어요. 지금 당신 두 명 모두에게 보내 줄게요.	
Harold Pruitt	1:17 P.M.
어땠나요? 우리가 예상했던 것 만큼 실적이 좋았나요?	
Frederick Patton	1:19 P.M.
이메일을 열어서 직접 확인하세요. 그런 다음 어떻게 생각하는지 제게 이야기해 주세요.	
Brenda Long	1:23 P.M.
와. 우리가 보너스를 받게 될 가능성이 있군요.	
Harold Pruitt	1:24 P.M.
정말 그렇네요. 그건 그렇고, 우리 중 누가 발표를 해야 할까요?	
Frederick Patton	1:25 P.M.
Brenda, 당신이 여기에서 가장 오래 있었잖아요. 당신이 하면 좋을 것 같아요.	
Brenda Long	1:26 P.M.
일리가 있네요.	

어휘 detail 세부사항 be set to ~할 예정이다 sales figure 매출액 performance 성과, 실적 in line for ~에 대한 공산이 있는 reasonable 합리적인

172.
금요일에 어떤 일이 예정되어 있는가?
(A) 보너스가 지급될 것이다.
(B) 안건이 발표될 것이다.
(C) 프레젠테이션을 연습할 것이다.
(D) 실적 회의가 열릴 것이다.

시작 부분에서 '지난 분기 실적 회의'(the meeting regarding sales last quarter) 일정이 '금요일 오전으로 잡혔다'(set to take place this Friday morning)고 했으므로 (D)가 정답이다.

어휘　award 상을 주다　agenda 의제, 안건　rehearse 예행 연습하다

173.

Patton 씨는 어떻게 Pruitt 씨와 Long 씨에게 안건을 넘겨 줄 것인가?

(A) 직접 보여 준다

(B) 팩스로 보낸다

(C) 이메일로 보낸다

(D) 인턴 사원을 통해 가져다 준다

Pruitt 씨가 실적 자료에 대한 궁금증을 표현하자 Patton 씨는 'Open your e-mail and take a look for yourself.'라고 답한다. 이를 통해 관련 자료는 (C)의 '이메일로 전달될 것'임을 알 수 있다.

174.

오후 1시 23분에 Long 씨가 "It looks like we're in line for bonuses"라고 쓸 때 그녀가 암시하고 있는 것은 무엇인가?

(A) 그녀는 작년보다 많은 돈을 받을 것으로 기대한다.

(B) 그녀는 보너스에 만족한다.

(C) 그녀는 조금 전에 매출액을 보았다.

(D) 그녀는 이미 자신의 매출 목표량을 넘겼다.

in line for는 '～에 대한 공산이 있는'이라는 뜻으로, 주어진 문장은 매출액을 확인해 보라는 말에 대한 반응이다. 즉 매출액을 확인해 보니 보너스를 받을 정도로 매출액이 높다는 점을 시사하고 있으므로 (C)가 정답이다. 그녀가 작년에 얼마를 받았는지는 알 수 없으므로 (A)를 정답으로 골라서는 안 된다.

어휘　be satisfied with ～에 만족하다　quota 할당량

175.

Long 씨는 무엇을 하겠다고 동의하는가?

(A) 곧 있을 회의에서 연설을 한다

(B) 오리엔테이션을 진행한다

(C) Pruitt 씨에게 조언을 한다

(D) 안건과 관련해서 Patton 씨를 돕는다

채팅창 후반부에서 가장 오래 있었다는 이유로 Long 씨가 발표자로 지목되자 그녀는 'That sounds reasonable.'이라고 답한다. 이는 일종의 수락의 의미를 나타내는 표현이므로 정답은 (A)이다.

[176-180]

PTR 주식회사 모집 공고

PTR 주식회사는 고급 전자 제품을 제조하는 기업으로, 현재 최근에 지어진 공장의 조립 라인 관리자를 모집하고 있습니다. 지원자는 최소 7년간의 관리 경력을 지니고 있어야 합니다. 대학 학위는 필수 사항이 아니라 우대 사항입니다. 이 직위에 채용되는 사람에게는 다른 사람들과 잘 어울릴 수 있는 능력이 필요하며 뛰어난 시간 관리 능력 및 커뮤니케이션 능력이 요구됩니다. 정규직이며 때때로 초과 근무가 필요할 수도 있지만, 초과 근무에 대해서는 시간외 수당이 지급될 것입니다. 초봉은 62,000달러이고 복지 혜택이 제공될 것입니다. 여기에는 연금과 의료 보험이 포함되어 있습니다. 8월 10일까지 henry_c@ptr.com으로 Henry Coburn에게 입사 지원서를 보내 주십시오. 자격 요건이 충족되는 분들만 답장을 받게 되실 것이며, 면접 기회를 얻으신 분들께서는 업무 능력에 관한 테스트를 받게 되실 것입니다.

어휘　manufacturer 제조업자, 제조업체　high-end 고급의　college degree 대학 학위　desire 바라다, 희망하다　get along well with ～와 잘 어울리다　possess 소유하다　full-time position 정규직　on occasion 때때로　overtime rates 잔업 수당, 시간외 근무 수당　pension 연금　medical insurance 의료 보험

수신	henry_c@ptr.com
발신	mauricedavidson@mymail.com
제목	공석
날짜	8월 4일

친애하는 Coburn 씨께,

제 이름은 Maurice Davidson으로, 저는 귀사의 조립 라인 관리자 직에 관심이 있습니다. 저의 자격 요건을 살펴보실 수 있도록 이메일에 이력서와 지원서를 첨부해 두었습니다.

저는 현재 Kendrick Motors에서 일하고 있는데, 이곳에서 저는 Scottsdale 공장의 조립 라인을 관리하고 있습니다. 저는 지난 5년 동안 이곳에서 일을 해 왔으며, 임원 및 직원들 모두와 원만하게 지내고 있습니다. 제가 일하는 동안 공장에는 어떠한 상해 사고도 일어나지 않았습니다. 저는 정말로 제 일을 좋아하며 계속해서 이곳에 남아 있고 싶었으나, 아내가 리치몬드에서 일자리를 구하는 바람에 리치몬드로 이사를 하게 되었습니다.

저는 유선으로 혹은 직접 찾아 가서 면접을 볼 수도 있지만, 직접 그곳으로 가야 하는 경우에는 여행 준비를 해야 하므로 시간이 약간 걸릴 수도 있습니다. 질문이 있으시면 연락을 주시기 바랍니다. 그럼 답장을 기다리겠습니다.

Maurice Davidson 드림

어휘　attach 붙이다, 첨부하다　qualification 자격, 자질　presently 현재　both A and B A와 B 모두　injury 부상, 상해　in person 몸소, 직접　make travel arrangements 여행 준비를 하다

176.

조립 라인 관리자 직에 대해 언급되지 않은 것은 무엇인가?

(A) 장시간 근무할 수 있는 사람이 필요할 수 있다.

(B) 그 일을 하는 사람은 반드시 경력이 있어야 한다.

(C) 대학 학위가 필수이다.

(D) 다른 사람과 잘 이야기할 수 있는 능력이 중요하다.

첫 번째 지문인 모집 공고를 통해 정답을 확인할 수 있다. '이따금씩 초과 근무'(working overtime on occasion)가 필요할 수도 있다고 했으므로 (A)는 올바른 내용이며, '최소 7년간의 관리직 경력'(a minimum of seven years of management experience)이 요구된다고 했으므로 (B)도 언급된 사항이다. 또한 '사람들과 어울릴 수 있는 능력'(ability to get along well with others)도 자격 요건으로 강조되고 있으므로 (D)도 사실이지만, 대학 학위는 '필수가 아니라'(not required) 우대 사항으로 적혀 있으므로 정답은 (C)이다.

177.

광고에 따르면 면접을 볼 사람은 무엇을 해야 하는가?

(A) 지식을 입증한다

(B) 대표 이사와 만난다

(C) 연봉 협상을 한다

(D) 리더쉽을 보여 준다

광고의 맨 마지막 문장에서 면접을 볼 사람들은 '업무 능력 테스트를 받게 될 것'(will be required to complete a test of their skills and abilities)이라고 했으므로 이들이 해야 할 일은 (A)의 '(전문) 지식을 입증하는 일'이 될 것이다.

어휘　leadership 지도력, 리더쉽

178.

Davidson 씨는 왜 이메일을 보냈는가?

(A) 입사 제의를 수락하기 위해

(B) 면접 일정을 정하기 위해

(C) 자격 요건에 대해 문의하기 위해

(D) 일자리에 대한 관심을 나타내기 위해

이메일의 첫 문장 중 I am interested in the assembly line manager position at your company라는 부분에서 Davison 씨가 이메일을 쓴 이유를 확인할 수 있다. 그는 공석인 관리자 직에 대한 지원 의사를 밝히고 있으므로 정답은 (D)이다.

179.

Davidson 씨가 Kendrick Motors에서의 업무에 대해 언급한 것은 무엇인가?
(A) 그는 그곳에 10년 이상 있었다.
(B) 고위 경영진들과 일을 했다.
(C) 그 결과로 효율성이 증가했다.
(D) 그는 직원들의 안전을 책임졌다.

Davidson 씨는 자신이 Kendrick Motors에서 근무하는 동안 '공장에 사고가 없었다'(there have never been any injuries in the factory)고 했으므로 보기 중 그가 언급한 점은 (D)이다. 5년 동안 일했다고 했으므로 (A)는 잘못된 내용이며, (B)와 (C)는 전혀 언급된 바 없는 사항이다.

어휘 decade 10년 involve 수반하다, 연관시키다 efficiency 효율성

180.

PTR 주식회사에 대해 암시되어 있는 것은 무엇인가?
(A) 해외 시장으로 사업을 확장하고 있다.
(B) 리치몬드에서 새로운 시설을 오픈했다.
(C) 올해 수익이 날 것으로 예상한다.
(D) 공석인 자리가 몇 개 있다.

PTR 주식회사가 모집 공고를 낸 이유는 '최신 시설'(its newest facility)의 조립 라인 관리자를 채용하기 위해서이다. 한편 두 번째 지문인 이메일에서 Davidson 씨는 리치몬드에서 일자리를 구한 아내 때문에 '그곳으로 이사를 가야 한다'(I will be moving to Richmond)는 점을 이직 사유로 들고 있는데, 이 두 가지 사실을 종합하면 PTR의 최신 시설은 곧 리치몬드에 위치해 있을 것으로 짐작할 수 있다. 따라서 (B)가 정답이다.

어휘 make a profit 수익을 내다

[181-185]

Florence 케이터링 서비스
Lincoln 가 1010번지
털사, 오클라호마 74108
(539) 830-9101

고객명	Tom Snyder	회사명	Harrison Manufacturing
전화번호	(539) 239-8347	이메일 주소	t_snyder@hm.com
주소	Main 가 483번지, 털사, 오클라호마 74111		
배송지	정문, Forest 공원, 털사, 오클라호마 74109		
주문일	6월 28일	주문일	7월 15일

제품 번호	내역	수량	가격
4830	샌드위치 플래터 (라지)	3	$210.00
1012	샐러드 플래터 (라지)	2	$ 80.00
3829	이탈리안 샘플러 플래터 (미디엄)	2	$130.00
8393	디저트 트레이 (라지)	3	$120.00
7331	각종 음료 (라지)	4	$200.00
		소계	$ 740.00
		배송비	$ 0.00
		세금	$ 37.00
		합계	$ 777.00

주문에 감사드립니다. 주문품은 7484로 끝나는 신용카드로 결제되었습니다. 질문이나 요청 사항이 있는 경우, orders@florencecatering.com으로 연락을 주시면 최선을 다해 도와 드리겠습니다.

어휘 do one's best 최선을 다하다 accommodate 수용하다; 협조하다, (요구에) 부응하다

수신 t_snyder@hm.com
발신 orders@florencecatering.com
제목 주문
날짜 6월 30일

친애하는 Snyder 씨께,

귀하께서 어제 제출하신 온라인 주문서와 함께 문의하신 질문 내용도 잘 받았습니다. 먼저 주문 내역을 확인해 드리고자 합니다. Florence 케이터링 서비스의 직원이 7월 15일 오전 11시에 제품을 가지고 도착할 것이며 음식을 차리는데 도움을 드릴 것입니다.

귀하께서 가장 우려하시는 부분에 대한 답변을 드리면, 디저트 제품 중 하나에 땅콩이 들어가 있습니다. 라벨로 확실하게 표시되어 있기 때문에, 땅콩 알러지가 있는 직원들이 걱정할 필요는 없습니다. 아울러 유감스럽게도 연중 이 시기에는 연어를 판매하지 않습니다. 하지만 야외 요리 파티를 하실 수 있도록 햄버거 패티, 핫도그, 번은 어렵지 않게 대량으로 제공해 드릴 수 있습니다. 관심이 있으신 경우. 두어 개의 그릴도 가져다 드릴 수 있습니다. 그릴 대여 시에는 비용이 발생하며, 사용하시는 프로판 가스에 대해서도 요금이 부과될 것입니다.

그 외에 제가 도움을 드릴 부분이 있으면 알려 주시기 바랍니다.

Melanie Jackson 드림
Florence 케이터링 서비스

어휘 representative 대표, 대리; 직원 assist 돕다 inquiry 문의 be concerned about ~에 대해 우려하다 peanut allergy 땅콩 알러지 salmon 연어 plenty of 많은, 다량의 have a cookout 야외에서 요리 파티를 하다 grill 석쇠, 그릴 rent 대여하다 propane gas 프로판 가스

181.

주문서에 포함되지 않은 정보는 무엇인가?
(A) 몇 인분의 음식인가
(B) 누가 주문을 했는가
(C) 총 가격이 얼마인가
(D) 제품이 어디로 배송될 것인가

(B), (C), (D)는 각각 주문서의 Customer Name, Total, Deliver To 항목에서 확인할 수 있다. 주문서에서 확인할 수 없는 사항은 (A)이다.

182.

주문서에서 첫 번째 단락 셋째 줄의 "accommodate"라는 단어와 가장 의미가 유사한 것은
(A) 수용하다
(B) 돕다
(C) 빌려 주다
(D) 업데이트하다

accommodate는 '(인원 등을) 수용하다'라는 뜻으로 사용될 수도 있고 '(요청에) 부응하다' 혹은 '돕다'라는 뜻으로도 사용될 수도 있다. 여기에서는 문맥상 후자의 의미로 사용되었으므로 정답은 (B)의 assist이다.

어휘 house 집; 수용하다 assist 돕다

183.

Jackson 씨에 따르면 7월 15일에 어떤 일이 일어날 것인가?

(A) 음식이 배달될 것이다.
(B) 결제가 이루어질 것이다.
(C) 주문 내역이 확인될 것이다.
(D) 새로운 음식이 도착할 것이다.

July 15라는 날짜는 이메일의 첫 번째 단락에서 찾을 수 있는데, 여기에서 Jackson 씨는 7월 15일에 '직원이 음식을 가지고 가서'(a representative from Florence Catering Services will arrive with the items) 준비를 도울 것이라고 했으므로 정답은 (A)이다.

184.

어떤 제품이 Snyder 씨의 직원들이 먹을 수 없는 성분을 포함하고 있는가?

(A) 제품 번호 4830
(B) 제품 번호 1012
(C) 제품 번호 3829
(D) 제품 번호 8393

이메일 두 번째 단락 중 one of the dessert items has peanuts in it이라는 어구에서 정답의 단서를 찾을 수 있다. 땅콩이 포함된 음식은 디저트 중 하나이므로 주문 목록에서 디저트인 상품을 찾으면 Dessert Tray의 제품 번호인 (D)가 정답이다.

185.

Jackson 씨는 왜 Snyder 씨에게 야외 파티를 열라고 제안했는가?

(A) Snyder 씨의 질문에 긍정적인 답변을 하기 위해
(B) 대체할 수 있는 음식을 제안하기 위해
(C) Snyder 씨에게 그릴 대여를 권유하기 위해
(D) 이용 가능한 특가 상품을 언급하기 위해

이메일에서 야외 파티가 언급되어 있는 문장은 'However, we could easily provide you with plenty of hamburger patties, hotdogs, and buns to have a cookout.'이다. Jackson 씨는 언어는 없지만 야외 파티를 열 수 있는 다른 식품들이 많다는 점을 안내하고 있으므로 그가 야외 파티를 언급한 이유는 (B)로 볼 수 있다.

어휘 alternative 대안의

[186-190]

www.westendstyle.com

고객명 Heidi Mann
이메일 주소 hmann@homemail.com
주소 Beaumont가 483번지, 라스알라모스, 뉴멕시코
회원 번호 859403
주문 수량 9
주문 날짜 5월 12일

제품 번호	내역	수량	가격
340834	하이힐 (블랙 가죽)	1	$120.00
923409	블라우스 (스몰, 블루)	2	$ 40.00
812374	스웨터 (스몰, 화이트)	1	$ 35.00
238433	티셔츠 (스몰, 레드)	1	$ 25.00
		소계	$220.00
		배송료	$ 00.00
		합계	$220.00

* 귀하의 주문품은 8433으로 끝나는 신용 카드로 결제가 되었습니다.
* 총 결제 금액이 200달러 이상인 경우에는 익일 특급 배송 서비스가 무료로 적용됩니다.
* 여기를 클릭하시면 이번 달의 특별 세일에 대해 알아보실 수 있습니다.

West End Style 에서 쇼핑해 주셔서 감사합니다.

수신 hmann@homemail.com
발신 customerservice@westendstyle.com
제목 주문
날짜 5월 12일

친애하는 Mann 씨께,

어젯밤에 귀하의 주문을 받아서 현재 처리 중에 있습니다. 주문하신 제품 중 세 개는 구입이 가능하다는 점을 알려 드리게 되어 기쁘게 생각하지만, 요청하신 스웨터는 현재 재고가 없는 상태입니다. 저희의 기록에 따르면 이 제품은 스웨터 판매가 다시 시작될 올해 가을이 되기 전까지는 구입이 불가능할 것입니다. 해당 제품에 대해서는 저희가 결제하신 금액을 환불해 드릴 수도 있고, 다른 제품으로 교환을 해 드릴 수도 있습니다. 그 동안, 저희는 주문하신 나머지 제품들은 내일 받으실 수 있도록 주문품을 발송해 드렸습니다. 다른 제품을 추가로 주문하시는 경우, 주문품은 별도의 비용 없이 일반 우편으로 보내 드릴 것입니다.

Russell Washington 드림
West End Style

어휘 process 과정; 처리하다 out of stock 재고가 없는 either A or B A 혹은 B 중 하나 in the meantime 그 동안에, 그 사이에

수신 hmann@homemail.com
발신 customerservice@westendstyle.com
제목 주문
날짜 5월 13일

친애하는 Mann 씨께,

귀하의 대체품 주문이 처리되어 즉시 배송이 이루어질 것임을 알려 드립니다. 귀하께서 구입하셨던 제품의 가격은 30달러였기 때문에 5달러의 차액이 귀하의 계정으로 입금되었습니다. 또한 처음 주문하셨던 제품을 구매하실 수 없었던 점에 사과를 드립니다. 첨부된 쿠폰을 다운로드해 주십시오. 다음 번 주문을 하실 때 사용하시면 선택하시는 한 가지 제품에 대해 50% 할인을 받으실 수 있습니다. 이 쿠폰에는 유효 기한이 없습니다. 귀하께서는 다음 번에 주문을 하시면 즉시 West End Style의 VIP 회원이 되실 것이며, 여기에는 다양한 혜택이 수반됩니다. 추후에 질문이 있으신 경우에는 수신자 부담 전화인 1-888-394-8333으로 전화를 주십시오.

Ashley Harper 드림
West End Style 고객 서비스 담당

어휘 notification 통보, 통지 replacement 교체, 대체 credit 입금하다 initially 처음에 attach 첨부하다, 붙이다 expiration date 유효 기간 a variety of 다양한 privilege 특권 toll-free hotline 수신자 부담 직통 전화

186.

Mann 씨는 왜 무료 배송 혜택을 받았는가?

(A) 그녀는 VIP 회원이다.
(B) 그녀는 200달러 이상을 결제했다.
(C) 그녀는 쇼핑 클럽에 속해 있다.
(D) 그녀는 쿠폰을 사용했다.

첫 번째 지문의 표 아래에 '결제 금액이 총 200달러 이상인 경우'(totaling $200 or more) 무료 배송이 가능하다고 나와 있으므로 Mann 씨가 무료 배송 서비스를 받은 이유는 (B)이다.

187.

현재 어떤 제품을 구입할 수 없는가?

(A) 제품 번호 340834
(B) 제품 번호 923409
(C) 제품 번호 812374
(D) 제품 번호 238433

두 번째 지문인 이메일 중 the sweater which you requested is currently out of stock라는 문구를 통해 현재 '스웨터'(sweater)가 구매 불가능한 상품임을 알 수 있다. 첫 번째 지문에서 스웨터에 해당되는 제품 번호를 찾으면 정답은 (C)이다.

188.

Washington 씨가 Mann 씨의 주문에 대해 언급한 것은 무엇인가?

(A) 일부가 배송 중이다.
(B) 대량 구매 시 할인을 받을 수 있다.
(C) 한 제품의 가격이 인하되었다.
(D) 전화로 이루어졌다.

두 번째 이메일에서 Washington 씨는 Mann 씨에게 '나머지 제품들은 내일 받을 수 있도록 이미 발송이 되었다'(we have mailed the other items you ordered so that you can receive them by tomorrow)는 사실을 알리고 있으므로 보기 중 언급된 사실은 (A)이다.

어휘 be eligible for ~에 대한 자격이 있다 bulk discount 대량 구매에 따른 할인

189.

Harper 씨는 Mann 씨에게 무엇을 주는가?

(A) 전액 환불
(B) 새로운 패스워드
(C) 1+1 쿠폰
(D) 매장에서 쓸 수 있는 포인트

마지막 지문에서 Harper 씨는 첨부된 쿠폰에 대해 언급하면서 이것을 사용하면 '50% 할인을 받을 수 있다'(get 50% off any one item of your choice)는 점을 알리고 있다. 따라서 보기 중 할인 혜택과 관련이 있는 (D)가 정답이다.

190.

West End Style의 VIP 고객에 대해 암시된 것은 무엇인가?

(A) 한 번의 주문당 평균적으로 100달러를 소비한다.
(B) 최소 10번의 주문을 했다.
(C) 한 달에 한 번 구매를 한다.
(D) 최대 50%의 할인을 받는다.

마지막 지문에서 Harper 씨는 Mann 씨에게 '다음 번 주문 시 West End Style의 VIP 고객이 된다'(upon making your next order, you will become a VIP shopper at West End Style)는 점을 알리고 있는데, 첫 번째 지문에서 Mann 씨는 현재까지 9번의 주문을 했다는 사실을 알 수 있다. 따라서 VIP 혜택은 총 10번의 주문을 해야 주어지는 것으로 짐작할 수 있으므로 (B)가 정답이다.

[191-195]

ISA

2월 26일

친애하는 Sullivan 씨께,

국제 건축가 협회(ISA)가 올해 여름 7월 9일부터 12일까지 영국 런던에서 모임을 갖습니다. ISA의 회원이신 귀하를 초대합니다. 올해 행사의

주제는 "건축 디자인의 새로운 테크놀로지"입니다. 기조 연설자는 세계적으로 유명한 건축가이자 Croswell Architecture의 소유주인 William Forsythe 씨입니다. 여러 차례의 세미나뿐만 아니라 프레젠테이션, 콘퍼런스, 그리고 워크숍도 진행될 예정입니다. 날짜별 주제는 아래와 같습니다:

7월 9일	건축의 현재 테크놀로지
7월 10일	건축의 미래 테크놀로지
7월 11일	건축의 국제적인 경향
7월 12일	건축의 전반적인 상황

신청서를 동봉해 두었습니다. 참석을 원하시면 신청서를 작성하셔서 6월 30일까지 보내 주시기 바랍니다. 온라인으로도 등록하실 수 있습니다. 회원의 등록비는 90달러입니다.

Cindy Nguyen 드림
국제 건축가 협회 부회장

어휘 architectural 건축의 numerous 많은 international 국제적인 overall 전체의, 전반적인 enclose 동봉하다

수신 Tracy Perry, Gordon Scott, Alexis Montgomery, Sabrina Murray
발신 Cynthia Sullivan
날짜 3월 10일
제목 ISA 행사

당신들이 ISA 런던 행사에 참석할 자격이 있다는 점을 알게 되었어요. 참가에 관심이 있는 경우, 회사에서 런던행 이코노미 클래스 왕복 항공 요금과 호텔 숙박료, 그리고 등록비를 지원해 줄 거예요. 예산상 두 개의 호텔 객실만 예약할 수 있기 때문에 객실은 공동으로 써야 할 거예요. 또한 하루 식비로 60달러를 받게 될 거예요. 참석할 예정이면 이달 말까지 제가 알려 주세요. 그러면 제가 여행사에 필요한 준비를 해 놓으라고 이야기할게요. 사장님과 함께 갈 수 있도록, Forsythe 사장님의 비행기편과 같은 비행기에 탑승할 수 있도록 노력해 볼게요.

어휘 be eligible for ~에 대한 자격이 있다 round-trip 왕복의 accommodations 숙박 share 공유하다 instruct 지시하다 make the arrangements 준비하다

수신 Cindy Nguyen
발신 Cynthia Sullivan
제목 등록
날짜 6월 29일

Nguyen 씨께,

안녕하세요. 제 이름은 Cynthia Sullivan입니다. 저는 ISA의 회원(회원 번호 1934129)입니다. 저는 저희 회사 직원 4명을 3월 회의에 등록시켜 놓았는데, 한 명 더 추가하고자 합니다. 안타깝게도, ISA의 웹사이트에서 등록시키려고 했지만, 절차를 마칠 수가 없었습니다. 3월에 똑같이 했을 때에는 전혀 문제가 없었으나 이번에는 웹사이트가 작동하지 않았습니다.

종이로 된 신청서를 보내기에는 시간이 충분할 것 같지 않은 것 같은데, 저를 도와 주실 수 있는지 궁금합니다. 제가 어떻게 하면 되는지 알려 주시겠어요?

Cynthia Sullivan 드림

어휘 additional 추가의, 추가적인 be unable to ~할 수 없다

191.

ISA 회의에 대해 사실인 것은 무엇인가?
(A) 매일 기조 연설자가 있을 것이다.
(B) 비회원에게 보다 높은 참가비를 부과한다.
(C) 주말에만 개최된다.
(D) 사전 등록이 필요하다.

첫 번째 지문의 마지막 부분에서 '신청서는 6월 30일까지 작성해서 보내 달라'(please complete it and return it by June 30)고 요청하고 있는데, 행사 시작일은 7월 9일로 안내되어 있다. 따라서 ISA 회의에 대해 사실인 것은 (D)이다. 기조 연설자가 매일 바뀔 것이라는 언급과 비회원의 참가비에 대한 언급은 찾아볼 수 없으므로 (A)와 (B)는 알 수 없는 사항이며, 행사가 4일간 연속으로 진행된다는 점에서 (C)는 잘못된 내용이라는 점을 알 수 있다.

어휘 advance registration 사전 등록, 사전 신청

192.

참가자는 언제 각기 다른 나라의 건축에 대해 배울 수 있는가?
(A) 7월 9일
(B) 7월 10일
(C) 7월 11일
(D) 7월 12일

첫 번째 지문의 도표에서 질문의 핵심어구인 architecture in different countries와 관련이 있는 주제를 찾으면 된다. international trends in architecture(건축의 국제적 경향)가 그러한 주제인데, 이러한 주제가 다루어질 날짜를 찾으면 정답은 (C)의 '7월 11일'이다.

193.

Sullivan 씨에 대해 알 수 있는 것은 무엇인가?
(A) Croswell Architecture에서 일한다.
(B) 종종 런던을 방문한다.
(C) 런던에서 열리는 회의에 참석할 것이다.
(D) ISA에 소속되어 있지 않다.

Sullivan 씨에 대한 언급은 첫 번째 지문에서 찾아볼 수 있다. 여기에서는 그녀가 '기조 연설자'(keynote speaker)라는 점, '세계적으로 유명한 건축가'(world-famous architect)라는 점, 그리고 Croswell Architecture라는 회사의 '소유주'(owner)라는 점을 알 수 있다. 보기 중 이러한 사실에 부합되는 사항은 (A)뿐이다.

어휘 belong to ~에 속하다

194.

Sullivan 씨는 3월에 Scott 씨를 위해 무엇을 했는가?
(A) 그를 모임에 등록시켰다
(B) 그의 비행기 티켓을 예약했다
(C) 그를 Forsythe 씨에게 소개했다
(D) 그가 특별 행사에 참가하는 것을 허락했다

Gordon Scott이라는 이름은 두 번째 지문인 회람의 수신인 명단에서 찾아볼 수 있다. 여기에서 Sullivan 씨는 수신인들에게 ISA 행사의 참가 여부를 알려 달라고 했는데, 세 번째 지문인 이메일에서 Sullivan 씨는 ISA 관계자에게 본인이 '3월 회의에 직원 4명을 등록했다'(I registered four employees at my firm for the meeting in March)고 말한다. 이 두 가지 사실을 종합하면 Sullivan 씨가 Scott 씨를 위해 한 일은 결국 (A)임을 알 수 있다.

195.

Sullivan 씨는 Nguyen 씨에게 무엇을 하라고 요청하는가?
(A) 자신의 사무실로 전화한다
(B) 동료를 등록하는 일을 돕는다
(C) 등록을 취소한다
(D) 숙소 예약을 돕는다

마지막 지문인 이메일에서 Sullivan 씨는 '추가 등록을 하고 싶지만'(I would like to sign up an additional person) ISA 웹사이트에서는 그럴 수가 없다며 이메일 수신자인 Nguyen 씨에게 도움을 청하고 있다. 따라서 그녀가 요청한 바는 (B)이다.

[196-200]

특별 행사

Erica Yang이 32년간의 근무를 마치고 Cross 항공사를 떠나 가족들과 함께 시간을 보내려고 합니다. 그녀의 노고를 기리기 위해 11월 6일 금요일 Madison 호텔의 대연회장에서 Erica를 위한 파티가 열릴 것입니다. 파티는 저녁 6시 30분에 시작해서 9시 정도에 종료될 것입니다. 모든 직원분들을 초대합니다. 오실 계획이면 인사부의 Kelly Arbor에게 11월 2일 월요일까지 알려 주십시오. Erica를 위한 선물을 살 계획이므로 주실 수 있는 만큼의 금액을 Kelly에게 주시기 바랍니다.

어휘 resign 사임하다, 퇴임하다 honor 예우하다, 존경하다 ballroom 연회장, 연회실 feel free to 마음껏 ~하다

Madison 호텔
특별 행사 예약 신청서

회사명	Cross 항공
주소	Airport 로 829번지, 스프링필드, 일리노이
담당자	Kelly Arbor
전화번호	854-3029
이메일 주소	karbor@crossair.com
예약실	대연회장
날짜	11월 7일 토요일
시간	6:30 P.M. – 9:00 P.M.
참석 예상 인원	120
식사 제공	[✓] Yes [ ] No
식수 인원	120

특별 요구 사항: 연회장에는 마이크와 음향 장비가 갖춰진 무대가 마련되어야 합니다. 채식주의자를 위한 20인분의 음식이 필요합니다. 나머지 100인분의 음식은 일반 메뉴에서 주문하겠습니다.

고객 서명: Kelly Arbor	매니저 서명: Dave Fleming
날짜: 10월 31일	날짜: 10월 31일

어휘 microphone 마이크 a/v equipment 음향 장비 vegetarian 채식주의자; 채식주의자의

Teresa에게,

당신이 저를 도와 줄 수 있는지 궁금하군요. 저는 어떻게든 Erica를 위한 파티에 참석할 수 있을 것으로 보여요. 출장 업무가 매우 잘 진행되고 있거든요. 주말까지 부에노스아이레스에서 머물게 될 것으로 생각하고 있었는데, 내일 중으로 계약이 체결될 것 같아요. 그렇게 되면 지금부터 이틀 후에 귀국하게 될 거예요. 제가 담당자의 이메일 주소와 전화번호를 모르기 때문에, 제가 그곳에 참석할 계획이라는 점을 당신이 알려 주면 고맙겠어요. 그리고 저 대신 선물 비용으로 30달러를 내 주면 정말 좋을 것 같아요. 사무실로 돌아가서 갚을게요.

정말 고마워요.

Brian

어휘 give a hand 돕다, 거들다 after all 결국, 어쨌거나 extremely 극단적으로, 매우 contribute 기여하다, 기부하다 pay back (돈을) 갚다

196.

파티는 왜 열릴 것인가?

(A) 은퇴를 기념하기 위해
(B) 상을 주기 위해
(C) 신입 직원을 소개하기 위해
(D) 대표 이사에게 경의를 표하기 위해

첫 번째 지문의 시작 부분에서 은퇴를 앞둔 Erica Yang이라는 사람을 위한 파티가 열릴 것이라는 점이 공지되고 있다. 정답은 (A)이다.

어휘 celebrate 경축하다, 기념하다 hand out 나누어 주다

197.

신청서에 따르면 공지의 어떤 정보가 잘못되어 있는가?
(A) 행사 참석 인원
(B) 행사 날짜
(C) 행사 시간
(D) 행사 장소

두 번째 지문인 신청서의 각 항목의 내용과 지문 상의 내용을 서로 비교해 보며 정답을 찾아야 한다. 다른 보기들은 모두 내용이 일치하지만, (B)의 '행사 날짜'의 경우 신청서에는 Saturday, November 7로, 공지에는 Friday, November 6로 서로 다르게 표기되어 있다.

198.

신청서에서 요구되지 않은 것은 무엇인가?
(A) 육류가 들어가지 않은 음식
(B) 마이크
(C) 꽃 장식
(D) 무대

신청서상 요구된 바는 Special Requests 항목에서 찾을 수 있다. 채식주의자를 위한 음식, 마이크, 그리고 무대에 관한 언급은 모두 찾아볼 수 있으나, (C)의 '꽃 장식'은 언급된 바 없다.

어휘 floral arrangement 꽃 장식, 꽃꽂이

199.

Crosby 씨는 St. Clair 씨에게 무엇을 하라고 요청하는가?
(A) 자신이 팩스로 보낼 계약서에 서명을 한다
(B) Arbor 씨에게 자신에 대해 이야기한다
(C) 자신을 위해 귀국 항공편을 예매한다
(D) Yang 씨를 위한 선물을 구입한다

마지막 지문인 이메일에서 Crosby 씨는 St. Clair 씨에게 자신이 행사 담당자의 연락처를 모르니 '담당자에게 자신이 파티에 참석할 것을 알려 주면 고맙겠다'(I'd appreciate your letting her know I'm planning to be there)고 전하고 있다. 따라서 그가 요청한 사항은 (B)로 볼 수 있다. 선물 비용을 대신 내 달라는 부탁은 했지만, 직접 선물을 사서 전해 달라는 부탁을 한 것은 아니므로 (D)를 정답으로 골라서는 안 된다.

200.

이메일에서 첫 번째 단락 넷째 줄의 "contribute"라는 단어와 가장 의미가 비슷한 것은
(A) 제안하다
(B) 제의하다
(C) 기부하다
(D) 빌려 주다

여기에서 contribute는 '(돈을) 기부하다'라는 뜻으로 쓰였으므로 정답은 (C)의 donate(기부하다, 기증하다)이다.

주절의 시제가 현재완료라는 점에 주목하면 빈칸에는 (D)의 since가 들어가야 한다는 점을 쉽게 알 수 있다.

PART 5 p.40

101. (C)	**102.** (D)	**103.** (A)	**104.** (D)	**105.** (B)
106. (C)	**107.** (A)	**108.** (D)	**109.** (A)	**110.** (C)
111. (C)	**112.** (A)	**113.** (B)	**114.** (C)	**115.** (A)
116. (C)	**117.** (C)	**118.** (B)	**119.** (C)	**120.** (D)
121. (C)	**122.** (D)	**123.** (A)	**124.** (B)	**125.** (C)
126. (A)	**127.** (D)	**128.** (C)	**129.** (B)	**130.** (B)

PART 6 p.43

131. (B)	**132.** (A)	**133.** (A)	**134.** (C)	**135.** (C)
136. (D)	**137.** (B)	**138.** (D)	**139.** (C)	**140.** (A)
141. (C)	**142.** (B)	**143.** (C)	**144.** (A)	**145.** (B)
146. (A)				

PART 7 p.47

147. (D)	**148.** (A)	**149.** (B)	**150.** (A)	**151.** (C)
152. (A)	**153.** (B)	**154.** (C)	**155.** (B)	**156.** (C)
157. (A)	**158.** (B)	**159.** (D)	**160.** (A)	**161.** (D)
162. (A)	**163.** (B)	**164.** (C)	**165.** (C)	**166.** (B)
167. (C)	**168.** (D)	**169.** (B)	**170.** (D)	**171.** (B)
172. (D)	**173.** (A)	**174.** (D)	**175.** (B)	**176.** (C)
177. (B)	**178.** (A)	**179.** (B)	**180.** (D)	**181.** (A)
182. (C)	**183.** (A)	**184.** (C)	**185.** (B)	**186.** (D)
187. (B)	**188.** (D)	**189.** (B)	**190.** (D)	**191.** (C)
192. (C)	**193.** (A)	**194.** (B)	**195.** (A)	**196.** (B)
197. (D)	**198.** (D)	**199.** (C)	**200.** (B)	

PART 5

101.

Shaw 씨는 사귐성 있는 성격 때문에 많은 젊은 사원들의 이상적인 멘토가 되고 있다.

(A) approaching
(B) approached
(C) approachable
(D) approachably

보기 중 personality(성격)를 가장 자연스럽게 수식할 수 있는 단어는 (C)의 approachable(말을 붙이기 쉬운, 가까이하기 쉬운)이다.

어휘 approachable 말을 붙이기 쉬운, 가까이하기 쉬운 personality 성격, 인격 mentor 멘토 approach 접근하다, 다가가다

102.

오후 4시 정각 이후로 웹사이트에서 이루어진 주문은 없었다.

(A) because
(B) when
(C) even
(D) since

103.

그 고객은 영수증이 없더라도 제품을 반품할 수 있는 권리가 자신에게 있다고 주장했다.

(A) insisted
(B) criticized
(C) talked
(D) resorted

보기 중에서 that절을 목적어로 받으면서 '주장하다'라는 의미를 나타낼 수 있는 단어를 찾으면 정답은 (A)의 insisted이다. (C)의 talked는 that절을 목적어로 받지 않으며, (D)의 경우 resorted가 동사로 '호소하다'라는 의미로 사용될 때에는 전치사 to를 동반한다.

어휘 lack ～이 없다, 결여하다 insist 주장하다, 고집하다 criticize 비판하다, 비평하다 resort to ～에 호소하다

104.

Flanders 씨는 원자재 시장에 투자하기로 결정했다.

(A) his
(B) him
(C) himself
(D) his own

빈칸 앞의 전치사 on을 보지 못하면 오답인 (C)를 정답으로 고르는 실수를 할 수 있다. '혼자서' 혹은 '단독으로'라는 표현은 on one's own으로 나타낸다. 정답은 (D)이다.

어휘 commodities market 원자재 시장, 생필품 시장

105.

1백만 달러 모금을 위한 자선 행사에 몇몇 유명 인사들이 참여하기로 동의했다.

(A) are agreed
(B) have agreed
(C) were agreed
(D) have been agreed

주어가 사람을 가리키는 several celebrities(몇몇 유명 인사들)이므로 이 문장은 능동태 문장이 되어야 한다. 보기 중 능동태 문장을 완성시킬 수 있는 것은 (B)뿐이다.

어휘 celebrity 유명인 benefit 혜택; 자선 행사 in an attempt to ～하기 위한 시도로 charity 자선

106.

새로운 노트북이 출시됨으로써 지난 분기의 수익이 인상적으로 증가했다.

(A) impressed
(B) impression
(C) impressive
(D) impresser

빈칸에는 명사 amount(양)를 수식할 수 있는 형용사가 들어가야 한다. 정답은 '인상적인'이라는 의미를 지닌 (C)의 impressive이다.

어휘 impressive 인상적인 thanks to ～ 덕분에 impress 각인시키다, 깊은 인상을 주다 impression 인상

107.

창고를 새로 짓는 일에 2백만 달러 이상이 할당되었다.

(A) allocated
(B) determined
(C) restored
(D) purchased

'(돈이나 일 등을) 할당[할애]하다'라는 의미는 allocate로 나타낼 수 있다. 정답은 (A)이다.

어휘 **allocate** 할당하다, 할애하다 **warehouse** 창고 **determine** 결정하다; 알아내다 **restore** 복원하다, 복구하다

108.

지난 석 달 동안 약 2,500명의 소비자가 Max Performance의 온라인 설문조사에 참여했다.

(A) approximative
(B) approximation
(C) approximated
(D) approximately

'대략'이라는 의미를 나타내면서 2,500이라는 수치를 수식할 수 있는 단어는 (D)의 approximately이다. 참고로 roughly, around, about 등의 부사도 같은 의미를 나타낸다.

어휘 **approximately** 대략, 약 **approximative** 대략적인 **approximation** 근사치

109.

Lawrence Gardening 센터는 매년 봄과 여름 동안 다양한 무료 강습을 제공한다.

(A) offers
(B) is offered
(C) has offered
(D) will offer

주어가 Lawrence Gardening Center라는 기관이고 목적어가 a variety of free instructional classes(다양한 무료 수업)이므로 동사 offer의 형태는 능동형이어야 한다. 아울러 during the spring and summer months each year라는 부사구와 어울리기 위해서는 현재시제가 요구되므로 정답은 이 두 가지 조건을 만족시키는 (A)의 offers이다.

어휘 **a variety of** 다양한 **instructional class** 강습, 교습

110.

Lambert 박사는 기조 연설을 할 수 있도록 제시간에 도착하기 위해 이용할 수 있는 가장 빠른 기차를 타겠다고 약속했다.

(A) early
(B) earlier
(C) earliest
(D) earlies

내용상 '가장 빨리 출발하는 기차'라는 의미가 완성되어야 하므로 빈칸에는 (C)의 earliest가 들어가야 한다. 빈칸 앞에 정관사 the가 있다는 점을 통해서도 빈칸에는 최상급 표현이 들어가야 한다는 점을 알 수 있다.

111.

사업상 날씨에 의존하는 기업들은 종종 겨울 동안 매출 감소를 경험한다.

(A) resilient
(B) considerate
(C) dependent
(D) apparent

'~에 의지[의존]하다'라는 의미는 be dependent on [upon]으로 나타낸다. (C)가 정답이다.

어휘 **be dependent on [upon]** ~에 의지하다 **slowdown** 감속, 감산 **resilient** 복원력이 있는 **considerate** 사려 깊은 **apparent** 명백한, 분명한

112.

그 직에 관심이 있는 사람에게는 탁월한 리더쉽과 경력이 모두 필요하다.

(A) both
(B) some
(C) much
(D) none

outstanding leadership skills(탁월한 리더쉽)와 prior experience(경력)라는 두 가지 요건에 대해 이야기하고 있으므로 빈칸에는 이 둘을 가리킬 수 있는 (A)의 both가 들어가야 한다.

어휘 **prior experience** 경력

113.

해외에 있는 Cathy Vanderbilt만이 내일 예정된 회의에 참석하지 않아도 된다.

(A) exemption
(B) exempt
(C) exempting
(D) exemptible

'~을 면제받다'는 의미는 be exempt from으로 나타낸다. 따라서 정답은 (B)이다. 참고로 exempt는 형용사 형태와 동사 형태가 같다.

어휘 **be exempt from** ~을 면제 받다 **exemption** 면제 **exempt** 면제되는; 면제하다, 면제받다 **exemptible** 면제 할 수 있는

114.

Golden 여행사는 별도의 요금 청구 없이 West 씨의 비행기편 날짜를 변경해 주기로 동의했다.

(A) considering
(B) approving
(C) charging
(D) verifying

빈칸에 들어갈 단어는 a fee를 목적어로 취하면서 '별도의 비용을 청구하지 않고서'라는 의미를 완성시켜야 한다. 정답은 '(비용 등을) 청구하다'라는 의미를 나타내는 (C)의 charging이다.

어휘 **charge** (비용 등을) 청구하다, 부과하다 **verify** 입증하다

115.

3주 전에 제품을 주문했음에도 불구하고 Roswell 씨는 아직 어떤 것도 받지 못했다.

(A) Despite
(B) However
(C) Since
(D) Moreover

주문을 예전에 했다는 점과 주문품을 아직 받지 못했다는 내용은 양보 구문을 통해 연결되는 것이 자연스럽다. 보기에서 양보의 의미는 despite가 나타내므로 정답은 (A)이다. 참고로 (B)의 However는 접속부사로, 접속사나 전치사가 아니다.

어휘 **moreover** 게다가, 더욱이

116.
전 세계 팬들은 Martin Stewart의 다음 소설이 출간되기를 간절히 고대하고 있다.
(A) eager
(B) eagerness
(C) eagerly
(D) eagers

문장 구조상 빠져 있는 문장 성분이 없으므로 빈칸에는 anticipating을 수식할 수 있는 부사가 들어가야 한다. 정답은 (C)이다.

어휘 **eagerly** 열렬히, 간절히 **anticipate** 예상하다; 기대[고대]하다 **eager** 열렬한 **eagerness** 열의, 열심

117.
고객들은 1년에 걸쳐 매달 할부로 요금을 납부해도 된다.
(A) issues
(B) units
(C) installments
(D) appropriations

'매달 할부금을 냄으로써 결제를 할 수 있다'라는 의미가 완성되어야 한다. 정답은 '할부금'을 의미하는 (C)의 installments이다.

어휘 **installment** 할부금 **issue** 화제, 문제 **appropriation** 책정(액)

118.
회사의 방침에 따라 직원들은 2시에서 6시 사이에 한 차례 휴식을 취해야 한다.
(A) what
(B) that
(C) how
(D) when

it이 가주어라는 점을 알면 빈칸에는 진주어인 명사절을 이끌 수 있는 접속사 that이 필요하다는 사실을 알 수 있다. 정답은 (B)이다.

어휘 **guideline** 지침, 방침

119.
출입 제한 구역에 들어가지 않도록 시설 내에 있는 방문객들에게는 항상 에스코트가 필요하다.
(A) required
(B) are required
(C) require
(D) will be required

주어가 사람인 guests at the facility이고 목적어가 an escort이므로 능동태 형식의 동사가 필요하다. 따라서 (A)와 (C)가 정답이 될 수 있는데, at all times(항상)라는 부사구에 유의하면 정답은 현재형인 (C)이어야 한다.

어휘 **escort** 호송, 호위, 에스코트 **at all times** 항상 **off-limits area** 출입 제한 구역

120.
모든 판매 보고서가 제출되기 전에는 회사의 재정과 관련된 어떠한 결정도 이루어질 수 없다.
(A) financial
(B) financed
(C) financeable
(D) finances

빈칸에는 소유격인 company's의 수식을 받을 수 있는 명사가 들어가야 한다. 정답은 (D)의 finances(재정, 금융)이다.

어휘 **finance** 재정, 금융; 자금을 대다 **financial** 재정적인, 금융의

121.
그 환자는 의료 보험의 보장을 받았기 때문에 최소한의 비용만 청구되었다.
(A) covers
(B) will be covering
(C) was covered
(D) has covered

since절의 주어가 the patient이고 by health insurance라는 부사구가 존재하기 때문에 빈칸에는 cover의 수동태 형식인 (C)가 들어가야 한다. 이때 cover는 '(보험 등으로) ~을 보장하다'라는 의미이다.

어휘 **cover** 가리다, 덮다; (보험 등으로) 보장하다 **healthy insurance** 건강 보험, 의료 보험 **minimal** 최소한의

122.
채용 위원회는 Medina 씨에게 채용 제안을 할 것인지, 아니면 Schultz 씨에게 채용 제안을 할 것인지 고민 중이다.
(A) if
(B) what
(C) which
(D) whether

빈칸 뒤에 to부정사가 이어진다는 사실과 문장 후반부의 or에 유의하면 정답이 (D)의 whether라는 사실을 알 수 있다. (A)의 if 다음에는 to부정사가 바로 오지 않으며, (B)의 what이나 (C)의 which는 or와 함께 어울려 사용되지 않는다.

어휘 **hiring committee** 채용 위원회

123.
법률가들이 몇 가지 사안에 대해 의견을 달리하고 있기 때문에 두 그룹 간의 합병은 아직 미정인 상태이다.
(A) pending
(B) considering
(C) negotiating
(D) discussing

'서로의 의견이 일치하지 않아 합병이 미정인 상태이다'라는 의미가 완성되어야 한다. 따라서 빈칸에는 '미정인' 혹은 '보류 중인'이라는 의미를 나타내는 (A)의 pending이 들어가야 한다.

어휘 **merger** 합병 **pending** 미정인, 보류 중인 **lawyer** 법률가, 변호사 **negotiate** 협상하다

124.
그 직에 지원한 지원자들은 늦어도 이번 금요일까지 면접을 보게 될 것이다.
(A) have interviewed
(B) will be interviewed
(C) are interviewed
(D) have been interviewed

지원자들이 면접의 대상이므로 빈칸에는 수동태 형식이 사용되어야 하며, no later than this Friday라는 부사구를 감안하면 시제는 미래가 되어야 한다. 정답은 이 두 가지 조건을 동시에 만족시키는 (B)이다.

125.

쇼퍼스 클럽의 회원은 온라인으로 구매한 물건에 대해 별도의 비용 없이 선물 포장 서비스를 받을 수 있다.

(A) nothing
(B) not
(C) no
(D) none

쇼퍼스 클럽 회원이 받을 수 있는 혜택에 대해 이야기하고 있다. 따라서 빈칸에는 부정의 의미를 나타내면서 명사 charge를 수식할 수 있는 (C)의 no가 들어가야 한다.

어휘 shoppers' club 쇼퍼스 클럽 (가입 회원에게 다양한 혜택을 제공하는 매장의 프로그램) gift-wrap 선물용으로 포장하다

126.

기자 회견에서 한 대변인이 조만간 건설 회사를 인수할 것이라는 성명을 발표했다.

(A) statement
(B) release
(C) contract
(D) promise

'성명을 발표하다'라는 의미는 issue a statement로 나타낸다. 정답은 (A)이다.

어휘 press conference 기자 회견 issue a statement 성명을 발표하다 acquisition 인수

127.

첨부 파일을 확인해서 고객이 원하는 가구의 사양을 살펴봐 주십시오.

(A) specific
(B) specifically
(C) specified
(D) specifications

빈칸에는 관사 the와 어울리면서 for the furniture이하의 전치사구 수식을 받을 수 있는 명사가 들어가야 한다. 보기 중 명사는 (D)의 specifications(사양)뿐이다.

어휘 attached file 첨부 파일 specification 사양 desire 바라다, 희망하다 specific 특정한 specifically 특별히 specify 명시하다

128.

계약 조건에 의하면 차후 2개월 이내에 전액이 지급되어야 한다.

(A) for
(B) during
(C) within
(D) since

지급 시기에 대한 계약 규정에 대해 이야기하고 있다. 빈칸에는 '~ 이내에'라는 의미의 전치사인 (C)의 within이 들어가야 가장 자연스러운 문장이 완성된다.

어휘 term 기간; 조건 call for ~을 요구하다

129.

Grande 씨는 프레젠테이션에서 어떤 말을 해야 가장 긍정적인 반응을 얻을 수 있는지 알고 있다.

(A) considered
(B) positive
(C) convinced
(D) alert

내용상 response를 가장 자연스럽게 수식할 수 있는 형용사를 찾아야 한다. 정답은 '긍정적인'이라는 의미를 가진 (B)의 positive이다.

어휘 be aware of ~을 알고 있다 convince 설득하다 alert 경계하는; 경보를 울리다

130.

Richardson 씨는 멕시코 지점의 신설시 예상할 수 있는 효과에 대해 광범위한 보고서를 작성했다.

(A) comprehended
(B) comprehensive
(C) comprehension
(D) comprehensively

빈칸에는 report를 가장 자연스럽게 수식할 수 있는 형용사가 들어가야 한다. 정답은 (B)의 comprehensive(광범위한, 포괄적인)이다.

어휘 comprehensive 광범위한, 포괄적인 benefit 이익, 혜택 comprehend 이해하다 comprehension 이해, 이해력

PART 6

[131-134]

수신: jnightingale@homecafe.com
발신: sdavidson@andersonfestival.org
제목: Anderson 축제
날짜: 8월 28일

친애하는 Nightingale 씨께,

축하합니다. 귀하께서는 Anderson 축제의 **131.**노점상으로 선정되셨습니다. 9월 12일부터 15일까지, 축제 기간 동안 매일 푸드트럭을 세워두셔도 좋습니다. **132.**이 이메일에 첨부되어 있는 파일을 참고해 주십시오. 트럭 주차가 허용되는 장소가 나타나 있습니다.

최소한 매일 행사가 시작되기 한 시간 전까지 행사 장소로 오셔야 한다는 점을 알려 드립니다. 또한 푸드트럭 주변을 깨끗이 유지하는 것도 본인 **133.**책임입니다. 그렇게 하지 않으실 경우, 첫 번째 위반 시에는 경고를 받게 되실 것입니다. 두 번째 위반 시에는 귀하의 권한이 **134.**정지될 것입니다.

질문이 있으신 경우에는 연락을 주십시오.

Sam Davidson 드림
Anderson 축제 조직위원회

어휘 select 선정하다 vendor 행상인, 노점상 set up 세우다, 설치하다 food truck 푸드트럭 from A to B A에서 B까지 be responsible for ~에 대한 책임이 있다 failure 실패 result in (결과로서) ~이 되다 warning 경고 violation 위반 privilege 특혜, 특권 suspend 유예하다, 중단하다 organizer 조직자, 기획자

131.

(A) organizers
(B) vendors
(C) sponsors
(D) guests

축제에 참여할 수 있는 food truck(푸드트럭) 사업자에게 보내는 이메일이다. 보기 중 푸드트럭을 가리킬 수 있는 단어는 (B)의 vendors(노점상)이다.

어휘 sponsor 후원자

132.

(A) 이 이메일에 첨부되어 있는 파일을 참고해 주십시오.
(B) 9월 4일까지 보증금용으로 수표를 보내셔야 합니다.
(C) 올해 축제는 그 어느 때보다 규모가 크고 재미있을 것입니다.
(D) 다른 몇몇 푸드트럭이 귀하의 주변에 있을 것입니다.

빈칸에 들어갈 문장에는 빈칸 다음 문장의 주어인 it이 가리키는 것이 언급되어 있어야 한다. 정답은 (A)인데, 여기에서 it은 the file attached with this e-mail을 가리킨다는 점을 확인할 수 있다.

어휘 check 수표 deposit 보증금, 착수금 be located 위치하다

133.

(A) responsible
(B) necessary
(C) considerable
(D) accurate

be responsible for(~에 대한 책임이 있다)라는 표현을 알고 있으면 정답을 쉽게 찾을 수 있다. (A)가 정답이다.

어휘 considerable 상당한, 막대한 accurate 정확한

134.

(A) suspension
(B) suspense
(C) suspended
(D) suspensive

빈칸 앞에 being이 있다는 점을 고려하면 빈칸에는 수동의 의미를 완성시킬 수 있는 과거분사형이 들어가야 한다. 정답은 (C)이다.

어휘 suspension 정지, 정학 suspense 긴장감, 서스펜스 suspensive 중지하는; 서스펜스가 넘치는

[135-138]

논문 공모

국제지질학자협회(IAG)에서 3월 10일부터 12일까지 제15회 콘퍼런스를 개최합니다. 이번 행사는 영국 런던의 Hampton 콘퍼런스 센터에서 개최될 예정입니다. 행사에 논문을 제출하고자 하시는 분들께서는 ¹³⁵·늦어도 1월 10일까지 논문을 제출하셔야 합니다. ¹³⁶·논문 제출은 인터넷을 통해 submissions@iag.org로 하셔야 합니다. ¹³⁷·접수가 이루어지면 1월 31일까지 통지를 받게 되실 것입니다. 발표자분들께서는 모두 교통비와 숙박비를 본인이 부담하셔야 합니다. ¹³⁸·하지만 참가비는 면제될 것입니다. IAG 회원들은 60파운드를 내야 하는 반면, 비회원은 85파운드를 내야 합니다.

어휘 papers 논문 take place 일어나다, 발생하다 individual 개인 submit 제출하다 submission 제출 notify 공지하다, 알리다 transportation 교통 accommodations 숙박 waive 면제하다

135.

(A) when
(B) for
(C) than
(D) as

no later than(늦어도 ~까지)이라는 표현을 알고 있으면 정답이 (C)라는 사실을 쉽게 알 수 있다. 혹은 빈칸 바로 앞에 비교급 later가 있다는 점에 유의해도 정답이 than임을 확인할 수 있다.

136.

(A) it
(B) him
(C) her
(D) them

빈칸에는 사물이자 복수인 papers를 받을 수 있는 대명사가 들어가야 한다. 정답은 (D)이다.

137.

(A) are accepting
(B) have been accepted
(C) will be accepting
(D) being accepted

조건절의 주어가 사물인 submissions(제출)이므로 이것이 동사 accept와 함께 사용되기 위해서는 빈칸에 수동태 형식이 들어가야 한다. 보기 중 수동태 형식으로 동사구를 완성시킬 수 있는 표현은 (B)뿐이다.

138.

(A) 현재 더 이상의 신청은 고려되고 있지 않습니다.
(B) 제출하시는 논문의 분량은 최소한 10페이지 이상이어야 합니다.
(C) 지원금이 필요하신 경우, 소액의 보조금을 신청하실 수 있습니다.
(D) 하지만 참가비는 면제될 것입니다.

빈칸 앞 문장에서는 발표자의 경비 부담에 관한 언급이, 뒷문장에서는 등록비에 관한 설명이 이루어지고 있다. 따라서 이 두 가지 사항을 고려하면 빈칸에는 발표자의 참가비 면제에 관한 내용이 다루어지고 있는 (D)가 들어가야 한다.

어휘 apply for ~을 신청하다 grant 보조금, 지원금

[139-142]

10월 3일

친애하는 Lambert 씨께,

12월 11일 가족과 함께 탑승하실 예정이던 비행기편의 날짜를 변경하고 싶으시다는 귀하의 요청을 받았습니다. 안타깝게도 귀하께서 변경을 요청하신 날짜에 카이로로 출발하는 항공기는 해당 항공사에 없습니다. ¹³⁹·12월 9일이나 12일에 가는 것은 어떠신가요? 두 날 모두 오후 3시 30분 좌석이 아직 남아 있습니다. ¹⁴⁰·두 날짜 모두 귀하의 일정에 적합하지 않는 경우에는 패키지 여행 전체를 취소하실 수 있습니다. 하지만 단체 여행 가격의 15%에 해당되는 ¹⁴¹·취소 요금이 발생할 것입니다. ¹⁴²·문제를 보다 상세히 논의할 수 있도록 근무 시간 중에 803-8547로 제게 연락을 주시기 바랍니다.

David Smiley 드림
Papyrus 여행사

어휘 alter 변경하다 airline 항공사 fit 적합하다, 맞다 cancelation fee 취소 요금 value 가치, 가격 regular business hours 근무 시간, 영업 시간

139.

(A) 다른 도시로 휴가를 가는 것을 고려 중이신가요?

(B) 다른 항공사를 통해 가고 싶으신가요?

(C) 12월 9일이나 12일에 가는 것은 어떠신가요?

(D) 제가 호텔도 변경해 드릴까요?

빈칸 다음 문장의 on both days에 유의하여 정답을 찾도록 한다. 고객이 변경 요청한 날짜에 비행기 좌석이 없어서 다른 날로 변경을 유도하고 있는 상황이므로 '9일이나 12일'을 추천하고 있는 (C)가 정답이다.

140.

(A) neither

(B) both

(C) each

(D) some

내용상 '두 날짜 모두 일정에 부합하지 않는 경우' 여행을 취소할 수 있다는 의미가 완성되어야 한다. 보기에서 둘 이라는 개념과 부정의 의미를 동시에 나타낼 수 있는 단어는 (A)의 neither이다.

141.

(A) canceled

(B) canceling

(C) cancelation

(D) cancels

cancelation fee는 복합명사로 '취소 요금'이라는 의미를 나타낸다. 정답은 (C)이다.

142.

(A) refund

(B) matter

(C) offer

(D) response

문맥상 discuss의 목적어가 되기에 가장 적합한 단어를 찾도록 한다. 정답은 (B)의 matter(문제)이다.

[143-146]

가 볼만한 새로운 장소
Elena Carter 기자

오거스타 (10월 11일) – **143.**광범위한 리모델링 공사를 마친 후 최근 Alderson 호텔이 다시 개장을 했다. 여러 가지 변화 중 하나는 뷔페 레스토랑이 추가된 것이었는데, 호텔 측은 이 레스토랑을 시내에서 최고라고 **144.**홍보하고 있다. 본 기자가 그러한 주장이 맞는지 확인해 보도록 한다.

뷔페 요리에는 소고기, 돼지고기, 닭고기, 양고기, 생선, 그리고 해산물 요리가 포함되어 있다. 또한 사이드 메뉴, 샐러드, 그리고 디저트도 많다. 음식은 신선하며 음식들이 **145.**계속해서 채워지기 때문에 어떤 음식을 원하더라도 기다릴 일이 없다. **146.**가격은 1인당 95달러로 약간 비싼 편이다. 하지만 음식의 질 때문에 그 정도 비용을 낼 가치는 있다. 예약을 추천하며, 특히 주말에는 더욱 그러하다.

어휘 undergo 겪다, 경험하다 numerous 많은 addition 추가 buffet 뷔페 assure 확인하다, 확신하다 plate 접시, 판 refill 다시 채우다 desire 바라다, 원하다 steep 가파른; 비싼 worth 가치가 있는 due to ~ 때문에 reservation 예약

143.

(A) extent

(B) extending

(C) extensive

(D) extendable

빈칸에는 renovations(보수, 수리)라는 명사를 수식할 수 있는 형용사가 들어가야 한다. (B)의 extending은 '확대되고 있는', '뻗어 있는'이라는 뜻이고 (D)의 extendable은 '늘일 수 있는'이라는 뜻이므로, 문맥상 빈칸에 들어갈 단어는 '광범위한'이라는 의미를 지닌 (C)이다.

어휘 extent 정도, 규모 extendable 늘일 수 있는, 연장할 수 있는

144.

(A) promoting

(B) requesting

(C) sponsoring

(D) considering

as the best(최고의 식당으로서)와 잘 어울릴 수 있는 표현을 찾아야 한다. 정답은 '홍보하다'라는 뜻을 지닌 (A)이다.

145.

(A) fairly

(B) continually

(C) exclusively

(D) variously

어떤 경우에 뷔페 음식을 기다리지 않아도 되는지 생각해 보면 금방 정답을 찾을 수 있다. 정답은 '끊임없이' 혹은 '계속해서'라는 의미를 지닌 (B)의 continually이다.

어휘 fairly 상당히, 꽤 exclusively 배타적으로, 독점적으로 variously 다양하게

146.

(A) 가격은 1인당 95달러로 약간 비싼 편이다.

(B) 세 곳의 연회실 또한 대여할 수 있다.

(C) 고기를 어떻게 요리해 달라고 주방장에게 말할 수도 있다.

(D) 종업원들은 매우 친절하고 프로 의식을 가지고 있다.

빈칸 다음 문장에 it's worth the cost라는 문구가 있으므로 빈칸에는 '가격'에 대한 언급이 있어야 한다. 보기 중에서 가격을 언급하고 있는 문장은 (A)뿐이다.

어휘 banquet room 연회실 waitstaff 종업원, 웨이터 attentive 귀를 기울이는, 배려심이 많은 professional 전문적인, 프로의

PART 7

[147-148]

여름 야유회

Harris Manufacturing에서 연중 가장 인기 있는 행사인 여름 야유회를 또 다시 개최할 예정입니다. 올해 행사는 작년보다 규모도 더 커지고 더 재미있을 것입니다. 야유회는 7월 28일 토요일에 Forest 공원에서 정오부터 저녁 4시까지 진행될 것입니다. 직원 모두와 직원들의 직계 가족을 초대합니다. 올해 저희가 제공하는 음식은 작년에 제공되었던 음식과 동일하지만, 최근의 재정적인 성공을 축하하기 위해, 스테이크 및 연어 구이도 준비할 것입니다. 갖가지 게임도 할 것이기 때문에 즐거움이 가득한 오후가 될 것입니다. 참석 여부와 동행할 사람의 인원수를 인사부의 Tom Snyder(내선 번호 91)에게 알려 주시기 바랍니다. 그곳에서 뵙기를 고대하겠습니다.

어휘 promise 약속하다; ~일 것 같다 immediate family member 직계 가족 celebrate 축하하다, 경축하다 grill (석쇠로) 굽다 accompany 수반하다, 동행하다

147.

여름 야유회에 대해 사실이 아닌 것은 무엇인가?

(A) 제공되는 음식 중에 스테이크와 연어도 있을 것이다.

(B) 주말에 진행될 것으로 예정되어 있다.

(C) 참석자들이 즐길 수 있는 게임이 준비될 것이다.

(D) 올해가 처음 개최되는 해이다.

첫 번째 문장에서 야유회를 '또 다시'(once again) 개최할 것이라고 했으므로 (D)는 잘못된 내용이다. 나머지 보기의 음식 메뉴, 행사 장소 및 시간, 게임 등에 대한 언급은 모두 지문에서 찾을 수 있다.

148.

회사 직원들은 무엇을 하라는 권고를 받는가?

(A) 동료에게 행사에 참석할 것인지 말해 준다

(B) 야유회 티켓을 미리 구입한다

(C) Snyder 씨에게 행사 장소까지 타고 갈 교통 수단이 필요하다고 알린다

(D) 어떤 음식을 가지고 갈 것인지 알려 준다

마지막 부분에서 '참석 여부'(if you intend to be there) 및 '참석 인원 수'(how many people will be accompanying you)를 인사부의 Tom Snyder라는 사람에게 알려 주라고 요청하고 있다. 따라서 정답은 (A)이다.

[149-150]

Steve Lewis	2:25 P.M.

안녕하세요, Jennifer. 여기 사무실에 Percy Sinclair라는 이름을 가지신 분께서 당신을 찾고 계세요.

Jennifer Kelvin	2:26 P.M.

벌써 오셨나요? 미팅은 지금부터 한 시간 후인데요.

Steve Lewis	2:28 P.M.

평소보다 도로가 한가해서 차가 막히지 않았다고 말씀하시더군요.

Jennifer Kelvin	2:30 P.M.

그렇군요. 그분께 아래층 커피숍에 가 계시라고 전해 주시겠어요? 가능한 빨리 저도 그리로 가겠다고 말씀해 주시고요.

Steve Lewis	2:31 P.M.

당신이 도착할 때까지 그곳에서 기다리겠다고 말씀하셨어요.

149.

오후 2시 26분에 Kelvin 씨는 왜 "He's already here"라고 쓰는가?

(A) 자신이 한 말을 다시 한 번 확인시켜 주기 위해

(B) 놀라움을 표현하기 위해

(C) 의견을 구하기 위해

(D) 질문에 답하기 위해

바로 다음 문장에서 '미팅은 한 시간 후'(Our meeting isn't until an hour from now.)라는 점을 밝히고 있으므로 주어진 문장은 일찍 온 것에 대한 일종의 놀라움을 표현하기 위한 것이다. 따라서 (B)가 정답이다.

150.

Kelvin 씨에 대해 암시되어 있는 것은 무엇인가?

(A) 그녀는 사무실에 가기 전에 커피숍을 방문할 것이다.

(B) 그녀는 종종 업무 때문에 사무실 밖으로 나간다.

(C) 그녀는 전에 Sinclair 씨를 직접 만나본 적이 없다.

(D) 그녀는 Sinclair 씨에게 사무실로 오는 길을 알려 주었다.

초반부의 채팅 내용을 통해 Sinclair 씨가 사무실로 찾아왔다는 점을 알 수 있는데, 후반부에서 Kelvin 씨는 Sinclair 씨에게 커피숍으로 가라는 말을 전해 달라고 부탁한 후, '본인도 가능한 빨리 그곳으로 가겠다'(I'll be there as soon as I can)고 말한다. 이를 통해 그녀는 현재 사무실 밖에 있으며 곧바로 커피숍에 들를 것이라는 점을 알 수 있으므로 (A)가 정답이다.

[151-152]

Stetson's는 여러분의 주택이나 사무실을 리모델링하는데 도움을 드리고자 합니다. 이상적인 주거 공간이나 사무 공간을 만들기 위해 여러분께서 보유하신 공간을 최대한 이용할 수 있도록 도움을 드릴 것입니다.

저희는 여러분께서 원하시는 바를 파악하기 위해 여러분과 이야기를 나눌 것입니다. 그런 다음에 원하시는 대로 모든 것을 디자인할 것입니다. 저희는 주요 가구 판매점과 직거래를 하고 있습니다. 그렇게 때문에 여러분들께서는 항상 최저가로 구입하실 수 있습니다.

램프, 카펫, 그리고 예술품을 포함하여 필요하신 소품도 제공해 드릴 수 있습니다. 원하시는 블라인드, 커튼, 벽지 및 페인트도 제공해 드립니다.

지금 980-1823으로 전화하셔서 무료로 견적을 받으십시오.

어휘 remodel 리모델링하다 make the most out of ~을 최대한 이용하다 dealer 중개인, 딜러 accessory 부속물, 액세서리 estimate 견적(서)

151.

Stetson's는 무엇인 것 같은가?

(A) 가구점

(B) 건축 사무소

(C) 인테리어 디자인업체

(D) 조경 회사

보기 중 '주택 및 사무실 리모델링'(remodel your home or office) 작업을 하고 '가구'(furniture) 및 램프, 카펫 등의 액세서리를 공급할 수 있는 업체는 (C)의 '인테리어 디자인업체'이다.

152.

Stetson's에 대해 언급된 것은 무엇인가?

(A) 주거 시설 및 상업 시설에서 작업을 한다.

(B) 작업에 대한 환불 보증 서비스를 제공한다.

(C) 고객에게 견적에 대한 비용을 청구한다.

(D) 고객을 위한 액세서리로 가득한 창고가 있다.

'주택 혹은 사무실'(home or office)의 리모델링 작업을 한다고 광고하고 있으므로 이를 residences and businesses로 바꾸어 쓴 (A)가 정답이다. (B)와 (D)는 언급된 바 없는 내용이고, 견적은 무료로 받을 수 있다고 적혀 있으므로 (C)는 사실과 반대되는 내용이다.

[153-154]

★★★★☆

Pacific 사에서 만든 Burger Master 그릴에 대해서는 아무리 얘기해도 지나치지 않을 것이다. Burger Master는 사용하기 쉽고, 음식을 태우지 않으면서 음식을 골고루 요리해 준다. 프로판 가스로 요리할 수 있으며 음식이 요리되는 온도를 쉽게 조절할 수 있다. 나는 매년 봄과 여름마다 최소한 일주에 세 번 이것으로 바비큐 요리를 한다. 이 그릴은 또한 쇠살대에 음식이 들러붙지 않도록 코팅 처리가 되어 있어서 씻기도 편하다. 내가 가지고 있는 유일한 불만 사항은 바퀴가 잘 돌아가지 않는다는 점인데, 이 때문에 Burger Master를 옮기는 일이 때때로 힘들다. 이러한 점은 개선되기를 바란다. 그럼에도 불구하고, 이 그릴은 매우 우수하며, 가격 또한 더할 나위가 없다.

David Carter

어휘 **cannot say enough about** ~에 대해서는 아무리 말해도 지나치지 않다 **burn** 타다, 태우다 **propane gas** 프로판 가스 **barbecue** 바비큐 요리를 하다 **thanks to** ~ 덕분에 **grate** 쇠살대, 그레이트 **no-stick** 들러붙지 않는 **rotate** 회전하다 **aspect** 측면 **cannot be beat** 능가할 수 없다

153.

Carter 씨에 대해 암시되어 있는 것은 무엇인가?
(A) 그는 그릴을 사용하여 육류와 채소를 요리한다.
(B) 그는 야외에서 요리하는 것을 좋아한다.
(C) 그는 최근에 Burger Master 그릴을 구입했다.
(D) 그는 전문 요리사이다.

'Every spring and summer, I barbecue food with it at least three times a week.'(봄과 여름마다 일주일에 세 번씩 바비큐 요리를 한다)는 문장을 통해 리뷰 작성자인 Carter 씨는 야외에서 요리하는 것을 좋아할 것이라고 추측할 수 있다. 정답은 (B)이다.

154.

Carter 씨는 Burger Master 그릴이 어떻게 개선되기를 바라는가?
(A) 바퀴를 추가한다
(B) 디자인을 변경한다
(C) 보다 이동이 쉽도록 만든다
(D) 가격을 낮춘다

그릴에 달린 바퀴가 잘 돌아가지 않아서 '이동이 힘들다'(makes moving the Burger Master difficult)는 불만을 표시하고 있으므로 그가 바라는 개선점은 (C)로 볼 수 있다.

어휘 **mobile** 이동의, 이동식의

[155-157]

4월 28일

친애하는 Spencer 씨께,

지원 결과를 간절히 기다리고 계실 것이라고 믿습니다. 귀하께서 Center City Business 협회의 회원으로 승인되셨다는 점을 알려 드리게 되어 매우 기쁘게 생각합니다. (이러한 결과에 대해 축하를 드립니다.) 저희는 귀하께서 저희 조직에 긍정적인 기여를 해 주실 것으로 기대하고 있습니다.

멤버쉽 카드를 받고 협회를 자유롭게 이용하시기에 앞서, 몇 가지 하셔야 하는 일들이 있습니다. 먼저, 연회비와 함께 300달러의 가입비를 납부하셔야 합니다. 그 후에는 1년마다 100달러의 회비만 납부하시면 됩니다. 따라서 협회의 다음 번 회의가 시작되기 전까지 400달러를 납부하실 것을 요청드립니다. 두 번째로, 귀하께서는 다음 회의에 참석하셔야 하는데, 이는 5월 6일 토요일에 진행될 예정입니다. 다른 신규 회원분들을 만나시게 될 것이며 그 후에는 공식적으로 협회에 등록되실 것입니다.

도움이 필요하시면 908-3842로 제게 연락을 주십시오.

Stanley Harper 드림
Center City Business 협회 회장

어휘 **eagerly** 열심히, 간절히 **contribution** 기여, 공헌 **organization** 조직, 기관 **gain access to** ~에 접근하다; ~에 대한 권한을 얻다 **one-time fee** 한 번만 내면 되는 요금 **in addition to** ~이외의 **annual membership fee** 연회비 **due** 회비, 요금 **on an annual basis** 1년 단위로, 1년마다 **officially** 공식적으로 **enroll** 등록하다

155.

Harper 씨는 왜 편지를 보냈는가?
(A) Spencer 씨에게 연체료 납부를 요청하기 위해
(B) 지원 상황을 알려 주기 위해
(C) 필요한 모든 자료가 제출되었다는 점을 알리기 위해
(D) Spencer 씨의 제안을 승인하기 위해

편지의 시작 부분에서 Harper 씨는 Spencer 씨의 '지원 결과'(results of your application)를 알려 주고 있다. 따라서 편지를 작성한 목적은 (B)로 볼 수 있다.

어휘 **late fee** 연체료 **status report** 현황 보고

156.

Spencer 씨는 5월 6일까지 무엇을 해야 하는가?
(A) 협회의 다른 회원들을 만난다
(B) 멤버쉽 카드를 받는다
(C) 400달러를 납부한다
(D) Harper 씨와 직접 만나 이야기한다

질문의 핵심어구인 May 6는 'Second, you must attend that meeting, which will be held on Saturday, May 6.'에서 찾을 수 있다. 여기에서 5월 6일은 다음 번 회의가 개최되는 날임을 알 수 있는데, 바로 앞 문장에서 '다음 번 회의 전에'(before the association's next meeting) 400달러를 납부해야 한다고 안내되어 있으므로 결국 Spencer 씨가 5월 6일까지 해야 하는 일은 (C)이다.

157.

[1], [2], [3], [4] 중 다음 문장이 들어갈 곳으로 가장 알맞은 곳은 어디인가?
"이러한 결과에 대해 축하를 드립니다."
(A) [1]
(B) [2]
(C) [3]
(D) [4]

문맥상 주어진 문장의 this achievement가 가리키는 것은 지원 결과일 것이므로 회원 가입이 승인되었다는 소식을 전하고 있는 문장의 바로 뒤인 [1]에 들어가는 것이 바람직하다. 정답은 (A)이다.

[158-161]

Cardiff 스키 리조트가 다시 개장할 것이다
Roger McCabe

플로렌스 (11월 10일) – 플로렌스의 유일한 스키장인 Cardiff 스키 리조트가 올해 12월 1일 다시 문을 열 예정이다. 리조트가 1월까지 개장하지 않을 수도 있다고 걱정했던 많은 스키어들에게 이는 놀라우면서도 반가운 소식이 될 것이다.

Janet Marston은 리조트의 보수 공사를 감독하면서 지난 5개월을 보냈다. 소유주가 주문한 사항들 중에는 메인 스키 로지를 확장하는 것, 새로운 스키 리프트를 설치하는 것, 그리고 두 개의 스키 슬로프를 신설하는 것 등이 있었다. 메인 스키 로지에 주방과 10개의 침실이 새로 만들어졌기 때문에, 현재 30개의 객실이 임대될 수 있다. 또한 스키어들이 슬로프에서 돌아온 후 모여서 몸을 데울 수 있도록 대형 벽난로를 구비한 새로운 라운지도 생겼다. 전체적인 내부는 야생 모티브를 표방하여 나무 판넬로 다시 꾸며졌다.

"리조트의 형태를 개선시켜야겠다고 결심했습니다."라고 Marston 씨는 말했다. "그리고 그 결과에 대해 매우 만족합니다." 스키 리프트에 대해 말하자면, 이는 최신 기술을 사용해서 탑승자들을 부드럽고 안전하고 빠르게 Cardiff 산의 정상까지 이동시켜 주는데, 이곳에서는 산에 있

는 모든 슬로프에 손쉽게 도달할 수 있다. 두 개의 새로운 슬로프에는 스노우보더들만을 위한 슬로프가 포함되어 있으며, 스노우보더들은 현재 리조트의 전체 방문자 중 30% 정도를 차지하고 있다.

어휘 **eager** 열심인, 열정적인 **oversee** 감독하다, 감시하다 **renovate** 보수하다, 개조하다 **ski lodge** 스키 로지 (스키어들을 위한 숙박 시설) **slope** 경사 **fireplace** 벽난로 **gather around** 모이다 **redo** 다시 하다 **panel** 판, 패널; 판으로 덮다 **motif** 디자인; 주제, 모티브 **swift** 재빠른 **exclusively** 배타적으로, 독점적으로 **comprise** 구성하다

158.
기사는 주로 무엇에 관한 것인가?
(A) Cardiff 산의 겨울 스포츠
(B) 스키 리조트의 변화
(C) 플로렌스 인근에서 할 수 있는 활동
(D) 스키 인기의 상승

기사 전반에 걸쳐 Cardiff 스키 리조트의 개장 소식과 함께 리조트의 시설 변화에 대해 알리고 있다. 따라서 기사의 주제는 (B)이다.

159.
Cardiff 스키 리조트에 대해 암시되어 있는 것은 무엇인가?
(A) 수십 년 전에 문을 열었다.
(B) Cardiff 산의 중턱에 지어졌다.
(C) 단체를 위한 특별 요금이 존재한다.
(D) 플로렌스 인근에 위치해 있다.

기사 첫 부분에서 Cardiff Ski Resort를 Florence's only place for skiing(플로렌스에서 유일하게 스키를 탈 수 있는 장소)으로 소개하고 있으므로 (D)가 정답이다.

160.
Marston 씨는 누구인가?
(A) 리조트의 소유주
(B) 스키 강사
(C) 플로렌스 주민
(D) 리조트 직원

두 번째 단락에서 Janet Marston은 '보수 공사를 감독한 사람'(overseeing the renovating of the place)으로 소개되고 있고 세 번째 단락에서는 인터뷰를 통해 공사를 계획하고 그에 대한 만족감을 드러내는 인물로서 설명되고 있다. 보기 중 이러한 인물에 해당될 수 있는 사람은 (A)의 '리조트 소유주'뿐이다.

161.
Cardiff 산의 새로운 슬로프에 대해 언급된 것은 무엇인가?
(A) 둘 다 스노우보더들만을 위한 것이다.
(B) 상급자 코스로 간주된다.
(C) 아직 스키어들을 위한 준비가 끝나지 않았다.
(D) 스키 리프트와 가까운 곳에 위치해 있다.

세 번째 단락의 리프트에 대한 소개 중 리프트가 Cardiff 산 정상까지 이어진다는 설명이 있는데, '정상에서는 모든 슬로프로 손쉽게 갈 수 있다'(where they can easily reach all of the slopes on the mountain)는 점을 알 수 있다. 따라서 슬로프와 리프트는 서로 가까운 곳에 있다고 생각할 수 있으므로 (D)가 정답이다. 스노우보더만을 위한 슬로프는 한 개이기 때문에 (A)는 정답이 될 수 없고, (B)와 (C)는 기사에서 찾아볼 수 없는 내용이다.

어휘 **consider** 고려하다; 여기다, 간주하다

[162-164]

수신 부서장 전원, Susan Rogers, Joseph Roth, Erica Dane
발신 Aaron Hoyle 부사장
제목 회의
날짜 9월 21일

몇몇 부서들이 1년 예산을 초과할 조짐을 보이고 있는 가운데, 세 부서는 이미 연간 할당액을 모두 사용했습니다. 이러한 초과 지출은 통제를 벗어났으나 반드시 중단되어야 합니다.

David Winter 재무 담당 이사님께서는 현 지출 규모에 불만을 갖고 계시며 이러한 문제에 즉각적으로 대처할 계획이십니다. 내일 한 시에 이 사님께서 5층의 대회의실에서 회의를 주재하실 것입니다. 모든 부서장들과 회계부 임원들은 참석을 해야 합니다. 이번 회의는 오후 내내 계속될 것이기 때문에 예정되어 있는 기타 일정들은 취소해 주십시오. 이미 시내 밖으로 나간 경우를 제외하고 불참은 허용되지 않습니다.

해당 부서의 1년 예산안과 함께 올해 해당 부서에서 이루어진 모든 지출과 관련된 문서를 지참해서 오십시오. 이러한 정보를 동료들과 공유할 수 있도록 준비해 오십시오. 우리는 또한 지출을 줄임으로써 발생할 수 있는 수익에 대해서도 논의할 것이며, 아울러 지출 절차와 관련된 여러 가지 방침의 실시 여부에 대해서도 논의하게 될 것입니다.

모든 참석자는 문서 및 필기와 관련된 도움을 받을 수 있도록 한 명의 부하 직원을 데리고 오셔도 좋습니다.

어휘 **be pace on to** ~할 속도를 보이다 **allotment** 할당(량) **get out of control** 통제할 수 없게 되다 **halt** 멈추다, 중단시키다 **CFO** 재무 담당 최고 책임자 **address** 주소; (문제 등을) 다루다, 처리하다 **upper-level** 상위의 **absence** 부재 **documentation** 서류 **share** 공유하다 **potential** 잠재적인 **implementation** 이행, 실시 **assistant** 조수, 보조 **notetaking** 필기

162.
Hoyle 씨는 어떤 문제를 언급하는가?
(A) 부서들이 너무 많은 돈을 지출하고 있다.
(B) 회사의 예산이 삭감될 것이다.
(C) 지출 절차가 이해하기 어렵다.
(D) 부서들이 기록을 잘 못하고 있다.

예산의 초과 사용, 즉 '과도한 지출'(this type of overspending)을 문제 삼고 있다. 따라서 정답은 (A)이다.

163.
회의에 참석할 것으로 예상되지 않는 사람은 누구인가?
(A) 회계부 직원
(B) 회사의 대표 이사
(C) Winter 씨
(D) 모든 부서의 장

회의의 참석 대상은 회람의 두 번째 단락에서 확인할 수 있는데, CFO인 David Winter, '부서장 전원'(all department heads), 그리고 '회계부 임원'(upper-level accountants)이 참석 대상이다. 보기 중 여기에 속하지 않는 사람은 (B)이다.

164.

참석자들은 회의에 무엇을 가지고 오라는 안내를 받는가?

(A) 개별 예산을 증액시키기 위한 제안서

(B) 올해 지출에 관한 정보

(C) 지난 3년간의 지출과 관련된 문서

(D) 내년 예산안 사본

참석자들이 지참해야 할 것은 '부서의 1년 예산'(your department's annual budget)과 '당해 부서의 지출과 관련된 문서'(documentation of all the spending done in your department for the entire year) 두 가지로 안내되어 있다. 정답은 이 두 가지 중 후자를 지칭하는 (B)이다.

[165-168]

어휘 be about ready to ~할 준비가 되다 unveil 베일을 벗다, 공개하다 much-hyped 대대적으로 광고된 entitle 제목을 붙이다 wing 부속 건물 opportunity 기회 prototype 원형 internal combustion engine 내연 기관 telegraph 전보, 전신기 interactive 상호 작용의, 쌍방의 backer 지원자, 지지자

165.

이메일 수신자들은 누구인 것 같은가?

(A) 인근 학교의 학생

(B) 특별한 물건을 수집하는 사람

(C) 박물관의 후원자

(D) 전에 박물관을 방문했던 사람

이메일 마지막 단락에서 이메일 수신자들을 current financial backers of the museum(현재 박물관을 재정적으로 후원하고 있는 사람)으로 지칭하고 있다. 이를 통해 수신자들은 박물관에 후원금 등을 지원하는 사람일 것으로 추측할 수 있으므로 정답은 (C)이다.

어휘 donor 기증자, 기부자

166.

전시회에 대해 알 수 있는 것은 무엇인가?

(A) 올해 말까지 전시될 것이다.

(B) 방문객들은 전시 중인 물품들을 사용할 수 있다.

(C) 전시 물품은 박물관에 대여된 것이다.

(D) 관람하기 위해서는 추가 요금을 내야 한다.

세 번째 단락에서 이번 전시회가 '체험형 전시회'(an interactive exhibit)이기 때문에 '직접 기기를 다루어 볼 수 있다'(you will have the opportunity to handle some machines)고 안내되어 있다. 따라서 보기 중 언급된 사항은 (B)이다.

167.

전시회는 언제 일반인들에게 개방될 것인가?

(A) 9월 29일

(B) 9월 30일

(C) 10월 1일

(D) 10월 2일

첫 번째 단락에서 전시회의 개관일은 '10월 첫째 날'(the first day of October)로 안내되어 있다. 정답은 (C)이다. 참고로 (A)와 (B)는 박물관 후원자들을 위해 특별히 전시회의 문을 여는 날이다.

168.

[1], [2], [3], [4] 중 다음 문장이 들어갈 곳으로 가장 알맞은 곳은 어디인가?

"이틀 중 하루 방문을 하실 때에는 박물관에서 발급해 드린 카드만 가지고 오십시오."

(A) [1]

(B) [2]

(C) [3]

(D) [4]

either day이라는 표현에 주목하면 주어진 문장은 9월 29일과 30일이 언급된 부분 뒤에 들어가야 한다. 따라서 정답은 (D)이다. '카드 소지자만 입장이 가능하다'는 그 다음 문장을 통해서도 주어진 문장의 위치를 확인할 수 있다.

[169-171]

어휘 hereby 이로써 toll 통행료 noncommercial 비상업적인 commission 위원회 collect 모으다, 징수하다 infrastructure 기반 시설 bicycle lane 자전거 전용 도로 promote 촉진시키다; 승진시키다 usage 사용 serve 제공하다; 도움이 되다, 기여하다 congestion 혼잡 pollution 오염

169.

누구를 위한 공지인가?

(A) 시청 직원

(B) 지역 주민

(C) 건설 회사

(D) 시 위원회

5번가 교각을 통행하는 '모든 승용차량'(all noncommercial vehicles)에 대한 통행료의 인상 소식을 알리고 있다. 따라서 해당 교각을 이용하는 차량 운전자들이 공지의 대상이 될 것이므로 정답은 (B)이다.

170.
5월 4일에 어떤 일이 일어났는가?
(A) 자전거 전용 도로가 개통되었다.
(B) 교각 건설이 완료되었다.
(C) 시의 대중 교통 시설이 개선되었다.
(D) 가격 인상안이 가결되었다.

질문의 핵심어구인 May 4가 들어 있는 문장을 찾아보면 이날 시 위원회에서 인상안이 '3대 2의 찬반 투표로'(by a vote of 3-2) 통과되었다는 점을 알 수 있다. 따라서 5월 4일에 일어난 일은 (D)이다.

어휘 vote on ~을 가결하다

171.
자전거 전용 도로에 대해 암시되어 있는 것은 무엇인가?
(A) 시 대부분의 도로에 건설될 것이다.
(B) 시를 더 깨끗하게 만드는데 도움을 줄 것이다.
(C) 지역 주민에 의해 요청되었다.
(D) 이미 건설 중이다.

공지의 마지막 부분에서 자전거 전용 도로의 효과를 확인할 수 있다. 즉 자전거 전용 도로는 시내 중심가의 교통 체증을 완화시키고 '시내 대기 오염 물질의 양을 줄일 것'(to reduce the amount of air pollution in the city)이라고 했으므로 (B)가 정답이다. 시내 '일부' 도로에 건설될 것이라고 했으므로 (A)는 잘못된 내용이며, 자전거 전용 도로의 건설은 6월 10일부터 시작될 것이라고 했으므로 (D) 역시 사실과 다르다.

[172-175]

Greg Thompson	9:10 A.M.

조금 전에 정말로 기분이 상한 두 고객으로부터 전화를 받았어요. 어떤 제품의 가격에 대해 불만을 표시하더군요. 어떤 일이 일어나고 있는지 아는 사람이 있나요?

Mia Carter	9:11 A.M.

저는 들은 바가 없어요. Dave?

Dave Washington	9:12 A.M.

잠시 기다리면 제가 확인해 볼게요.

Dave Washington	9:15 A.M.

Marcus와 이야기를 나누었어요. 그가 말하기를 자정에 최신 소프트웨어의 가격을 인상시켰다더군요. 듣자 하니 많은 이메일을 받고 있나 봐요.

Greg Thompson	9:16 A.M.

그리고 오늘 통화가 가능해지니까 고객들이 그 대신 전화를 하고 있는 것이로군요.

Deana Wilson	9:17 A.M.

그러면 우리가 사람들에게 뭐라고 말을 해야 할까요?

Dave Washington	9:19 A.M.

심정을 이해한다고 말하고 늦어도 오늘 정오까지 웹사이트에 새로운 정가가 게시될 것이라고 이야기해 주세요.

Mia Carter	9:20 A.M.

와, 경영진이 정말로 빠른 결정을 내렸군요.

Greg Thompson	9:21 A.M.

비싼 가격으로 구입한 사람들은 어떻게 하죠?

Dave Washington	9:22 A.M.

그러한 사람이 전화를 하면 그들이 지불한 추가 금액에 대해서는 환불을 받게 될 것이라고 얘기해 주세요.

어휘 go on (일이나 상황 등이) 진행되다 apparently 보아하니, 듣자 하니 line 선; 전화선 error 오류, 잘못 regular price 정가 swift 빠른 inflated 폭등한

172.
온라인 채팅은 주로 무엇에 관한 것인가?
(A) 환불되어야 하는 금액
(B) 회사의 최신 소프트웨어의 사용
(C) 회사 제품의 가격
(D) 최근에 회사가 내린 결정

제품 가격 인상으로 인한 고객들의 불만에 대해 논의하고 있다. 즉 '소프트웨어의 가격 인상'(we raised the price of our newest software)으로 빚어진 고객들의 항의 메일 및 항의 전화에 대해 이야기하고 있으므로 논의의 주제는 (D)로 볼 수 있다.

173.
오전 9시 15분에 Washington 씨가 "We've been getting lots of e-mails"라고 쓸 때 그가 암시하는 것은 무엇인가?
(A) 많은 고객들이 불만을 제기하고 있다.
(B) 그는 최근에 이메일 수신함을 확인했다.
(C) 사용자들이 소프트웨어의 버그를 알리고 있다.
(D) 일부 고객들이 구입 제품을 반품하고 있다.

바로 앞문장에서 가격 인상 결정을 언급하고 있으므로 주어진 문장 속의 이메일은 다름아닌 항의성 이메일일 것으로 짐작할 수 있다. 따라서 주어진 문장의 의미는 (A)로 보아야 한다.

어휘 e-mail inbox 이메일 수신함 bug 벌레; (컴퓨터의) 버그

174.
소프트웨어에 대해 암시되어 있는 것은 무엇인가?
(A) 몇 가지 문제들이 발견되었다.
(B) 일부 컴퓨터에서는 사용할 수 없다.
(C) 처음 판매된 시점이 어젯밤이었다.
(D) 회사는 그것의 가격을 인하했다.

고객의 불만에 어떻게 대처해야 하는지 묻자 Washington 씨는 '웹사이트에 정가가 다시 게시될 것'(the new regular price will be listed on the Web site)임을 안내하라고 말한다. 이를 들은 Carter 씨가 '경영진이 빠른 결정'(swift decision by management)을 내렸다고 말하고 있으므로 결국 회사는 소프트웨어의 가격을 인하했을 것으로 생각할 수 있다. 따라서 정답은 (D)이다.

어휘 be compatible with ~와 양립하다

175.
Thompson 씨는 무엇에 대해 문의하는가?
(A) 고객들을 어떻게 상대해야 하는지
(B) 가격이 왜 변경되었는지
(C) 언제 더 많은 전화가 걸려올 것인지
(D) 실수를 누구 탓으로 돌려야 하는지

채팅 후반부에서 Thompson 씨는 'What about the people who

purchased it at the inflated price?'라고 말하며 비싼 가격으로 제품을 구입한 사람은 어떻게 응대해야 하는지 묻고 있다. 따라서 그가 문의한 것은 (A)로 볼 수 있다.

[176-180]

새로운 휴가 규정

Azuma 사에서 새로운 휴가 규정을 도입할 예정입니다. 직원들은 휴가를 떠나기 일주일 전에 휴가 신청을 해야 합니다. 질병이나 급한 집안 문제에 대해서만 예외가 적용됩니다. 또한 직원들은 서면으로 허가를 받아야 휴가를 떠날 수 있습니다. 1일에서 5일까지의 휴가에 대해서는 관리자들이 허가를 할 수 있습니다. 6일 이상의 휴가에 대해서는 부서장이 허가를 해야 합니다. 또한 5일을 초과하는 휴가를 떠나려는 직원들은 그처럼 오랜 기간 동안 휴가가 필요한 이유를 서면으로 밝혀야 합니다. 관리자들은 신청서를 받은 후 24시간 이내에 신청서를 승인하거나 거부할 것입니다. 이번 방침은 6월 1일부로 시행될 것입니다.

어휘 institute (제도 등을) 도입하다 time off 휴가 exception 예외 family emergency 집안의 급한 일 permission 허락, 허가 grant 주다, 부여하다; 허가하다 indicate 가리키다, 나타내다 deny 거절하다 go into effect 효력을 발휘하다

수신 a_yeager@azumacorp.com
발신 peter-matthews@azumacorp.com
제목 휴가
날짜 6월 20일

친애하는 Yeager 씨께,

제가 현재 담당하고 있는 두 개의 프로젝트가 6월 28일까지는 완료될 것이라는 점을 알려 드리고자 합니다. 이 이메일에 첨부된, 두 업무에 있어서 제가 끝낸 부분과 아직 끝내지 못한 부분을 보여 주는 파일을 살펴봐 주십시오.

6월 29일부터는 중요한 업무가 없을 것이므로 저는 정식으로 휴가를 신청하고자 합니다. 저는 6월 30일부터 7월 14일까지 휴가를 떠날 것이며 총 11일간 근무를 하지 않을 것입니다. 궁금해하시는 경우를 위해 말씀을 드리면, 제 아내와 저는 이 기간 동안 호주로 여행을 떠날 것입니다. 저희가 여름마다 장거리 여행을 다녀온다는 점을 알고 계시리라 믿습니다. 작년에는 이탈리아를 방문했으며, 그 전에는 러시아를 여행한 적도 있고 남아프리카에서 사파리 여행을 한 적도 있습니다.

올해에는 제 아내가 놀라운 특가 상품을 발견해서 저희는 시드니행 비행기표를 구입했습니다. 또한 멜버른에 친척들이 있기 때문에 그곳에도 가 볼 생각입니다. 제가 없는 동안 저의 고객들을 상대할 수 있도록 Phil Jenkins와 Denise Kennedy에게 준비를 시켜 두었습니다. 저의 휴가 신청을 승인해 주시기 바랍니다.

Peter Matthews 드림

어휘 presently 현재 describe 묘사하다, 설명하다 assignment 과제, 업무 task 일, 업무 formally 정식으로 workday 근무일 in case ~하는 경우에 대비하여 curious 호기심이 있는, 궁금해 하는 take advantage of ~을 이용하다 relative 친척 see fit 결정하다

176.

3일간의 휴가는 어떻게 신청해야 하는가?
(A) 온라인으로 양식을 작성함으로써
(B) 부서장에게 연락을 함으로써
(C) 관리자에게 이야기함으로써
(D) 인사과에 연락함으로써

첫 번째 지문에서 '1일에서 5일 간의 휴가'(vacations lasting between one and five days)는 supervisors(관리자)가 승인할 것이라고 쓰여 있으므로 정답은 (C)이다.

177.

공지 사항에 따르면 관리자들은 휴가 신청과 관련해서 무엇을 해야 하는가?
(A) 신청한 직원들과 직접 이야기한다
(B) 신속히 답을 한다
(C) 서면으로 모든 신청을 허가한다
(D) 이메일로 답을 한다

공지 사항의 후반부에서 관리자들은 '신청서를 받은 후 24시간 이내에'(within twenty-four hours of receiving them)에 승인이나 거부를 하게 될 것이라고 했으므로 관리자들이 해야 할 일은 (B)이다. (A)와 (D)는 언급되지 않은 사항이고, 관리자는 휴가 신청을 거부할 수도 있기 때문에 (C)도 정답이 될 수 없다.

178.

Matthews 씨는 이메일로 무엇을 보냈는가?
(A) 업무 보고서
(B) 여행 일정 사본
(C) 그녀가 서명해야 하는 양식
(D) 지출 청구서

Matthews 씨가 첨부한 것은 이메일의 첫 번째 단락에 a file describing the work I have completed and which is yet to be done on both assignments라고 나와 있다. 즉 자신이 완료한 업무와 아직 완료되지 못한 업무를 설명하는 파일을 첨부했으므로 이를 update on his work(업무 보고서)로 표현한 (A)가 정답이다.

어휘 update 최신 정보 itinerary 여행 일정(표) reimbursement 상환, 환급

179.

Yeager 씨에 대해 암시되어 있는 것은 무엇인가?
(A) 그녀는 지금 해외에 있다.
(B) 그녀는 한 부서의 장이다.
(C) 그녀는 여러 명의 개인 고객을 가지고 있다.
(D) 그녀는 곧 Matthews 씨에게 새로운 프로젝트를 맡길 것이다.

두 번째 이메일을 통해 Matthews 씨는 '총 11일간'(a total of 11 workdays)의 휴가를 떠날 것임을 알 수 있는데, 첫 번째 공지 사항에서 5일 이내의 휴가 신청은 관리자들이, '6일 이상의 휴가'(for vacations of six days or longer)는 부서장들이 승인하게 될 것이라고 설명되어 있다. 따라서 이메일의 수신자인 Yeager 씨는 부서장일 것으로 짐작할 수 있으므로 정답은 (B)이다. (A)와 (D)는 지문과 전혀 관련이 없는 내용이고, (C)는 Yeager 씨가 아니라 Matthews 씨와 관련된 사항이다.

180.

Matthews 씨가 티켓에 대해 암시하고 있는 것은 무엇인가?
(A) 환불이 불가능하다.
(B) 여행사를 통해 예매했다.
(C) 변경할 수 없다.
(D) 저렴한 가격으로 구입했다.

이메일 마지막 단락의 my wife took advantage of an outstanding offer가 정답의 단서이다. 그의 아내가 특가 상품으로 비행기표를 구입했다는 사실을 알 수 있으므로 정답은 (D)이다.

일주일 후에 Rockport 축제가 시작되다

Kendra Ellington 기자

락포트 (5월 21일) – 매년 열리는 Rockport 봄 축제가 다음 주 화요일에 시작될 예정이다. 축제는 5월 29일에 시작해서 6월 3일에 끝날 것이다. 이번 봄 축제는 규모가 확대되어 두 곳에서 열릴 예정이다. 첫 번째 장소는 기존의 축제 장소인 Liberty 공원이고 두 번째 장소는 Shell 해변이다.

"올해 축제에는 35,000명 이상의 사람들이 올 것으로 예상하고 있습니다."라고 기획자인 Donovan West가 말했다. "음악 공연, 직거래 장터, 세계 음식 박람회를 포함한 다양한 행사가 열릴 것이며, 놀이 기구도 준비될 것입니다." 또한 낚시 대회도 진행될 예정인데, 낚시 대회는 매일 밤 선보일 불꽃 놀이와 함께 해변에서 열릴 것이다.

모든 일이 원활하게 진행될 수 있도록 현재 시에서는 축제의 자원봉사자들을 모집하고 있다. 관심이 있는 사람들은 849-9382로 시청에 전화를 하면 된다.

어휘 be set to ~하기로 예정되어 있다 conclude 결말을 내다, 끝나다 expand 확장하다 take place 일어나다, 발생하다 venue 장소 farmers' market 농산물 직거래 장터 along with ~와 함께 fireworks show 불꽃 놀이 smoothly 부드럽게 urge 촉구하다

Rockport 축제가 화려하게 막을 내리다

Craig Sinclair 기자

락포트 (6월 4일) – Rockport 봄 축제가 어젯밤에 끝이 났다. 마지막 날에 20,000명이 참가를 했고, 주최측은 축제 기간 동안 70,000명이 넘는 사람들이 축제에 참가했다고 추산하고 있다. George Allard 시장은 "자원봉사자들이 훌륭했습니다. 그들 덕분에 이번 페스티벌이 역대 최고가 되었습니다."라고 말했다.

많은 수의 축제 참가자들은 Shell 해변을 보러 왔다고 말했다. 이 해변은 수년 간 오염된 상태였는데, 겨울 동안, 두 달에 걸쳐 쓰레기가 치워지고 해변이 복구되었다. 현재 이 해변은 주에서 가장 아름다운 곳 중 하나이다.

"늦은 여름에 다시 올 생각이에요."라고 Julie Smith가 말했다. 이 해버포드 주민은 "해변이 얼마나 멋진지 믿기지 않을 정도예요. 집에 돌아가면 제가 아는 모든 사람에게 해변에 대한 모든 것을 이야기해 줄 거예요."라고 말했다.

어휘 end on a high note 화려하게 끝나다, 멋지게 마무리하다 come to a conclusion 끝나다 in attendance 참석한 estimate 추산하다, 추정하다 remark 언급하다 pollute 오염시키다 garbage 쓰레기 restore 복구하다, 복원하다

181.

낚시 대회에 대해 암시되어 있는 것은 무엇인가?
(A) 처음으로 개최되었다.
(B) Liberty 공원에서 열렸다.
(C) 수백 명의 사람들이 참가했다.
(D) 참가비가 있었다.

낚시 대회에 관한 언급은 첫 번째 기사의 두 번째 단락에서 찾을 수 있는데, 여기에서 '낚시 대회는 해변에서 열릴 것'(which will be held at the beach)이라고 소개되어 있다. 한편 첫 번째 단락에서 이번 축제는 원래 축제가 열리던 곳인 공원과 이번에 새로 축제 장소가 된 해변에서 열릴 것이라고 설명되어 있다. 따라서 이러한 내용들을 종합하면 낚시 대회는 이번에 처음 개최되는 것임을 알 수 있으므로 정답은 (A)이다.

어휘 participate in ~에 참여[참가]하다 entry fee 참가비

182.

왜 시청에 전화를 하게 될 것인가?
(A) 축제 티켓을 예매하기 위해
(B) 축제 행사에 참가 신청을 하기 위해
(C) 축제에 도움을 주기 위해
(D) 축제를 위한 기부를 하기 위해

첫 번째 기사의 마지막 단락 중 'Interested individuals are urged to contact city hall at 849-9382.'라는 문장에서 시청의 전화번호를 찾을 수 있다. 문맥상 interested individuals는 자원봉사에 관심이 있는 사람을 가리키므로 시청에 전화해야 할 이유는 (C)로 볼 수 있다.

어휘 make a donation 기부하다

183.

Rockport 봄 축제에 대해 알 수 있는 것은 무엇인가?
(A) 예상보다 참석 인원이 많았다.
(B) 대부분의 행사가 참석자들에게 인기를 끌었다.
(C) 매일 평균 20,000명이 방문했다.
(D) 예정된 퍼레이드는 취소되어야 했다.

첫 번째 기사에서 축제 참가 인원이 '35,000명 이상'(more than 35,000 people)으로 예상된다고 했는데, 두 번째 기사에서는 실제 참가 인원이 '70,000명 이상'(more than 70,000 people)으로 추산된다고 했다. 따라서 예상보다 두 배 정도 많은 사람들이 축제에 참석했을 것이므로 정답은 (A)이다.

어휘 attendee 참석자 average 평균; 평균 ~이 되다

184.

Shell 해변에 대해 언급된 것은 무엇인가?
(A) 다른 주에서 온 방문객들이 있었다.
(B) 6월에 다시 일반인들에게 개장되었다.
(C) 경관이 좋아졌다.
(D) 아직도 시설들이 수리되고 있다.

Shell 해변에 대한 내용은 두 번째 기사의 중반부 이후 내용에서 확인할 수 있다. 여기에서 Shell 해변은 '여러 해 동안 오염된 상태였지만'(had been polluted for years) 복구 작업을 통해 현재에는 '주에서 가장 멋진 곳 중 하나'(among the most beautiful ones in the state)가 되었다고 소개되어 있으므로 Shell 해변에 관해 언급된 사항은 (C)이다.

185.

Smith 씨는 누구인 것 같은가?
(A) 축제의 기획자
(B) 축제의 참가자
(C) 축제의 자원봉사자
(D) 축제의 노점상인

Julie Smith라는 이름은 두 번째 기사의 마지막 단락에서 찾아볼 수 있는데, 여기에서 그녀는 '해버포드 주민'(the resident of Haverford)으로서 축제에 대한 만족감을 표시하고 있다. 따라서 그녀의 신원은 (B)이다. (A)의 '축제 기획자' 이름은 첫 번째 기사에서 Donovan West로 나와 있고, (C)와 (D)의 이름은 언급된 바 없다.

[186-190]

3월 11일

친애하는 Andre 씨께,

채용 위원회는 3월 8일에 만났던 자리에서 귀하로부터 큰 감명을 받았습니다. 저희는 귀하의 사교적인 성격, 이전 경력, 그리고 유창한 영어, 프랑스어, 스페인어 구사 능력이 마음에 들었습니다. 따라서 저희의 프랑스 낭트 지사에서 근무하실 수 있도록 귀하께 입사 제의를 드리고자 합니다. 귀하께서는 영업 부장으로서 스페인의 전 지역 뿐만 아니라 프랑스 서쪽 지방의 영업을 책임지시게 될 것이므로 끊임없이 돌아다니시게 될 것입니다.

이 직위의 연봉은 95,000달러부터 시작되며, 귀하께서는 매출에 따라 분기별 보너스를 받으실 수 있습니다. 현재 귀하께서는 그리스의 아테네에 계시기 때문에 귀하의 이사 비용은 저희가 부담할 것이며 아울러 귀하께 낭트 중심가의 침실 3개짜리 아파트도 제공해 드릴 것입니다. 마지막으로 귀하께서는 2주간의 유급 휴가를 받으시게 될 것이고, 의료 보험과 연금을 포함한 복지 혜택도 모두 받으시게 될 것입니다.

749-3844로 제게 전화를 주셔서 귀하의 결정에 대해 알려 주시기 바랍니다.

Javier Solas 드림
Hardaway International

어휘 outgoing 외향적인, 사교적인 attitude 태도 fluent command 유창한 구사력 extend an offer 제안을 하다 be responsible for ~을 책임지다 on the road 이동 중인 quarterly 분기별로 based on ~에 근거하여 pension 연금

수신 Lucia Bouchard
발신 Javier Solas
제목 David Andre
날짜 3월 18일

Andre 씨로부터 우리 제안을 수락하겠다는 확답을 받았어요. 그는 매년 110,000달러뿐만 아니라 우리가 전에 논의했던 복지 혜택도 받게 될 거예요. Andre 씨의 근무 시작일은 4월 10일이 될 거예요. 그에게 당신 전화번호를 알려 줬기 때문에 그에게서 전화가 올 거예요. 또한 프랑스에서 생활하는데 도움이 필요할 것이므로 그에게 Rene Faucher의 이메일 주소도 알려 주었어요. Rene에게 연락해서 그 다음 날 정도에 Andre 씨로부터 연락을 받게 될 것이라고 알려 주세요.

어휘 confirmation 확인 previously 이전에 transition 이행, 전환

---

http://www.hardawayinternational.com/newsletter

David Andre가 긍정적인 인상을 남기다
Kate Jung

(7월 11일) – David Andre는 우리와 함께 일한 지 3개월 밖에 되지 않았지만, 그는 이미 깊은 인상을 남기고 있다. 그 덕분에 4월 이후로 프랑스 및 스페인 내의 거래처 수가 두 배인 38개로 늘었다. "이곳에서 일하는 것이 정말 좋아요."라고 Andre 씨는 말했다. "저는 유년 시절 동안 프랑스에서 시간을 보냈는데, 일 때문에 프랑스 곳곳을 돌아다니고 있어요. 일을 하면서 과거를 체험할 수 있다는 것은 기쁜 일이에요."

Andre 씨는 4월에 근무를 시작했으며 단시간 내에 총괄 관리자인 Lucia Bouchard의 신임을 얻었다. "저는 그가 훌륭한 직원이 될 것이라는 점은 알았지만 이러한 일은 예상하지 못했어요."라고 그녀는 말했다. "계속해서 그에게 더 많은 업무를 주고 그가 어떻게 처리하는지 지켜 볼 거예요."

어휘 impression 인상 customer 고객, 거래처 youth 젊은 시절 relive 다시 체험하다 delightful 기쁜 confidence 신뢰, 신임

186.
편지에서 Andre 씨에 대해 언급되지 않은 것은 무엇인가?
(A) 그는 영업 업무를 담당하게 될 것이다.
(B) 그는 현재 다른 나라에 있다.
(C) 그는 친화적인 성격을 가지고 있다.
(D) 그는 전에 스페인에서 일한 적이 있다.

Andre 씨는 영업 부장으로서 '영업을 책임질 것'(you'll be responsible for sales)이라고 했으므로 (A)는 언급된 사항이고, 그가 현재 그리스의 아테네에 있으니 회사에서 '이사 비용을 부담해 주겠다'(we'll pay for you to move)는 내용을 통해 (B)도 사실임을 알 수 있다. (C)의 friendly personality는 outgoing attitude와 같은 의미이므로 이러한 성격 역시 언급된 사항이나, 스페인에서의 근무 경험에 관한 언급은 찾아볼 수 없으므로 (D)가 정답이다.

187.
영업 부장의 요건은 무엇인가?
(A) 마케팅 학위가 있어야 한다
(B) 외근을 해야 한다
(C) 외국어를 해야 한다
(D) 고객을 기쁘게 해야 한다

첫 번째 지문인 편지 중 'As a sales manager, you'll be responsible for sales in the western region of France as well as all of Spain, so you'll be on the road constantly.'라는 문장에서 정답의 단서를 찾을 수 있다. 영업 부장으로서 항상 돌아다니게 될 것이라고 설명하고 있으므로 보기 중 영업 부장의 요건은 (B)로 볼 수 있다. (C)는 Andre 씨가 가진 능력이기는 하나 영업 부장의 요건으로서 언급된 것은 아니다.

188.
회람의 목적은 무엇인가?
(A) 직원에 대한 정보를 요구하기 위해
(B) 면접 일정을 정하기 위해
(C) 연락처를 알려 주기 위해
(D) 신규 채용 인원을 알리기 위해

회람은 입사 제의를 수락한 Andre 씨와 관련된 정보, 즉 급여, 근무 시작일 등에 대해 알리고 있다. 따라서 회람의 목적은 (D)로 볼 수 있다.

189.
Andre 씨는 어떤 일을 한 것 같은가?
(A) 파리 지사로 전근을 했다
(B) 최초의 연봉 제안을 거절했다
(C) 3월에 Faucher 씨와 직접 만났다
(D) 아테네에 집을 가지고 있다

첫 번째 지문인 편지에서 Andre 씨에게 제안한 연봉은 95,000달러였는데, 두 번째 지문인 회람에서 그의 실제 연봉은 110,000달러임을 알 수 있다. 이 두 가지 사실을 종합하면 그가 첫 번째 연봉 제안은 거절했을 것으로 추측할 수 있으므로 (B)가 정답이다.

190.
Bouchard 씨에 대해 암시되어 있는 것은 무엇인가?
(A) 곧 스페인으로 전근할 것이다.
(B) 사보를 위한 글을 쓴다.
(C) 출장에서 Andre 씨와 동행했다.
(D) Andre 씨의 업무를 증가시켰다.

Ms. Bouchard라는 이름은 세 번째 지문의 마지막 단락에서 찾아볼 수 있는데, 여기에서 그녀는 Andre 씨를 평가하며 'I'm going to keep giving him more assignments and see how he handles them.'이라고 말한다. 이를 통해 그녀는 Andre 씨에게 많은 업무를 주고 있는 사람임을 알 수 있으므로 정답은 (D)이다.

어휘 company newsletter 사보 responsibility 책임, 책무

[191-195]

Barton's 사무용품

사무용품이 필요하십니까? 물품이 떨어질 때마다 Barton's에 전화를 주십시오. 저희는 시내에서 가장 우수한 제품들을 보유하고 있습니다. 또한 가장 저렴한 가격을 제시합니다.

이번 주에 특별 세일이 진행될 예정입니다:
펜 및 연필: 30% off
사무용 가구: 20% off
백색 용지 및 컬러 용지: 35% off
프린터 잉크: 10%

저희의 웹사이트인 www.bartons.com을 방문하시거나 749-0493로 전화를 주셔서 주문을 하십시오.

80달러 이상을 결제하시면, 시내의 경우 별도의 요금 없이 배송해 드립니다.

어휘 run out of ~이 다 떨어지다, 소진되다 city limits 시의 경계

Barton's 사무용품
Broadway 가 384번지
애실런드, 버지니아
749-0493

고객명 Leslie Devers
회사 Parker International
주소 Cumberland 로 48번지, 애실런드, 버지니아
전화번호 473-2984
이메일 주소 lesliedevers@parkerint.com
고객 계좌 번호 3847302
주문일 8월 18일
배송일 8월 18일

제품 번호	내역	수량	가격
584-393	복사용지 (화이트)	5박스 (박스당 1,500장)	$48.75
202-192	볼펜 (블랙)	3박스 (박스당 20자루)	$11.50
943-293	프린터 잉크 (블루)	2카트리지	$28.80
331-004	스프링 노트	10 (100페이지짜리)	$20.00
		소계	$109.05
		세금	$5.45
		합계	$114.50

귀하의 주문품은 4980으로 끝나는 신용 카드로 결제되었습니다. 저희 Barton's 사무용품을 이용해 주셔서 감사합니다.

수신 customerservice@bartons.com
발신 lesliedevers@parkerint.com
제목 주문
날짜 8월 19일

담당자님께,

저는 Parker International의 Leslie Devers입니다. 저희 회사는 어제 귀사의 온라인 매장에서 사무용품을 구입했습니다. 제품은 오늘 아침 일찍 도착했고 이러함 점은 저희에게 깊은 감명을 주었습니다. 이처럼 빠른 배송 서비스를 제공한 매장과 거래하는 것은 이번이 처음입니다.

하지만 제품과 같이 온 청구서를 보니 저는 저희가 구입한 잉크 카트리지에 전혀 할인이 적용되지 않았다는 점을 알게 되었습니다. 저는 귀사 측에 단순한 착오가 있었을 것으로 확신하며, 저희 회사 계좌로 돈을 입금해 주시면 감사하겠습니다.

앞으로도 계속 귀사와 거래하기를 바랍니다.

Leslie Devers 드림
Parker International

191.
광고에 의하면 세일은 얼마나 오래 진행될 것인가?
(A) 하루
(B) 이틀
(C) 일주일
(D) 한 달

'This week, we're having a special sale:'이라는 문구를 통해 세일 기간은 (C)의 '일주일'임을 알 수 있다.

192.
Parker International의 주문에 대해 알 수 있는 것은 무엇인가?
(A) 주문 후 하루가 지난 다음에 발송되었다.
(B) 두 개의 박스로 보내졌다.
(C) 무료로 배송되었다.
(D) 배달원을 통해 보내졌다.

첫 번째 지문인 광고에서 80달러 이상을 결제하면 '별도의 요금 없이'(for no extra charge) 배송을 해 준다고 했는데, 두 번째 지문인 청구서에 주문 금액이 100달러 이상으로 적혀 있으므로 Parker International은 무료 배송 서비스를 받았을 것이다. 따라서 (C)가 정답이다. 주문 후 다음 날 아침에 받았으므로 배송 기간이 하루 이상 걸렸다고 한 (A)는 정답이 될 수 없고, 박스의 개수 및 배송 방법에 대해서는 언급된 바 없으므로 (B)와 (D) 역시 오답이다.

193.
이메일에서 첫 번째 단락 둘째 줄의 "deal with"라는 절과 가장 의미가 비슷한 것은
(A) 거래하다
(B) 협상하다
(C) 승인하다
(D) 보고하다

deal with는 '~을 다루다'라는 뜻으로도 사용되지만, 여기에서처럼 '~와 거래를 하다'라는 뜻으로도 사용될 수 있다. 따라서 정답은 (A)이다.

어휘 approve of ~을 승인하다

194.

Parker International에 대해 암시되어 있는 것은 무엇인가?

(A) 전국 여러 도시에 지사를 두고 있다.

(B) Barton's의 맞은 편에 위치해 있다.

(C) Barton's에서 처음으로 구매를 했다.

(D) 출판업계의 고객을 상대한다.

이메일 발신인인 Devers 씨는 '이처럼 빠른 배송이 이루어진 것은 이번이 처음이었다'(This is the first time for us to deal with a store that provides such quick delivery service before.)고 언급하고 있으므로 Parker International과 Barton's 사이의 거래는 이번이 처음이었을 것으로 짐작할 수 있다. 따라서 (C)가 정답이다.

195.

Devers 씨는 어느 정도의 할인을 받고 싶어하는가?

(A) 10%

(B) 20%

(C) 30%

(D) 35%

마지막 지문인 이메일에서 Devers 씨는 '잉크 카트리지에 할인이 적용되지 않았다'(no discount had been applied to the ink cartridges)고 했으므로 첫 번째 지문인 광고에서 잉크 카트리지의 할인 폭을 찾아보면 정답은 (A)의 '10%'임을 쉽게 알 수 있다.

[196-200]

소프트웨어 교육 세미나

Delta 컨설팅에서 10월 8일 토요일 오전 9시부터 오후 5시까지 소프트웨어 교육에 관한 일일 세미나가 진행됩니다. 아래와 같은 수업이 진행될 예정입니다:

★ 9 A.M. – 11 A.M.　사물 인터넷과 소프트웨어의 발전 (Rohit Patel)

★ 11 A.M. – 12 P.M.　소프트웨어에 미치는 인공지능의 영향
(Igor Rachmaninov)

★ 1 P.M. – 3 P.M.　소프트웨어 디자인의 문제들 (George Arnold)

★ 3 P.M. – 5 P.M.　새로운 코딩 언어와 그 용도 (Hans Dietrich)

강사는 모두 자신이 강의할 분야의 전문가들입니다. 개인이 좌석을 예매하는 경우 1인당 250달러이지만, 5명 이상으로 구성된 단체에 대해서는 할인이 적용될 것입니다. 예약을 하시려면 384-0938로 전화를 주십시오. 자리가 남아 있는 경우 당일 신청도 가능합니다.

어휘 **expert** 전문가 **consist of** ~으로 구성되다 **make the arrangements** 준비하다 **same-day registration** 당일 신청

수신　sbrandt@deltaconsulting.com

발신　awells@kaysoftware.com

제목　요청

날짜　10월 10일

친애하는 Brandt 씨께,

저는 토요일 귀사에서 진행한 교육 세미나에 Kay Software를 대표하여 참석했는데, 세미나가 상당히 유익하다고 생각했습니다. 현재 저희 회사가 그분의 강의 주제와 관련된 문제들을 겪고 있기 때문에, 저에게는 Rachmaninov 씨의 강연이 매우 흥미로웠습니다. 그분께서 저희 회사를 방문하셔서 저희 소프트웨어 엔지니어들에게 강연을 해 주실 수 있는지 궁금합니다. 그들은 분명 그분의 경험으로부터 많은 것을 배울 수 있을 것입니다.

저희로서는 다음과 같은 날짜와 시간이 가장 좋습니다: 10월 19일 오후 3시, 10월 21일 오후 1시, 11월 3일 오전 9시, 그리고 11월 5일 오후 3시입니다. 3시간 동안 진행되는 강연 및 Q&A 시간이면 충분할 것 같습니다.

그럼 답장을 기다리겠습니다.

Alicia Wells 드림

Kay Software

어휘 **represent** 대표하다, 대신하다 **educational** 교육적인, 유익한 **sufficient** 충분한 **response** 대답, 답장

수신　awells@kaysoftware.com

발신　sbrandt@deltaconsulting.com

제목　[Re] 요청

날짜　10월 16일

안녕하세요, Wells 씨.

귀하의 요청에 빨리 답장을 드리지 못해 정말로 죄송합니다. 저는 15일까지 브라질에 있었기 때문에 오늘에서야 Rachmaninov 씨에게 연락을 드릴 수 있었습니다. 실제로, 저는 조금 전에 그분과의 전화 통화를 끝냈습니다.

그분께서 말씀하시기를, 12월까지는 일정이 대부분 꽉 차 있지만 귀하께서 언급하신 두 번째 날짜에 귀사를 방문하실 수 있다고 하셨습니다. 또한 Rachmaninov 씨께서는 귀사 방문에 시간당 1,000달러의 강연료를 요구하십니다. 그분께서는 이곳 시내에 살고 계시기 때문에, 출장비는 요구하지 않으실 것입니다.

이러한 조건을 받아들이실 수 있으신 경우, 584-3822로 제게 전화를 주시면 세부적인 내용을 확정시킬 수 있을 것입니다.

Stacia Brandt 드림

Delta 컨설팅

어휘 **get off the phone** 전화를 끊다 **travel expense** 여행 경비, 출장비 **acceptable** 받아들일 수 있는, 용인할 수 있는 **finalize** 마무리하다, 확정하다

196.

전단에 의하면 세미나에 대해 사실인 것은 무엇인가?

(A) 한 달에 한 번 진행된다.

(B) 단체에는 낮은 가격이 적용될 수 있다.

(C) 티켓은 온라인에서 구입할 수 있다.

(D) 참가자는 수료증을 받는다.

discounts will be given to groups consisting of 5 or more people이라는 문구에서 5인 이상의 단체에는 할인 요금이 적용될 것이라는 점을 알 수 있으므로 정답은 (B)이다.

197.

Wells 씨는 세미나에 대해 어떻게 생각했는가?

(A) 너무 비싸다고 생각했다.

(B) 재미있었다고 생각했다.

(C) 즐거운 시간을 보내지 못했다.

(D) 많은 것을 배웠다.

두 번째 이메일의 시작 부분에서 Wells 씨는 세미나가 '매우 유익했다'(quite educational)고 평가하고 있으므로 (D)가 정답이다.

198.

Kay Software의 소프트웨어 엔지니어들은 무엇에 대한 도움을 필요로 하는가?

(A) 코딩 언어

(B) 사물 인터넷

(C) 소프트웨어 디자인

(D) 인공 지능

두 번째 이메일에서 Wells 씨는 자신의 회사가 'Rachmaninov 씨의 강연 주제와 관련된 문제'(problems regarding the topic of his talk)를 겪고 있기 때문에 Rachmaninov 씨가 사내의 소프트웨어 엔지니어에게 강연을 해 줄 것을 요청하고 있다. 따라서 첫 번째 지문인 전단에서 Rachmaninov 씨의 강연 주제를 찾아보면 그들이 도움이 필요로 하는 분야는 (D)의 '인공 지능' 일 것이다.

199.

Brandt 씨는 왜 사과를 했는가?

(A) 요청에 답해야 한다는 점을 잊었다.

(B) Wells 씨가 언급한 마감일을 놓쳤다.

(C) 며칠 동안 이메일을 보내지 않았다.

(D) Wells 씨를 위한 강사를 찾을 수 없었다.

마지막 지문인 이메일의 시작 부분에서 Brandt 씨는 '답장을 빨리 하지 못한 점'(not responding to your request faster)에 대해 사과하고 있다. 따라서 (C)가 정답이다.

200.

Rachmaninov 씨는 언제 Wells 씨의 회사를 방문할 수 있는가?

(A) 10월 19일

(B) 10월 21일

(C) 11월 3일

(D) 11월 5일

두 번째 이메일 중 he can visit your firm on the second date you mentioned이 정답의 단서이다. 즉 Wells 씨가 언급한 날짜 중 두 번째 날짜에 Rachmaninov 씨가 방문할 수 있다고 했으므로, 첫 번째 이메일에서 이러한 날짜에 해당되는 것을 고르면 정답은 (B)의 '10월 21일'이다.

Actual Test 3

PART 5

101.
건물이 무너지지 않도록 공사 인부들이 건물의 기초를 강화시킬 것이다.
(A) strong
(B) stronger
(C) strength
(D) strengthen

조동사 will에 유의하면 빈칸에는 동사 원형이 들어가야 함을 알 수 있다. 정답은 (D)의 strengthen이다.

어휘 strengthen 강화하다, 튼튼하게 하다 foundation 기초 collapse 무너지다, 붕괴하다 strength 힘, 강도

102.
보도에 의하면 Randolph 씨는 제안을 고려 중이며 3일 이내에 그에 관한 결정을 내릴 것이다.
(A) will considered
(B) is considering
(C) has been considered
(D) considers

and 이후의 시제에 유의하여 적절한 시제의 동사를 찾도록 한다. 주어가 사람이므로 능동태 형식의 (B)와 (C) 중 하나가 정답인데, 의미상 10일 이내에 결정을 내리려면 '현재 고려 중'인 상황이어야 하므로 빈칸에는 현재진행 시제가 들어가는 것이 보다 자연스럽다. 따라서 정답은 (B)이다.

어휘 consider 고려하다 make a decision 결정하다

103.
몇몇 종류의 운동화들은 더 이상 재고가 없기 때문에 창고에서 매장으로 배송되어야 한다.
(A) shelf
(B) amount
(C) stock
(D) order

so 이후의 내용에 유의하면 '재고가 없다'는 의미가 완성되어야 한다. '재고가 있는'이라는 의미는 in stock으로 나타내므로 정답은 (C)이다.

어휘 sneakers 운동화 no longer 더 이상 ~않다 in stock 재고가 있는 warehouse 창고 shelf 선반

104.
Robinson 씨는 항상 결단력이 있었는데, 이는 직원들이 진심으로 높이 평가했던 부분이었다.
(A) decision
(B) decisive
(C) deciding
(D) decided

관계대명사절의 내용을 고려하면 빈칸에는 높은 평가를 받을 수 있는 성품이나 인격 등과 관련된 단어가 들어가야 한다. 정답은 '결단력이 있는'이라는 의미를 지닌 (B)의 decisive이다.

어휘 decisive 결단력이 있는 truly 정말로, 진심으로 appreciate 고마워하다; (높이) 평가하다

105.
본사 건물이 완공되자 Delmont 지사의 대부분의 직원들이 그곳으로 자리를 옮겼다.
(A) most
(B) much
(C) every
(D) somebody

셀 수 있는 명사이자 복수형인 employees를 수식할 수 있는 형용사를 찾아야 한다. 보기 중 이러한 두 가지 조건을 만족시킬 수 있는 것은 (A)의 most 뿐이다.

어휘 headquarters 본부, 본사

106.
그 장비는 매뉴얼의 지시 사항에 따라 적절히 관리되지 않으면 주기적으로 고장이 발생할 가능성이 높다.
(A) regular
(B) regularity
(C) regulation
(D) regulatory

'주기적으로' 혹은 '어김없이'라는 표현은 with regularity로 나타낸다. 정답은 (B)이다.

어휘 **properly** 적절히, 적당히 **maintain** 유지하다, 관리하다 **be liable to** ~하기 쉽다 **with regularity** 규칙적으로; 어김없이 **regulation** 규정 **regulatory** 규제력을 지닌, 단속의

107.

Sheldon 씨가 도움을 요청했다면 몇몇 사람들이 기꺼이 도우려고 했을 것이다.

(A) asks
(B) is asking
(C) will ask
(D) had asked

주절의 과거가 「would have p.p.」 형태인 가정법 과거완료 문장이다. 따라서 조건절의 시제 역시 과거완료여야 하므로 정답은 (D)이다.

어휘 **be willing to** 기꺼이 ~하다 **provide** 주다, 제공하다

108.

그 회사의 제품을 주문할 수 있는 가장 손쉬운 방법은 온라인 쇼핑몰을 방문하는 것이다.

(A) ordering
(B) ordered
(C) to order
(D) have ordered

빈칸에는 something을 목적어로 취하면서 way를 수식할 수 있는 형용사가 들어가야 한다. 따라서 현재분사인 (A)와 to부정사인 (C) 중의 하나가 정답인데, the easiest way와 order의 관계를 생각하면 (C)의 to order가 정답인 것을 확인할 수 있다. 만약 (A)를 빈칸에 넣고 이를 관계대명사절로 바꾸어 쓰면 the easiest way which is ordering something이라는 어색한 주어가 만들어진다.

109.

우리는 해외 자원 시장에 투자하겠다는 결정에 매우 놀랐다.

(A) high
(B) highness
(C) higher
(D) highly

빈칸에는 surprised를 수식할 수 있는 부사가 들어가야 한다. 정답은 '매우'라는 의미를 나타내는 (D)의 highly이다. 참고로 high는 형용사로 쓰이는 경우 '높은'이라는 의미를, 부사로 쓰이는 경우 '높게'라는 의미를 나타낸다.

어휘 **highly** 매우 **commodities market** 자원 시장, 원자재 시장 **high** 높은; 높게

110.

Breckinridge 씨는 이전에 시를 방문했을 당시 이미 박물관에 가 보았다고 말했다.

(A) previous
(B) probable
(C) practical
(D) positive

had already visited라는 표현에 주의하면 빈칸에는 '이전의'라는 의미를 나타내는 (A)가 들어가야 한다.

어휘 **remark** 언급하다 **previous** 이전의 **probable** 있을 것 같은 **practical** 실용적인 **positive** 긍정적인; 확신하는

111.

연구원들은 실험을 하고 그에 관한 보고서를 작성하는 일에 익숙하다.

(A) accustomed
(B) utilized
(C) comfortable
(D) approved

be accustomed to(~에 익숙하다)라는 표현을 알고 있으면 정답을 쉽게 찾을 수 있다. 정답은 (A)이다. 참고로 be used to도 같은 의미를 나타낸다.

어휘 **researcher** 연구원, 조사원 **be accustomed to** ~에 익숙하다 **conduct** 실행하다, 실시하다 **utilize** 활용하다

112.

항구의 폭과 깊이가 확대되지 않으면 대형 선박들은 그곳에 입항하지 못할 것이기 때문에 다른 곳으로 가게 될 것이다.

(A) at
(B) over
(C) to
(D) in

항구가 아닌 '다른 곳으로' 가게 될 것이라는 의미가 완성되어야 하므로 빈칸에는 방향의 의미를 나타내는 전치사인 (C)의 to가 들어가는 것이 적절하다.

어휘 **port** 항구 **deepen** 깊게 하다 **dock** (배를) 부두에 대다, 입항하다 **sail** 항해하다

113.

임대 계약에 따르면 세입자는 한 달 전에 서면으로 통지를 함으로써 아파트를 비우고 이사를 갈 수 있다.

(A) written
(B) writer
(C) write
(D) writing

'서면으로'라는 표현은 in writing으로 나타낸다. 따라서 정답은 (D)이다. 빈칸 앞에 전치사가 있다는 점을 통해서도 정답이 명사인 writing임을 확인할 수 있다.

어휘 **lease** 임대, 임대 계약 **tenant** 세입자 **unit** 구성 단위; (아파트 등의) 가구 **notice** 통보, 통지 **in writing** 서면으로

114.

휴가에서 돌아온 Hollister 씨는 처리해야 할 업무가 많다는 점을 알게 되었다.

(A) Be returned
(B) Returning
(C) Have returned
(D) Returns

분사구문 문제이다. 주어가 사람인 Ms. Hollister이므로 빈칸에는 현재분사 형태가 들어가야 한다. 정답은 (B)이다.

어휘 **a large amount of** 많은, 다량의

115.

일부 고객들은 비행기 이용 시 보다 좋은 서비스와 좌석을 받기 위해 기꺼이 할증금을 지불한다.

(A) scale
(B) discount
(C) premium
(D) wage

비행기에서 better service and seats(보다 좋은 서비스와 좌석)를 얻기 위해 지불해야 하는 것은 (C)의 premium(할증금)일 것이다.

어휘 premium 할증금, 프리미엄; 고급의 obtain 얻다, 획득하다 scale 규모; 저울 wage 임금

116.

연주회는 예상보다 오래 진행되었지만 관객들이 기대한 것만큼 훌륭하지는 않았다.

(A) good
(B) well
(C) better
(D) best

「as + 형용사/부사 + as」 구문을 알고 있어야 정답을 찾을 수 있다. 이때 형용사나 부사의 자리에는 원급이 들어가야 하므로 정답은 (A)이다.

어휘 as ~ as ~만큼 ~한, ~만큼 ~하게 audience 청중

117.

게스트들은 모든 규칙 및 규정을 준수할 것으로 예상되며, 그렇지 않을 경우에는 퇴거 명령을 받게 될 것이다.

(A) obey
(B) follow
(C) comply
(D) observe

보기들 모두 '지키다' 혹은 '준수하다'라는 의미를 갖고 있기 때문에 빈칸 다음의 전치사 with와 어울려 쓰일 수 있는 동사를 찾아야 한다. 정답은 (C)로, comply with는 '~에 순응하다', '~을 준수하다'라는 뜻을 나타낸다.

어휘 comply with ~에 순응하다, ~을 준수하다 premise 부지, 구역 obey 복종하다 observe 지키다, 준수하다; 관찰하다

118.

배송 절차가 시작될 수 있도록 주문품에 대한 결제가 미리 이루어져야 한다.

(A) through what
(B) so that
(C) as such
(D) until then

목적의 의미를 나타내는 「so that ~ can」 구문을 알고 있어야 정답을 찾을 수 있다. 정답은 (B)이다.

어휘 in advance 미리, 먼저 so that ~ can ~하기 위하여 initiate 착수하다, 시작하다

119.

시장 조사업체가 최근 실시된 설문 조사의 결과를 정리하려면 일주일 정도 시간이 걸릴 것이다.

(A) compile
(B) compiled
(C) compilation
(D) compiler

전체적인 문장 구조를 파악하면 정답을 쉽게 찾을 수 있다. 문두의 it이 가주어이기 때문에 진주어인 to부정사 구문이 필요하다. 따라서 정답은 동사 원형인 (A)이다. 참고로 이 문장에서 to부정사의 의미상의 주어는 the market research firm이다.

어휘 market research 시장 조사 compile 편집하다, (자료를) 정리하다

120.

주문품은, 대부분이 단골 고객들이 구매한 것이었는데, 오늘 아침에 포장되어 발송되었다.

(A) by what
(B) of whom
(C) in that
(D) of which

빈칸에는 most와도 어울리면서 the orders를 선행사를 가리키는 관계대명사가 들어가야 한다. 따라서 정답은 (D)이다. 이 문장은 'The orders were boxed and shipped out in the morning.'이라는 문장과 'Most of them were from regular clients.'라는 문장이 which를 통해 연결된 것이다.

어휘 regular client 단골 고객 box 상자에 넣다, 포장하다

121.

모집 공고 중인 관리자 직위에는 석사 이상의 학위 소지자들의 지원이 권장되고 있다.

(A) have encouraged
(B) will encourage
(C) are encouraging
(D) are encouraged

encourage A to B는 'A에게 B할 것을 장려하다'라는 뜻으로, 수동태로 사용될 경우 흔히 be encouraged to라는 형태를 띤다. 정답은 (D)이다.

어휘 encourage 장려하다, 권장하다 master's degree 석사 학위

122.

Reynolds 씨와 Venters 씨는 이번 달의 목표량을 초과 달성한 반면, Stark 씨는 그렇지 못했다.

(A) exceeded
(B) prepared
(C) indicated
(D) supported

접속사 while(~인 반면에)에 유의하면 빈칸에는 fail과 상반되는 의미의 단어가 들어가야 한다는 점을 알 수 있다. 보기 중 그러한 의미를 나타내면서 their quotas(할당량, 목표량)를 목적어로 삼을 수 있는 동사는 (A)의 exceeded(초과하다)이다.

어휘 exceed 초과하다 quota 할당량 indicate 가리키다, 나타내다

123.

Thompson 씨는 본인의 프레젠테이션을 위해 몇 개의 문서를 제출해 달라고 요청했다.

(A) she
(B) her
(C) hers
(D) herself

빈칸에는 Ms. Thompson을 가리키면서 명사인 presentation을 수식할 수 있는 대명사의 소유격이 들어가야 한다. 따라서 정답은 (B)이다. 참고로 be 앞에는 조동사 should가 생략되어 있다.

124.

다음 주말이 되면 Rogers 씨는 Stevens 컨설팅에서 15년간 근무한 셈이 될 것이다.

(A) was employed
(B) is being employed
(C) will have been employed
(D) has been employed

by the end of next week라는 표현에 유의해서 정답을 찾도록 한다. 이 문장은 '다음 주말이 되면 15년 근무를 채우게 될 것'이라는 의미를 전하고 있으므로, 빈칸에는 미래의 의미와 완료의 의미를 동시에 나타내는 시제가 들어가야 한다. 따라서 미래완료 시제를 나타내고 있는 (C)가 정답이다.

125.

차량의 모든 기능은 시장에 출시되기 전에 확인되어야 한다.

(A) capacities
(B) capabilities
(C) capably
(D) capable

빈칸에는 full과 of가 이끄는 전치사구의 수식을 받을 수 있는 명사가 들어가야 하므로 (A)와 (B) 중 하나가 정답이다. 하지만 이 둘이 철자도 비슷하고 우리말로 '능력'이라는 의미를 지니고 있기 때문에 각각의 의미 차이에 주의를 기울여야 한다. capacity는 보통 잠재적인 능력이나 사물의 용량, 생산 능력을 나타낼 때가 많은 반면, capability는 구체적인 능력이나 사물의 기능 등을 의미하는 때가 많다. 따라서 이 문제의 경우 vehicle과 보다 잘 어울릴 수 있는 (B)의 capabilities가 정답이다.

어휘 capability 능력, (기계 등의) 기능 determine 알아내다; 결정하다 capacity 능력, 생산 능력 capably 유능하게

126.

관리자의 서면 허락 없이 사무용품을 구입해서는 안 된다.

(A) through
(B) among
(C) around
(D) without

may not이 금지의 의미를 나타낸다는 점을 알면 문제를 쉽게 풀 수 있다. '서면 허락 없이 구매해서는 안 된다'는 의미가 완성되기 위해서는 빈칸에 (D)의 without이 들어가야 한다.

어휘 permission 허락, 허가

127.

인사부에 영수증을 제출하기만 하면 이사 비용이 전액 지원될 것이다.

(A) mover
(B) moved
(C) moving
(D) movable

'이사 비용'은 moving expense로 나타낸다. 따라서 정답은 (C)이다. 참고로 여기에서 moving은 동명사이다.

어휘 expense 경비, 비용 in full 전부 so long as ~하는 한 movable 움직일 수 있는

128.

새로 출시된 화장품이 완전히 실패함으로써 회사의 대표 이사가 사임을 했다.

(A) transition
(B) resignation
(C) retraction
(D) improvement

신제품의 '완전한 실패'(the complete failure)가 대표 이사의 거취에 어떠한 결과를 미칠 것인지 생각해 보면 쉽게 정답을 찾을 수 있다. 정답은 '사임'이라는 의미를 나타내는 (B)의 resignation이다.

어휘 cosmetic 화장품 result in (결과로서) ~이 되다 resignation 사임, 사퇴 transition 이행 retraction 철회, 취소

129.

해외 근무를 희망하는 사람들은 3년 동안 회사에 헌신을 해야 한다.

(A) committing
(B) committee
(C) committed
(D) commitment

빈칸 앞의 관사와 형용사로 미루어 볼 때 빈칸에는 명사가 들어가야 한다. 정답은 '헌신'이라는 의미를 나타내는 (D)의 commitment이다. 참고로 '헌신하다'라는 의미는 make a commitment로 나타낸다.

어휘 commitment 헌신; 확약 commit (범죄 등을) 저지르다, 범하다 committee 위원회

130.

모든 안건이 논의된 것은 아니었기 때문에 그러한 주제들을 다루기 위한 별도의 회의가 정해졌다.

(A) everything
(B) anyone
(C) another
(D) one

so 이후의 내용에 유의하면 '모든 주제가 논의되지는 못했다'는 의미가 드러나야 전체적으로 자연스러운 문장이 만들어진다. 정답은 (A)이다.

어휘 agenda 안건, 의제 cover 덮다; 다루다 topic 주제

PART 6

[131-134]

입주민들을 위한 공지

매년 봄마다 Bayside 아파트에서는 관리사무소 직원들을 보내 각 가구를 점검해 드리고 있습니다. 점검은 4월 2일부터 12일까지 **131.**실시될 예정입니다. 통상적으로는 30분에서 45분 정도면 점검이 완료됩니다. www.baysideapartment.com/inspections를 방문하셔서 점검 시간을 **132.**신청해 주시기 바랍니다. **133.**점검이 진행되는 동안에는 댁에 계셔야 합니다.

저희 직원들은 시설 고장, 배관 문제, 그리고 색이 바래거나 해진 카펫 및 페인트와 같은 문제들을 살펴볼 것입니다. **134.**만일 교체나 수리 작업이 필요한 경우에는 직원이 시간을 정해서 작업해 드릴 것입니다. 지난 4년 동안 페인트 칠 서비스를 받지 못하신 입주민께서는 해당 서비스를 요청하실 수 있습니다.

어휘 tenant 입주자, 세입자 maintenance office 관리사무소 unit 구성 단위; (아파트 등의) 집 inspection 점검, 사찰 such as ~와 같은 faulty 잘못된 appliance 기기, 가전 제품 plumbing 배관 faded (색이) 바랜 schedule a time 시간을 정하다

131.
(A) replacing
(B) approving
(C) considering
(D) conducting

보기 중 inspection(점검)을 목적어로 취하면서 '실시하다', '실행하다'라는 의미를 지니는 단어는 (D)의 conducting이다.

어휘 approve 승인하다 consider 고려하다

132.
(A) registering
(B) be registered
(C) to register
(D) have registered

문맥상 빈칸에는 목적이나 결과의 의미를 나타내는 to부정사가 들어가야 자연스러운 문장이 완성된다. 정답은 (C)이다.

133.
(A) 점검 결과에 만족하시기를 바랍니다.
(B) 언제 시간이 가능하신지 알려 주셔서 감사합니다.
(C) 등록하실 때에는 점검 직원을 평가할 수 있도록 꼭 설문 조사에 응해 주십시오.
(D) 점검이 진행되는 동안에는 댁에 계셔야 합니다.

바로 앞 문장에서 점검 시간을 신청하라고 했으니 빈칸에는 그와 관련된 안내 및 주의 사항 등이 들어가는 것이 자연스럽다. 보기 중 이러한 조건을 만족시키는 문장은 (D)이다.

134.
(A) Because
(B) However
(C) If
(D) Moreover

보기 중 종속절을 이끌면서 '교체나 수리할 것이 있다면'이라는 조건의 의미를 나타낼 수 있는 접속사는 (C)의 If이다.

[135-138]

12월 11일

편집자님께,

어제자 *Daily Times*에서 Peter Chase가 쓴 "Mulberry 주식회사가 다음 달에 공장을 폐쇄할 것이다"라는 기사에는 몇 가지 **135.**잘못된 내용이 포함되어 있었습니다. 먼저, 해당 공장은 폐쇄되지 않을 것입니다. 실제로는 제3조립 라인과 제4조립 라인에 첨단 기기가 도입될 것이어서 공장 시설은 더 좋아질 것입니다. **136.**또한 회사측이 직원을 해고하지도 않을 것입니다. **137.**저희는 2월에 최대 30명의 직원을 새로 고용할 생각입니다. 마지막으로, 저희 회사는 어떠한 재정적인 문제도 겪고 있지 않습니다. 실제로, 올해 2분기와 3분기에 저희는 기록적인 수익을 거두었고, 이번 분기에도 같은 일이 일어날 것으로 예상하고 있습니다. 귀사의 신문에 **138.**정정 보도를 내 주시면 감사하겠습니다.

Dean Morris 드림

Mulberry 주식회사 대표 이사

어휘 factual 사실에 기반한 error 잘못, 실수 in question 문제의, 논란이 되고 있는 in actuality 사실, 실제로 state-of-the-art 최신의 machinery 기계류 assembly line 조립 라인 lay off ~을 해고하다 anticipate 예상하다, 기대하다 correction 정정, 수정

135.
(A) appearances
(B) data
(C) statements
(D) errors

신문 기사에 사실과 다른 내용의 기사, 즉 오보가 실렸다고 주장하는 편지이다. 따라서 '잘못' 혹은 '실수'라는 의미를 나타내는 (D)의 errors가 정답이다.

어휘 statement 진술, 주장

136.
(A) So
(B) But
(C) Nor
(D) And

빈칸 전후의 내용을 통해 현재 거론되고 있는 회사는 시설 투자와 추가 고용을 추진 중임을 알 수 있다. 따라서 이 문장이 앞뒤 문장과 자연스럽게 이어지기 위해서는 부정의 의미를 포함하고 있는 (C)의 Nor가 빈칸에 들어가야 한다.

137.
(A) 저희는 2월에 최대 30명의 직원을 새로 고용할 생각입니다.
(B) 이후 몇 달 동안 몇몇 직원들이 승진을 할 수도 있습니다.
(C) 뛰어난 성과로 인해 그들의 급여가 인상되었습니다.
(D) 이것이 우리가 더 이상 고용을 하지 않고 있는 이유입니다.

'해고를 할 것'이라는 점이 사실과 다른 내용이라고 지적하고 있으므로 빈칸에는 이와 반대되는 내용, 즉 '추가 고용이 이루어질 것'이라는 내용이 들어가야 한다. 따라서 (A)가 정답이다.

138.
(A) correctives
(B) corrections
(C) correctible
(D) correctly

빈칸에는 appreciate의 목적어가 될 수 있는 명사가 들어가야 한다. 보기 중 명사는 (B)뿐이다.

어휘 corrective 수정의, 교정의 correctible 수정할 수 있는

[139-142]

이번 분기의 우수 직원상

이곳 Drummond Technology의 이번 분기의 우수 직원을 발표하게 되어 기쁘게 생각합니다. 올해 2분기의 수상자는 영업부의 Derrick Hutchinson입니다. 4월, 5월, 그리고 6월 동안 Derrick은 **139.**모두 합쳐 2백7십만 달러 이상의 가치가 있는 계약을 성사시킨 주역이었습니다. **140.**그는 또한 베이징 지사에도 있었습니다. 그곳에서 그는 직원들이 영업 **141.**능력을 향상시킬 수 있도록 여러 차례의 세미나와 워크숍을 진행했습니다. Derrick은 6년 **142.**동안 Drummond Technology에서 일해 왔으며, 이번이 세 번째 수상입니다. 그를 볼 때마다 잊지 마시고 그의 놀라운 성과에 대해 축하해 주십시오.

어휘 be responsible for ~에 대한 책임이 있다　combine 결합하다　value 가치　skill 기술, 솜씨, 능력

139.
(A) combination
(B) combined
(C) combining
(D) combinate

빈칸에는 명사 value(가치)를 수식할 수 있는 형용사가 들어가야 하기 때문에 형태상으로만 보면 (B)와 (C)가 정답이 될 수 있다. 한편 문맥상 '합쳐진 가치' 즉 '총 가치'라는 의미가 들어가야 하는데, 둘 중 이러한 수동의 뉘앙스를 가지고 있는 것은 과거분사 형태인 (B)의 combined이다.

어휘 combination 조합, 결합　combinate (자물쇠의) 번호를 맞추다

140.
(A) 그들은 두 곳의 새로운 업체와 함께 있었습니다.
(B) 그는 또한 베이징 지사에도 있었습니다.
(C) 그 점에 대해 대표 이사님께서 직접 축하해 주셨습니다.
(D) 이는 석 달 동안 누구도 달성한 적이 없었던 실적입니다.

빈칸 뒤의 문장의 there에 주의하여 정답을 찾도록 한다. 즉 어떤 장소에서 세미나 및 워크숍을 진행한 점을 언급하고 있으므로 그 앞의 빈칸에는 Beijing office를 거론하고 있는 (B)가 들어가야 한다.

141.
(A) contracts
(B) lessons
(C) skills
(D) deals

sales(영업)와 어울려서 improve(향상시키다)의 목적어가 될 수 있는 단어를 찾도록 한다. 정답은 '기술' 혹은 '능력'이라는 의미를 나타내는 (C)이다.

142.
(A) for
(B) since
(C) during
(D) after

for와 during은 모두 '~ 동안'이라는 의미를 나타내지만, 둘 중 six years라는 구체적인 기간과 함께 쓰일 수 있는 것은 (A)의 for이다.

[143-146]

Cumberland 퍼레이드가 취소되다

컴벌랜드 (5월 11일) − 5월 12일 토요일로 예정되어 있던 연례 행사인 Cumberland 퍼레이드가 취소되었다. 그러한 **143.**결정은 어젯밤 시장과 시 의회가 참석한 긴급 회의에서 이루어졌다. David Cord 시장은 "퍼레이드는 52년간 유지되고 있는 전통이기 **144.**때문에 취소하고 싶지 않았습니다. 하지만 시 인근의 숲에서 확산되고 있는 산불 때문에 축제를 개최하는 것이 적절하지 않다고 생각했습니다. **145.**어쨌거나 정말로 많은 사람들이 집을 떠나 대피를 하고 있는 중입니다."라고 말했다. Cord 시장은 퍼레이드 일정을 여름 중으로 다시 잡을 수 있기를 희망한다고 밝혔다. 하지만 가장 **146.**시급히 해야 할 일은 화재를 진압하는 것이라고 말했다.

어휘 emergency meeting 긴급 회의　mayor 시장　tradition 전통　on account of ~ 때문에　wildfire 들불, 산불　rage 격노하다; 급속히 퍼지다　festive 축제의　appropriate 적절한　remark 언급하다　urgent 긴급한　put out (불을) 끄다

143.
(A) election
(B) result
(C) promise
(D) decision

보기 중 emergency meeting(긴급 회의)에서 이루어질 수 있는 것을 찾으면 (D)의 decision이 정답이다.

어휘 election 선거　result 결과

144.
(A) in addition to
(B) on account of
(C) in spite of
(D) instead of

'산불 때문에' 행사를 취소해야 했다는 의미를 나타내기 위해서는 빈칸에 원인 및 이유를 나타내는 표현이 들어가야 한다. 따라서 정답은 (B)이다. 참고로 because of, due to, owing to 등과 같은 표현도 정답이 될 수 있다.

어휘 in addition to ~ 이외에도　in spite of ~에도 불구하고　instead of ~ 대신에

145.
(A) 따라서 퍼레이드는 원래 계획대로 진행될 것입니다.
(B) 따라서 그것은 다음 토요일로 연기될 것입니다.
(C) 산불이 진압되었으므로 해야 할 일들이 많습니다.
(D) 어쨌거나 정말로 많은 사람들이 집을 떠나 대피를 하고 있는 중입니다.

빈칸에는 축제를 취소할 수 밖에 없는 이유가 들어가야 자연스러운 문맥이 완성된다. 보기 중 그러한 이유가 될 수 있는 것은 (D)뿐이다.

어휘 initially 처음에　now that ~이므로　extinguish (불을) 끄다

146.
(A) urgent
(B) urgently
(C) urgency
(D) urgencies

빈칸에는 most의 수식을 받으면서 명사 thing을 꾸며 줄 수 있는 형용사가 들어가야 한다. 정답은 (A)의 urgent이다.

어휘 urgency 긴급, 절박

PART 7
[147-148]

MEMO

수신 전 직원
발신 Kimberly Wingard
날짜 10월 22일

봄에 보수 공사를 했음에도 불구하고 우리 식품점의 매출은 지난 몇 달 동안 감소해 왔습니다. 8월에는 11%까지 떨어졌고 지난 달에는 17% 하락

했습니다. 이러한 경향이 지속된다면 매장을 폐쇄해야 할 수도 있습니다.

저는 모든 분들께서 묘안에 대해 생각해 주셨으면 좋겠습니다. 본인이 생각하기에 이곳의 재정적인 상황을 개선시킬 수 있는 방법을 모색해 주십시오. 고객들이 이곳에 와서 더 많은 돈을 쓰도록 설득시킬 방안에 대해 생각해 주십시오. 내일은, 근무를 시작하기에 앞서, 본인이 한 생각을 공유할 수 있도록 여러분 각자가 직속 상사와 이야기를 나누셨으면 합니다. 여러분의 생각을 공유한다는 것을 부끄럽게 생각하지 마십시오. 아이디어가 없는 것이 어리석은 일입니다. 우리는 심각한 문제를 겪고 있으며 즉각적인 변화가 필요한 상황입니다.

어휘 undergo 겪다 decline 감소하다, 쇠퇴하다 drop 떨어지다 trend 경향, 추세 brainstorming 브레인스토밍 financial 금전적인, 재정적인 convince 설득시키다, 납득시키다 shift (교대) 근무 share 공유하다 shy 부끄러운, 수줍음이 많은 silly 어리석은

147.

무엇이 문제인가?
(A) 직원 수가 충분하지 않다.
(B) 보수 공사가 필요하다.
(C) 인근에 유사한 매장들이 문을 열었다.
(D) 매출이 하락하고 있다.

첫 번째 단락을 통해 매장의 매출이 지난 몇 달 동안 감소해 왔음을 알 수 있다. 이어서 이러한 상황을 타개하기 위한 방안이 논의되고 있으므로 정답은 (D)이다.

148.

Wingard 씨는 직원들에게 무엇을 하라고 요청하는가?
(A) 근무 일정을 변경한다
(B) 동일한 급여를 받고 더 오랫동안 일한다
(C) 더 많은 쇼핑객을 유치할 수 있는 방법을 생각해 낸다
(D) 실시할 수 있는 특별 프로모션을 고안한다

두 번째 단락에서 Wingard 씨는 직원들에게 '고객들을 오게 해서 더 많은 돈을 쓰도록 만들 수 있는'(to convince customers to come and spend more money here) 방법을 생각해 달라고 요청하고 있다. 따라서 그녀가 요청한 바는 (C)이다.

[149-150]

Wallace 백화점의 무료 증정 이벤트

Wallace 백화점에서 고객들을 위해 특별 프로모션을 실시합니다. 이번 행사는 7월 1일부터 8월 10일까지 진행됩니다.

고객분들께서는 아래와 같은 혜택을 받으실 수 있습니다:

50달러 구매시 Watson 핸드 로션 무료 증정
100달러 구매시 Stetson 선글라스 무료 증정
200달러 구매시 Verducci 티셔츠 무료 증정
400달러 구매시 무료 영화 관람권 증정

증정품은 고객 서비스 센터에서 받으실 수 있습니다. 영수증만 가지고 오십시오. 이번 행사는 페어뷰 및 윌밍턴 매장을 제외한 Wallace 백화점의 전 지점에서 진행됩니다.

어휘 offer 제안, 제의; 할인 valid 유효한

149.

광고에서 언급되지 않은 것은 무엇인가?

(A) 프로모션은 2개월 동안 진행될 것이다.
(B) 무료 증정품을 받기 위해서는 영수증이 필요하다.
(C) 일부 매장은 행사에 참여하지 않을 것이다.
(D) 고객들은 무료로 다양한 증정품을 받을 수 있다.

프로모션은 기간은 from July 1 to August 10라고 적혀 있으므로 (A)가 사실과 다른 내용이다. 사은품을 받기 위해서는 영수증만 있으면 된다고 했으므로 (B)는 맞는 내용이며, 두 곳의 매장은 행사에서 제외된다고 했으므로 (C) 또한 언급된 사항이다. 사용 금액에 따라 다양한 사은품이 마련되어 있으므로 (D)도 사실이다.

어휘 complimentary 무료의

150.

쇼핑객은 어떻게 무료 의류 상품을 받을 수 있는가?
(A) 50달러 이상 지출함으로써
(B) 100달러 이상 지출함으로써
(C) 200달러 이상 지출함으로써
(D) 400달러 이상 지출함으로써

중반부에 지출 금액별 사은품이 안내되어 있으므로 이를 살펴보면 정답을 찾을 수 있다. clothing item에 해당되는 사은품은 Verducci T-shirt뿐이므로 이것을 받기 위한 조건인 (C)가 정답이다.

[151-152]

Robert Harkness	11:25 A.M.
안녕하세요, Stephanie. Grimes 사장님과의 일은 처리가 되었나요?

Stephanie Lowe	11:27 A.M.
미안해요, Robert. 오전 내내 사무실에서 회의를 하고 계셨기 때문에 아직까지 이야기를 나눌 수 있는 기회가 없었어요.

Robert Harkness	11:30 A.M.
비서에게 이야기해서 협상을 오늘 중으로 끝내는 것이 얼마나 중요한 일인지 확인시켜 드리세요. 사장님께서 계약서에 서명을 하지 않으시면 우리는 고객을 잃게 될 거예요.

Stephanie Lowe	11:31 A.M.
알겠어요. 제가 Tina에게 전화를 할게요.

Robert Harkness	11:33 A.M.
그래요. 저는 점심 시간 이후에 다시 올게요. 그때까지도 이야기를 나누지 못했다면 제가 직접 사장실로 갈게요.

Stephanie Lowe	11:35 A.M.
좋아요. 잠시 후에 봐요.

어휘 progress 진전, 발전 secretary 비서

151.

어떤 문제가 언급되고 있는가?
(A) 고객을 잃었다.
(B) Grimes 씨가 사무실에 없다.
(C) 문서에 서명이 이루어지지 않았다.
(D) 점심 회동이 취소되었다.

Harkness 씨는 협상이 당일 중으로 마무리되어야 한다고 주장하면서 'Grimes 씨가 계약서에 서명을 하지 않으면'(if he won't sign the contract) 고객을 잃게 될 것이라고 우려하고 있다. 따라서 문제가 되는 부분은 (C)로 볼 수 있다. 아직 고객을 잃은 것은 아니기 때문에 (A)는 정답이 될 수 없고, Grimes 씨는 사무실에서 회의를 하고 있는 중이므로 (B)도 정답이 아니다.

152.

오전 11시 31분에 Lowe 씨가 "I'll give Tina a call"이라고 쓸 때 그녀가 암시하는 것은 무엇인가?
(A) 그녀는 고객과 이야기할 것이다.
(B) 그녀는 자신의 관리자에게 전화를 할 것이다.
(C) 그녀는 그녀의 고객에게 연락할 것이다.
(D) 그녀는 Grimes 씨의 비서에게 연락할 것이다.

주어진 문장 속의 Tina가 누구인지는 그 앞 문장을 통해 확인할 수 있다. 즉 Tina는 Grimes 씨의 '비서'(secretary)일 것이라고 짐작할 수 있으므로 주어진 문장을 통해 Lowe 씨가 의도한 바는 (D)로 볼 수 있다.

[153-154]

> ### 추천이 필요합니다
>
> 올해의 직원상 후보를 추천할 시간이 되었습니다. 모든 정규직 직원은 동료 직원을 추천할 자격이 있습니다. 누군가를 추천하려면 www.fostertech.com/awards를 방문하셔서 양식을 작성하십시오. 잊지 마시고 직원의 이름과 부서를 적으셔야 하며, 그런 다음에는 왜 그 사람이 올해의 직원상을 받아야 한다고 생각하는지를 짧은 글로 설명하셔야 합니다. 추천서는 12월 15일까지 제출되어야 합니다. 수상자는 12월 29일 송년회에서 발표될 것입니다. 올해의 수상자는 현금으로 2,500달러의 보너스를 받게 될 것이며 일주일의 특별 휴가와 승진 혜택도 받게 될 것입니다.

어휘　nomination 지명, 추천　be eligible to ~할 자격이 있다　fellow 동료

153.

추천서는 어떻게 제출되어야 하는가?
(A) 이메일을 보냄으로써
(B) 온라인으로 양식을 작성함으로써
(C) 관리자와 이야기함으로써
(D) 수기로 작성한 양식을 제출함으로써

visit www.fostertech.com/awards and complete the form이 정답의 단서이다. 추천을 하기 위해서는 웹사이트를 방문해서 온라인으로 양식을 작성해야 한다고 했으므로 (B)가 정답이다.

154.

수상자가 받지 못하는 것은 무엇인가?
(A) 휴가
(B) 상금
(C) 무료 여행권
(D) 더 높은 직위

마지막 문장에서 수상자가 받게 될 것은 '2,500달러의 현금'($2,500 cash bonus), '일주일의 특별 휴가'(one extra week of vacation), 그리고 '승진 혜택'(promotion)으로 나와 있다. 보기 중 여기에 포함되지 않는 것은 (C)의 '무료 여행(권)'이다.

어휘　monetary 화폐의

[155-157]

> ### 여행업 박람회
>
> 해마다 열리는 여행업 박람회가 올해에는 플로리다 올랜도에서 개최될 예정입니다. 콘퍼런스는 10월 10일 금요일부터 10월 14일 월요일까지 Radcliffe 호텔의 컨벤션 센터에서 열릴 것입니다. 평소와 같이 박람회 부스도 설치되겠지만, 국내 및 해외 여행과 관련된 다양한 문제들을 논의할, 세계적으로 유명한 연사들도 몇 분 오실 것입니다. 많은 여행사 및 항공사들이 도입을 고려하고 있는, 새로운 여행 도우미 컴퓨터 소프트웨어에 관한 세미나도 특히 주목할 만합니다. 이에 대해서는 사전 예약을 강력히 추천합니다. 전체 일정은 컨벤션의 웹사이트(www.travelindustrytradeshow.org)에서 확인해 주시기 바랍니다. 참석을 원하시는 분들께서는 10월 5일 전에 75달러의 참가비를 납부하셔야 합니다. 참석자들을 위해 콘퍼런스 측이 호텔 객실을 예약해 드리지는 않으므로 미리 호텔 예약을 해 두시기 바랍니다.

어휘　booth 부스　domestic 집안의; 국내의　international 국제적인, 해외의　be responsible for ~을 책임지다　book 예약하다　in advance 미리, 앞서서

155.

박람회에 대해 사실인 것은 무엇인가?
(A) 기조 연설자는 컴퓨터 프로그래머이다.
(B) 처음으로 개최될 것이다.
(C) 사전 등록이 필요하다.
(D) 해외 여행에만 초점이 맞춰져 있다.

지문 마지막 부분에서 '참가를 희망하는 사람은 (개최일 이전인) 10월 5일 전까지 75달러를 내야 한다'(Those who wish to attend should pay the required fee of $75 before October 5.)고 했으므로 (C)가 정답이다. (A)는 언급된 바 없는 사항이며, annual이라는 단어를 통해 (B)도 사실이 아님을 알 수 있다. 국내 여행, 해외 여행, 여행 관련 소프트웨어 등이 논의될 것이라고 했으므로 (D) 역시 잘못된 내용이다.

156.

컴퓨터 시스템에 관한 세미나에 대해 암시되어 있는 것은 무엇인가?
(A) 그것을 설계한 사람에 의해 진행될 것이다.
(B) 그곳에 참가하기 위해서는 별도의 요금을 내야 한다.
(C) 75개의 좌석만 이용할 수 있다.
(D) 많은 사람들이 참가에 관심을 가질 것이다.

해당 세미나에 대해 advance reservations(사전 예약)를 강력 추천하고 있으므로 (D)가 정답이다. 나머지 보기에서 언급된 연사, 요금, 좌석수과 관련된 정보는 모두 지문에서 찾아볼 수 없는 것들이다.

어휘　spot 장소, 자리

157.

참석자들은 무엇을 하라는 권고를 받는가?
(A) 숙박 시설을 직접 예약한다
(B) 협회의 회원이 된다
(C) 일부 행사에 일찍 참석한다
(D) 10월 10일까지 참가비를 납부한다

마지막 문장에서 주최측은 호텔 예약을 해 주지 않을 것이므로 참가자들에게 '호텔 예약을 미리 해 둘 것'(please make sure you do so in advance)을 당부하고 있다. 따라서 (A)가 정답이다.

어휘　organization 조직, 기관　show up 모습을 보이다, 나타나다

수신	Wendy Carson <wcarson@wilsonlab.com>
발신	Dwight Henderson <dwight_h@mayfair.com>
제목	인사
날짜	3월 21일

친애하는 Carson 씨께,

안녕하세요. 저는 토론토에 위치한 Mayfair 사의 Dwight Henderson 입니다. 올버니에서 열린 인터넷 디자인 콘퍼런스에서 귀하와 이야기를 나누게 되어 정말로 기뻤습니다. 기억하시겠지만, 우리는 지난 주에 저희 회사의 제품에 대해 잠시 이야기를 나누었습니다. 당시, 귀하께서는 저희의 신제품인 무선 라우터에 관심이 있으신 것 같았습니다. 안타깝게도 그때에는 제가 다른 고객을 만나야 해서 귀하와 그리 오랫동안 이야기를 나눌 수가 없었습니다.

다행스럽게도 제가 다음 주에 파리로 가는 도중에 런던에 잠시 체류하게 되었습니다. 저는 귀하의 사무실에서 귀하를 만나 뵙고 저희 회사의 신제품을 몇 개 시연하고자 합니다. 3월 27일 화요일은 하루 종일 그곳에 있을 수 있으며, 28일이 일정에 더 적합하신 경우에는 28일에 귀하의 사무실로 갈 수도 있습니다.

저희 회사는 속도 저하나 끊김 현상 없이 사용될 수 있는 새로운 무선 인터넷 시스템을 개발했습니다. 이는 시중에 나와 있는 어떤 것보다도 우수할 뿐만 아니라 가격도 20% 더 저렴합니다. 제가 첨단 기술의 최신 제품을 보여 드릴 수 있도록 저의 제안을 수락해 주시기 바랍니다.

곧 답장을 들을 수 있기를 고대하겠습니다.

Dwight Henderson 드림
Mayfair 사

어휘 recall 회상하다, 기억하다 wireless 무선의 router 라우터 stop over 잠시 머물다, 체류하다 on one's way to ~으로 가는 도중에 lag time 시간 지체 interruption 방해 take up on ~을 수락하다 cutting-edge 최첨단의

158.

이메일에 의하면 Henderson 씨는 어떻게 Carson 씨를 알게 되었는가?
(A) 같은 회사에서 일을 한다.
(B) 그녀가 온라인으로 그에게 연락했다.
(C) 그는 전문가 모임에서 그녀를 만났다.
(D) 그들은 같은 대학을 다녔다.

이메일 첫 부분의 'It was a real pleasure to talk to you at the Internet Designer Conference in Albany.'라는 문장을 통해 그들은 인터넷 디자이너 콘퍼런스에서 만났음을 알 수 있다. 따라서 해당 콘퍼런스를 professional meeting으로 바꾸어 쓴 (C)가 정답이다.

159.

Henderson 씨는 어디에서 Carson 씨와 만나자고 제안하는가?
(A) 런던
(B) 올버니
(C) 파리
(D) 토론토

두 번째 단락에서 Henderson 씨는 Carson 씨의 런던 사무실로 찾아가겠다고 제안하고 있으므로 (A)가 정답이다. 참고로 (B)는 그들이 만났던 콘퍼런스가 개최된 지역이며, (C)는 Henderson 씨의 출장 지역이고, (D)는 Henderson 씨의 회사가 위치한 곳이다.

160.

Henderson 씨는 Carson 씨를 위해 무엇을 하고 싶어하는가?
(A) 무선 라우터를 설치한다
(B) 팸플렛을 준다
(C) 제품 시연을 한다
(D) 계약을 재협상한다

두 번째 단락의 'I would love to visit you in your office to demonstrate some of my firm's newest products.'라는 문장에서 Henderson 씨가 원하는 것은 (C)의 '제품 시연'임을 알 수 있다.

어휘 renegotiate 재협상하다

161.

Mayfair 사의 인터넷 시스템에 대해 언급된 것은 무엇인가?
(A) 아직 판매되지 않고 있다.
(B) 유사한 제품들보다 가격이 낮다.
(C) 할인 가격으로 제공되고 있다.
(D) 기술자가 설치를 해야 한다.

세 번째 단락에서 Mayfair 사의 인터넷 시스템은 '속도 저하나 끊김 현상이 없고'(with no lag time or interruptions) '시중 제품보다 우수하며'(better than anything else available on the market) '가격이 20% 저렴하다'(20% cheaper)고 소개되고 있다. 보기 중 이러한 언급과 관련이 있는 것은 (B)뿐이다.

6월 11일

친애하는 Robinson 씨께,

이곳 Whitson 주식회사에서 일어날 한 가지 변화에 대해 알려 드리고자 합니다. 인사부에서 새로운 방침을 세웠습니다. 이제 귀하와 같은 프리랜서에게 다양한 일을 맡기는 대신, 저희는 회사와 비전을 위해 전적으로 헌신할 직원을 바라고 있습니다.

이 새로운 가이드라인에 따르면 저희는 더 이상 동기 부여 강사에게 저희 직원들을 위한 강연을 의뢰하지 않을 것입니다. 하지만, 동기 부여 전문가를 위한 정규직 자리를 만들 것입니다. (이는 고위 관리직이 될 것입니다.)

수년 동안, 귀하께서는 가장 감명 깊은 강연을 해 오셨기 때문에 Whitson의 성공에 기여하신 바가 큽니다. 저희는 귀하께서 그 직에 지원하시기를 바랍니다. 저희는 현재 지원서를 받고 있으며 자리가 채워질 때까지 계속 지원서를 받을 것입니다. 지원자들은 전적으로 강연 활동 및 강연의 성과에 따라 평가받게 될 것입니다. 저희는 귀하께서 최우선 순위의 후보자라고 생각합니다.

답장을 기다리고 있겠습니다.

Jason Daniels 드림
Whitson 주식회사

어휘 institute 도입하다, 시작하다 policy 정책, 방침 outsourcing (외부업체 등에) 위탁하다, 위임하다 freelancer 프리랜서 commit 헌신하다 motivational speaker 동기 부여 강사 specialist 전문가 contributor 기여자, 공로자 effective 효과적인; 감명 깊은 see fit to ~하기로 결정하다 evaluate 평가하다 influential 영향력이 있는 prime 주된; 최고의

162.

Daniels 씨는 왜 Robinson 씨에게 글을 썼는가?
(A) 회사에서 강연을 해 달라고 요청하기 위해

(B) 그가 채용되었다는 점을 확인시키기 위해

(C) 지원 가능한 일자리를 알려 주기 위해

(D) 다가 오는 면접에 대해 알려 주기 위해

세 번째 단락의 'We hope you see fit to apply for the position.'이라는 문장에서 편지를 쓴 목적을 확인할 수 있다. 이메일 작성작인 Daniels 씨는 외부 인사로서 강연을 하던 Robinson 씨에게 정규직 강사로서의 일자리를 제의하고 있으므로 정답은 (C)이다. 이 지문에서 볼 수 있듯이 편지의 목적이 편지의 후반부에 나타나는 경우도 있으니 주의하도록 하자.

163.

Robinson 씨가 새 일자리에 대해 언급한 것은 무엇인가?

(A) 대학 학위가 필요하다.

(B) 인사부에 소속될 것이다.

(C) 출장이 많을 것이다.

(D) 정규직이 될 것이다.

두 번째 단락에서 새 일자리는 '동기 부여 강사 전문가를 위한 정규직'(a full-time job for an employee motivation specialist)으로 소개되고 있으므로 보기 중 언급된 사실은 (D)이다.

164.

[1], [2], [3], [4] 중 다음 문장이 들어갈 곳으로 가장 알맞은 곳은 어디인가?

"이는 고위 관리직이 될 것입니다."

(A) [1]

(B) [2]

(C) [3]

(D) [4]

주어진 문장의 this가 무엇을 가리키는지 파악해야 정답을 찾을 수 있다. upper-management position이라는 어구로 유추해 볼 때 this는 일자리, 즉 [2]의 a full-time job를 가리키는 것으로 생각할 수 있다. 따라서 정답은 (B)이다.

[165-168]

Delvin Patterson	10:35 A.M.
모두들 우리가 실시했던 설문 조사의 결과를 보았나요?	
Melanie Smith	10:37 A.M.
제가 예상했던 바와 다르더군요.	
Ralph Taylor	10:38 A.M.
그 말이 맞아요. 고객 서비스에 대한 평가가 어떻게 그처럼 낮을 수 있죠?	
Delvin Patterson	10:39 A.M.
설문 조사에서 사람들이 남긴 의견들을 읽어 보았어요. 보아하니 우리 직원들이 판매되는 제품에 대해 항상 잘 알고 있지는 않은 것 같더군요. 몇몇 직원은 고객에게 잘못된 정보를 알려 주었고요.	
Amy Chou	10:41 A.M.
또 다른 불만 사항은 그들이 때때로 고객들을 소홀히 대했다는 점이었어요.	
Melanie Smith	10:42 A.M.
전 직원을 대상으로 재교육을 시작할 것을 제안해요. 이와 같은 문제가 계속되도록 나둘 수는 없어요.	
Amy Chou	10:43 A.M.
재교육이 실시될 수 있도록 이미 준비를 해 두었어요.	
Ralph Taylor	10:44 A.M.
잘 되었군요. 교육은 언제 시작될 예정인가요?	

Delvin Patterson	10:46 A.M.
내일 아침이요. 그리고 대표 이사님부터 가장 최근에 들어온 인턴 사원까지 회사의 모든 사람들이 참석해야만 하죠. 점심 시간 후에 일정표가 나오면 제가 이메일로 보내 줄게요.	

어휘 survey 설문 조사 comment 논평, 주석 apparently 보아하니, 듣자 하니 staffer 직원 be familiar with ~에 친숙하다 retrain 재교육하다 from A to B A부터 B까지

165.

무엇이 문제인가?

(A) 회사의 수익이 하락했다.

(B) 직원들이 일을 잘 못하고 있다.

(C) 너무 많은 직원들이 병가를 내고 있다.

(D) 최근에 물가가 빠르게 올랐다.

설문 조사 결과에 따라 '고객 서비스에 관한 평가가 좋지 못하다'(perform so poorly on customer service)는 문제가 논의되고 있다. 따라서 (B)가 정답이다.

어휘 revenue 수익 call in sick 병가를 내다 prices 물가 lately 최근에

166.

글쓴이들은 어떤 분야에서 일하는 것 같은가?

(A) 소매업

(B) 컨설팅

(C) 제조업

(D) 여행업

our staffers aren't always familiar with the products we sell(직원들이 판매되는 제품에 대해 잘 알지 못한다)이라는 문구 등을 통해 글쓴이들이 일하는 분야는 판매와 관련된 곳일 것이라고 추측할 수 있다. 따라서 (A)가 정답이다.

167.

오전 10시 43분에 Chou 씨가 "We've already arranged for that to happen"이라고 쓸 때 그녀가 의미하는 것은 무엇인가?

(A) 몇몇 직원들이 해고될 것이다.

(B) 구인 광고가 게시될 것이다.

(C) 사과가 이루어질 것이다.

(D) 교육이 실시될 것이다.

전후 문맥으로 미루어 볼 때 주어진 문장의 that이 가리키는 것은 '재교육'(retraining, session)이다. 따라서 주어진 문장이 의미하는 바는 (D)로 볼 수 있다.

어휘 fire 해고하다 job advertisement 구인 광고 apology 사과

168.

Patterson 씨는 오후에 무엇을 할 것인가?

(A) 이메일로 정보를 알려 준다

(B) 경영진 회의에 참석한다

(C) 세미나의 일정을 정한다

(D) 판매 사원들과 이야기를 나눈다

마지막 문장인 'I'll send you the schedule by e-mail when it comes out after lunch.'에서 그가 점심 시간 후에 할 일은 이메일로 교육 일정을 보내 주는 것임을 알 수 있다. 따라서 schedule을 information으로 바꾸어 쓴 (A)가 정답이다.

```
http://www.fairfaxmuseum.org    ▶
```

| 홈 | 영업 시간 | 특별 활동 | 뉴스 | 오시는 길 |

Fairfax 박물관은 공룡 화석을 주제로 한 흥미롭고 새로운 전시회를 알려 드리게 되어 자랑스럽게 생각합니다. 전시될 화석 중에는 거의 완전한 형태의 티라노사우르스 렉스와 벨로시랩터의 화석도 포함되어 있습니다. 총 서른 두 종류의 공룡 화석이 전시될 예정입니다. 작은 달걀에서부터 거대한 브론토사우르스의 일부 골격에 이르기까지 화석의 크기도 다양합니다. 이 화석들은 Central 대학뿐만 아니라 Jarod Watson 및 Melanie Zhong의 각자의 개인 소장품으로부터 임대를 받았습니다.

전시회는 6월 10일부터 6월 30일까지 진행될 예정입니다. 박물관의 정규 관람 시간에 맞춰 문을 열 것인데, 정규 관람 시간은 화요일부터 금요일까지, 오전 9시부터 오후 6시까지입니다. 전시회를 관람하기 위해서는 각기 다른 요금을 내셔야 합니다. 십대 및 성인들에게는 7달러의 요금이 부과될 것이며 60세 이상의 어르신들은 5달러를 내셔야 합니다. 12세 이하의 아동은 무료로 입장할 수 있습니다. 단체 요금(10명 이상)에 대해서는 584-7212로 문의해 주십시오. 박물관 회원은 요금을 내지 않고 전시를 관람하실 수 있습니다.

전시회 사진이나 공룡에 관한 더 많은 정보를 얻고 싶으시면 여기를 클릭해 주십시오.

어휘 featuring ~을 특징으로 하는 dinosaur 공룡 fossil 화석 range A from B 범위가 A에서 B까지 이르다 partial 일부의, 부분적인 skeleton 골격, 뼈대 enormous 거대한 on loan 임대의 private collection 개인 소장품 separate 별개의 regular hours of operation 정상 영업 시간 senior citizen 노인, 고령자 group rate 단체 요금

169.
이 정보는 어디에 있을 것 같은가?
(A) 홈
(B) 특별 활동
(C) 뉴스
(D) 오시는 길

새로 시작될 공룡 전시회를 소개하고 있다. 따라서 (C)의 '뉴스' 항목에 게시되어 있을 가능성이 크다.

170.
화석에 대해 암시되어 있는 것은 무엇인가?
(A) 인근 지역에서 발견되었다.
(B) 박물관 소유가 아니다.
(C) 대부분 상태가 좋지 못하다.
(D) 같은 사람에 의해 발견되었다.

첫 번째 단락에서 공룡 화석은 Central 대학 및 Jarod Watson, 그리고 Melanie Zhong이라는 사람으로부터 '임대된 것'(on loan)이라고 설명하고 있으므로 (B)가 정답이다.

171.
전시회에 대해 언급되지 않은 것은 무엇인가?
(A) 아동은 돈을 내지 않고서도 참관할 수 있다.
(B) 월요일에는 관람을 할 수 없다.
(C) 한 달 미만의 기간 동안 문을 열 것이다.
(D) 단체는 10%의 할인을 받을 수 있다.

아동은 무료로 입장이 가능하다고 했으므로 (A)는 맞는 내용이고, 정규 관람

시간은 화요일부터 금요일까지라고 했으므로 (B)도 사실임을 알 수 있다. 전시 기간은 6월 10일부터 6월 30일까지이므로 (C) 역시 언급된 내용이나, 단체 관람의 구체적인 요금에 대해서는 언급된 바 없으므로 (D)가 정답이다.

예정된 작업

Harbor View 아파트 관리소에서 다음 주에 몇 가지 보수 작업을 진행할 것이라는 점을 입주민분들께 알려 드립니다. 아래 내용을 잘 살펴보시고 필요하신 경우 일정을 조정하시기 바랍니다.

5월 12일 화요일: 오전 10시부터 정오까지 단지 전체의 전기가 차단될 것입니다. 이 시간 동안에는 단지의 전체 전기 시스템에 새로운 마스터 컨트롤 보드가 설치될 것입니다. 이는 모든 건물의 엘리베이터가 작동되지 않을 것이라는 점을 의미합니다. 컴퓨터와 텔레비전 역시 작동하지 않을 것입니다. 냉장고, 냉동고, 혹은 세탁기도 마찬가지입니다.

5월 13일 수요일: 오후 2시부터 오후 5시까지 101동과 105동의 가스가 차단될 것입니다. 이 시간 동안에는 일부 가스관이 교체될 것입니다. 수리가 진행되는 동안 건물에는 온수가 나오지 않을 것입니다. 또한 가스레인지 및 오븐도 사용하실 수 없습니다.

5월 14일 목요일: 106동과 109동 사이의 수영장이 청소를 위해 폐쇄될 예정입니다. 수영장은 하루 종일 개방되지 않을 것입니다.

5월 15일 금요일: 잔디를 깎을 예정이며 잔디밭 손질이 이루어질 예정입니다. 알러지가 있는 분들께서는 주의하시기 바랍니다.

(작업 시간은 단지 예상되는 시간이라는 점을 참고해 주십시오.) 예상보다 작업이 오래 걸리는 경우, 보다 오랜 시간 동안 여러 가지 서비스를 이용하실 수 없을 것입니다. 작업이 진행되는 대로 모든 분들께 최신 정보를 알려 드리도록 하겠습니다.

어휘 tenant 세입자 take note of ~을 주목하다 adjustment 조절, 조정 daily schedule 일과(표) nonoperational 작동하지 않는 washing machine 세탁기 gas stove 전자레인지 lawn 잔디밭 maintenance 유지, 보수 take precautions 주의하다 unavailable 이용할 수 없는

172.
공지의 목적은 무엇인가?
(A) 입주민들에게 점검을 알리기 위해
(B) 사람들에게 곧 있을 보수 공사를 알리기 위해
(C) 단지 관리에 대한 입주민들의 도움을 요청하기 위해
(D) 단지의 몇 가지 문제들을 알리기 위해

첫 문장에서 공지의 목적을 찾을 수 있다. '다음 주에 진행될 예정인 보수 작업'(some repair work to be done in the coming week)을 알리고 있으므로 정답은 (B)이다.

어휘 advise A of B A에게 B를 알리다

173.
공지에 의하면 5월 12일에 일어나지 않을 일은 무엇인가?
(A) 각 아파트가 점검을 받을 것이다.
(B) 전자 기기들이 일시적으로 작동되지 않을 것이다.
(C) 전기 시스템 관련 작업이 이루어질 것이다.
(D) 두 시간 동안 전기가 들어오지 않을 것이다.

May 12 항목에서 진행될 일들을 살펴보도록 한다. 작업 시간이 '오전 10시부터 정오까지'(from 10 A.M. to noon)이므로 (D)는 사실이고, '단지 내 전기 시스템'(the complex's entire electric system)에 새로운 부품이 설치될 것

이라고 했으므로 (C)도 언급된 내용이다. 컴퓨터, TV, 냉장고 등의 전자 제품이 작동되지 않을 것이라고 했으므로 (B)도 사실이나, 가구별 점검이 이루어질 것이라는 내용은 찾아볼 수 없으므로 (A)가 정답이다.

174.

아파트 단지 내의 조경 작업은 언제 이루어질 것인가?
(A) 5월 12일
(B) 5월 13일
(C) 5월 14일
(D) 5월 15일

질문의 landscaping work가 '조경 작업'을 의미한다는 사실을 알면 정답을 쉽게 찾을 수 있다. 정답은 잔디와 관련된 작업이 진행될 날인 (D)의 '5월 15일'이다.

175.

[1], [2], [3], [4] 중 다음 문장이 들어갈 곳으로 가장 알맞은 곳은 어디인가?
"작업 시간은 단지 예상되는 시간이라는 점을 참고해 주십시오."
(A) [1]
(B) [2]
(C) [3]
(D) [4]

the times에 주목하면 주어진 문장은 작업 시간을 언급하고 있는 부분에 들어가야 한다. [4] 바로 뒤에서 작업 시간이 길어지는 경우에 대해 이야기하고 있으므로 정답은 (D)이다.

[176-180]

수신 Angela Carpenter ⟨angela_c@performancemail.com⟩
발신 Robert Harper ⟨robert@tourpro.com⟩
제목 여행 일정
날짜 5월 12일
첨부 Carpenter_itinerary

친애하는 Carpenter 씨께,

곧 떠나시게 될 유럽 여행의 요금을 결제해 주셔서 감사합니다. 항공권, 기차표, 그리고 호텔이 모두 예약되었다는 점을 확인시켜 드리고자 합니다.

첨부된 전체 여행 일정표를 살펴봐 주십시오. 귀하께서는 6월 20일 보스턴의 Logan 공항을 출발하여 같은 날 이태리 로마의 Fiumicino 공항에 도착하시게 될 것입니다. 그곳에서 렌터카를 받으실 수 있습니다. 6월 26일에는 비행기편으로 그리스의 아테네에 가시게 될 것이며 6월 30일에는 독일의 뮌헨으로 가시게 될 것입니다. 여행이 마무리되는 시점인 7월 5일에는 스위스 취리히의 Kloten 공항을 출발하여 보스턴으로 돌아오시게 될 것입니다.

여행 일정을 변경하셔야 하는 경우, 늦어도 5월 31일까지는 제게 알려 주시기 바랍니다. 그 전에 이루어지는 변경에 대해서는 비용이 발생하지 않지만, 그 후에 이루어지는 변경 사항에 대해서는 건당 50달러의 비용이 부과될 것입니다.

Robert Harper 드림
Tour Pro

어휘 itinerary 여행 일정(표) make the payment for ~에 대한 값을 지불하다 depart 떠나다 rental car 렌터카 conclusion 결론, 마무리 prior to ~ 이전에 alternation 변경

수신 Robert Harper ⟨robert@tourpro.com⟩
발신 Angela Carpenter ⟨angela_c@performancemail.com⟩
제목 여행
날짜 7월 6일

친애하는 Harper 씨께,

제 남편과 저는 조금 전 유럽 여행에서 돌아왔습니다. 저희가 일생일대의 여행을 보냈다는 점을 알려 드리고 싶고, 그런 일이 가능할 수 있도록 귀하께서 준비해 주신 모든 것에 감사를 드립니다.

저희 두 명 모두, 저희가 가는 모든 곳마다 4성급 호텔에서 숙박해야 한다는 귀하의 주장에 약간의 의구심을 가졌습니다. 하지만 그 말은 정말로 맞는 말이었습니다. 아테네의 Pallas 호텔이 특히 기억에 남습니다. 모든 지역의 가이드들은 해박한 지식을 가지고 있었을 뿐만 아니라 영어도 유창하게 해서 큰 도움이 되었습니다. 유일하게 아쉬웠던 점은 로마에서 베니스로 가는 기차가 두어 시간 늦게 출발했던 것이었습니다. 하지만 그것은 사소한 차질일 뿐이었습니다.

귀 여행사와 귀하께서 제공하시는 수준 높은 여행에 대해서는 반드시 친구들에게 알려 줄 것입니다. 다음 번 여행을 가게 될 때 또 다시 연락을 드리겠습니다.

Angela Carpenter 드림

어휘 of one's lifetime 일생일대의 skeptical 회의적인, 의심이 많은 claim 주장, 요구 be the case 정말로 그렇다 memorable 기억할만한 knowledgeable 지식이 많은 fluent 유창한 merely 단지 setback 차질; 역행

176.

Harper 씨가 언급한 교통 수단이 아닌 것은 무엇인가?
(A) 비행기
(B) 기차
(C) 자동차
(D) 택시

Harper 씨가 작성한 첫 번째 이메일의 내용을 살펴보도록 한다. 첫 번째 단락 중 your airline, railroad, and hotel reservations have all been made라는 언급을 통해 비행기와 기차가, 두 번째 단락의 'You can pick up your rental car there.'라는 문장에서 렌터카가 언급되고 있음을 확인할 수 있다. 따라서 보기 중 언급되지 않은 교통 수단은 (D)의 '택시'이다.

177.

Harper 씨에 의하면 3월 31일 이후에 어떤 일이 발생할 것인가?
(A) 환불이 이루어지지 않을 것이다.
(B) 변경 사항에 대해 비용이 발생할 것이다.
(C) 티켓을 취소할 수 없을 것이다.
(D) 호텔 숙박비가 인상될 것이다.

문제의 핵심어구인 May 31은 첫 번째 이메일의 마지막 단락에서 찾아볼 수 있다. Harper 씨는 3월 31일 이전에 이루어진 변경 사항에 대해서는 비용이 발생하지 않지만, 그 이후에 이루어지는 변경 사항에 대해서는 '건당 50달러의 추가 비용'(a charge of $50 for each alteration)이 발생할 것이라고 안내하고 있으므로 정답은 (B)이다.

178.

Carpenter 씨는 왜 이메일을 보냈는가?
(A) 고마움을 표시하기 위해
(B) 해명을 요구하기 위해
(C) 새로운 예약을 하기 위해
(D) 서비스를 비판하기 위해

Carpenter 씨가 작성한 두 번째 이메일의 첫 번째 단락을 통해 정답을 확인할 수 있다. 여행에 대한 고마움을 표시하는 것이 이메일을 작성한 직접적인 이유이므로 정답은 (A)이다.

어휘 clarification 설명, 해명 criticize 비판하다, 비난하다

179.

Carpenter 씨는 언제 Pallas 호텔에 체크인을 했을 것 같은가?
(A) 6월 20일
(B) 6월 26일
(C) 6월 30일
(D) 7월 5일

두 번째 이메일의 'The Pallas Hotel in Athens was particularly memorable.'이라는 문장에서 Pallas 호텔은 아테네에 위치한 곳이라는 점을 알 수 있다. 한편 첫 번째 이메일에서 아테네에서 도착할 날은 June 26로 적혀 있는데, 이 두 가지 사항을 종합하면 결국 Carpenter 씨가 Palls 호텔에 체크인을 한 날짜는 (B)의 '6월 26일'일 것이다.

180.

두 번째 이메일에서 두 번째 단락 여섯째 줄의 "setback"이라는 단어와 가장 의미가 비슷한 것은
(A) 후퇴
(B) 지연
(C) 처벌
(D) 취소

setback은 '차질'이라는 의미와 '역행'이라는 의미로 사용되는데, 바로 앞 문장의 depart late라는 표현에 유의하면 여기에서는 (B)의 delay(지연, 지체)라는 의미로 사용되었음을 알 수 있다.

어휘 retreat 후퇴, 퇴각 penalty 처벌 cancelation 취소

[181-185]

Edward Halpern	9:32 A.M.

안녕하세요, Carla. 다음 주 화요일에 제품 시연회를 위한 회의를 할 예정이죠, 그렇지 않나요?

Carla Welch	9:34 A.M.

맞아요, Ed. 언제 여기로 올 건가요? 이미 출장 준비를 해 두었나요?

Edward Halpern	9:35 A.M.

방금 전에 여행사로부터 여행 일정표를 받았어요. 다음 주 월요일 밤 비행기로 가게 될 것 같아요. RE232편으로 오후 10시 45분에 도착하게 될 거예요.

Carla Welch	9:36 A.M.

공항으로 마중을 나갈 사람이 필요한가요? 그곳에서 당신을 만나 호텔까지 데려다 줄 사람을 알아봐 줄 수 있어요.

Edward Halpern	9:37 A.M.

정말로 고맙지만, 이번에는 차를 렌트하기로 했어요. 한가한 시간이 생기면 관광을 해 보려고요.

Carla Welch	9:38 A.M.

잘 되었군요. 제가 꼭 가봐야 할 곳을 몇 군데 알려 드릴 수 있어요. 다음 주에 만나요.

어휘 arrange 준비하다, 마련하다 take A to B A를 B로 데리고 가다
      do sightseeing 관광을 하다 point out ~을 지적하다, 언급하다

Schloss 여행사
취리히, 스위스
Edward Halpern 씨의 여행 일정표

전화번호: 493-1933
이메일 주소: edhalpern@mmc.com
담당자: Edith Mann

날짜	편명	출발 시간	출발지	도착지
4월 12일	RE232	9:25 P.M.	취리히	베를린
4월 15일	RE11	10:30 A.M.	베를린	바르샤바
4월 17일	NM490	2:05 P.M.	바르샤바	아테네
4월 21일	RE98	12:15 P.M.	아테네	취리히

모든 좌석은 비즈니스 클래스로 확정되었습니다. 출발하시기 전에 모든 공항의 VIP 라운지를 이용하실 수 있습니다. 합산 무게가 40킬로그램이 넘지 않는 가방 두 개를 부치실 수 있습니다. 최소한 비행기가 이륙하기 두 시간 전까지 공항에 도착해 주십시오.

어휘 check (공항 등에서) 짐을 부치다 weigh 무게가 나가다 combine 결합하다 take off (비행기가) 이륙하다

181.

Halpern 씨는 왜 Welch 씨에게 글을 쓴 것 같은가?
(A) 시연회에 대해 논의하기 위해
(B) 도착 날짜를 알려 주기 위해
(C) 회의를 확인하기 위해
(D) 계약에 대해 협상하기 위해

채팅창의 첫 문장인 'We're still planning to meet for the product demonstration next Tuesday, aren't we?'에서 Halpern 씨는 제품 시연회를 위한 회의가 예정대로 진행될 것인지를 묻고 있다. 따라서 그가 채팅을 시작한 이유는 (C)이다.

182.

Welch 씨는 무엇을 하겠다고 제안하는가?
(A) Halpern 씨와의 회의 일정을 조정한다
(B) Halpern 씨에게 시내 관광을 시켜 준다
(C) Halpern 씨를 위해 렌터카를 준비한다
(D) Halpern 씨가 도착하면 누군가와 만나도록 한다

Welch 씨는 Halpern 씨에게 '공항으로 마중을 나갈 사람'(someone to pick you up at the airport)이 필요한지 물은 후, '공항에서 그를 마중하고 호텔까지 차를 태워 줄 사람'(a driver to meet you there to take you to your hotel)을 보내 주겠다고 제안한다. 따라서 그녀가 제안한 것은 (D)이다.

183.

여행 일정표에 따르면 사실이 아닌 것은 무엇인가?
(A) Halpern 씨는 4월 17일에 아테네를 방문할 것이다.
(B) Halpern 씨의 수화물에 무게 제한이 있다.
(C) Halpern 씨는 퍼스트 클래스석에 앉게 될 것이다.
(D) Halpern 씨는 5월 15일에 RE11 항공편을 이용하게 될 것이다.

여행 일정표의 표 바로 아래에 'All of your seats are confirmed for business class.'라고 적혀 있으므로 Halpern 씨는 비즈니스 클래스석에 앉게 될 것이다. 따라서 사실과 다른 내용은 (C)이다.

184.

Halpern 씨는 어디에서 Welch 씨와 만나게 될 것인가?
(A) 취리히

(B) 베를린

(C) 바르샤바

(D) 아테네

채팅창에서 Halpern 씨는 'I'll be arriving at 10:45 P.M. on Flight RE232.'라고 말하고 있으므로 그가 Welch 씨와 만나기 위해 이용할 항공편은 RE232이다. 이를 일정표에서 찾으면 RE232의 도착지는 베를린이므로 결국 두 사람이 만나게 될 장소는 (B)이다.

185.

Mann 씨는 누구인 것 같은가?

(A) 항공사 직원

(B) Halpern 씨의 동료

(C) 여행사 직원

(D) Welch 씨의 운전사

Mann 이라는 이름은 두 번째 일정표 중 Prepared By라는 항목에서 찾을 수 있다. 이를 통해 Mann 씨는 Halpern 씨의 여행 일정표를 작성한 Schloss 여행사의 직원일 것으로 추측할 수 있으므로 (C)가 정답이다.

[186-190]

수신 Cranston Burgers 가맹점주 전원

발신 David Cotton

제목 수익

날짜 4월 4일

올해 1분기 수익을 계산해 보았는데 결과가 대부분 긍정적입니다. 작년 같은 기간과 비교해 볼 때 수익은 전반적으로 증가했습니다. 하지만 한 곳의 매장이 다른 매장보다 뒤처지고 있습니다. Tom Reynolds, 당신 가맹점의 상황을 개선시킬 수 있도록, 제가 찾을 수 있는 명백한 문제가 있는지 확인하기 위해, 제가 직접 당신 매장을 조사해 볼 필요가 있습니다. 또한 수익이 평소보다 훨씬 더 높았기 때문에 3월의 특별 행사가 성공적이었다고 보여집니다. 고객들이 우리 매장을 지속적으로 찾을 수 있도록 Edith Thompson이 제안했던 것과 같은 아이디어들을 더 떠올려 봅시다.

저는 Tom의 매장을 조사한 후 제 사무실에서 회의를 소집할 것입니다. 4월 16일에 시작하는 주에 소집할 생각입니다. 나중에 연락 드리겠습니다.

어휘 revenue 수익, 수입 calculate 계산하다 lag behind ~보다 뒤처지다 inspect 조사하다 establishment 설립(체) in person 직접, 몸소 obvious 명백한 detect 발견하다, 탐지하다 call a meeting 회의를 소집하다 be in touch 연락하다

Cranston Burgers 수익

가맹점 위치	1월 수익	2월 수익	3월 수익
월든	$220,000	$240,000	$280,000
에딘버그	$310,000	$315,000	$350,000
햄프턴	$175,000	$160,000	$180,000
윈저	$255,000	$270,000	$305,000

수신 David Cotton

발신 Tom Reynolds

제목 수익

날짜 6월 3일

친애하는 Cotton 씨께,

4월 초에 저희 식당을 방문하신 이후로 직원들과 저는 당신이 제안한 사항들을 이행하느라 바쁜 시간을 보냈습니다. 처음에는 일부 사항들이 효과를 낼 것인지에 대해 제가 다소 회의적이었다는 점을 인정해야만 할 것 같습니다; 하지만, 그 밖의 다른 방법들이 효과가 없었으므로 저는 한 번 시도해 보기로 결심했습니다.

모든 것이 효과를 발휘하기까지 2주가 걸렸기 때문에, 4월 수익은 일정 정도만 개선되었습니다. 변화의 효과가 실체를 드러난 때는 바로 5월이었습니다. 수익은 상당한 수준으로 증가했습니다. 정확한 수치는 아직 보지 못했지만, 대체적으로 2월에 Windsor 매장이 기록한 것과 비슷한 수익을 거두었습니다. 단연코 제 식당에서 보지 못했던 가장 높은 수익입니다. 앞으로도 더 성공적인 달이 계속되기를 기대해 봅니다.

Tom Reynolds 드림

어휘 attempt 시도하다 implement 실행하다, 이행하다 admit 인정하다 somewhat 어느 정도, 다소 skeptical 회의적인 give a try 한 번 해 보다, 시도하다 go into effect 효력을 발휘하다 moderately 적당히 reveal 드러내다, 밝히다 considerable 상당한 bring in ~을 가져 오다 by far 단연코

186.

Cotton 씨가 Thompson 씨에 대해 언급한 것은 무엇인가?

(A) 3월에 고객이 감소했다.

(B) 모든 수익을 계산했다.

(C) 자신의 매장에서 세일을 실시했다.

(D) 최근의 프로모션을 생각해 냈다.

Ms. Thompson이라는 이름은 첫 번째 지문의 맨 마지막 부분에서 찾을 수 있는데, 여기에서 회람의 작성자인 Cotton 씨는 3월 행사의 성공을 거론한 후 'Edith Thompson이 제안했던 것과 같은 아이디어'(some more ideas like the one Edith Thompson suggested)를 더 많이 생각해 내자는 제안을 하고 있다. 이를 통해 Thompson 씨는 행사에 관한 아이디어를 제시한 사람일 것으로 짐작할 수 있으므로 (D)가 정답이다.

어휘 think of ~을 생각해 내다, 떠올리다

187.

Reynolds 씨에 대해 암시되어 있는 것은 무엇인가?

(A) 햄프턴 매장을 소유하고 있다.

(B) 가장 최근에 소유주가 되었다.

(C) 최근에 Cotton 씨를 만났다.

(D) 식당을 운영해 본 경험이 있다.

첫 번째 지문에서 Reynolds 씨는 '다른 매장보다 뒤쳐지고 있는 매장'(one store is lagging behind the others)을 소유한 가맹점주임을 알 수 있다. 따라서 두 번째 지문의 표에서 수익이 가장 저조한 매장을 찾으면 Reynolds 씨의 매장은 햄프턴 매장일 것이므로 정답은 (A)이다.

188.

어떤 가맹점이 전체적으로 가장 높은 수익을 기록했는가?

(A) 월든

(B) 에딘버그

(C) 햄프턴

(D) 윈저

월별 수익을 합산하면 가맹점들의 1분기 총 수익을 알 수 있다. 정답은 (B)로, 에딘버그의 총 수익이 975,000달러로 가장 높다.

189.

Reynolds 씨는 왜 이메일을 보냈는가?

(A) 허가를 요청하기 위해

(B) 최신 정보를 알려 주기 위해

(C) 실패를 보고하기 위해

(D) 제안을 하기 위해

이메일 전반에 걸쳐 Reynolds 씨는 Cotton 씨가 제안했던 사항을 이행한 결과에 대해 이야기하고 있다. 따라서 정답은 (B)이다. 긍정적인 결과가 나타났으므로 (C)는 정답이 될 수 없다.

190.

Reynolds 씨에 의하면 그의 매장의 5월 수익은 대략 어느 정도였는가?

(A) 240,000달러

(B) 255,000달러

(C) 270,000달러

(D) 280,000달러

마지막 지문인 이메일의 두 번째 단락에서 Reynolds 씨는 5월 수익에 대해 언급하면서 '2월에 윈저 매장이 기록한 수준의 수익을 거두었다'(we brought in somewhere around the amount the Windsor franchise recorded in February)고 밝히고 있다. 두 번째 지문에서 2월의 윈저 매장의 수익을 찾아보면 5월 Reynolds 씨의 매장의 수익은 (C)의 '270,000달러'가 될 것이다.

[191-195]

삽화가 구인

Samson 출판사에서 새러토가 지점에서 일할 정규직 삽화가를 모집합니다. 이상적인 후보는 삽화가로서의 전문적인 경력을 가지고 있어야 하며, 출판사, 신문사, 혹은 잡지사에서의 경력은 우대됩니다. 대학 학위는 필요하지 않지만 고등학교 졸업장은 필요합니다. 선발된 인원은 다수의 프로젝트를 담당할 수 있어야 하며, 마감일을 준수해야 하고, 빠른 속도의 업무 환경에 익숙해야 합니다. 지원자는 Art Decorator 및 Graphic Illustrator와 같은 소프트웨어 프로그램에 능숙해야 합니다. 급여와 수당은 본인 경력에 따라 결정될 것입니다. 관심이 있는 지원자는 이력서, 자기 소개서, 그리고 작품 견본을 illustratorjob@samsonpublishing.com으로 보내 주십시오. 지원 마감일은 8월 1일입니다. 면접은 8월 중순에 진행될 예정입니다.

어휘 illustrator 삽화가, 일러스트레이터 preferably 선호하여, 가급적이면 college degree 대학 학위 diploma 졸업장, 수료증 multiple 다수의 be good at ~을 잘하다, 능숙하다 meet a deadline 마감일을 준수하다 fast-paced 빨리 진행되는 proficient 능숙한 cover letter 자기 소개서

삽화가직의 면접 일정이 정해졌습니다. 아래 내용에 주목해 주십시오:

지원자	면접일	면접 시간	장소	면접관
Josh Sheldon	8월 14일	10:30 A.M.	103호	Eric Martel
Rosie Rodriguez	8월 14일	1:00 P.M.	102호	Jane Garbo
Lawrence Smith	8월 15일	1:00 P.M.	105호	Ken Murray
Adison Mattayakhun	8월 16일	9:00 A.M.	108호	Eric Martel
Lily Ngoc	8월 17일	2:30 P.M.	102호	Tim Watson

면접관은 종합적으로 기록해야 합니다. 모든 관련 정보는 면접관의 추천 여부과 함께 suegrossman@samsonpublishing.com으로 Sue Grossman에게 전달해 주십시오. 2차 면접은 8월 하순으로 예정되어 있습니다.

어휘 take note of ~을 주목하다 take notes 기록하다, 메모하다 comprehensive 포괄적인, 종합적인 relevant 관련된 along with ~와 함께 forward 전달하다

수신 amattayakhun@wondermail.com

발신 suegrossman@samsonpublishing.com

제목 삽화가직

날짜 8월 19일

친애하는 Mattayakhun 씨께,

제 이름은 Sue Grossman입니다. 저는 Samson 출판사 직원으로, 회사에서 채용 업무를 담당하고 있습니다. 귀하의 면접관은 귀하에게, 특히 다양한 컴퓨터 프로그램을 활용하는 귀하의 능력에 대해 깊은 인상을 받았습니다. 따라서 귀하를 2차 면접의 대상자로 추천했습니다.

귀하께서 8월 25일 토요일 오전 9시에 여기에 오실 수 있도록 일정을 마련해 두었습니다. 면접은 몇 시간 동안 계속될 것이기 때문에 하루 종일 여기에 계실 준비를 하고 오십시오. 이때 귀하께서는 여러 사람을 만나게 될 것이고 또한 저희가 귀하의 능력을 직접 확인할 수 있도록 몇 가지 삽화를 그려 달라는 요청도 받게 되실 것입니다. 귀하와 만날 사람 중 일부는 포트폴리오를 살펴보아야 하므로, 오실 때에는 잊지 마시고 귀하의 포트폴리오를 지참해 주십시오.

곧 뵙게 되기를 고대하겠습니다.

Sue Grossman 드림
Samson 출판사

어휘 in charge of ~을 담당하는, 책임지는 particularly 특히 call in 전화를 하다, 전화로 부르다 get a first-hand look at ~을 직접 보다 skill 기술, 솜씨 portfolio 작품집, 포트폴리오

191.

직위에 대해 언급된 것은 무엇인가?

(A) 대학 학위를 요구한다.

(B) 8월 1일에 일을 시작한다.

(C) 컴퓨터 사용이 요구된다.

(D) 신문사 업무에 관한 것이다.

첫 번째 지문인 구인 광고에서 정답을 찾을 수 있다. 대학 학위는 필요하지 않다고 했으므로 (A)는 사실이 아니며, (B)의 8월 1일은 업무 시작일이 아니라 지원 마감일이다. 출판사의 구인 광고이므로 (D) 역시 잘못된 내용이다. 정답은 (C)로, 구인 광고에는 '지원자는 특정 소프트웨어에 능숙해야 한다'(applicants must be proficient in software programs)는 요건이 제시되어 있다.

192.

광고에서 알 수 없는 것은 무엇인가?

(A) 급여는 채용되는 사람에 따라 다르다.

(B) 관심이 있는 사람은 방문 접수로 지원해야 한다.

(C) 경력이 있는 사람을 선호한다.

(D) 지원 마감일은 8월 1일이다.

광고 후반부에서 지원자는 관련 서류를 illustratorjob@samsonpublishing.com으로 보내야 한다고 적혀 있으므로 지원 방법은 (B)의 '방문 접수'가 아니라 이메일을 통한 지원이다.

193.

Rodriguez 씨에 대해 암시되어 있는 것은 무엇인가?

(A) 다른 사람들과 잘 어울려 일할 수 있다.

(B) 여러 가지 일을 동시에 할 수 있다.

(C) 컴퓨터 공학을 전공했다.

(D) 관리자 경력이 있다.

Ms. Rodriguez라는 이름은 면접자 명단에서 확인할 수 있기 때문에 그녀는 구인 광고상의 자격 조건을 만족시킨 지원자임을 알 수 있다. 즉 그녀는 광고에서 자격 조건으로 거론된 사항, 즉 '다수의 프로젝트를 처리할 수 있는 능력'(be able to handle multiple projects), '마감일 준수 및 빠른 일 처리 능력'(be good at meeting deadlines and working in a fast-paced environment)을 갖춘 사람일 것으로 짐작할 수 있으므로 정답은 이들 중 첫 번째 능력에 대해 이야기하고 있는 (B)이다.

194.

누가 Mattayakhun 씨를 다시 면접해야 한다고 추천했는가?

(A) Eric Martel
(B) Jane Garbo
(C) Ken Murray
(D) Tim Watson

두 번째 지문의 표에서 Mattayakhun 씨의 Interviewer 항목을 보면 그를 추천한 면접관의 이름을 찾을 수 있다. 정답은 (A)이다.

195.

Grossman 씨는 Mattayakhun 씨에게 무엇을 요구하는가?
(A) 면접 시 정장을 입는다
(B) 그의 얼굴을 확인하기 위해 그녀에게 전화한다
(C) 그의 작품집을 가지고 온다
(D) 그의 이력서 사본을 이메일로 보낸다

마지막 지문인 이메일에서 Grossman 씨는 Mattayakhun 씨에게 '포트폴리오를 가지고 올 것'(make sure you have your portfolio)을 당부하고 있다. 따라서 정답은 portfolio를 a collection of his work로 바꾸어 쓴 (C)이다.

어휘 **formal clothes** 정장 **appearance** 외모, 생김새

[196-200]

연례 경매 행사

웨스트체스터에 기반을 두고 있는 자선 단체인 Paulson 그룹이 12월 18일 토요일에 Regina 호텔의 골드룸에서 경매 행사를 주최할 예정입니다. 이번 행사는 저녁 6시에 다섯 코스로 구성된 저녁 식사로 시작될 것입니다. 오후 7시 30분에는 Paulson 그룹의 회장이자 설립자인 Laurie Mitchell 씨께서 짧은 연설을 하실 것입니다. 이후 8시에는 입찰식 경매가 진행될 예정입니다. 경매에 나오는 제품 중에는 지역 주민인 Ken Dellwood의 미술 작품과 서명이 들어 있는 영화 기념품들, 그리고 하와이 2인 여행권이 포함되어 있습니다. 저녁은 가장 인기가 높은, 지역 자동차 대리점인 Varnum 자동차에서 기부한 Sidewinder 스포츠카에 대한 입찰로 끝나게 될 것입니다. Paulson 그룹은 200,000달러를 모금할 수 있기를 바라고 있습니다. 행사의 모든 수익금은 시내의 봉사 단체를 후원하는데 사용될 것입니다. 저녁 식사 및 경매에 참여할 수 있는 티켓을 구매하시려면 383-9487로 전화를 주십시오.

어휘 **auction** 경매 **charity** 자선, 자선 단체 **festivity** 축제 행사 **autograph** (자필로) 서명하다, 사인해 주다 **silent auction** 입찰식 경매 **memorabilia** 기념물, 기념품 **bid** 입찰 **proceeds** 수익금, 돈 **good cause** 자선 단체, 봉사 단체

기억에 남을 만한 밤
Anna Belinda 기자

웨스트체스터 (12월 19일) – 어젯밤은 분명 연례 모금 행사를 주최한 Paulson 그룹에게 기억에 남을 만한 밤이었다. 450명이 넘는 사람들이 Regina 호텔에서 진행된 만찬 행사 및 그 후에 이루어진 입찰식 경매에 참가했다.

행사의 하이라이트는 스포츠카가 50,000달러로 판매된 것이었는데, 이는 예상되던 판매 가격인 38,000달러를 뛰어넘는 금액이었다. 다른 경매 물품들 또한 높은 가격으로 판매되었으며, 최종 결과로서 그날 밤 270,000달러 이상이 모금되었다. "이번 행사가 얼마나 성공적이었는지 믿기지가 않을 정도예요."라고 Paulson 그룹의 회장인 Laurie Mitchell은 말했다. "작년에는 150,000달러만 모금했습니다. 이번 행사를 큰 성공으로 이끌어 주신 웨스트체스터의 주민분들께 감사를 드리고 싶습니다. 그분들이 없었다면 이러한 일을 해내지 못했을 것입니다."

어휘 **definitely** 분명 **fundraiser** 기금 모금 행사 **fetch** 가지고 오다; (경매에서) 팔리다 **end result** 최종 결과

12월 23일

친애하는 Anderson 씨께,

귀하께서 토요일 밤에 응찰하신 가격인 50,000달러가 아직 이체되지 않고 있다는 점을 알려 드리기 위해 편지를 보냅니다. 보통은 경매가 이루어지는 밤에 모든 응찰 가격이 납부되도록 하고 있지만, 귀하께서 응찰하신 가격이 너무 높았기 때문에 귀하께는 시간을 더 드렸습니다.

하지만 며칠이 지났고, 경매가 이루어졌던 밤 이후로 저희는 귀하로부터 어떠한 말씀도 듣지 못했습니다. 754-3722로 제게 전화를 주셔서 어떻게 지불할 계획이신지 알려 주실 수 있으신가요? 곧 귀하로부터 소식을 듣게 되기를 바랍니다.

Laurie Mitchell 드림
Paulson 그룹 회장

어휘 **transfer** 옮기다; 이체하다 **bid** 입찰 가격, 호가; 입찰에 응하다, 응찰하다

196.

Dellwood 씨는 누구인가?
(A) 경매인
(B) 기증자
(C) 화가
(D) Paulson 그룹 직원

Mr. Dellwood라는 이름은 첫 번째 공지 중 경매 물품을 설명하는 부분, 즉 some artwork by local resident Ken Dellwood에서 찾을 수 있으므로 Dellwood 씨는 미술품을 그린 (C)의 '화가'일 것이다.

197.

토요일 행사에 참석할 사람들은 무엇을 해야 하는가?
(A) 소액을 기부한다
(B) 이메일을 보낸다
(C) 티켓을 구입한다
(D) 예약을 한다

공지의 마지막 문장 'Call 383-9487 to purchase tickets for the dinner and auction.'에서 행사에 참여하려는 사람들은 티켓을 구입해야 한다는 사실을 알 수 있다. (C)가 정답이다.

198.

경매에 대해 알 수 있는 것은 무엇인가?

(A) 예상보다 늦게 시작했다.

(B) 단체의 목표 금액을 넘어섰다.

(C) 역대 최다 인원이 참석했다.

(D) 무료로 참석할 수 있었다.

첫 번째 지문에서 경매 행사의 목표 금액이 200,000달러라는 점을 알 수 있는데, 두 번째 지문인 기사를 통해 '270,000달러 이상이 모금되었다'(more than $270,000 was raised)는 사실을 알 수 있다. 따라서 이 두 가지 사실을 종합하면 경매에 관해 언급된 사항은 (B)이다.

199.

Mitchell 씨는 왜 Anderson 씨에게 편지를 보냈는가?

(A) 낙찰받은 것을 축하하기 위해

(B) 그가 물품을 받았는지 확인하기 위해

(C) 지불을 요청하기 위해

(D) 경매 참가에 대한 감사를 표하기 위해

편지의 시작 부분을 통해 편지의 목적이 미납된 응찰 가격의 납부를 독촉하기 위한 것임을 알 수 있다. 따라서 정답은 (C)이다.

200.

Anderson 씨는 어떤 것에 응찰했는가?

(A) 차량

(B) 그림

(C) 여행

(D) 사인이 들어 있는 물품

편지의 시작 부분 중 you have not yet transferred the $50,000 you bid라는 표현을 통해 Anderson 씨의 응찰 가격은 50,000달러임을 알 수 있다. 한편 두 번째 지문에서 낙찰가가 50,000달러인 경매 물품은 sports car로 소개되어 있으므로 정답은 스포츠카를 vehicle(차량)이라고 표현한 (A)이다.

Actual Test 4

PART 5
p.100

101. (A)	**102.** (C)	**103.** (A)	**104.** (B)	**105.** (C)
106. (A)	**107.** (A)	**108.** (A)	**109.** (C)	**110.** (B)
111. (D)	**112.** (B)	**113.** (C)	**114.** (C)	**115.** (D)
116. (A)	**117.** (C)	**118.** (A)	**119.** (A)	**120.** (C)
121. (B)	**122.** (C)	**123.** (B)	**124.** (C)	**125.** (A)
126. (B)	**127.** (D)	**128.** (C)	**129.** (A)	**130.** (B)

PART 6
p.103

131. (C)	**132.** (A)	**133.** (B)	**134.** (D)	**135.** (C)
136. (D)	**137.** (C)	**138.** (A)	**139.** (D)	**140.** (C)
141. (A)	**142.** (D)	**143.** (B)	**144.** (A)	**145.** (C)
146. (D)				

PART 7
p.107

147. (B)	**148.** (D)	**149.** (B)	**150.** (A)	**151.** (D)
152. (D)	**153.** (B)	**154.** (C)	**155.** (C)	**156.** (A)
157. (D)	**158.** (D)	**159.** (B)	**160.** (B)	**161.** (B)
162. (A)	**163.** (C)	**164.** (D)	**165.** (D)	**166.** (B)
167. (B)	**168.** (A)	**169.** (C)	**170.** (D)	**171.** (D)
172. (A)	**173.** (C)	**174.** (D)	**175.** (C)	**176.** (A)
177. (C)	**178.** (D)	**179.** (B)	**180.** (D)	**181.** (C)
182. (D)	**183.** (A)	**184.** (C)	**185.** (D)	**186.** (D)
187. (A)	**188.** (B)	**189.** (A)	**190.** (B)	**191.** (D)
192. (B)	**193.** (C)	**194.** (D)	**195.** (A)	**196.** (D)
197. (D)	**198.** (A)	**199.** (C)	**200.** (B)	

PART 5

101.
전근 비용의 절반은 회사가 지불해 줄 것이지만, 나머지는 Rosemont 씨가 부담해야 할 것이다.

(A) rest
(B) amount
(C) salary
(D) lease

half of라는 표현에 유의하면 빈칸에는 전근 비용의 '나머지 절반'이라는 의미가 들어가야 한다. 따라서 정답은 (A)의 rest이다.

어휘 relocation cost 전근 비용 handle 다루다, 처리하다 lease 임대

102.
납품 지연 및 기타 문제들이 발생하는 경우, LRW Manufacturing은 공급업체에 불만을 제기할 것이다.

(A) another
(B) each other
(C) any other
(D) others

'(지연을 제외한) 기타 문제'라는 의미를 나타내기 위해서는 빈칸에 (C)의 any other가 들어가야 한다. 참고로 문두의 should 앞에는 if가 생략되어 있다. (A)의 another는 a(n)와 other가 합쳐진 것으로 '또 다른'이라는 의미를 나타내며, (B)의 each other는 '서로'라는 의미를 나타내므로 이들은 정답이 될 수 없다. (D)의 others는 '다른 사람들' 혹은 '다른 것들'이라는 의미를 나타내는 대명사이다.

어휘 file a complaint 불만을 제기하다 each other 서로

103.
대표 이사가 참석할 예정이므로 직원들은 회의에 늦지 않을 것이 요구된다.

(A) late
(B) lately
(C) lateness
(D) latest

late는 '늦은'이라는 형용사의 의미와 '늦게'라는 부사의 의미를 나타낼 수 있다. 빈칸에 들어갈 단어는 부사인 (A)의 late이다. (B)의 lately는 '최근에'라는 의미를 나타낸다는 점에 주의하자.

어휘 request 요구하다, 요청하다 in attendance 참석한 late 늦은; 늦게 lately 최근에 latest 최신의

104.
Chen 씨는 제안서를 검토한 후 제안서의 몇몇 부분에 대한 수정을 고려해 보아야 한다고 주장했다.

(A) revised
(B) revision
(C) revisor
(D) revisable

빈칸 앞에 전치사 for가 있으므로 빈칸에는 명사가 들어가야 한다. 보기 중 명사는 (B)와 (C) 두 개인데, 관사 등이 없다는 점과 문장의 전체적인 의미를 고려하면 '수정'이라는 뜻을 지닌 (B)의 revision이 정답이다.

어휘 proposal 제안, 제안서 revision 수정, 정정 revise 수정하다 revisor 교정자

105.
Wilson 씨가 자리에서 물러났으므로 Cartwright 씨가 프로젝트를 담당할 것이다.

(A) has overseen
(B) overseeing
(C) will oversee
(D) was overseen

now that의 정확한 쓰임을 알고 있어야 정답을 찾을 수 있는 문제이다. now that은 이유나 원인을 나타내는 접속사처럼 쓰이지만, now라는 단어의 특성상 그 주절에는 현재완료 시제가 쓰이지 않고 현재나 미래 시제가 쓰인다. 보기 중 이러한 조건에 부합되는 동사의 형태를 찾으면 정답은 (C)임을 알 수 있다.

어휘 oversee 감독하다 resign 물러나다, 사임하다

106.
Davidson 씨는 인터넷에서 구인 광고를 보고 그 일자리에 대해 알았다.
(A) when
(B) therefore
(C) so
(D) but

(B)의 therefore는 접속부사이기 때문에 오답이고, 빈칸에 의해 연결되고 있는 두 개의 절이 인과나 역접의 관계를 나타내고 있는 것도 아니므로 (C)의 so와 (D)의 but 역시 정답이 될 수 없다. 정답은 시간의 의미를 나타내는 접속사인 (A)의 when이다.

107.

고장 난 기기를 수리하기 위한 모든 노력이 실패했기 때문에 새로운 기기가 주문되었다.

(A) failed
(B) resisted
(C) attempted
(D) considered

접속사 so를 기준으로 앞의 내용이 원인, 뒤의 내용이 결과여야 한다. 새로운 기기를 구입했다는 것은 곧 수리가 불가능했기 때문일 것으로 짐작할 수 있으므로 정답은 '실패하다'라는 의미를 나타내는 (A)의 failed이다.

어휘 effort 노력 resist 저항하다 attempt 시도하다

108.

보안 사항을 위반했기 때문에 특정 개인들은 컴퓨터 파일 접근이 거부되고 있다.

(A) access
(B) accession
(C) accessible
(D) accessing

to the computer files라는 전치사구의 수식을 받으면서 동사인 has been denied의 주어가 될 수 있는 것은 (A)의 access(접근, 접속 권한)이다. 주어진 문장에서 특별히 '동작'의 뉘앙스가 들어갈 필요는 없기 때문에 동명사인 (D)는 정답이 될 수 없다.

어휘 security 보안, 안전 breach 위반 access 접근, 접속 deny 거부하다 accession 취임, 즉위 accessible 접근할 수 있는, 이용할 수 있는

109.

Cranston 씨가 Daniel Kim을 대신할 것인데, 그는 연구개발부에서 10년간의 생활을 마친 후 자리에서 물러날 것이다.

(A) because
(B) which
(C) after
(D) thereby

빈칸에는 빈칸 이후를 동명사구로 보는 경우에는 전치사가, 분사구문으로 보는 경우에는 접속사가 들어갈 수 있는데, 문장의 의미상 어느 경우라도 시간과 관계된 단어가 들어가야 한다. 보기 중 이러한 조건에 부합되는 것은 (C)의 after뿐이다.

어휘 replace 대신하다, 대체하다 depart 떠나다, 출발하다 thereby 따라서

110.

새로운 구독자를 모집하려는 시도로 인해 550명 이상의 사람들이 온라인으로 구독 신청을 했다.

(A) purchase
(B) recruit
(C) announce
(D) suspend

new subscribers(새로운 구독자)를 목적어로 받을 수 있는 동사를 찾도록 한다. 정답은 (B)의 recruit(모집하다; 채용하다)이다.

어휘 recruit 모집하다; 채용하다 subscriber 구독자 result in (결과로서) ~이 되다 announce 알리다, 발표하다 suspend 유예하다, 보류하다

111.

박물관 큐레이터가 르네상스 미술을 주제로 한 새로운 전시회가 시작될 것이라는 발표를 할 것이다.

(A) features
(B) will feature
(C) to be featured
(D) featuring

빠져 있는 문장 성분이 없으므로 빈칸에는 a new exhibit를 수식하는 형용사구를 이끌 수 있는 단어나 구가 들어가야 한다. 따라서 형태상으로만 보면 (C)와 (D) 중 하나가 정답인데, art를 목적어로 삼을 수 있어야 하므로 정답은 (D)의 featuring이다.

어휘 curator 큐레이터 feature 특징; ~을 특징으로 삼다

112.

선임 엔지니어에 의한 불공평한 프로젝트 분배에 대해 몇몇 사람들이 불만을 제기했다.

(A) distributor
(B) distribution
(C) distributed
(D) distributive

빈칸에는 형용사인 unfair를 수식받으면서 of가 이끄는 전치사구의 수식을 받을 수 있는 명사가 필요하다. 명사인 (A)와 (B) 중 문장의 내용에 보다 부합되는 의미를 나타내는 단어는 (B)의 distribution(분배)이다.

어휘 unfair 불공정한, 불공평한 distribution 분배, 분포 distributor 배급업체, 배급업자 distributive 유통의

113.

Culberson International의 법률가들이 제안 가격을 올리자마자 협상이 종료되었다.

(A) if
(B) on
(C) as
(D) for

'~하자마자'라는 의미의 as soon as를 알고 있으면 (C)가 정답이라는 사실을 쉽게 알 수 있다.

어휘 come to an end 끝나다, 종료되다

114.

봄 세일의 인기 덕분에 한 달 후에 세일을 한 번 더 실시할 것이라는 결정이 내려졌다.

(A) popular
(B) popularly
(C) popularity
(D) popularities

관사 the 등에 유의하면 빈칸에는 명사가 들어가야 함을 알 수 있다. 따라서 (C)와 (D) 중 하나가 정답인데 복수형을 써야 할 특별한 이유를 찾아볼 수 없으므로 정답은 (C)의 popularity이다.

115.

기업이 판매하는 수익성 높은 제품의 수가 증가하는 것이 중요하다.

(A) involve
(B) produce
(C) maneuver
(D) increase

목적어로 the number of profitable items를 받을 수 있는 동사를 찾아야 한다. 보기 중 '수치'와 어울려 사용될 수 있는 동사는 (D)의 increase가 유일하다.

어휘 **vital** 필수적인, 매우 중요한 **profitable** 수익성이 있는 **involve** 개입하다, 연루시키다 **maneuver** (군대 등을) 움직이다; 기동 작전

116.

그 회사의 주가는 내일 오전에 장이 열리면 상승할 것으로 예상된다.

(A) value
(B) asset
(C) sale
(D) movement

주식의 가격, 즉 주가는 value of a stock으로 나타낸다. 정답은 (A)의 value이다.

어휘 **value** 가치, 가격 **stock** 주식 **asset** 자산

117.

Sullivan 씨는 연구원들이 개발한 약품의 효과에 대해 몇 가지 질문을 했다.

(A) on account of
(B) in response to
(C) with regard to
(D) on top of

내용상 빈칸에는 '~에 관한'이라는 의미의 표현이 들어가야 한다. 정답은 (C)의 with regard to이다.

어휘 **with regard to** ~에 관한 **effectiveness** 효과 **on account of** ~ 때문에 **in response to** ~에 대한 반응으로 **on top of** ~ 이외에도

118.

프로그램에 등록하는 법을 알고 싶다면 Winger 씨에게 연락처를 남겨 주십시오.

(A) leave
(B) be leaving
(C) will leave
(D) have left

빈칸에는 명령문을 이끌 수 있는 동사 원형이 들어가야 한다. 따라서 정답은 (A)의 leave이다.

어휘 **contact information** 연락처

119.

전근을 신청한 모든 사람들 중에서 Appleton 씨만이 전근을 승인받았다.

(A) transfers
(B) raises
(C) promotions
(D) positions

내용상 move elsewhere와 의미가 상통하는 표현이 빈칸에 들어가야 한다. 정답은 '이동' 혹은 '전근'을 의미하는 (A)의 transfers이다.

120.

Richards 씨는 좀처럼 콘퍼런스에 참석하지 않는데, 대신 자신의 부서 내의 다른 직원을 보내는 것을 더 좋아한다.

(A) always
(B) appropriately
(C) seldom
(D) eventually

instead(~ 대신에)라는 부사에 유의하면 앞 부분의 내용은 'Richards 씨 본인은 가는 것을 싫어한다' 혹은 '본인은 가지 않는다'라는 의미가 되어야 한다. 따라서 정답은 부정의 의미를 지닌 (C)의 seldom이다.

어휘 **appropriately** 적절하게 **seldom** 좀처럼 ~않다 **eventually** 결국, 마침내

121.

자신의 프로젝트가 곧 끝나는 엔지니어들은 목요일에 Ross 씨로부터 새로운 업무를 할당받게 될 것이다.

(A) whom
(B) whose
(C) which
(D) who

선행사 engineers와 projects를 이어줄 수 있는 관계대명사가 필요하다. 따라서 정답은 관계대명사의 소유격 형태인 (B)의 whose이다. 참고로 관계대명사절을 완전한 문장으로 다시 써 보면 'Their [Engineers'] projects are about to conclude.'가 된다.

122.

그 박물관은 새로운 전시회의 시작을 기념하기 위해 연회를 열 것이다.

(A) receiver
(B) receptor
(C) reception
(D) receiving

보기 중에서 동사 host(주최하다, 열다)의 목적어가 될 수 있는 것은 (C)의 reception(연회)뿐이다.

어휘 **host** 주최하다, 열다 **reception** 연회, 리셉션 **celebrate** 경축하다, 기념하다 **receptor** 감각기, 수용기

123.

전액을 환불받기 위해서는 제품이 원래의 포장 상태로 반품되어야 한다.

(A) origin
(B) original
(C) originally
(D) originality

빈칸에는 동명사 packaging을 수식할 수 있는 형용사가 들어가야 한다. 정답은 (B)의 original이다.

어휘 **original** 원래의, 본래의; 독창적인 **qualify for** ~을 받을 자격이 있다

124.

콘퍼런스에 참석하는 모든 사람들은 주최측에 도착 예정 시간을 알려 주어야 한다.

(A) Any
(B) Each
(C) All
(D) Much

주어진 문장이 평서문이라는 점을 감안하면 (A)는 정답이 될 수 없고, (B)는 their estimated times라는 복수의 표현과 어울리지 않는다. (D)는 셀 수 없는 명사와 함께 쓰이므로 이 역시 오답이다. 따라서 정답은 (C)의 All이다.

어휘 estimate 추산하다, 추정하다 organizer 기획자, 조직자

125.

Focus Machinery의 인턴 사원들은 보통 자신들에게 실무 경험을 가져다 줄 수 있는 프로젝트를 맡게 된다.

(A) provide
(B) provision
(C) provisional
(D) provided

빈칸에는 선행사 that을 주어로 받으면서 them을 목적어로 취할 수 있는 동사가 들어가야 한다. 따라서 (A)와 (D) 중 하나가 정답인데, 주절의 시제가 현재 이므로 정답은 provide의 현재형인 (A)이다.

어휘 practical experience 실무 경험 provision 공급 provisional 임시의, 일시적인

126.

부동산 업체는 임차인을 찾기 위한 노력의 일환으로 시설을 보여 주기로 동의했다.

(A) with
(B) for
(C) by
(D) in

it이 가리키는 것이 facility(시설)라는 점을 파악하면 보기 중 빈칸에 들어가기에 적합한 전치사는 목적이나 대상의 의미를 나타내는 (B)의 for임을 알 수 있다.

어휘 real estate agency 부동산 중개업자[중개업체] give a tour of ~을 견학시키다, ~을 안내하다 in an effort to ~을 하기 위한 노력의 일환으로 renter 세입자, 임차인

127.

White 씨는 단체 관람객들이 시내의 교통 혼잡을 피할 수 있도록 우회로를 추천해 주었다.

(A) form
(B) transportation
(C) concept
(D) detour

to avoid the heavy traffic downtown의 의미에 유의하여 정답을 찾도록 한다. 보기 중 교통 혼잡을 피하기 위해 추천할 만한 것은 (D)의 detour(우회 도로)뿐이다.

어휘 detour 우회로 transportation 교통 concept 개념

128.

결제 단계가 진행되는 동안 고객은 잠시 기다려야 한다.

(A) puts
(B) will put
(C) was put
(D) is putting

put ~ on hold는 '~을 기다리게 하다' 혹은 '~을 보류하다'라는 의미를 나타낸다. 따라서 정답은 이를 수동태 형식으로 바꾸어 쓴 (C)이다.

어휘 payment 지불, 결제 put ~ on hold ~을 기다리게 하다; ~을 보류하다

129.

새 아파트 건물에는 레크레이션실, 세탁실, 그리고 기타 시설들이 있다.

(A) facilities
(B) accommodations
(C) utilities
(D) functions

빈칸에는 a recreation room 및 a laundry room라는 개념을 아우를 수 있는 단어가 들어가야 한다. 정답은 '시설'이라는 의미의 (A)의 facilities이다.

어휘 accommodations 숙소, 거처 utility (수도, 전기 등과 같은) 공익 사업 function 기능

130.

관리자들은 진행 상황을 알려 주기 위해 최소한 분기에 한 번씩은 직원들을 만날 것으로 예상된다.

(A) some
(B) once
(C) few
(D) any

at least의 의미에 유의하여 정답을 찾도록 한다. '분기에 최소한 한 번은 만나야 한다'는 의미가 완성되어야 하므로 정답은 횟수의 의미를 지닌 (B)의 once이다.

PART 6

[131-134]

수신: Sandra Carter
발신: Melissa Sanchez
날짜: 5월 27일
제목: 신입 직원

세 명의 신입 직원이 내일부터 당신 부서에서 일을 시작할 것이라는 점을 ¹³¹알려 드립니다. 그들의 이름은 Cleo White, Marcia Strong, 그리고 Xavier Thompson입니다. White 씨는 Roland Porter의 팀에서 일하게 될 것이고, Strong 씨와 Thompson 씨는 Kendra Murray의 팀에 소속될 것입니다. 오전에는 세 명 모두 강당에서 개최될 오리엔테이션에 참석할 것입니다. ¹³²그 후 12시에는 구내 식당에서 대표 이사님 및 부서장들과 함께 점심을 먹게 될 것입니다. ¹³³이때 그들을 만나볼 수 있는 기회가 있을 것입니다. 점심 시간이 끝나면 당신은 그들을 ¹³⁴안내해서 부서로 돌아간 후, 그곳의 모든 사람들에게 소개를 하게 될 것입니다. 그들이 이곳에서 편안하게 첫 주를 보낼 수 있도록 최선을 다해 주십시오.

어휘 auditorium 강당 escort 호위[호송]하다 comfortable 편안한, 안락한

131.

(A) advice
(B) advisory
(C) advised
(D) advisor

'~하는 점을 알려 드리겠다'라는 의미는 종종 「Please be advised that ~」 구문으로 나타낸다. 정답은 (C)이다. 이러한 점을 모르더라도 빈칸 앞에 be 동사가 있다는 점을 파악하면 빈칸에는 수동형이 들어가야 함을 알 수 있다.

132.

(A) Afterward
(B) However
(C) Beforehand
(D) Occasionally

전후 문맥을 살펴보면 발신인은 시간 순서대로 일정을 이야기하고 있다는 사실을 알 수 있다. 정답은 '그 후에'라는 의미를 나타내는 (A)이다.

어휘 beforehand 먼저, 미리 occasionally 때때로, 이따금

133.

(A) 하루 종일 당신이 참석할 필요는 없을 것입니다.
(B) 이때 그들을 만나볼 수 있는 기회가 있을 것입니다.
(C) 전체 과정 동안 인사부 직원이 그들을 안내할 것입니다.
(D) 오리엔테이션은 그때 진행될 것입니다.

바로 앞 문장에서 구내 식당에서 대표 이사 및 부서장과 신입 직원이 함께 식사를 하게 될 것이라고 설명하고 있다. 한편 첫 문장 및 지문 후반부의 내용으로 미루어볼 때 회람의 수신인은 부서의 장일 것으로 예상되므로 빈칸에는 (B)가 들어가야 가장 자연스러운 문맥이 완성된다.

134.

(A) approach
(B) instruct
(C) leave
(D) escort

내용상 신입 직원들을 부서로 데리고 가서 소개를 하라는 의미를 전하고 있으므로 빈칸에는 '호위하다', '에스코트하다'라는 의미를 지닌 (D)가 들어가야 한다.

어휘 approach 접근하다 instruct 지시하다, 가르치다

[135-138]

3월 8일

친애하는 Grimes 씨께,

^{135.}귀하께서 나가시려는 집을 구하는 새로운 세입자를 찾았습니다. 그녀는 4월 3일에 아파트에 들어올 예정입니다. 따라서 귀하께서는 늦어도 4월 2일까지 집을 ^{136.}비우셔야 합니다. 떠나시기 ^{137.}전에 건물 관리인인 George Shultz에게 연락을 주십시오. 그가 마지막 날, 집의 상태를 점검할 것입니다. 아파트에 손상이 없다면 보증금은 ^{138.}전액 환불될 것입니다. 문제가 발견되는 경우에는 그에 대한 수리 비용을 요구받으실 수도 있습니다. 언제 이사할 것인지를 반드시 그에게 알려 주셔야 합니다. 지난 5년 동안 귀하를 Griswold 아파트 주민으로 모실 수 있어서 기뻤습니다.

Karen Lawson 드림
Griswold 아파트 소유주

어휘 tenant 세입자 take possession of ~을 손에 넣다, 입수하다 premise 전제; 부지 security deposit (임대) 보증금 in full 전액으로 detect 감지하다, 탐지하다

135.

(A) 귀하께서 문의하신 아파트는 다른 사람에게 임대하기로 결정했습니다.
(B) 귀하의 대출이 승인되어 귀하께서는 아파트에 입주하실 수 있습니다.
(C) 귀하께서 나가시려는 집을 구하는 새로운 세입자를 찾았습니다.
(D) 아파트 월세로 한 달에 50달러씩 부과될 것입니다.

아파트에서 나가려는 사람에게 보내는 통지이다. 빈칸에는 뒷문장의 주어 she가 가리키는 대상이 들어 있는 문장이 들어가야 한다. 정답은 (C)로, she가 지칭하는 것은 a replacement tenant이다.

어휘 mortgage 대출, 융자 rent 임대료, 월세 raise 올리다; 징수하다

136.

(A) attempt
(B) move
(C) terminate
(D) vacate

앞 문장에서 새로 이사올 사람이 나타났다고 했으므로 빈칸에는 premise를 목적어로 삼으면서 '(공간 등을) 비우다'라는 뜻을 지닌 (D)의 vacate가 들어가야 한다.

어휘 terminate 끝내다, 종료하다

137.

(A) left
(B) leave
(C) to leaving
(D) will leave

prior to는 '~ 이전에'라는 뜻인데, 여기에서 to는 전치사이다. 따라서 to와 함께 동명사가 들어 있는 (C)가 정답이다.

138.

(A) full
(B) complete
(C) amount
(D) entire

'전부' 혹은 '전액으로'라는 의미는 in full로 나타낸다. 정답은 (A)이다.

[139-142]

Munford 터널이 곧 다시 개통됩니다

Sidewinder 산을 ^{139.}관통하는 Munford 터널이 4월 21일에 다시 개통될 예정입니다. 이 터널은 환기 시스템의 수리를 위해 폐쇄된 상태였습니다. 공기 조절이 되지 ^{140.}않아 공기가 터널 안팎으로 순환되지 못하고 있었습니다. 이후 그러한 문제는 해결되었고, 터널은 통행하기에 다시 안전한 곳이 되었습니다. 터널이 다시 개통됨으로써 인근 지역의 교통 흐름이 ^{141.}원활해질 것입니다. ^{142.}또한 출퇴근 시간도 크게 줄어들 것입니다. 터널 및 터널 수리 공사에 관한 정보를 더 알고 싶으시면 580-2948로 시청으로 전화를 주십시오.

어휘 go through ~을 통과하다 directly 똑바로, 곧장 ventilation 환기 air conditioning 공기 조절 cycle 순환하다 ease 수월하게 하다, 용이하게 하다 commuting time 통근 시간 by a significant amount 상당한 정도로 mayor's office 시청

139.

(A) direction
(B) directive
(C) directly
(D) directed

빈칸 앞의 goes가 자동사로 쓰이고 있으므로 빈칸에는 이를 수식할 수 있는 부사인 (C)의 directly가 들어가야 한다.

140.

(A) In spite of
(B) In return for
(C) Due to
(D) Instead of

공기 조절이 안 된다는 점과 공기 순환이 안 된다는 점은 인과 관계로 엮일 수 있으므로 빈칸에는 원인의 의미를 나타내는 (D)의 Due to가 들어가야 한다.

어휘   in spite of ~에도 불구하고   in return for ~에 대한 보상[보답]으로

141.

(A) ease
(B) approve
(C) involve
(D) remove

터널이 개통되는 경우 traffic conditions(교통 상황)에 어떤 영향이 미칠지 생각해 보면 정답을 쉽게 찾을 수 있다. 정답은 '수월[용이]하게 하다'라는 뜻을 나타내는 (A)의 ease이다.

어휘   involve 개입하다, 관련시키다   remove 제거하다

142.

(A) 필요한 작업을 완료하기 위해서는 더 많은 자금이 필요합니다.
(B) 터널이 마침내 건설되어 지역 주민들이 기뻐하고 있습니다.
(C) 차량들은 5월이 되어야 터널을 통과할 수 있을 것입니다.
(D) 또한 출퇴근 시간도 크게 줄어들 것입니다.

앞 문장에서 터널 개통의 효과 혹은 영향에 대해 언급하고 있으므로 빈칸에도 이와 관련된 문장이 들어가야 자연스러운 문맥이 완성된다. 정답은 (D)인데, 여기에서 it은 the reopening of the tunnel을 가리킨다.

[143-146]

Chamberlain 카페 소개

Chamberlain 카페가 11월 1일에 **143.**처음으로 문을 열 예정입니다. Duncan 가와 Lucent 가 사이에 위치해 있으며, Maple 빌딩의 1층에 있습니다. 카페에서는 모든 종류의 뜨거운 음료와 차가운 음료가 판매될 것입니다. 방문객분들께서는 또한 패스트리, 샌드위치, 그리고 샐러드도 구입하실 수 있습니다. 카페의 개장일에는 모든 음식과 음료가 절반 가격으로 판매될 것입니다. 음료를 구입하시면 무료 와이파이를 **144.**이용하실 수 있습니다. 테이크아웃도 가능하며, 다섯 블록 내의 지역에 대해서는 **145.**배달도 해 드립니다. **146.**총 가격에 소량의 배달료가 적용될 것입니다. 저희 웹사이트인 www.chamberlaincafe.com을 방문하셔서 자세한 내용을 알아 보십시오.

어휘   for the first time 처음으로, 최초로   beverage 음료   delivery 배달, 배송   location 위치

143.

(A) at
(B) for
(C) on
(D) in

for the first time은 '처음으로', '최초로'라는 뜻이다. 정답은 (B)이다.

144.

(A) available
(B) installed
(C) applied
(D) considered

음료를 주문할 경우 '와이파이를 무료로 이용할 수 있다'는 의미가 완성되어야 한다. 따라서 정답은 '이용 가능한'이라는 뜻을 지닌 (A)의 available이다.

145.

(A) delivery
(B) deliverance
(C) deliveries
(D) delivered

'배달을 하다'는 make a delivery로 나타낼 수 있다. 한편 이 문장에서 and 로 연결되어 있는 takeout services가 복수이므로 빈칸에도 복수 형태가 들어가는 것이 바람직하다. 따라서 정답은 (C)이다.

어휘   deliverance 구조, 구제

146.

(A) 저희가 판매하는 음료의 종류에 대해서는 종업원에게 물어 보십시오.
(B) 이러한 할인은 시내에 위치한 매장에서만 적용됩니다.
(C) 저희 고객들은 저희 서비스에 대한 이야기를 멈출 수 없을 것입니다.
(D) 총 가격에 소량의 배달료가 적용될 것입니다.

바로 앞 문장에서 배달 서비스를 소개하고 있으므로, 배달 요금을 언급하고 있는 (D)가 정답이다.

어휘   server 종업원, 웨이터   city limits 시의 경계

PART 7

[147-148]

Grayson 체육관이 리모델링 공사를 합니다

Grayson 체육관이 리모델링 공사로 인해 4월 10일부터 4월 16일까지 문을 닫을 예정입니다. 이 기간 동안 체육관 면적은 거의 70%까지 증대될 것입니다. 이로써 체육관 회원들이 운동할 수 있는 공간이 보다 넓어질 것입니다. 리모델링 공사가 끝나면 웨이트 트레이닝, 요가, 그리고 에어로빅을 위한 추가적인 공간도 마련될 것입니다. 남성 및 여성 라커룸도 크기가 확대될 것이며, 두 개의 스쿼시 코트도 추가될 것입니다. 대부분의 장비는 보다 최신의, 현대적인 기기로 교체될 것입니다. 리모델링 공사 기간 동안 체육관이 문을 열지 않을 것이라는 점을 알려 드리게 되어 유감입니다.

어휘   renovation 보수, 개조   additional 추가적인   space 공간   weightlifting 역도; 웨이트 트레이닝   aerobics 에어로빅   locker room 라커룸   enlarge 확대하다   squash 스쿼시   modern 현대적인

147.

공지에 의하면 리모델링 공사에 대해 사실이 아닌 것은 무엇인가?
(A) 에어로빅을 할 수 있는 공간이 확대될 것이다.
(B) 스쿼시 코트와 사우나가 만들어질 것이다.
(C) 새로운 장비들이 추가될 것이다.
(D) 체육관이 더 넓어질 것이다.

스쿼시 코트가 신설될 것이라는 내용은 있으나 '사우나'에 관한 언급은 찾아볼 수 없으므로 (B)가 정답이다.

148.

체육관 회원에 대해 암시되어 있는 것은 무엇인가?
(A) 4월에 회비가 인상될 것이다.
(B) 리모델링 공사가 실시되어야 한다고 요구했다.
(C) 수업 시간표가 운영진에 의해 변경될 것이다.
(D) 4월 10일부터 16일까지 운동을 할 수 없을 것이다.

공지의 첫 문장에서 '4월 10일부터 16일까지 보수 공사로 인해 체육관이 문을 닫을 것이다'(will be closed for renovations from April 10 to April 16)라는 점이 안내되고 있고 마지막 부분에서는 '공사 기간 동안'(during the renovation period) 문을 닫게 되어 유감이라고 적혀 있다. 따라서 공사 기간 중에는 체육관 이용이 불가능할 것이므로 정답은 (D)이다.

[149-150]

수신	brycewatson@quantummail.com
발신	grace_peters@mallardelectronics.com
제목	좋은 소식
날짜	4월 25일

친애하는 Watson 씨께,

저는 Grace Peters입니다. 한 시간 전에 유선으로 귀하와 이야기를 나누었습니다. 귀하께 좋은 소식을 전하게 되어 기쁩니다. 저희에게 보내 주신 Tristan 300의 문제점을 엔지니어가 찾아냈습니다. 배선에 사소한 결함이 있었는데, 이것이 촬영한 사진을 희미하게 보이도록 만든 원인이었습니다. 수리는 이미 했으며 오늘 오후에 Tristan 300을 귀하께 발송해 드릴 예정입니다. 빠른 우편으로 보낼 것이기 때문에 내일 오전에는 받으시게 될 것입니다. 불편을 드려 대단히 죄송합니다. 귀하의 Mallard Electronics 계정에 50달러의 포인트를 추가해 드렸습니다. 저희 온라인 매장에서 원하시는 물건을 구입하실 때 사용하실 수 있습니다. 질문이 있으시면 이 이메일에 답장을 해 주십시오. Tristan 300과 함께 즐거운 시간 보내시길 빌겠습니다.

Grace Peters 드림
Mallard Electronics 고객 서비스 담당

어휘 minor 작은, 사소한 fault 잘못 wiring 배선 blurry 희미한, 뿌연 overnight mail 빠른 우편, 속달 우편 inconvenience 불편 credit 신용; 학점; (매장 등에서 쓸 수 있는) 포인트 enjoyment 즐거움

149.

Tristan 300은 무엇인 것 같은가?
(A) 노트북 컴퓨터
(B) 디지털 카메라
(C) 레이저 프린터
(D) 팩스 기기

causing it to make the pictures it took look blurry가 정답의 단서이다. 보기 중 사진 촬영을 할 수 있는 기기는 (B)의 '디지털 카메라'뿐이다.

150.

Peters 씨는 Watson 씨에게 무엇을 주었는가?
(A) 매장에서 쓸 수 있는 포인트
(B) 할인 쿠폰
(C) 무료 사용자 매뉴얼
(D) 무료 액세서리

Peters 씨는 불편에 대해 사과하면서 Watson 씨에게 'Mallard Electronics 계정으로 50달러의 포인트'(a credit of $50 to your Mallard Electronics account)를 주었다고 밝히고 있다. 따라서 (A)가 정답이다.

[151-152]

Susan Watts	2:38 P.M.
안녕하세요, Duncan 씨. 주문하신 제품들이 매장에 도착했습니다.	
Jeff Duncan	2:41 P.M.
좋은 소식이군요. 고마워요. 7시 이후에 그곳으로 가지러 갈게요.	
Susan Watts	2:42 P.M.
안타깝게도 저희가 오늘 저녁에는 6시에 문을 닫아요. 그때까지 오실 수 없으시면 내일 9시와 5시 사이에 소설책들을 찾아가실 수 있으세요.	
Jeff Duncan	2:43 P.M.
내일은 왜 그처럼 일찍 문을 닫나요?	
Susan Watts	2:44 P.M.
토요일이라 영업 시간이 더 짧아요. 원하시면 언제나 그렇듯이 우편으로 보내 드릴 수도 있어요.	
Jeff Duncan	2:46 P.M.
괜찮아요. 내일 2시와 3시 사이에 그리로 갈게요.	

151.

Watts 씨는 어디에서 일하는 것 같은가?
(A) 전자 제품 매장
(B) 의류 매장
(C) 신발 매장
(D) 서점

'If you can't make it by then, you can pick up your novels tomorrow between nine and five.'에서 고객이 주문한 상품은 novels(소설책)라는 점을 알 수 있으므로 Watts 씨가 일하는 곳은 (D)의 '서점'일 것이다.

152.

오후 2시 46분에 Duncan 씨는 왜 "That's all right"이라고 쓰는가?
(A) Watts 씨의 도움에 대한 고마움을 표시하기 위해
(B) 자신이 내일 방문할 것임을 알리기 위해
(C) 기쁨을 표현하기 위해
(D) 제안을 거절하기 위해

주어진 문장은 'I could always mail your items to you if you'd like.'(원하면 평소와 같이 우편으로 보내 줄 수 있다)에 대한 반응인데, 주어진 문장 이후에 Duncan 씨는 내일 자신이 직접 찾으러 가겠다고 답하고 있으므로 그는 우편으로 보내지 말라는 뜻을 간접적으로 비치고 있다. 따라서 (D)가 정답이다.

어휘 turn down 거절하다

[153-154]

Westside 호텔

이 바우처를 소지하시는 분께서는
Westside 호텔의 주니어 스위트룸에서
일주일간 무료 숙박의 혜택을 누리실 수 있습니다.

● 이러한 혜택은 전 세계 153개의 Westside 호텔에서 유효합니다.
● 바우처 소지자는 최소한 2주 전에 예약을 해야 합니다.

153.

Westside 호텔에 대해 암시되어 있는 것은 무엇인가?
(A) 가장 좋은 객실은 주니어 스위트이다.
(B) 여러 나라에서 찾아볼 수 있다.
(C) 평균 숙박 요금은 1박에 250달러가 넘는다.
(D) 호텔을 다시 찾는 모든 투숙객들에게 쿠폰을 준다.

첫 번째 항목에서 '전 세계 153곳의 호텔'(all 153 Westside Hotel locations around the world)에서 이용이 가능하다고 했으므로 (B)가 정답이다.

154.

쿠폰에 대해 알 수 있는 것은 무엇인가?
(A) 특정 월에는 사용할 수 없다.
(B) 더 좋은 객실로 업그레이드를 해 준다.
(C) 7일간 숙박할 수 있다.
(D) 1년 동안만 유효하다.

a free stay in a junior suite for one week(주니어 스위트에서 일주일간 무료 숙박)라는 문구를 통해 (C)가 정답임을 확인할 수 있다. 세 번째 항목에서 유효 기간이 따로 없고 연중 어느 때나 사용이 가능하다고 했으므로 (A)와 (D)는 잘못된 내용이며, (B)는 바우처에서 찾아볼 수 없는 혜택이다.

[155-157]

새로운 시작
Rachel Weiss

쿠퍼즈타운 (3월 27일) – 최근 몇 년 동안 쿠퍼즈타운은 힘든 시기를 겪었다. 인구는 감소했고 몇몇 주요 기업들은 이곳을 떠났다. 많은 지역 주민들이 도시가 고사될 위험에 처해 있다고 생각했다.

다행히도 쿠퍼즈타운 출신의 한 사람이 자신의 뿌리를 기억하고 있었다. Harold Williams는 18세일 때 쿠퍼즈타운을 떠났지만 자신이 성장했던 곳을 결코 잊지 않았다. Williams 씨는 크게 성공한 사업가가 되었고 전국에 걸쳐 여러 개의 제재소를 소유하고 있었다. 지난 달, Williams 씨는 은퇴를 하기 위해 자신의 자산을 매각했다.

그는 신속히 쿠퍼즈타운의 시 의회와 접촉하여 시가 자신에게서 무엇을 필요로 하는지 물었다. 어젯밤, 시내 두 곳의 학교가 완전히 리모델링될 것이라는 점과 더 많은 교사들이 채용될 것이라는 점이 밝혀졌다. Williams 씨가 모든 일에 대한 비용을 부담할 것이다. "이곳 아이들이 좋은 교육을 받기를 바랍니다."라고 Williams 씨는 말했다. "시를 위해서 가까운 미래에 제가 또 다른 일을 하게 될 것으로 확신합니다. (그것이 어떤 일이 될지는 잘 모르겠습니다.) 저는 제안을 받아들일 준비가 되어 있습니다."

어휘 as if 마치 ~인 것처럼 in danger of ~의 위험에 처한 native son 그 지역에서 태어난 사람 root 뿌리, 근원 sawmill 제재소 property 재산 promptly 신속하게 open to ~에 대해 열린 마음을 가진

155.

기사의 목적은 무엇인가?
(A) 한 지역 주민에 대한 평을 하기 위해
(B) 진행되고 있는 리모델링 공사에 대해 설명하기 위해

(C) 교사직에 관한 구인 광고를 하기 위해
(D) 시에 대한 기부 행위를 보도하기 위해

은퇴한 사업가인 Harold Williams라는 사람이 쿠퍼즈타운에 금전적인 기여를 하고 있다는 내용이 다루어지고 있다. 따라서 (D)가 정답이다. 인물 자체가 아니라 한 인물의 기부 행위를 다루고 있기 때문에 (A)를 정답으로 골라서는 안 된다.

어휘 profile 프로필; 인물 평을 하다 ongoing 진행 중인 donation 기부, 기증

156.

기사에서 Williams 씨에 대해 알 수 있는 것은 무엇인가?
(A) 더 이상 일을 하지 않는다.
(B) Cooperstown로 다시 이사를 왔다.
(C) 교사가 될 것이다.
(D) Cooperstown에서 재산을 매각했다.

'Last month, Mr. Williams sold his properties so that he could retire.'라는 문장에서 그가 지난 달에 은퇴했다는 사실을 알 수 있으므로 보기 중 알 수 있는 사실은 (A)이다.

157.

[1], [2], [3], [4] 중 다음 문장이 들어갈 곳으로 가장 알맞은 곳은 어디인가?
"그것이 어떤 일이 될지는 잘 모르겠습니다."
(A) [1]
(B) [2]
(C) [3]
(D) [4]

주어진 문장 속 대명사인 I와 that이 무엇을 가리키는지 생각해 보면 정답을 쉽게 찾을 수 있다. I는 Williams 씨를, 그리고 that은 something else for the town를 가리킨다고 볼 수 있으므로 주어진 문장이 들어갈 위치는 (D)의 [4]이다.

[158-160]

MEMO

수신 관리자 전원
발신 David Bowman
제목 직원 명부
날짜 12월 18일

인사부에서 직원 명부를 갱신할 예정이기 때문에 사내 모든 관리자들의 최근 사진이 필요합니다. 직접 사진을 제출하셔도 되고, 12월 20일 오후 1시에서 4시 사이에 182호실을 방문하셔서 사진을 찍으실 수도 있습니다.

본인의 사진을 제출하는 경우, 정장을 입고 있어야 하며 배경은 흰색이어야 합니다. 이곳에서 사진을 찍기로 하신 경우에는 잊지 마시고 금요일에 적합한 복장을 입고 오셔야 합니다. 사진은 12월 23일 월요일 중으로 제출되어야 합니다.

최근 몇 년 간 회사가 성장해 왔기 때문에 직원 명부는 더 이상 인쇄되지 않고 그 대신 온라인으로 게시될 것입니다. 각 관리자의 약력이 그 안에 게시될 것이기 때문에 150자 단어로 본인에 대한 글을 써 주시기 바랍니다. 여기에는 학력, 경력, 그리고 관심 분야가 포함되어 있어야 합니다.

어휘 employee directory 직원 명부 formal wear 정장 elect 선출하다, 선택하다 accordingly 적절하게 biography 전기 include 포함하다

158.

회람은 무엇에 대해 설명하고 있는가?
(A) 직원들이 명부를 업로드할 수 있는 위치
(B) 명부가 갱신되는 이유
(C) 명부 작성을 담당하는 사람
(D) 명부에 들어가야 하는 것

'직원 명부'(employee directory)의 갱신 작업에 필요한 '사내 관리자들의 최근 사진'(recent pictures of every manager at the firm)을 요구하고 있다. 따라서 (D)가 정답이다.

159.

사진에 대해 언급된 것은 무엇인가?
(A) 흑백으로 찍어야 한다.
(B) 회사에서 찍을 수 있다.
(C) 평상복 차림으로 찍어야 한다.
(D) 12월 23일에 찍어야 한다.

사진에 관해 언급된 사항은 기존 사진을 제출할 수도 있고 12월 20일에 회사에서 새로 찍을 수도 있다는 점, 사진 속 복장은 정장이어야 한다는 점, 그리고 사진 배경은 흰색이어야 한다는 점이다. 보기 중 이러한 내용에 부합되는 사실을 찾으면 (B)가 정답이다.

160.

직원 명부에 대해 암시되어 있는 것은 무엇인가?
(A) 직원들은 그에 대한 비용을 지불해야 한다.
(B) 너무 많아서 인쇄할 수 없다.
(C) 이미 게시되어 있다.
(D) 편집이 필요하다.

회람의 마지막 단락에서 회사의 성장으로 인해 '명부는 이제 인쇄되지 않고 온라인에 게시될 것'(the directory will no longer be printed but will instead be posted online)이라는 점을 알 수 있다. 즉 인원이 늘어나서 인쇄하기에는 무리가 있을 것으로 생각되기 때문에 (B)가 정답이다.

[161-164]

수신 Rachel Bellinger 〈rachelb@condortech.com〉
발신 Gerald Storm 〈g_storm@condortech.com〉
제목 이번 주 금요일
날짜 9월 8일

친애하는 Bellinger 씨께,

Pike 씨의 근무 마지막 날인 이번 주 금요일에 예정된 Pike 씨의 송별회에 관한 공지를 이메일로 받았습니다. 저는 지난 6년 동안 Pike 씨와 함께 근무할 수 있어서 기뻤습니다. 그분께서는 저의 멘토가 되어 주셨고, 저는 그분으로부터 기술 분야와 관련된 많은 것을 배웠습니다.

오랜 세월이 지나 그분께서 은퇴를 하고 이곳을 떠날 것이라는 말을 듣게 되어 저는 정말로 슬픕니다. 따라서 제가 송별회에 참가할 수 없다는 점을 알려야만 해서 매우 유감스럽게 생각합니다. 저는 그날 댈러스에서 세미나를 주재할 예정이어서, 세미나 주최측에 폐를 끼치지 않고 일정을 변경할 수 있는 방법은 없습니다.

제가 송별회에서 Pike 씨를 위해 들려 드릴 수 있는 음성 메시지를 보내도 되는지 궁금합니다. 저는 그것이 저의 고마움을 표시하고 제가 그분을 얼마나 그리워 할 것인지를 알려 줄 수 있는 좋은 방법이 될 것으로 생각합니다. 또한 저는 Pike 씨를 위한 선물 구입에 돈을 보태기 위해 점심 시간 이후 당신 사무실에 들르도록 하겠습니다.

Gerald Storm 드림

어휘 farewell party 송별회   alongside ~와 함께   mentor 멘토   after all these years 오랜 시간이 지난 후   recorded message 음성 메시지   express 표현하다, 나타내다   drop by ~에 들르다   contribute 기여하다, 이바지하다

161.

Pike 씨에 대해 알 수 없는 것은 무엇인가?
(A) 그는 자리에서 물러날 것이다.
(B) 그의 멘토는 Storm 씨였다.
(C) 그는 이번 주 금요일에 일을 그만 둘 것이다.
(D) 그는 다른 도시에서 살 것이다.

his last day of work this coming Friday라는 어구에서 (C)를, he is retiring and moving away라는 어구를 통해 (A)와 (D)의 내용이 모두 사실임을 알 수 있다. 정답은 (B)로, Pike 씨와 Storm 씨의 자리를 서로 바꾸어야 (B)의 내용이 맞게 된다.

162.

Storm 씨는 금요일에 무엇을 하기로 예정되어 있는가?
(A) 일과 관련된 행사를 진행한다
(B) 해외로 출장을 간다
(C) 세미나 주최측과 만난다
(D) 입사 지원자들을 면접한다

I'm scheduled to lead a seminar in Dallas on that day라는 부분을 통해 금요일에 Storm 씨가 할 일은 세미나 주재라는 점을 알 수 있으므로 seminar를 professional event로 바꾸어 쓴 (A)가 정답이다.

163.

Storm 씨는 무엇을 할 수 있게 해 달라고 요청하는가?
(A) 자신만의 고별 선물을 구입한다
(B) Pike 씨의 송별회에 늦게 도착한다
(C) Pike 씨가 들을 수 있도록 작별 인사를 녹음한다
(D) 행사에 참석해 준 모든 사람들에게 고마움을 표시한다

Storm 씨는 세 번 째 단락에서 'Pike 씨를 위한 녹음 메시지'(a recorded message that you could play for Mr. Pike at the party)를 보내 고마움과 아쉬움을 표시하고 싶다는 의견을 밝히고 있다. 따라서 그가 요청한 것은 (C)이다.

어휘 going-away present 작별 선물   show up 모습을 보이다, 나타나다

164.

Storm 씨는 오후에 무엇을 할 것 같은가?
(A) Pike 씨를 방문한다
(B) Bellinger 씨에게 전화한다
(C) 이메일을 보낸다
(D) 기부를 한다

이메일 마지막 부분에서 Storm 씨는 점심 시간 후에 Bellinger 씨를 찾아 가서 '작별 선물을 사는데 돈을 보탤 것'(to contribute to the fund to purchase a gift for Mr. Pike)이라고 했으므로 그가 오후에 할 일은 (D)이다.

[165-168]

[165-168]

http://www.hartautomobiles.com/about-us.html

Hart 자동차가 결코 모든 사람들이 아는 이름은 아니지만, 저희는 국가에 영향을 끼쳐 왔습니다. 저희 회사는 7명의 투자자들의 도움을 받은 John Hart에 의해서 1911년에 설립되었습니다. 최초의 Hart 자동차는, 당연하게도, Hart라고 불렸습니다. (그것의 기술력은 높은 평가를 받았습니다.)

1914년에 저희는 자발적으로 직원의 임금을, 하루 평균 2.30달러에서 4.00달러였던 일당을 두 배 가까이 인상시킨 몇 안 되는 회사 중 하나였습니다. 이는 이윤의 폭을 넓히는데 도움이 되지는 못했지만, 수십 명의 Hart 직원의 삶의 질은 향상시켰습니다.

처음 몇 십 년 동안 저희는 저렴한 자동차를 생산하는 것에 집중했습니다. "저희의 목표는 평범한 노동자도 별 어려움 없이 구입할 수 있는 저렴한 자동차를 공급하는 것입니다."라고 John Hart는 목표를 밝혔고, 그의 아들인 Tim Hart는 창립자가 세상을 떠난 1933년에 회사를 물려 받았습니다.

1970년대 석유 파동 당시 Hart는 연료 효율성을 높이기 위해 보다 작고 가벼운 차를 제조하는 쪽으로 방향을 돌린 국내 최초의 회사였습니다. 최근 몇 년 동안에는 태양열 자동차 및 자율 주행 차량 부문의 혁신 기업이 되고 있습니다. 저희의 목표는 환경에 해를 끼치지 않는 차량을 제조하는 것입니다. 내년 신차들은 이제까지 생산되었던 그 어떤 것보다 에너지를 가장 효율적으로 사용하는 차가 될 것입니다. 규모가 가장 크거나 수익이 가장 높은 자동차 제조업체는 아니지만, 저희는 직원 및 환경에 끼쳐 온 영향에 대해 자랑스럽게 생각합니다.

어휘 household name 누구나 아는 이름 found 세우다, 설립하다 investor 투자가 appropriately 적절하게 voluntarily 자발적으로 wage 임금 double 두 배로 만들다 profit margin 이윤의 폭 dozens of 수십 개[명]의 objective 목적 take over 인수하다 pass away 죽다 oil crisis 석유 파동 domestic 국내의; 집안의 switch 바꾸다, 전환하다 efficiency 효율성 innovator 혁신가 self-driven car 자율 주행 차량 environment 환경 profitable 수익이 많이 나는

165.

정보에 의하면 Hart 자동차에 대해 사실은 것은 무엇인가?
(A) 태양열 자동차를 판매하고 있다.
(B) Tim Hart에 의해 설립되었다.
(C) 전국에서 가장 규모가 큰 자동차 제조업체이다.
(D) 연료를 덜 소비하는 차량을 만들었다.

태양열 자동차가 이미 개발되었는지는 알 수 없으므로 (A)는 정답이 될 수 없고, (B)의 Tim Hart는 설립자인 John Hart의 아들이다. 맨 마지막 문장에서 가장 큰 규모의 자동차 회사는 아니라고 했으므로 (C) 역시 잘못된 내용이다. 정답은 (D)로, 마지막 단락에서 1970년대의 Hart 자동차는 '연료 효율성이 우수한 작고 가벼운 차'(smaller and lighter cars to increase their fuel efficiency)를 생산했다고 적혀 있다.

166.

Hart 자동차는 언제 직원들의 급여를 인상시켰는가?
(A) 1911년
(B) 1914년
(C) 1933년
(D) 1970년

두 번째 단락의 첫 문장에서 Hart 자동차는 1914년에 '자발적으로 직원들의 임금을 인상시킨'(voluntarily increase our employees' wages) 몇 개 안 되는 회사 중 하나라고 소개되어 있다. 정답은 (B)이다.

167.

Hart 자동차의 현재 목표는 무엇인가?
(A) 시장에서 가장 저렴한 자동차를 만드는 것
(B) 차량으로 환경을 보호하는 것
(C) 직원들에게 경쟁력 있는 급여를 제공하는 것
(D) 매년 거두어들이는 수익을 증대시키는 것

현재의 목표는 3번째 단락 중반부의 'Our objective is to manufacture vehicles which won't harm the environment.'라는 문장에서 찾을 수 있다. 환경에 해를 끼치지 않는 자동차를 만드는 것이 현재의 목표이므로 정답은 (B)이다.

168.

[1], [2], [3], [4] 중 다음 문장이 들어갈 곳으로 가장 알맞은 곳은 어디인가?
"그것의 기술력은 높은 평가를 받았습니다."
(A) [1]
(B) [2]
(C) [3]
(D) [4]

기술력을 인정받을 수 있는 '그것'(it)이 가리키는 대상이 바로 앞 문장에서 언급되어 있어야 한다. 정답은 (A)의 [1]로, it은 Hart 사의 첫 번째 자동차인 the Hart를 가리킨다.

어휘 workmanship 솜씨, 기술

[169-171]

[169-171]

11월 8일

Whistler Health Club

친애하는 Bell 씨께,

Whistler 헬스 클럽을 지속적으로 이용해 주셔서 감사합니다. 귀하께서는 지난 3년 동안 저희의 소중한 고객이셨습니다.

이 공지는 저희의 서비스를 이용하시려면 정기적으로 이용 요금을 납부하셔야 한다는 점을 알려 드리기 위한 것입니다. 저희 기록에 따르면, 귀하께서는 매월 30달러를 납부하시기로 하셨습니다. 아마도 지난 달에 바쁘셔서 잊으셨던 것 같은데, 저희는 아직 10월 이용 요금을 받지 못했으며, 납부 기한은 10월 31일까지였습니다. 귀하의 이전 납부 내역으로 미루어 볼 때, 귀하께서는 보통 매월 25일에서 29일 사이에 월 수강료를 납부하신 것으로 되어 있습니다.

가능한 빨리 10월 이용료를 납부해 주시겠습니까? 체육관에 들리셨을 때 현금으로 납부하실 수도 있고 수표를 발행하셔서 다음 주소로 Whistler 헬스 클럽에 보내 주셔도 좋습니다: Grant 가 4938번지, 매디슨, 위스콘신 주. 온라인 뱅킹을 이용하여 자동 이체를 설정하실 수도 있습니다. 자동 이체 방법을 확인하시려면 www.whistlerhealthclub.com/payment를 방문해 주십시오.

곧 긍정적인 답장을 받게 되길 고대하겠습니다.

Jeremy Gill 드림
Whistler 헬스 클럽

어휘 patronage 후원, 지원; 애용 valued 소중한 remind 기억나게 하다, 상기시키다 utilize 활용하다, 이용하다 opt 선택하다 check 수표 automatic 자동의

169.

Gill 씨는 왜 편지를 보냈는가?
(A) 회원권 갱신을 요청하기 위해
(B) 서비스에 대한 정보를 제공하기 위해
(C) 미납에 대해 문의하기 위해
(D) 고객의 권한을 중지시키기 위해

두 번째 단락에서 Gill 씨는 수신자인 Bell 씨에게 we have not yet received the payment for October라고 말하면서 10월 수강료가 미납되었다는 사실을 알리고 있다. 따라서 편지를 쓴 이유는 (C)로 볼 수 있다.

어휘 renewal 갱신 provide an update 정보를 제공하다, 소식을 알려주다 suspend 보류하다; 중지시키다

170.

Bell 씨에 대해 암시되어 있는 것은 무엇인가?
(A) 이전에는 제때에 납부를 했다.
(B) 매일 체육관에서 운동을 한다.
(C) 그의 집은 체육관 근처에 위치해 있다.
(D) 그의 직장에서 회비를 납부해 준다.

두 번째 단락 마지막 문장 중 you normally take care of your monthly bill between the 25th and 29th of each month라는 부분을 통해 Bell 씨는 평소 정해진 기간에 이용료를 납부해 왔음을 알 수 있다. 따라서 (A)가 정답이다.

171.

편지에 의하면 고객이 이용할 수 없는 결제 방식은 무엇인가?
(A) 수표
(B) 계좌 이체
(C) 현금
(D) 신용 카드

마지막 단락에서 납부는 현금으로 해도 되고 수표로 할 수도 있으며 '자동 이체'(automatic payments)를 통해서도 가능하다고 적혀 있다. 따라서 보기 중 언급되지 않은 방식은 (D)의 '신용 카드' 결제이다.

[172-175]

Elaine Halpern	1:23 P.M.

전시실이 어떻게 보이나요? 지금부터 30분 후에 중요한 고객이 될 수 있는 분이 올 것이라서, 상태가 완벽해야 해요.

Mark Stromberg	1:24 P.M.

조금 전에 전체 공간을 걸레로 청소했어요. 잠시 후면 바닥이 마를 거예요.

Darlene Maples	1:25 P.M.

Craig와 저는 지시하신 대로 서랍장과 테이블을 설치했어요. 가장 멋진 앤틱 가구를 진열해 놓았죠.

Elaine Halpern	1:26 P.M.

목재로 만들어진 것은 전부 윤이 나도록 해야 한다는 것도 기억했나요?

Mart Stromberg	1:27 P.M.

Russell 씨께서 그렇게 하지 말라고 지시하셨어요. 구매자가 그렇게 보이는 것을 좋아하지 않는다고 말씀하셨죠.

Elaine Halpern	1:29 P.M.

오, 그 점은 제가 몰랐군요. 그렇게 말씀해 주셨다니 다행이에요.

Darlene Maples	1:30 P.M.

언제 도착하실 예정인가요?

Elaine Halpern	1:32 P.M.

저는 지금 택시를 타고 있는데 10분 내로 그곳에 도착할 거예요. 도착한 후에는 제가 놓친 부분이 있는지 매장 전체를 자세히 살펴볼 것이고요.

Darlene Maples	1:33 P.M.

그렇군요. 긍정적인 인상을 남길 수 있도록 모든 것이 좋아 보이도록 만들게요.

어휘 showroom 전시실, 쇼룸 potential 잠재적인 mop 막대 걸레; 막대 걸레로 청소하다 dresser 서랍장 instruct 지시하다 antique 골동품 polish 광을 내다, 윤이 나게 하다 check over 점검하다, 자세히 살피다 impression 인상

172.

Halpern 씨는 어디에서 일하는 것 같은가?
(A) 가구점
(B) 전자 제품 매장
(C) 자동차 대리점
(D) 식료품점

'서랍장과 테이블'(dressers and tables)을 설치했다는 말과 '나무로 만들어진 모든 것을 윤이 나게 해야 한다'(polish everything made of wood)는 표현들을 통해 화자들이 일하는 곳은 (A)의 '가구점'일 것으로 추측할 수 있다.

어휘 car dealership 자동차 영업소, 자동차 판매 대리점

173.

글쓴이들에 따르면 그들이 하지 않은 것은 무엇인가?
(A) 상품을 배치했다
(B) 걸레질을 했다
(C) 가격표를 제거했다
(D) 상품을 진열했다

(A)와 (D)는 1시 25분의 Maples 씨의 말에서, (B)는 1시 24분의 Stromberg 씨의 말에서 이루어진 행동임을 알 수 있다. 따라서 보기 중 화자들이 하지 않은 일은 (C)의 '가격표 제거'이다.

174.

오후 1시 27분에 Stromberg 씨가 "Mr. Russell instructed us not to"라고 쓸 때 그가 암시하고 있는 것은 무엇인가?
(A) 그는 고객과 연락하지 않았다.
(B) 그는 오늘 근무하지 않는다.
(C) 그는 다른 지시 사항을 기다리고 있다.
(D) 그는 아무것도 윤을 내지 않았다.

주어진 문장의 to는 to polish anything made of wood가 축약된 것이다. 따라서 주어진 문장은 '광을 내지 말라는 지시를 받았다'는 뜻이므로 결국 Stromberg 씨가 의미한 바는 (D)로 볼 수 있다.

175.

Maples 씨는 이다음에 무엇을 할 것인가?
(A) Halpern 씨를 위해 택시를 부른다
(B) 고객과 이야기한다
(C) 매장을 살펴본다
(D) 전시실을 청소한다

채팅창의 마지막 부분에서 Maples 씨는 좋은 인상을 남기기 위해 '모든 것을 확인하겠다'(we'll make sure everything looks fine)고 했으므로 그녀가 할 일은 (C)이다.

[176-180]

> ### Hampton 로 공사
>
> 월요일인 6월 10일부터 수요일인 6월 12일까지 Hampton 로에서 공사 인부들이 작업을 할 것입니다. 매일 오전 6시에 시작해서 오후 9시에 끝이 날 것입니다. 공사의 영향을 받는 다섯 지역은 Jackson 로와 Carpenter 가 사이입니다. 지난 달 폭풍우로 갑작스럽게 홍수가 발생해서 거리에 큰 피해가 발생했기 때문에 이를 보수하기 위한 공사가 진행될 것입니다. 이 기간 동안 운전자들은 Hampton 로 이용을 피해야 할 것입니다. 공사 기간 중에는 각 방향의 한 개 차선만 개방될 것입니다. 공사의 정확한 위치와 이용할 수 있는 대체 도로를 확인하시려면 시 웹사이트 www.oxford.gov/construction을 방문해 주십시오.

어휘 crew 승무원; 팀, 조 affect 영향을 미치다 a large amount of 많은, 다량의 flashflood 갑작스러운 범람 thunderstorm 뇌우 lane 길, 차선 precise 정확한 alternative 대안의

> ### 장기간의 공사에 대해 시가 사과를 하다
> Christine Lee 기자
>
> 옥스포드 (6월 17일) – Hampton 로의 공사는 6월 15일 토요일에 끝이 났다. 5일 동안 시내 운전자들은 극심한 정체 현상을 경험했다. "평소 출근할 때에는 35분 정도만 걸려요."라고 옥스포드 주민인 Dean Reynolds 씨는 말했다. "하지만 이번 주에는 출근하기까지 매일 2시간이 걸렸어요."라고 그는 불만을 표시했다.
>
> 다른 많은 통근자들도 유사한 불만을 토로했다. 어젯밤 Melissa Carmichael 시장은 기자 회견에서 이 문제에 대해 사과했다. "공사 기간이 길어져서 유감스럽게 생각하지만 공사를 시작하기 전에 예상했던 것보다 도로가 더 심하게 손상되어 있었습니다. 다행히도 지금은 모든 것이 괜찮아졌습니다."
>
> 시장에 의하면 Hampton 로의 모든 차선이 다시 개방되었으므로 이번 주에는 교통 상황이 개선될 것이다. 만약 그렇지 않으면 시청은 틀림없이 분노한 시민들로부터 많은 전화를 받게 될 것이다.

어휘 commute 통근[통학]하다; 통근, 통학 press conference 기자 회견 lengthy 긴 severely 심하게 anticipate 예상하다 now that ~이므로 mayor's office 시청

176.
공지에 따르면 Hampton 로의 공사에 대해 사실이 아닌 것은 무엇인가?
(A) 도로 전체가 폐쇄되었다.
(B) 아침부터 밤까지 계속되었다.
(C) 시 웹사이트의 지도에 표시되어 있었다.
(D) 다수의 장소에서 진행되었다.

첫 번째 지문인 공지의 후반부에서 '한 개 차선만 개방될 것'(only one lane will be open)이라고 안내되어 있으므로 (A)가 사실과 다른 내용이다. 작업 시간은 오전 6시에 오후 9시까지라고 했으므로 (B)는 사실이며, 공사 위치는 시 웹사이트에서 확인할 수 있다고 했으므로 (C)도 사실이다. five affected areas라는 표현을 통해 공사의 영향을 받는 곳이 여러 곳임을 알 수 있으므로 (D)도 맞는 내용이다.

어휘 shut down (문을) 닫다, 폐쇄하다 map 지도 multiple 다수의

177.
Hampton 로에 피해가 발생한 이유는 무엇인가?
(A) 폭설
(B) 교통 사고
(C) 수위 상승
(D) 가스 폭발

flashflood that happened during last month's thunderstorms가 피해의 원인이다. 따라서 flashflood(범람, 홍수)를 Rising water levels로 풀어 쓴 (C)가 정답이다.

어휘 explosion 폭발

178.
Hampton 로의 도로 공사에 대해 언급된 것은 무엇인가?
(A) 서로 다른 두 개의 회사가 맡았다.
(B) 교통이 방해를 받지 않았다.
(C) 공사비가 아직 지급되지 않았다.
(D) 예상보다 기간이 오래 걸렸다.

첫 번째 지문인 공지에서 공사 기간은 6월 10일부터 12일까지로 적혀 있지만, 두 번째 지문인 기사에서는 공사가 6월 15일에 끝났다고 쓰여 있다. 또한 기사에서 시장이 '긴 공사 기간'(lengthy construction period)에 대해 유감을 표시했다고 했으므로 보기 중 도로 공사에 대해 언급된 사실은 (D)이다.

어휘 interfere 방해하다

179.
6월 16일에 어떤 일이 있었는가?
(A) 도로 공사가 완료되었다.
(B) 기자 회견이 열렸다.
(C) 도로의 통행이 금지되었다.
(D) 거리가 점검되었다.

두 번째 기사는 6월 17일에 작성되었는데, 기사에서 'Mayor Melissa Carmichael apologized for the problems at a press conference last night.'이라고 말한 점을 고려하면 6월 16일에는 기자 회견이 있었음을 알 수 있다. 따라서 (B)가 정답이다.

180.
옥스포드 주민들에 대해 암시되어 있는 것은 무엇인가?
(A) 도로 공사에 불만을 갖고 있다.
(B) 그중 다수가 시장에게 불만을 표시했다.
(C) 도로 공사에 반대했다.
(D) 그중 일부는 시청에서 회의를 준비했다.

기사의 두 번째 단락의 'Many other commuters made similar complaints.'라는 문장을 통해 정답은 (A)임을 알 수 있다. 주민들이 시장에게 직접적으로 불만을 표시한 것은 아니기 때문에 (B)는 정답이 될 수 없고, 불만 표출을 '반대'로 해석하는 것은 일종의 비약이므로 (C) 또한 오답이다.

어휘 object to ~에 반대하다

[181-185]

> ### Benjamin's 오늘의 특선 메뉴
>
> 메인 요리를 시키시면 수프나 샐러드를 선택하실 수 있습니다. 또한 손님들께서는 차가운 음료도 무료로 고르실 수 있습니다. 오늘의 특선 메뉴는 매일 변경됩니다. 주문이 가능한 모든 전채 요리 및 메인 요리는 일반 메뉴판에서 찾으실 수 있습니다.
>
> | 전채 요리 | 가격 | 메인 요리 | 가격 |
> | --- | --- | --- | --- |
> | 오징어 튀김 | $4.99 | 해물 파에야 | $18.99 |
> | 세비체 | $6.99 | 쇠고기 라자냐 | $15.99 |
> | 가지 구이 | $5.99 | 양고기 케밥 | $19.99 |
> | 참치 샐러드 | $6.99 | 새우 알프레도 | $17.99 |
>
> Benjamin's 멤버쉽 카드를 소지하신 고객분들에게 상기 메뉴에 대한 할인은 적용되지 않습니다.

어휘 entrée 앙뜨레, 메인 요리 beverage 음료 on a daily basis
날마다, 매일

수신 benjamin@benjamins.com
발신 lisajacobs@thismail.com
제목 점심 식사
날짜 10월 11일
첨부 receipt.jpg

친애하는 Morris 씨께

제 이름은 Lisa Jacobs입니다. 어제 10월 10일에 저는 귀하의 식당에
서 제 직장 동료 중 한 명과 점심을 먹었습니다. 저는 저를 위해 준비된
요리를 정말로 맛있게 먹었습니다. 전채 요리와 메인 요리는 인상적이
었고, 여종업원이 디저트로 추천해 준 초콜릿 무스는 제가 먹어본 것 중
최고였습니다. 차후에 귀하의 식당에 꼭 다시 들를 생각입니다.

하지만 제가 이 이메일에 첨부한 영수증 사진을 통해 보실 수 있듯이 음
식값이 과도하게 청구되었습니다. 18.99달러만 청구되었어야 했는데
저는 음식값으로 28.99달러를 지불했습니다. 저는 이번 일이 단순한 실
수였을 것으로 확신하며, 차액인 10달러를 제 신용카드로 환불해 주시
면 좋겠습니다.

감사합니다.

Lisa Jacobs

어휘 thoroughly 철저하게, 완전히 chocolate mousse 초콜릿 무스
receipt 영수증 extra 여분의, 추가의

181.

메인 요리를 주문한 사람은 무엇을 무료로 받게 될 것인가?

(A) 곁들임용 채소
(B) 샐러드와 커피
(C) 차가운 음료
(D) 디저트

첫 번째 지문의 시작 부분에서 메인 요리를 주문한 사람은 '수프나 샐러
드'(soup or salad) 및 '차가운 음료'(cold beverage)를 무료로 받게 될 것이
라는 점을 알 수 있다. 정답은 (C)이다.

182.

Benjamin's에 대해 알 수 있는 것은 무엇인가?

(A) 일주일에 5일 동안 특선 요리를 제공한다.
(B) 계절마다 메뉴를 변경한다.
(C) 쇼핑 센터 내에 위치해 있다.
(D) 일부 고객들에게 할인 가격을 적용한다.

메뉴 아래의 'Customers with a Benjamin's Membership Card will not
have any discounts applied to the above menu items.'가 정답의 단서이
다. 이를 역으로 생각해 보면 오늘의 요리가 아닌 메뉴를 주문하는 멤버십 카
드 소지자는 할인 혜택을 받게 될 것이므로 (D)가 정답이다.

183.

Jacobs 씨가 자신이 먹은 디저트에 대해 언급한 것은 무엇인가?

(A) 매우 맛있게 먹었다.
(B) 전에 방문했을 때 주문한 적이 있다.
(C) 그것을 요리하는 법을 물어보았다.
(D) 식사와 잘 어울린다고 생각했다.

Jacobs 씨가 먹은 디저트는 초콜릿 무스인데, 그녀는 이것이 '먹어 본 것 중
최고였다'(the best I've ever had)라고 말하며 그에 대한 높은 평가를 내리
고 있다. 따라서 보기 중 디저트에 관해 언급된 사항은 (A)로 볼 수 있다.

184.

Jacobs 씨는 왜 이메일을 보냈는가?

(A) 예약을 하기 위해
(B) 여종업원을 칭찬하기 위해
(C) 일부 금액을 환불받기 위해
(D) 이후의 특선 요리에 대해 문의하기 위해

이메일의 두 번째 단락에서 Jacobs 씨는 과도한 식대가 청구되었음을 알린
후, 'I would like to have the extra $10.00 refunded to my credit card.'
라고 자신이 원하는 바를 밝히고 있다. 즉 Jacobs 씨는 차액을 환불받기 위
해 이메일을 보낸 것이므로 이메일을 작성한 이유는 (C)이다.

185.

Jacobs 씨는 메인 요리로 무엇을 먹었는가?

(A) 해산물 파에야
(B) 쇠고기 라자냐
(C) 양고기 케밥
(D) 새우 알프레도

이메일 중 I should have been charged only $18.99라는 부분에서 그녀가
먹은 요리의 가격은 원래 18.99달러였음을 알 수 있다. 메뉴판에서 이에 해
당되는 가격의 요리를 찾으면 (A)의 '해산물 파에야'가 정답이다.

[186-190]

Cumberland Clothes 설문 조사

저희 Cumberland Clothes는 고객을 소중하게 생각합니다. 이 설문지
를 작성하셔서 매장 내 직원에게 주시면 5달러 상당의 쿠폰을 받게 되
실 것입니다. 이름과 연락처를 남기시는 경우, 경품 행사에 응모됩니다.
10분의 당첨자분들께는 특별한 선물이 주어질 것입니다.

다음 항목에 어떤 점수를 주시겠습니까?

	매우 좋음	좋음	보통	나쁨	매우 나쁨
보유 제품			✓		
제품 가격		✓			
제품의 질				✓	
제품의 스타일					✓

남기실 말씀: 전에는 이곳에서 매달 쇼핑을 했지만 더 이상 잘 오지
않습니다. 옷들이 너무 구식이고 쉽게 헤집니다. 이곳에서 쇼핑을 하면
돈을 낭비하는 것 같은 기분이 들기 때문에 다시 올 것 같지 않습니다.

이름: Wilma Hamilton

연락처: whamilton@personalmail.com

어휘 value 소중히 여기다, 가치 있게 여기다 drawing 추첨 old
fashioned 구식인 get worn out 낡아서 헤지다, 닳다 waste
낭비하다

수신 Daniel Marbut, Raisa Andropov, Jordan West, Elaine Nash
발신 Craig Murphy
제목 설문 조사 결과
날짜 8월 21일

지난 6주 동안 온라인 및 오프라인 설문 조사를 통해 1,700개의 응답
을 받았는데, 전체적인 결과는 실망스럽습니다. 하지만 이러한 반응은
왜 우리가 그처럼 많은 고객들을 잃고 있는지 그 이유를 명확히 설명해
줍니다. 기본적으로 고객들은 우리 의류의 디자인을, 예컨대 "예쁘지 않
다", "구식이다" 혹은 "유행에 뒤처졌다"와 같은 말을 사용하며 좋아하지
않습니다. 많은 고객들은 우리 의류가 잘 만들어지지 않았다고 생각합니
다. 그들은 찢어지고, 뜯어지고, 색이 바래는 제품에 대해 불만을 토로

했습니다. 우리가 제공하고 있는 서비스 역시 마음에 들어 하지 않았습니다.

저는 실례를 무릅쓰고 설문지에 연락처를 남긴 모든 사람들과 이야기를 해 보았고 그중 다수로부터 상세한 답변을 받았습니다. 우리가 해야 할 일은 우리가 판매하는 제품의 브랜드를 바꾸는 것이며, 그렇지 않으면 우리는 곧 파산하게 될 것입니다.

어휘 overall 전체적인 disappointing 실망스러운 basically 기본적으로 refer to ~을 가리키다, ~을 지칭하다 out of style 유행에 뒤떨어진 rip 찢어지다 tear 찢기다, 뜯어지다 fade (색이) 바래다 take the liberty of 실례를 무릅쓰고 ~하다 in-depth 깊은, 상세한 go out of business 파산하다, 폐업하다

빅 세일

Cumberland Clothes
전 지점에서
10월 1일부터 31일까지 세일이 실시됩니다.

신상품 의류가 선보일 것입니다.
판매되는 의류 브랜드는 다음과 같습니다:
Urias, Marconi, Andretti, Christopher's.

의류의 품질과 디자인에 만족하시게 될 것입니다.
최신 유행의 의류입니다.
그리고 저희의 유명한 가격은 그대로 유지될 것이므로
걱정하지 마십시오.
새로운 Cumberland Clothes를 방문하십시오.
저희는 고객들이 원하는 의류를 판매합니다.

186.

Hamilton 씨에 대해 알 수 있는 것은 무엇인가?
(A) 품질 때문에 Cumberland Clothes에서 제품을 구입한다.
(B) Cumberland Clothes의 물건 가격이 너무 높다고 생각한다.
(C) Cumberland 쇼퍼 클럽에 속해 있다.
(D) Cumberland Clothes의 쿠폰을 받았다.

Ms. Hamilton이라는 이름은 첫 번째 지문인 설문의 작성자 칸에서 발견할 수 있다. 설문의 시작 부분에서 설문 작성 후 이를 Cumberland Clothes 매장 직원에게 제출하면 '5달러짜리 쿠폰'(a coupon for $5)을 받게 될 것이라고 안내되어 있으므로 (D)가 정답이다.

어휘 belong to ~에 속하다

187.

Hamilton 씨는 Cumberland Clothes의 제품을 어떻게 생각했는가?
(A) 유행에 뒤떨어진다고 생각했다.
(B) 가격이 너무 비싸다고 생각했다.
(C) 잘 만들어졌다고 생각했다.
(D) 색상이 화려하다고 생각했다.

첫 번째 지문인 설문의 Comment 항목에서 그녀는 Cumberland Clothes의 의류 제품이 '너무 구식이고'(too old fashioned) '쉽게 해진다'(get worn out quickly)고 평가하고 있다. 따라서 old fashioned를 out of style로 바꾸어 쓴 (A)가 정답이다.

188.

Murphy 씨에 대해 암시되어 있는 것은 무엇인가?
(A) 그는 Cumberland Clothes의 소유주이다.

(B) 그는 Hamilton 씨에게 이메일을 보냈다.
(C) 그는 시장 조사 기업에서 일한다.
(D) 그는 Cumberland Clothes의 제품을 좋아하지 않는다.

Murphy 씨는 두 번째 지문인 회람을 작성한 사람인데, 마지막 단락에서 그는 '설문지에 연락처를 남긴 사람에게 모두 연락해 보았다'(I took the liberty of speaking with every individual who left contact information on the survey)는 사실을 알리고 있다. 한편 첫 번째 지문인 설문지를 작성한 Hamilton 씨는 설문지에 자신의 이메일 주소를 남겼으므로 Murphy 씨는 이메일로 그녀에게 연락을 시도했을 것이라고 짐작할 수 있다. 따라서 (B)가 정답이다.

189.

Murphy 씨는 무엇을 하자고 제안하는가?
(A) 새로운 브랜드의 제품을 판매한다
(B) 직원을 더 잘 교육시킨다
(C) 가격을 인하한다
(D) 새로운 설문 조사를 한다

회람의 마지막 부분에서 Murphy 씨는 '판매 제품의 브랜드를 교체해야 한다'(change the brands of the items we sell)는 주장을 펼치고 있으므로 (A)가 정답이다.

190.

고객의 불만 사항 중 광고에서 언급되지 않은 것은 무엇인가?
(A) 의류의 스타일
(B) 고객 서비스
(C) 보유 제품
(D) 의류의 디자인

광고에 소개되어 있는 새로운 의류 브랜드들의 명칭과 the quality and the look of these clothes, the most fashionable on the market 등과 같은 표현을 통해 나머지 보기들의 내용은 확인할 수 있지만, (B)의 '고객 서비스'와 관련된 내용은 광고에서 찾아볼 수 없다.

[191-195]

2월 15일

친애하는 Swanson 씨께,

Greenbrier 호텔에 채용되신 것을 축하드립니다. 귀하의 입사일은 3월 10일이 될 것입니다. 귀하께서는 룸서비스부에 소속될 것입니다. 때로는 현재 직장에서 하고 계신 것과 같이 음식을 준비하는 일을 돕게 되실 것입니다. 혹은 객실에 있는 손님에게 음식을 가져다 드려야 할 수도 있으며, 3층에 있는 고급 식당인 Crawford's에서 종업원으로 일하셔야 할 수도 있습니다.

룸서비스부의 직원은 항상 유니폼을 입고 있어야 합니다. 주방에 있을 때나 음식을 가져다 드릴 때에는 하얀색 바지와 하얀색 셔츠를 착용해야 합니다. Crawford's에서 일하는 경우에는 검정색 바지와 버튼이 달린 하얀색 셔츠를 착용해야 합니다. 편지에 동봉되어 있는 주문서를 작성하셔서 즉시 다시 보내 주시기 바랍니다. 위에서 언급한 각 의상의 두 벌 값은 Greenbrier 호텔에서 지급해 드릴 것입니다. 그밖에 구입하시는 제품에 대해서는 귀하께서 부담하셔야 합니다.

Tabitha Lang 드림
Greenbrier 호텔 룸서비스부 관리자

어휘 at times 때때로 wait staff 종업원 dining establishment 식당, 음식점 button-down shirt 버튼이 달려 있는 셔츠

Imperial Fashions
Crossway 로 874번지
런던, 영국
WP36 7TR

주문서

고객명 Allan Swanson
주소 Baker 가 39번지, 런던, 영국, OL43 2SE
전화번호 954-3922
이메일 주소 allanswanson@thamesmail.com

제품	수량	단위 가격	계
바지, 검정색 (L)	2	£20	£40
셔츠, 흰색 (L)	1	£17	£17
버튼다운 셔츠, 흰색 (L)	3	£25	£75
바지, 흰색 (L)	2	£22	£44
		합계	£176

결제자 Greenbrier 호텔, 룸서비스부
고객 번호 9404392

룸서비스부 일정
4월 1일 – 7일

직원 Allan Swanson

일자	시간	장소	비고
4월 1일	9 A.M. – 6 P.M.	주방	배달 + 음식 준비
4월 2일	9 A.M. – 6 P.M.	주방	배달
4월 3일	1 P.M. – 9 P.M.	Crawford's	서빙
4월 4일	1 P.M. – 9 P.M.	Crawford's	서빙 + 음식 준비
4월 5일	6 P.M. – 2 A.M.	주방	배달

참고
4월 6일과 7일에는 근무가 없습니다. 하지만 다른 직원이 이틀 중 하루 휴가를 신청하는 경우, 이러한 일정은 변경될 수 있습니다. 근무를 해야 하는 경우에는 늦어도 4월 4일 오후 6시까지 알려 드릴 것입니다.

어휘 day off 쉬는 날 be subject to ~하게 될 수 있다

191.
편지의 목적은 무엇인가?
(A) 과정을 설명하기 위해
(B) 일정을 알려 주기 위해
(C) 요청을 하기 위해
(D) 안내를 하기 위해

입사 통보와 함께 근무에 필요한 여러 가지 사항들, 예컨대 업무 내용 및 복상 규정 등에 대해 설명하고 있다. 따라서 편지의 목적은 (D)로 볼 수 있다.

192.
Crawford's는 무엇인가?
(A) 편의점
(B) 식당
(C) 카페
(D) 빵집

첫 번째 지문인 편지에서 Crawford's는 our fine-dining establishment(고급 식당)로 소개되어 있다. 따라서 (B)가 정답이다.

193.
Swanson 씨에 대해 알 수 있는 것은 무엇인가?
(A) 호텔의 프런트 데스크에서 일할 것으로 예상했다.
(B) 2월에 새로운 일을 시작하게 될 것이다.
(C) 음식업종에서의 경력을 가지고 있다.
(D) 직장에서 시급을 받게 될 것이다.

편지의 내용을 살펴보면 Swanson 씨가 하게 될 업무는 음식 준비 및 배달, 서빙과 같은 일이므로 (A)는 잘못된 내용이며, 근무 시작일이 March 10로 적혀 있기 때문에 (B) 또한 사실과 다른 내용이다. 정답은 (C)로, you will assist with food preparation like the type you're doing at your current job이라는 어구를 통해 그가 현 직장에서도 음식 준비와 관련된 업무를 하고 있다는 사실을 알 수 있다. 급여에 대해서는 전혀 언급된 바가 없기 때문에 (D)도 오답이다.

194.
Swanson 씨는 호텔에 얼마를 돌려 주어야 하는가?
(A) £17
(B) £20
(C) £22
(D) £25

편지의 마지막 부분에서 '각 의상의 두 벌'(two of each clothing item) 가격은 호텔측이 부담할 것이고 나머지에 대해서는 본인이 부담해야 한다고 안내되어 있다. 한편 두 번째 지문인 주문서를 살펴보면 2벌을 초과해서 구입한 것은 Button-Down Shirt 한 벌인데, 그 가격이 25파운드이므로 결국 그가 호텔에 상환해야 할 금액은 (D)의 '25파운드'이다.

195.
일정에 의하면 Swanson 씨에 대해 사실은 것은 무엇인가?
(A) 4월 3일에는 검정색 바지를 입어야 한다.
(B) 4월 1일부터 7일 사이에 3일을 쉰다.
(C) 4월 2일에는 야간 근무를 하게 될 것이다.
(D) 4월 5일에는 음식을 요리할 것이다.

세 번째 지문의 일정표와 각 보기의 내용들을 서로 비교해 보아야 한다. 일정표상 4월 3일은 Crawford's에서 종업원으로 일하게 될 날인데, 두 번째 지문에서 식당 근무 시에는 검정색 바지와 버튼이 달린 하얀색 셔츠를 입어야 한다고 했으므로 (A)가 정답이다. 비번인 날은 4월 6일과 7일로 적혀 있으므로 (B)는 사실이 아니며, (C)의 4월 2일에는 오전 9시부터 오후 6시까지 일하게 될 것이므로 이 역시 잘못된 내용이다. 일정표상 4월 5일에는 음식 준비가 아니라 배달 업무를 하게 될 것이므로 (D) 또한 오답이다.

[196-200]

Archer 식료품점이 헤이븐에 오다
Nabil Apu

헤이븐 (1월 4일) – 전국적인 체인을 가지고 Archer 식료품점의 대표이사가 올해 헤이븐에서 매장이 개설되기를 희망한다고 밝혔다. "헤이븐 시내에는 슈퍼마켓이 없습니다."라고 David Leatherwood는 언급했다. 그는 "그곳에 매장이 생기면 지역 주민들이 혜택을 받게 될 것입니다."라고 덧붙였다.

Archer는 그곳에서 판매되는 다양하고 저렴한 신선 식품으로 높은 평가를 받고 있다. 모든 Archer 매장에는 델리 및 베이커리가 있으며 주 7일 하루 24시간 영업을 함으로써 쇼핑객들의 편의를 도모하고 있다. 대부분의 Archer 매장은 소위 식품 사막이라고 불리는 곳에 위치해 있는데, 이는 상대적으로 신선 식품을 구하기가 힘든 곳을 의미한다. 따라서 Archer가 이곳으로 올 수도 있다는 소식을 들은 지역 주민들은 긍정적인 반응을 보였다.

어휘 lack ~이 없다, 결여하다 be highly regarded for ~으로 높이 평가되다 deli 조제 식품점, 델리 convenience 편리함, 편의성 feature ~을 특징으로 삼다 food desert 음식 사막 (신선 식품을 구하기 힘든 지역) relative 상대적인 react 반응하다

수신 Francis Zuniga 〈fzuniga@valiantmail.com〉

발신 David Leatherwood 〈david@archer.com〉

제목 헤이븐 매장

날짜 1월 11일

친애하는 Zuniga 씨께,

헤이븐에서 개점할 예정인 Archer 식품점의 소유주로 선정되신 것을 축하드립니다. 귀하의 제안서가 가장 뛰어났을 뿐만 아니라, 헤이븐 중심가에 다시 활력을 불어 놓으려는 귀하의 계획에도 동의를 표합니다.

첫 번째로 해야 할 일은 위치 선정입니다. 매장은 25,000평방피트와 35,000평방피트 사이의 면적에 놓여야 하며 1층 건물에 위치해야 합니다. 지하철 역에서 도보로 갈 수 있는 거리에 있어야 하고 대로변에 위치해 있어야 하며 충분한 크기의 주차장도 있어야 합니다.

시가 시내 중심가의 매장으로 하여금 오전 2시부터 6시까지 영업을 못하도록 하고 있다는 점을 귀하께서도 잘 아시리라 생각합니다. 이러한 규정을 바꾸기 위해 로비 활동을 벌이고 있으나, 아직까지 성공을 거두지는 못했습니다.

수용할 수 있는 장소를 찾게 되면 알려 주시기 바랍니다.

David Leatherwood 드림

어휘 select 선정하다, 선택하다 approve of ~을 승인하다, 찬성하다 order of business 해야 할 일, 과제 single-story building 단층 건물 ample 충분한 lobby 로비; 로비 활동을 하다 meet with a success 성공하다

어휘 property 재산 foot traffic 유동 인구 retail store 소매점

196.

Leatherwood 씨는 누구인가?

(A) 헤이븐 주민

(B) 조사관

(C) 쇼핑객

(D) 회사의 사장

첫 번째 지문인 기사의 시작 부분에서 David Leatherwood라는 인물은 CEO of Archer Grocery Store로 소개되고 있다. 정답은 CEO(대표 이사, 사장)를 company president로 바꾸어 쓴 (D)이다.

197.

기사에서 두 번째 단락 아홉째 줄의 "relative"라는 단어와 가장 의미가 유사한 것은

(A) 가족의

(B) 과도한

(C) 불행한

(D) 상대적인

relative는 '비교적', 혹은 '상대적인'이라는 의미를 나타내므로 (D)의 comparative가 정답이다.

어휘 familial 가족의 excessive 과도한 comparative 비교적, 상대적인

198.

Leatherwood 씨는 왜 이메일을 보냈는가?

(A) 제약 조건을 설명하기 위해

(B) 계약을 제안하기 위해

(C) 거래를 성사시키기 위해

(D) 제안에 답하기 위해

두 번째 지문인 이메일에서 Leatherwood 씨는 새로운 점주가 될 Zuniga 씨에게 매장이 들어서기 위해 충족되어야 할 조건들, 즉 대지 면적, 건물 층수, 위치 등과 관련된 사항을 설명하고 있다. 따라서 이메일을 보낸 목적은 (A)로 볼 수 있다.

어휘 restriction 제한, 제약 조건

199.

헤이븐의 Archer 식품점은 다른 Archer 식품점들과 어떻게 다를 것인가?

(A) 베이커리가 없을 것이다.

(B) 2층에 위치할 것이다.

(C) 매일 밤 문을 닫을 것이다.

(D) 수입 식품을 판매할 것이다.

두 번째 지문인 이메일 중 'I'm sure you're aware that the city requires stores downtown to shut their doors from 2:00 to 6:00 in the morning.'이라는 문장에서 정답의 단서를 찾을 수 있다. 첫 번째 지문인 기사에서 Archer 매장은 24시간 운영된다고 소개되어 있는데, 이메일에서는 헤이븐 시 당국이 오전 2시부터 6시까지 영업을 금지시키고 있다는 점을 알 수 있다. 따라서 헤이븐의 Archer 식품점은 새벽에 영업을 하지 못할 것이므로 (C)가 정답이다.

200.

Zuniga 씨가 Leatherwood 씨에게 추천할만한 위치는 어디인가?

(A) Main 가 743번지

(B) Maynard 가 58번지

(C) Avery 로 912번지

(D) White Horse 로 44번지

이메일에서 언급된 조건에 부합되는 부동산을 세 번째 지문인 표에서 찾도록 한다. 매장 면적이 25,000에서 35,000평방피트여야 한다는 점에서 (D)는 후보지에서 제외되고, 1층 건물이 아닌 (A)와 (D)도 추천 대상이 될 수 없다. 따라서 모든 조건을 만족시키는 부동산인 (B)가 정답이다.

PART 5

101.

Collins 씨는 회의 시간에 Delmont Shipping과 계약을 체결하는 것에 관한 몇 가지 장점을 언급했다.

(A) reasons
(B) opinions
(C) advantages
(D) considerations

of가 이끄는 전치사구의 수식을 가장 자연스럽게 받을 수 있는 명사를 찾도록 한다. 정답은 '장점'이라는 의미를 가진 (C)의 advantages이다.

어휘 cite 인용하다; 언급하다 advantage 장점 reason 이유; 이성 consideration 고려

102.

작업 현장의 노동자들의 효율성을 높이기 위해 새로운 절단기가 설치되었다.

(A) effective
(B) effecting
(C) effectiveness
(D) effectively

increase의 목적어로 가장 적절한 것은 '효율성'이라는 뜻을 나타내는 (C)의 effectiveness이다.

어휘 cutting machine 절단기 effectiveness 효율성 factory floor 공장, 작업 현장

103.

회원 가입 약관을 변경하는데 관심이 있는 사람들을 위한 몇 가지 옵션이 존재한다.

(A) Several
(B) All
(C) Much
(D) Little

내용상 '일부 가입자들을 위한 몇 가지 조건이 존재한다'는 의미가 완성되어야 하므로 정답은 (A)의 Several이다. (B)는 빈칸 이후 문장의 내용과 어울리지 않으며, 빈칸 다음에 options라는 복수형이 있으므로 셀 수 없는 명사와 사용되는 (C)와 (D)는 정답이 될 수 없다.

어휘 option 선택(권) exist 존재하다 terms 조건

104.

책 사인회의 티켓은 일주일 동안 선착순으로 배포될 것이다.

(A) are giving
(B) are being given
(C) have been giving
(D) will give

주어가 사물인 tickets for the book signing이므로 give의 형태는 수동형이어야 한다. 따라서 (B)와 (C) 중 하나가 정답인데, 현재완료는 all week long(일주일 내내)이라는 부사구와 어울리지 않으므로 (B)가 정답이다.

어휘 book signing 책 사인회 first-come, first-served basis 선착순 원칙 all week long 일주일 내내

105.

시장은 6월 초에 시의 기반 시설을 개선시키기 위한 계획이 실행되기를 바란다.

(A) attract
(B) report
(C) approach
(D) implement

the plan을 목적어로 삼을 수 있고 at the beginning of June이라는 부사구와 잘 어울릴 수 있는 동사를 찾아야 한다. 정답은 '이행하다'라는 의미를 나타내는 (D)의 implement이다.

어휘 implement 이행하다 infrastructure 기반 시설 attract 끌다, 유인하다

106.

역대 몇몇 제조업체들이 직원들을 더 많이 고용하기 시작하자 그 지역의 실업률은 크게 개선되었다.

(A) tremendously
(B) eventually
(C) responsibly
(D) quietly

수치인 '실업률'(unemployment rate)이 개선되었다는 점을 가장 자연스럽게 수식할 수 있는 부사를 찾도록 한다. 정답은 '막대하게'라는 의미를 지닌 (A)의 tremendously이다.

어휘 unemployment rate 실업률 tremendously 막대하게,

크게 manufacturer 제조업자, 제조업체 eventually 결국, 마침내 responsibly 책임감 있게

107.
어제 일어났던 것과 같은 사고를 어떻게 예방할 수 있을지 관리자들이 조사하고 있다.

(A) incidental
(B) incidents
(C) incidentally
(D) incident

빈칸에는 happened yesterday 및 can be avoided라는 표현과 어울릴 수 있는 단어가 들어가야 한다. 따라서 정답은 '사고'를 의미하는 (B)와 (D)중 하나인데, 빈칸 앞에 부정관사 등이 없으므로 복수형인 (B)가 빈칸에 들어가야 한다.

어휘 investigate 조사하다 incident 사고 avoid 피하다 incidental 우연한 incidentally 우연히

108.
겨울에 휴가를 내고자 하는 사람은 먼저 관리자에게 허가를 받아야 한다.

(A) for
(B) with
(C) by
(D) on

clear A with B는 'B에게 A를 허락받다'는 뜻이다. 정답은 (B)의 with이다.

어휘 take time off 휴가를 내다 clear A with B B에게 A를 허락받다

109.
일반적으로 새로운 공급업체를 선정하는 경우 기업은 가장 가격이 저렴한 곳을 선택한다.

(A) afford
(B) afforded
(C) affording
(D) affordable

보기 중 option을 가장 자연스럽게 수식할 수 있는 형용사는 (D)의 affordable(가격이 알맞은)이다.

어휘 as a general rule 일반적으로, 보통 affordable (가격이) 알맞은, 저렴한 afford ~할 여유[여력]이 되다

110.
그 직원은 예약 실수에 대한 사과의 방법으로 Carpenter 씨에게 스위트 룸으로 룸을 업그레이드해 주었다.

(A) awarded
(B) upgraded
(C) announced
(D) paid

호텔 직원이 사과의 방법으로서 a suite(스위트 룸)을 대상으로 어떤 서비스를 해 줄 수 있을지 생각해 보면 금방 답을 찾을 수 있다. 정답은 (B)의 upgraded(업그레이드하다)이다.

어휘 suite 스위트 룸 as a way of ~하기 위한 방법[방편]으로

111.
그 직에는 단 세 명만이 지원을 했지만 그들 모두가 충분한 자격을 갖추고 있어서 이상적인 후보를 선정하는 일이 어려웠다.

(A) each

(B) all
(C) both
(D) none

접속사 while의 의미에 주의하고 관계대명사 이후의 내용에 유의하여 정답을 찾도록 한다. 지원자가 세 명이기 때문에 (C)는 정답이 될 수 없고, (D)는 문장의 전체적인 의미와 어울리지 않는다. 따라서 (A)와 (B) 중 하나가 정답인데, 동사가 were이므로 정답은 복수의 의미를 나타내는 (B)이다.

어휘 highly qualified 충분한 자격을 갖춘 candidate 후보(자)

112.
갑자기 새로운 프로젝트가 발표되었기 때문에 몇몇 사람들은 자신의 일정을 변경했다.

(A) changed
(B) been changing
(C) will change
(D) are changed

have가 사역동사로 사용되는 경우 목적어 자리에 사물이 오면 목적보어는 과거분사 형태가 되어야 한다. 따라서 과거분사 형태인 (A)가 정답이다.

어휘 time off work 휴가 grant 승인하다; 주다

113.
계약서에 서명이 이루어지면 48시간 이내에 원자재 대금을 지불하기 위한 자금이 이체되어야 한다.

(A) accounts
(B) intentions
(C) matter
(D) funds

to pay for the raw materials라는 형용사절의 수식을 가장 자연스럽게 받을 수 있는 명사를 찾아야 한다. 정답은 (D)의 funds(자금, 돈)이다.

어휘 raw material 원료, 원자재 account 계정, 계좌 intention 의도, 의향

114.
인턴 사원들은 Ampere 사에서 근무를 시작한 첫날에 대표 이사와 함께 점심을 먹었다.

(A) him
(B) his own
(C) he
(D) himself

누락된 문장 성분이 없으므로 빈칸에는 강조용법의 재귀대명사가 들어가야 한다. 정답은 (D)이다.

115.
Kennedy 씨는 이번 주말 디모인에서 열리는 세미나에 최대 6명의 직원이 참가하는 것을 승인할 것이다.

(A) permit
(B) credit
(C) remit
(D) submit

permit A to B가 'A가 B하는 것을 허가하다'라는 뜻을 나타낸다는 점을 알면 쉽게 정답을 찾을 수 있다. 정답은 (A)의 permit이다.

어휘 credit 믿다, 신용하다; 신용 remit 송금하다

116.

그 화가는 곧 Furman 미술관에서 열릴 전시회에 30점 이상의 최근 작품을 전시할 생각이다.

(A) has been intended
(B) will have been intended
(C) intends
(D) is intended

주어가 사람을 나타내는 the artist이므로 intend(의도하다)의 형태는 능동형이어야 한다. 보기 중 능동형은 (C)뿐이다.

어휘 **intend to** ~할 의도[의향]이다 **upcoming** 다가 오는, 곧 있을

117.

모든 입사 지원자들은 회사의 업무 능력 시험을 치르기에 앞서 면접을 보아야 한다.

(A) applications
(B) applies
(C) applicants
(D) applicable

'업무 능력 시험'(firm's competency test)를 치르고 '면접을 보아야 하는'(must be interviewed) 사람은 (C)의 '지원자'일 것이다.

어휘 **competency test** 능력 시험, 자격 시험 **application** 지원, 신청 **applicable** 적용되는

118.

Thompson 씨는 Roberts 씨와의 미팅이 끝나자마자 바이어에게 연락을 했다.

(A) instead of
(B) as a result of
(C) as soon as
(D) in spite of

빈칸 이후에 절이 이어지고 있으므로 빈칸에는 접속사의 역할을 할 수 있는 표현이 들어가야 한다. 보기 중에서 접속사의 역할을 할 수 있는 것은 (C)의 as soon as(~하자마자)뿐이고 나머지는 모두 전치사처럼 쓰이는 어구이다.

어휘 **get in touch with** ~에게 연락하다 **conclude** 결론을 짓다, 끝내다 **as a result of** ~의 결과로 **in spite of** ~에도 불구하고

119.

하청업체의 창고 출입에 대한 허가는 당시 근무 중이던 관리자인 Hoskins 씨에 의해 이루어졌다.

(A) Clear
(B) Clearance
(C) Clearly
(D) Cleared

빈칸 뒤의 전치사구의 수식을 받기 위해서는 명사인 (B)의 clearance가 들어가야 한다. 참고로 clearance는 '정리'라는 의미로도 쓰이지만 '승인'이라는 뜻도 가지고 있다. 이 문제에서는 후자의 의미로 사용되었다.

어휘 **clearance** 정리; 승인, 허가 **contractor** 계약자, 도급업체, 하청업체 **on duty** 근무 중인

120.

Fulton 리서치는 지난 11월부터 몇 군데의 실험실에서 근무할 과학자를 채용하고 있다.

(A) will hire
(B) will be hiring
(C) has been hiring
(D) was hired

ever since last November라는 부사구에 유의하면 빈칸에는 현재완료형이 들어가야 한다는 점을 알 수 있다. 정답은 현재완료진행형이 사용된 (C)이다.

어휘 **laboratory** 실험실

121.

RC Technology의 제품 시연회에 지역 언론사의 많은 기자들이 참석했다.

(A) members
(B) performers
(C) editors
(D) reporters

'언론인들' 혹은 '기자들'이라는 표현은 members of the media로 나타낼 수 있다. 질문의 of the local media라는 수식어구에 유의하면 (A)가 정답이다.

어휘 **demonstration** 시연, 시위 **a large number of** 많은 **editor** 편집자

122.

그 회사의 새로운 로고는 고객들과 업계 관계자들 모두로부터 폭넓은 찬사를 받았다.

(A) insides
(B) insiders
(C) inside
(D) insider

both A and B에 의한 병렬구조를 파악하면 정답을 쉽게 찾을 수 있다. customers와 대등한 관계에 놓일 수 있는 것을 찾으면 정답은 사람을 나타내는 복수 명사인 (B)의 insiders이다.

어휘 **logo** 로고 **widespread** 광범위한 **praise** 칭찬, 찬사 **industry insider** 업계 내부자, 업계 관계자

123.

제안에 대한 요청이 이루어지자 몇몇 직원들이 흥미롭게 생각되는 제안을 했다.

(A) admission
(B) submission
(C) request
(D) approval

직원들이 제안을 하기 위해서는 먼저 제안에 대한 '요청'이 있었을 것이라고 추측할 수 있다. 따라서 정답은 (C)의 request(요청)이다.

어휘 **proposal** 제안 **deem** ~으로 여기다 **admission** 허가 **submission** 제출; 굴복 **approval** 승인

124.

교차로에서 도로 공사가 진행되는 동안 차량들은 우회를 해야만 했다.

(A) intersect
(B) intersection
(C) intersective
(D) intersected

어떤 장소에서 공사가 이루어져야 차량들이 우회를 하게 되는지 생각해 보면 금방 정답을 찾을 수 있다. 정답은 '교차로'라는 의미의 (B)의 intersection이다. 빈칸 앞에 관사가 있다는 점을 고려해도 정답은 명사여야 한다.

어휘 **divert** 우회시키다 **construction work** 건설 공사 **intersection** 교차로 **intersect** 교차하다

125.

Lincoln Interior는 작업을 시작하기에 앞서 항상 고객에게 가격 견적서를 발급해 준다.

(A) endorsement
(B) warranty
(C) estimate
(D) support

인테리어 작업을 시작하기 전에 제공해 줄 수 있이 무엇인지 생각해 보자. 정답은 (C)의 estimate로, price estimate는 '가격 견적서'라는 의미를 나타낸다.

어휘 **price estimate** 가격 견적서 **endorsement** 지지; 배서 **warranty** 보증

126.

기사가 편집자에 의해 거부되더라도 다른 잡지사가 그 기사를 게재하는 것에 관심이 있을 수도 있다.

(A) Since
(B) However
(C) In addition
(D) Even if

기사가 거부된다는 점과 기사가 게재될 수도 있다는 점은 서로 상반되는 의미를 내포한다. 따라서 빈칸에는 양보의 의미를 나타내는 (D)의 Even if가 들어가야 한다.

어휘 **even if** 비록 ~일지라도 **reject** 거부하다, 거절하다 **publish** 발표하다, 발간하다 **in addition** 또한

127.

눈이 너무 많이 내려서 제설차가 오기 전까지 시내 중심가의 대부분의 차량들이 움직일 수 없었다.

(A) so
(B) very
(C) too
(D) most

'너무 ~해서 ~하다'라는 의미의 「so ~ that ~」 구문을 알고 있어야 정답을 찾을 수 있다. 정답은 (A)이다.

어휘 **snowfall** 강설 **snowplow** 제설기, 제설차

128.

조사관은 안전 규정이 준수되고 있는지 확인하고 싶어한다.

(A) arrange
(B) determine
(C) clear
(D) approve

'조사관'(inspector)이 안전 규정의 준수 여부와 관련해서 무엇을 희망할지 생각해 보자. 정답은 '알아 내다'라는 뜻을 지닌 (B)의 determine이다.

어휘 **inspector** 조사관 **determine** 결정하다; 알아 내다 **safety regulation** 안전 규정 **approve** 승인하다

129.

신분증이 빨리 고쳐지지 않으면 신분증 소지자는 전체 시설의 어떤 문도 열 수 없을 것이다.

(A) fix
(B) will fix
(C) are fixed
(D) have fixed

조건절의 주어가 the ID cards이므로 동사 자리에는 수동태 형식이 사용되어야 한다. 보기 중 수동태 형식에 부합하는 것은 (C)의 are fixed뿐이다.

130.

그 계약서는 금요일 저녁까지 서명되어야 하며, 그렇지 않을 경우에는 계약이 무효로 간주될 것이다.

(A) by
(B) within
(C) about
(D) in

'~까지'라는 시간의 의미는 전치사 by로 나타낼 수 있다. 따라서 (A)가 정답이다. 참고로 by는 특정 시점을 나타내는 말과 함께 쓰이는 반면, (B)의 within은 within one week와 같이 기간을 나타내는 말과 함께 쓰인다.

어휘 **agreement** 합의, 협정 **invalid** 무효의, 효력이 없는

PART 6

[131-134]

수신: rclark@betaengineering.com
발신: lmarlowe@personalmail.com
제목: 엔지니어 직
날짜: 9월 28일

친애하는 Clark 씨께,

어제 등기 우편으로 귀하의 채용 제안서를 받아 보았습니다. 가족과 문제를 **131.**논의한 후, 저는 귀하의 제안을 받아들이기로 결정했습니다. 조만간 Beta Engineering에서 일하게 되기를 고대하겠습니다.

132.귀하의 편지에서 귀하께서는 제가 10월 15일부터 일을 시작하기를 원한다고 언급하셨습니다. 혹시 11월 1일까지 기다려 주실 수 있는지 궁금합니다. 현재 저의 고용주는 제가 퇴사 30일 전에 통보를 해야 한다고 주장합니다. 또한 저는 가족을 데리고 새로운 도시로 이사를 해야 하는데, 이때 **133.**어느 정도의 시간이 걸릴 것입니다.

귀하께서 제안하신 금전적인 **134.**보상 및 복지 혜택에 대해 말씀을 드리면, 저는 전적으로 만족합니다. 계약서에 서명을 해서 내일 우편으로 귀하께 다시 보내 드리도록 하겠습니다.

Lewis Marlowe 드림

어휘 **certified mail** 등기 우편 **in the near future** 가까운 미래에 **current** 현재의 **employer** 고용주 **notice** 통지 **resign** 사임하다 **financial** 금전적인, 재정적인 **benefits package** 복지 혜택

131.

(A) discussed
(B) discussion
(C) discussing
(D) discusses

빈칸 앞에 전치사 after가 있으므로 빈칸에는 명사나 동명사가 들어갈 수 있는데, 빈칸 뒤에 있는 the matter를 고려하면 이를 목적어로 삼을 수 있는 동명사가 들어가야 한다. 따라서 (C)의 discussing이 정답이다.

132.

(A) 제 연봉을 10,000달러 정도 올려 주시면 이상적일 것 같습니다.
(B) 가능한 빨리 회사에서 일을 시작하고 싶습니다.
(C) 제가 이 문제를 조금 더 고려해 보는 것이 중요합니다.
(D) 귀하의 편지에서 귀하께서는 제가 10월 15일부터 일을 시작하기를 원한

다고 언급하셨습니다.

빈칸 이후의 글에서 글쓴이는 업무 시작일을 늦춰 달라는 양해를 구하고 있다. 따라서 빈칸에는 상대방이 요청하는 업무 시작일을 언급하고 있는 (D)가 들어가야 자연스러운 문맥이 완성된다.

어휘 ideal 이상적인 tenure 재임 기간 firm 회사 consideration 고려

133.

(A) some
(B) few
(C) many
(D) any

'이사를 하는데 어느 정도의 시간이 필요하다'는 의미를 완성시키기 위해서는 (A)의 some이 들어가야 한다. 문법적으로 보더라도 셀 수 있는 명사와 함께 쓰이는 (B)와 (C)는 정답이 될 수 없고, (D)의 any는 부정문이나 의문문에서 주로 사용된다.

134.

(A) compensate
(B) compensation
(C) compensated
(D) compensatory

형용사 financial의 수식을 받아서 '금전적인 보상'이라는 의미를 완성시킬 수 있는 것은 (B)의 compensation이다. 참고로 여기에서 금전적인 보상이란 결국 급여를 가리킨다.

어휘 compensate 보상하다 compensatory 보상의, 배상의

[135-138]

수신: 부서장 전원
발신: Jason Cheswick
제목: 자금
날짜: 3월 25일

아시다시피 부서 자금은 분기별로 지급됩니다. ^{135.}올해 1분기의 마지막 날은 3월 31일입니다. 그때까지 사용되지 않은 자금은, 예산으로 남아 있어야 하는 ^{136.}이유를 서면으로 설명하지 않는 이상, 회사의 일반 자금으로 전환될 것입니다. 아울러 금액을 모두 사용하지 않는 경우에는 다음 분기의 예산이 줄어 들게 ^{137.}될 것입니다. 이미 분기 예산을 초과 사용하신 경우에는, 늦어도 4월 4일까지 그 이유를 설명하는 ^{138.}문서가 필요합니다. 예산을 초과하여 사용된 금액은, 제가 달리 결정하지 않는 이상, 2분기 예산에서 차입될 것입니다.

어휘 distribute 분배하다 on a quarterly basis 분기별로 general fund 일반 기금 budget 예산 decrease 줄어 들다, 감소하다 exceed 초과하다 documentation 서류; 문서화 extract 뽑아내다, 추출하다

135.

(A) 우리는 이번 정책을 수정하는 것을 고려 중입니다.
(B) 올해 1분기의 마지막 날은 3월 31일입니다.
(C) 즉시 필요하신 경우에는 추가 자금을 신청하실 수 있습니다.
(D) 저는 당신에게 주어진 자금을 사용할 수 없습니다.

바로 뒤의 문장에서 by that time이라는 표현에 유의하여 정답을 찾도록 한다. 즉 빈칸에는 구체적인 기한을 나타내는 말이 들어가야 하는데, 그러한 표현은 (B)에서 March 31로 나타나 있다.

어휘 have access to ~에 접근하다; ~을 이용하다

136.

(A) where
(B) when
(C) why
(D) how

전후 문맥상 자금이 예산에 남아 있어야 하는 '이유'를 설명해야 한다는 의미가 완성되어야 한다. 따라서 (C)가 정답이다.

137.

(A) has resulted
(B) may result
(C) will have resulted
(D) is resulting

failure to spend all of the money라는 명사구가 조건절을 대신하고 있다. 즉 이 명사구는 '실패한다면'이라는 조건의 의미를 나타내고 있으므로 빈칸에는 단순 가정에 어울리는 시제를 사용하고 있는 (B)가 들어가야 한다.

138.

(A) document
(B) documented
(C) documentable
(D) documentation

동사 need에 착안하면 빈칸에는 need의 목적어가 될 수 있는 (A)의 document(서류, 문서)나 (D)의 documentation(서류; 문서화)이 들어갈 수 있을 것으로 보인다. 하지만 가산 명사인 document가 들어가기 위해서는 그 앞에 관사나 소유격 등이 필요한데, 이러한 것이 보이지 않으므로 정답은 불가산 명사인 (D)가 된다.

[139-142]

벤슨 주택 가격이 계속 상승하고 있다

벤슨 (8월 19일) – 최신 통계에 따르면 벤스의 개별 주택가가 지난 14개월 동안 연속해서 상승했다. 7월, 시내의 침실 3개짜리 주택의 평균 가격은 147,400달러였다. ^{139.}이는 6월의 평균 가격에서 1.2% 상승한 것이다.

벤슨은 ^{140.}인구가 급격히 증가함에 따라 현재 주택 부족 현상을 겪고 있다. 이러한 일은 인근 지역의 몇몇 기업들이 사업을 확장하면서 상당수의 직원들을 고용했기 때문에 발생하고 있다.

벤슨 내 건설 회사들은 수십 채의 신규 주택을 건설하느라 ^{141.}분주하지만, 첫 주택들은 11월이 지나야 완공될 예정이다. 그렇게 되면 주택 가격이 어느 정도 ^{142.}안정화될 것으로 예상된다.

어휘 latest 최신의, 최근의 statistics 통계(학) in a row 일렬로, 연속해서 shortage 부족 dramatically 극적으로 be busy -ing ~하느라 바쁘다 stabilize 안정되다 to some extent 어느 정도

139.

(A) 이는 6월의 평균 가격에서 1.2% 상승한 것이다.
(B) 주민들은 다양한 부동산 업체들을 통해 주택을 판매할 수 있다.
(C) 7월에는 주택 가격이 소폭 하락했다.
(D) 일부 주민들은 아파트가 더 편리하다고 생각한다.

바로 앞 문장에서 현재의 주택 가격에 대한 정보를 알려 주고 있다. 따라서 빈칸에도 주택 가격과 관련된 내용이 들어가야 자연스러운 문맥이 완성된다. 정답은 구체적인 수치를 통해 주택 가격의 상승폭을 밝히고 있는 (A)이다.

140.

(A) unemployment
(B) income
(C) population
(D) taxation

무엇이 증가해서 주택 가격이 상승한 것인지 논리적으로 생각해 보면 정답을 쉽게 찾을 수 있다. 정답은 (C)의 population(인구)이다.

어휘 income 수입 taxation 조세, 과세 제도

141.

(A) or
(B) when
(C) before
(D) but

건설 업체들이 현재 주택을 짓고 있다는 사실과 주택들이 당장 완공되지는 않을 것이라는 내용을 자연스럽게 연결할 수 있는 접속사를 찾아야 한다. 정답은 역접의 의미를 나타내는 (B)의 but이다.

142.

(A) stabilize
(B) appear
(C) increase
(D) advertise

주택 공급이 원활하게 이루어지면 주택 가격은 '안정화될 것'이라는 점을 쉽게 알 수 있다. 따라서 (A)가 정답이다.

[143-146]

3월 4일

친애하는 Merriweather 씨께,

143.귀하의 Salem 커뮤니티 수영장 회원 가입 신청이 승인되었다는 점을 알려 드리기 위해 이 편지를 쓰고 있습니다. 귀하께서는 가족 회원권을 신청하셨고, 이는 승인되었습니다. **144.**1년간 회비는 총 750달러입니다. 하지만 150달러의 등록비가 올해 회비에 **145.**적용될 것입니다. 나머지 600달러는 늦어도 3월 31일까지 납부해 주시기 바랍니다. 그렇지 않으면 수영장 회원 가입에 더 이상 관심이 없는 것으로 간주할 것입니다. 수영장, 운영 시간, 수영 강습, 그리고 수영 팀에 관한 정보를 더 알고 싶으시면 **146.**영업 시간 중에 843-9283으로 전화를 주십시오.

Steve Atkins 드림
Salem 커뮤니티 수영장

어휘 grant 승인하다 application fee 가입비 apply to ~에 적용되다. 해당되다 assume 가정하다, 추측하다 no longer 더 이상 ~않다 regular business hours 근무 시간, 영업 시간

143.

(A) my
(B) his
(C) their
(D) your

빈칸에는 수신인인 Merriweather 씨를 가리키는 대명사의 소유격이 들어가야 한다. 정답은 (D)이다.

144.

(A) 인터뷰에서 귀하의 가족을 만날 수 있어서 기뻤습니다.
(B) 1년간 회비는 총 750달러입니다.
(C) 수영장에서 즐겁게 수영하시기를 바랍니다.
(D) 이제 언제라도 자유롭게 수영장을 이용하실 수 있습니다.

빈칸 이후의 내용에서 회비 혹은 이용 요금에 관한 설명이 이어지고 있다. 따라서 빈칸에는 연간 회비의 금액을 알려 주는 (B)가 들어가야 가장 자연스러운 문맥이 완성된다.

어휘 be welcome to 자유롭게 ~할 수 있다

145.

(A) deducted
(B) applied
(C) reduced
(D) observed

이미 낸 150달러의 가입비가 750달러의 회비에 적용되어 남은 600달러만 내면 된다고 안내하고 있다. 따라서 정답은 '적용하다'라는 의미를 가진 (B)인데, apply는 종종 to와 어울려 사용된다.

어휘 deduct 공제하다, 감하다 observe 관찰하다; 준수하다

146.

(A) regular
(B) regulated
(C) regulation
(D) regulatory

'영업 시간' 혹은 '근무 시간'은 regular business hours로 나타낸다. 정답은 (A)이다.

어휘 regulated 통제된, 규제된 regulation 규정 regulatory 단속의, 규제의

PART 7

[147-148]

직원 복지

이전에 공지해 드렸듯이 의료 보험 및 치아 보험 회사가 변경될 것입니다. 새로운 업체에서 훨씬 더 저렴한 보험 상품을 제공해 줄 수 있습니다. 이러한 변화는 여러분들의 월급이 더 많아질 것이라는 점을 보장해 줄 뿐만 아니라 여러분들에게 보다 광범위한 의료 보험 혜택을 제공해 줄 것입니다. 법에 따르면, 새로운 보험 회사가 여러분들의 개인 정보에 접근하기 위해서는 여러분들의 승인이 필요합니다. 컴퓨터 시스템에 로그온하셔서 이름 및 생일과 같은 가족 사항을 업데이트하시고 확정시켜 주시기 바랍니다. 또한, 이행 과정이 원활하게 이루어질 수 있도록 화면 하단의 "동의합니다" 박스를 체크해 주십시오. 기한은 이번 주 금요일 오후 6시까지입니다.

어휘 previously 이전에 switch 바꾸다, 전환하다 provider 공급업자, 공급업체 affordable 저렴한 not only A but also B A뿐만 아니라 B도 guarantee 보장하다 monthly paycheck 월급 comprehensive 광범위한, 포괄적인 family record 가족 사항 transition 이전, 전환 smoothly 부드럽게 deadline 기한, 마감

147.

무엇이 공지되고 있는가?
(A) 건강 보험료의 인상

(B) 보험료를 납부하는 새로운 방법

(C) 직원 복지의 변경 사항

(D) 매년 진행되는 직원 건강 검진의 날짜

공지의 첫 문장에서 '보험 회사가 변경될 것'(we are switching medical and dental insurance providers)이라는 사실을 알린 후, 변경에 필요한 절차에 대해 설명하고 있다. 정답은 (C)이다.

148.

직원들은 무엇을 하라는 요구를 받는가?

(A) 양식을 작성한다

(B) 정보를 확인한다

(C) 요금을 납부한다

(D) 새로운 공급업체를 선택한다

직원들은 개인 정보 수집 동의를 위해 '컴퓨터에 로그온해서 가족 사항을 확인하라'(log on to the computer system and update and confirm your family records)는 요구를 받고 있다. 따라서 정답은 (B)이다.

[149-150]

수신	Georgia Worthy
발신	David Schwartz
제목	Martinez 씨
날짜	2월 18일

Worthy 씨께,

Dresden Manufacturing의 Martinez 씨께서 어제 오후 제 사무실을 방문하셔서 저희는 당신 팀이 작업하고 있는 공장 설계에 대해 검토해 보았습니다. 전체적으로, 그분께서는 도면에 만족해 하셨지만, 두어가지 수정을 바라시는 점을 말씀하셨습니다. 먼저, 공장에 세 번째 조립 라인이 필요하다고 하셨는데, 이로써 공장 면적이 40% 정도 확대될 것입니다. 또한 지붕에는 태양 전지판이 설치되기를 바라십니다.

모든 것을 상세히 검토할 수 있도록 오늘 제 사무실에 들르시는 것이 어떨까요? 저는 2시부터 3시 30분 사이에 만날 수 있는 시간이 있습니다. Peter Verma와 같이 오시면 두 분 모두와 한 번에 이야기할 수 있으니 함께 오셨으면 좋겠습니다.

David Schwartz 드림

어휘 look over ~을 살펴보다, 검토하다 plan 계획; 도면 adjustment 조정 solar panel 태양 전지판 go over 검토하다 in detail 상세히, 자세히 at the same time 동시에

149.

Schwartz 씨는 왜 이메일을 보냈는가?

(A) 의견을 구하기 위해

(B) 조언을 요청하기 위해

(C) 최신 정보를 알려 주기 위해

(D) 사과를 하기 위해

Schwartz 씨는 Martinez 씨의 방문 결과로서 설계에 대한 수정이 필요하다는 점을 알리고 있다. 정답은 (C)이다.

150.

Verma 씨에 대해 암시되어 있는 것은 무엇인가?

(A) Martinez 씨의 프로젝트에 관련되어 있다.

(B) Dresden Manufacturing의 직원이다.

(C) Schwartz 씨를 직접 만나본 적이 없다.

(D) 현재 시설을 시찰하고 있다.

맨 마지막 문장 'Bring Peter Verma with you because I'd prefer to speak with both of you at the same time.'을 통해 Verma 씨는 수신인인 Worthy 씨와 함께 Martinez 씨가 의뢰한 프로젝트를 진행하는 사람일 것으로 짐작할 수 있다. 따라서 (A)가 정답이다.

[151-152]

Oceanside 리조트
Pacific 가 488번지, 호놀룰루, 하와이 96813
전화: (808) 371-8473

영수증

이름: Caroline Mason
주소: Liberty 로 81번지, 로스앤젤레스, 캘리포니아 90219
이메일 주소: carolinemason@privatemail.com
예약일: 5월 3일
예약 번호: OR847-944

날짜	내역	Amount
5월 5일	더블룸	$75.00
5월 6일	더블룸	$75.00
5월 6일	룸서비스	$22.00
5월 7일	더블룸	$75.00
5월 7일	미니바	$34.00
	소계	$281.00
	세금	$16.86
	합계	$287.86

결제일: 5월 8일
신용 카드 소지자: Caroline Mason
서명: Caroline Mason

151.

Mason 씨는 언제 Oceanside 리조트에서 체크인을 했는가?

(A) 5월 3일

(B) 5월 5일

(C) 5월 6일

(D) 5월 7일

결제 내역을 보면 처음으로 결제가 이루어진 날은 5월 5일(더블룸 객실 요금 결제)이다. 따라서 이날 체크인을 한 것으로 생각할 수 있으므로 (B)가 정답이다.

152.

Mason 씨에 대해 알 수 있는 것은 무엇인가?

(A) 리조트에서 4박을 했다.

(B) 온라인으로 객실을 예약했다.

(C) 객실에서 식사를 했다.

(D) 요금 할인을 받았다.

영수증 내역에서 Room Service 항목을 찾아볼 수 있으므로 Mason씨가 객실에서 식사를 했다는 점을 알 수 있다. 따라서 언급된 사항은 (C)이다. 5월 5일부터 7일간 체류했으므로 3박이 아니라 2박을 한 것이므로 (A)는 정답이 아니다.

[153-154]

Sylvia Hasselhoff	10:11 A.M.
Cliff, 저는 몇 분 후에 Wilbur's로 갈 거예요. 제가 가져다 줄 게 있나요?	

Cliff Mellon	10:12 A.M.
물어봐 줘서 고마워요. 목록이 길어요.	

Sylvia Hasselhoff	10:13 A.M.
저 혼자서 다 들고 올 수 있을지 모르겠네요.	

Cliff Mellon	10:14 A.M.
그러면 저와 함께 가는 것이 어때요? 30분 정도 기다려 줄 수 있나요? 지금은 프로젝트와 관련해서 Donovan 씨를 만나야 하거든요.	

Sylvia Hasselhoff	10:15 A.M.
저는 괜찮아요. 갈 준비가 되면 알려 주세요. 사무실에서 기다리고 있을게요.	

어휘 by oneself 혼자서

153.

오전 10시 13분에 Hasselhoff 씨가 "I don't know if I can carry everything by myself"라고 쓸 때 그녀가 의미한 것은 무엇인가?
(A) 최근에 체육관에 가지 못하고 있다.
(B) 그 대신 상점까지 차를 몰고 가기로 결심했다.
(C) 다른 직원에게 같이 가자고 부탁할 것이다.
(D) Mellon 씨가 원하는 모든 것을 구입할 수 없다.

주어진 문장은 'I've got a long list.'라는 말에 대한 답변으로, 부탁받은 상품을 전부 들고 오기가 힘들 것이라는 뜻을 나타낸다. 따라서 그녀가 의미한 바는 (D)로 볼 수 있다.

154.

Mellon 씨는 이다음에 무엇을 할 것 같은가?
(A) Donovan 씨와 이야기한다
(B) Hasselhoff 씨의 사무실을 방문한다
(C) 차를 몰고 Wilbur's로 간다
(D) 전화를 한다

Mellon 씨의 마지막 말 'I have to meet with Mr. Donovan about my project now.'에서 그는 Donovan 씨와 곧 만날 것이라는 점을 알 수 있다. 정답은 (A)이다.

[155-157]

수신 customerservice@falconair.com
발신 pedrodelgado@lombard.com
제목 FA34 항공편
날짜 8월 18일

담당자님께,

제 이름은 Pedro Delgado입니다. 저는 오늘 아침 플로리다 마이애미 발 Falcon 항공편인 FA34를 타고 파나마의 파나마 시티로 왔습니다. 예약 번호는 GT8594AR이었고, 저는 이코노미 석 45B에 앉아 있었습니다.

안타깝게도, 비행기에서 내렸을 때 저는 모든 소지품을 가지고 내리지 않았던 것 같습니다. 저는 비행 시간 내내 업무를 보고 있었고 중요한 서류들은 앞 좌석 주머니에 넣어 두었습니다. 비행기에서 내릴 시간이 되자 저는 그러한 서류들을 다시 가지고 내려야 한하는 점을 잊었습니다. (누군가 그것들을 찾았는지 알아봐 주실 수 있으신가요?) 내일 업무와 관련된 회의에서 그 서류들이 필요합니다.

저는 파나마 시티 중심가의 Excelsior 호텔 283호실에서 묵고 있으며, 제 휴대 전화 번호 (615) 398-9021로 언제든지 연락을 주셔도 좋습니다.

감사합니다.

Pedro Delgado

어휘 as though 마치 ~인 것처럼 possession 소유(물), 소지품 get off (~에서) 내리다. 하차하다 in front of ~의 앞에 recover 되찾다; 회복하다

155.

Delgado 씨는 어떤 문제를 언급하는가?
(A) 비행기에 무언가를 놓고 내렸다.
(B) 파나마행 비행기를 놓쳤다.
(C) 회의에 늦게 도착했다.
(D) 돌아오는 항공기편을 예약하지 못했다.

두 번째 단락에서 '비행기에서 내릴 때 소지품을 가져오지 못했다'(I didn't take all of my possessions when I got off the plane)는 문제를 알리고 있으므로 (A)가 정답이다.

156.

Delgado 씨에 대해 암시되어 있는 것은 무엇인가?
(A) 그는 예전에 FA34 항공기편을 이용한 적이 있다.
(B) 그는 플로리다의 마이애미에 있는 사무실에서 일을 한다.
(C) 그는 전화로 연락을 받는 것을 선호한다.
(D) 그는 비행기에서 자리를 바꾸었다.

Delgado 씨는 세 번째 단락에서 '자신에게 핸드폰 번호로 연락을 달라'(can be reached anytime on my cellphone at (615) 398-9021.)고 부탁하고 있다. 이를 통해 추측할 수 있는 사항은 (C)이다.

157.

[1], [2], [3], [4] 중 다음 문장이 들어갈 곳으로 가장 알맞은 곳은 어디인가?
"누군가 그것들을 찾았는지 알아봐 주실 수 있으신가요?"
(A) [1]
(B) [2]
(C) [3]
(D) [4]

them이 무엇을 가리키는지 잘 생각해야 한다. has found라는 동사구로 미루어볼 때 them이 가리키는 것은 화자가 놓고 내린 서류일 것이다. 따라서 주어진 문장이 들어갈 곳은 (C)의 [3]이어야 한다.

[158-161]

MPT 주식회사의 자격증 대비 세미나

MPT 주식회사가 전국의 몇몇 도시에서 소프트웨어 자격증 대비를 위한 세미나를 개최할 예정입니다. 6월과 7월 수업 시간표는 아래와 같습니다:

날짜	시간(세미나 한정)	장소	소프트웨어	강사
6월 14일	9 A.M. – 12 P.M.	로스앤젤레스, 캘리포니아	Art Pro	Darlene Campbell
6월 28일	1 P.M. – 4 P.M.	휴스턴, 텍사스	Omega	Sophia Beam
7월 12일	11 A.M. – 2 P.M.	시카고, 일리노이	Art Pro	Rudolph Mudd
7월 19일	2 P.M. – 5 P.M.	볼티모어, 메릴랜드	Diamond	Martin Croft
7월 26일	10 A.M. – 1 P.M.	애틀란타, 조지아	Vox	Sophia Beam

각 세미나는 해당 소프트웨어에 관해 설명하는 3회분의 강연으로 구성될 것입니다. 그런 다음, 한 시간의 휴식 시간을 갖은 후, 자격증 시험이 실시될 것입니다. 시험 시간은 시험 대상이 되는 소프트웨어에 따라 다릅니다.

모든 세미나의 참가비는 250달러입니다. 등록 기간은 6월 1일에 시작됩니다. 각 세미나의 등록 기간은 수업이 시작되기 하루 전에 종료됩니다. 시험에 응시하고자 하는 분들께서는 150달러의 응시료를 납부하셔야 합니다. 두 가지를 모두 신청하시고자 하는 분들께서는 할인 가격인 350달러만 내시면 됩니다. 개인들은 www.mpt.com/seminarregistration를 방문하셔서 등록하실 수 있습니다. 응시자는 시험 응시 후 24시간 이내에 점수를 통보받게 될 것입니다.

어휘 certification 자격 consist of ~으로 구성되다 break 휴식 시간 depend upon ~에 달려 있다 registration 등록 testing fee 응시료, 전형료 notify 알리다, 통지하다 score 점수

158.
Diamond에 관한 세미나는 어디에서 개최될 것인가?
(A) 시카고
(B) 애틀란타
(C) 로스앤젤레스
(D) 볼티모어

Software 항목에서 Diamond를 찾으면 그에 관한 세미나는 (D)의 '볼티모어'에서 진행될 것임을 쉽게 알 수 있다.

159.
Beam 씨에 관해 알 수 있는 것은 무엇인가?
(A) 그녀는 휴스턴 지사에서 일을 한다.
(B) 그녀는 오후 세미나를 선호한다.
(C) 그녀는 Art Pro의 전문가이다.
(D) 그녀는 직업상 출장을 다닌다.

Instructor 항목에서 Beam이라는 성을 찾으면 그녀는 6월 28일과 7월 26일에 각각 휴스턴과 애틀란타에서 강연을 할 것임을 알 수 있다. 따라서 그녀는 강연을 위해 이동을 해야 한다는 점을 알 수 있으므로 (D)가 정답이다. (B)의 경우, 그녀의 강의 주제는 Art Pro가 아니라 Omega와 Vox이다.

160.
휴스턴에서 시험을 응시하려는 사람은 언제까지 등록을 해야 하는가?
(A) 6월 25일까지
(B) 6월 26일까지
(C) 6월 27일까지
(D) 6월 28일까지

'Registration for each seminar will end the day before it is scheduled to take place.'가 정답의 단서이다. 즉 세미나 시작일 하루 전에 등록을 해야 하므로 휴스턴에서의 세미나 시작일 6월 28일의 하루 전인 (C)의 '6월 27일'이 등록 마감일이다.

161.
7월 19일에 시험을 응시하는 사람들에 대해 무엇이 암시되어 있는가?
(A) 7월 20일에 점수를 알 수 있을 것이다.
(B) 미술 소프트웨어에 관해 배우게 될 것이다.
(C) 오전에 시험을 보게 될 것이다.
(D) 세미나 참가비와 시험 응시료로 400달러를 지불할 것이다.

시험 성적은 '응시 후 24시간 내에'(within 24 hours of taking the exam) 통보된다고 했기 때문에 7월 19일에 시험을 본 사람들은 다음 날인 20일에 성적을 알 수 있을 것이다. 따라서 정답은 (A)이다. (D)의 경우, 세미나도 참

석하고 시험에도 응시하려는 사람은 350달러만 내면 된다고 안내되어 있다.

[162-164]

시내에서 축제가 열리다
Brad Thompson 기자

베이사이드 (10월 2일) – 베이사이드는 오랫동안 아름다운 해변과 뛰어난 해산물 식당으로 잘 알려져 있었지만, 시의 다른 지역들은 최근 몇 년간 간과되어 왔다. 이러한 사실은 이번에 처음 열리는 베이사이드 축제 덕분에 바뀔 것이다.

축제는 10월 5일 금요일부터 10월 7일 일요일까지 진행될 예정이다. 축제는 시의 역사적인 측면에 초점을 맞추게 될 것인데, 시는 1753년에 건설되었다. 축제 대부분은 Harbor 공원에서 진행될 예정이나, 시내 전역에 방문객들이 가 볼만한 장소도 마련될 것이다. 시내에 있는 43개의 역사적인 가옥 중 다수가 관람이 가능할 것이며 Bayside 박물관에서는 축제와 동시에 진행될 특별 행사가 열릴 것이다.

이색적인 행사로서 역사적인 사건을 재현하는 행사도 예정되어 있다. 재현될 행사 중에는 도시의 설립, 이곳에서 벌어진 전투, 도시를 건설한 두 집안인 Burns 가와 Watsons 가의 경쟁을 재현하는 행사가 포함될 것이다. 이는 공원에서 관람할 수 있다.

수많은 식당과 매장들 또한 축제에 참여할 것이다. 관심이 있는 경우, 행사 및 위치에 관한 상세한 설명은 www.baysidefestival.org를 방문하면 확인할 수 있다.

어휘 be known for ~으로 유명하다 ignore 무시하다 inaugural 취임의; 첫 번째의 focus on ~에 초점을 맞추다 majority 다수 host 주최하다, 개최하다 coincide with ~와 동시에 일어나다 reenactment 재현 recreate 재현하다 rivalry 경쟁 take part in ~에 참여하다 description 묘사, 설명

162.
기사는 주로 무엇에 관한 것인가?
(A) 시내 행사의 결과
(B) 베이사이드의 지역 역사
(C) 곧 있을 축제에서 진행될 행사
(D) 베이사이드의 설립

첫 번째 단락에서 '이번에 처음 열리는 축제'(inaugural Bayside Festival)에 대해 알린 후, 이후 축제에서 진행될 예정인 여러 가지 행사들을 소개하고 있다. 따라서 기사의 주제는 (C)이다.

163.
행사에 대해 언급되지 않은 것은 무엇인가?
(A) 여러 장소에서 열릴 것이다.
(B) 몇몇 식당에 의해 후원될 것이다.
(C) 처음으로 열릴 것이다.
(D) 시의 역사에 초점을 맞출 것이다.

공원 및 기타 장소에서 진행될 것이라고 했으므로 (A)는 맞는 내용이며, 올해 최초로 열리는 행사이므로 (C)도 언급된 사항이다. 시의 역사에 초점을 맞출 것이라는 내용도 찾아볼 수 있으므로 (D)도 사실이다. 정답은 (B)인데, 여러 매장 및 식당이 축제에 참가할 것이라는 언급은 있으나 식당이 행사 자체를 후원할 것이라는 점은 찾아볼 수 없으므로 (B)가 정답이다.

어휘 sponsor 후원하다 for the first time 처음으로, 최초로

164.
역사를 재현하는 행사를 보려는 사람들은 어디로 가야 하는가?
(A) Bayside 박물관

(B) 역사적인 가옥
(C) Harbor 공원
(D) 부둣가

역사를 재현하는 행사는 세 번째 단락에서 논의되고 있는데, 이때 '공원에서 이러한 행사들을 관람할 수 있다'(These can be viewed at the park.)고 행사 장소가 안내되어 있다. 문맥상 여기서 말하는 공원이란 곧 Harbor 공원을 의미하므로 정답은 (C)이다.

어휘 waterfront 해안가, 부둣가

[165-168]

Eric Inness	9:34 A.M.

우리가 개최하려는 워크숍이 지금부터 2주 후에 시작되어요. 우리가 진행할 각각의 강의를 연습해 보기 위해 모임을 가져야 할 것 같군요. 수요일 오전이 어떨까요?

Jasmine Park	9:36 A.M.

저는 그때 신입 사원을 위한 오리엔테이션을 진행하기로 되어 있어요.

Peter Welch	9:37 A.M.

저도 Jasmine과 같이 하게 될 거에요.

Henrietta Graves	9:39 A.M.

금요일 오후는 어떤가요? 끝난 다음에 우리가 저녁 식사를 하면서 개선시켜야 할 점에 대해서도 논의할 수 있을 거에요.

Eric Inness	9:41 A.M.

저는 그 시간에 Donald Radcliffe와 만나야 하지만, 그에게 그날 조금 더 일찍 만나자고 요청해 볼 수 있을 거에요.

Peter Welch	9:42 A.M.

저는 그날 하루 종일 예정되어 있는 일이 없어요. 저는 좋아요.

Jasmine Park	9:43 A.M.

저도 갈게요.

Eric Inness	9:46 A.M.

그래요, 제가 인사부의 Landry 씨를 통해 예약을 해 놓을게요. 대회의실 중 한 곳에서 2시부터 6시까지 모일 것으로 생각하세요. 몇 호실인지는 제가 알아본 후에 알려 줄게요. 문제가 생기면 즉시 모두에게 이야기할 것이고요.

어휘 host 주최하다 get together 모이다 count in ～을 포함시키다, ～을 끼워 주다 handle 다루다, 처리하다 arrangement 준비 run into ～와 우연히 만나다, 마주치다

165.

Inness 씨는 왜 온라인 채팅을 시작했는가?
(A) 워크숍 일정을 논의하기 위해
(B) 계획을 변경하기 위해
(C) 회의 일정을 잡기 위해
(D) 의견을 구하기 위해

채팅 창의 시작 부분에서 Inness 씨는 곧 있을 워크숍에 대한 이야기를 꺼낸 후 '진행할 강의를 연습하기 위해 만나자'(to get together to practice the individual classes we're teaching.)고 제안한다. 따라서 보기 중 채팅을 시작한 이유는 (C)로 볼 수 있다.

166.

오전 9시 37분에 Welch 씨가 "I'll be working with Jasmine as well"이라고 쓸 때 그가 암시하고 있는 것은 무엇인가?
(A) 그는 수요일 오전에 바쁘다.
(B) 그는 Park 씨와 사무실을 같이 쓴다.

(C) 그는 최근에 채용되었다.
(D) 그는 곧 출장을 떠날 것이다.

as well에 유의하면 정답을 쉽게 찾을 수 있다. 바로 앞 문장에서 Park 씨가 오리엔테이션을 진행한다고 했으므로 주어진 문장은 '나도 그녀와 함께 오리엔테이션을 진행할 것이다'는 의미이다. 따라서 Inness 씨가 제안한 수요일 오전의 미팅에 Welch 씨 역시 참가하기가 힘들다는 사실을 우회적으로 밝히고 있으므로 (A)가 정답이다.

167.

Graves 씨는 무엇을 하자고 제안하는가?
(A) 같이 식사를 한다
(B) 워크숍을 연기한다
(C) Radcliffe 씨와 만난다
(D) 대회의실에서 이야기한다

채팅 창 중간 부분의 '함께 저녁을 먹으면서 개선점에 대해 이야기하자'(we could go out to dinner and discuss what we ought to improve upon)는 Graves 씨의 말에서 그가 제안한 것은 (A)임을 알 수 있다.

168.

Inness 씨는 자신이 무엇을 할 것이라고 말하는가?
(A) Radcliffe 씨에게 이메일을 보낸다
(B) 오늘 강의를 연습해 본다
(C) Landry 씨를 모임에 초대한다.
(D) 장소를 예약한다

채팅 창의 마지막 부분에서 Inness 씨는 'I'll tell you the number once I find out.'이라고 말하면서 모임을 가질 장소를 자신이 알아보겠다는 의사를 내비치고 있다. 따라서 그가 할 일은 (D)이다.

어휘 rehearse 예행 연습을 하다, 리허설을 하다

[169-171]

전 세계 최초로 공연되는 연극인 *Daylight*에 여러분들을 초대합니다.

*Daylight*는 Jodie Camargo의 최신 희곡 작품입니다. 한 남자의 인생 마지막 날과 그날 그가 하는 일에 관한 이야기입니다.

연극은 11월 8일 금요일 오후 7시에 스프링필드 중심가의 Humboldt 극장에서 처음으로 공연될 것입니다. 공연 후에는 Camargo 씨와 수상 경력이 있는 연출인 Neil Peterson과의 특별한 Q&A 시간이 마련될 것입니다.

연극 티켓 가격은 1인당 35달러입니다. 여기에는 공연과 Q&A 시간이 포함되어 있습니다. 공연 후 무대 뒤편을 구경하실 분들께서는 60달러의 티켓을 구입하셔야 합니다. 이 티켓은 단 40장만 판매됩니다.

티켓은 극장의 웹사이트인 www.humboldttheater.com에서 구입이 가능합니다. 공연 당일 오후 5시부터는 극장의 매표소에서도 구입하실 수 있습니다. 가격이 높은 티켓은 온라인에서만 구입이 가능합니다. 공연과 관련된 질문은 854-1732로 Darlene Mercy에게 문의해 주십시오.

어휘 premier 초연 play 연극, 희곡 Q&A session 묻고 답하기 시간 award-winning 수상 경력이 있는 director 감독 backstage 무대 뒤편 address 주소; 말하다

169.

무엇이 광고되고 있는가?
(A) 작가의 사인회

(B) 극장의 개장

(C) 연극의 초연

(D) 영화의 초연

첫 문장의 the world premiere of the play *Daylight*라는 문구에서 이 광고가 *Daylight*라는 연극을 홍보하기 위한 것임을 알 수 있다. 정답은 (C)이다.

어휘 autograph session 사인회

170.

*Daylight*에 대해 언급된 것은 무엇인가?

(A) 한 명의 배우만 나온다.

(B) 청중들이 재미있게 관람을 했다.

(C) 무대가 스프링필드이다.

(D) Camargo 씨에 의해 쓰여졌다.

배우의 수에 대해서는 언급된 바가 없으므로 (A)는 오답이며, 이번이 첫 공연이기 때문에 (B)는 사실과 다르다. 초연될 극장이 있는 곳이 스프링필드이지 작품 배경이 스프링필드인 것은 아니므로 (C)도 잘못된 내용이다. 지문 초반부에서 희곡이 Jodie Camargo의 최근 작품이라고 소개했으므로 보기 중 언급된 사항은 (D)뿐이다.

171.

무대 뒤편에 갈 수 있는 티켓은 어떻게 구입할 수 있는가?

(A) 웹페이지를 방문함으로써

(B) 암표상과 접촉함으로써

(C) 극장을 방문함으로써

(D) 전화를 함으로써

마지막 단락에서 티켓을 구입할 수 있는 곳으로 극장의 웹사이트와 매표소가 안내되어 있는데, '가격이 보다 비싼 티켓'(the more expensive tickets)은 온라인에서만 구입이 가능하다고 설명되어 있다. 한편 광고의 중반부에서 티켓 가격은 35달러이지만 무대 뒤편을 방문하기 위해서는 60달러를 내야 한다고 했으므로 결국 무대 뒤편을 구경할 수 있는 티켓은 온라인에서만 구입이 가능하다는 사실을 알 수 있다. 따라서 (A)가 정답이다.

[172-175]

> **수신** 전 직원 〈undisclosed_recipients@belmontindustries.com〉
> **발신** Brian Lockwood 〈blockwood@belmontiindustries.com〉
> **제목** Trenton Fun Run
> **날짜** 4월 18일
>
> 전 직원에게,
>
> Trenton Fun Run이 4월 28일 토요일에 진행될 예정이며, 우리는 또 다시 이번 행사를 후원하는 업체 중 한 곳이 될 것입니다. 모르시는 경우를 위해 말씀을 드리면, 이 달리기 대회는 수업에서 쓸 재료를 구입하기 위한 지역 초등학교의 기금 모금 행사를 돕기 위해 열리고 있습니다.
>
> Belmont Industries의 전 직원에게 대회 참가를 권장합니다. 메인 종목은 10킬로미터 경주이지만, 5킬로미터, 3킬로미터, 그리고 6킬로미터의 걷기 종목도 마련되어 있습니다. 10킬로미터의 종목은 오전 9시 30분에 시작하는 반면, 다른 종목은 그보다 약간 늦은 오전 시간에 시작됩니다. 참가비는 15달러이며 등록 시 티셔츠와 물병을 무료로 받게 되실 것입니다.
>
> 달리기가 본인에게 맞지 않는 경우, 주최측은 여러분들이 시간을 내어서 자원봉사에 참여해 주기를 바라고 있습니다. 등록 과정에 도움을 줄 사람, 경기 중 참가자들에게 물을 나누어 줄 사람, 그리고 결승선에서 도움을 줄 사람이 필요합니다. 이에 관해서는 Jade Kennedy와 이야기를 나누시면 됩니다.

> 다음 주 토요일에 그곳에서 뵙기를 바랍니다. Belmont Industries의 직원들은 무리를 지어 뛰게 될 것입니다. 참가를 원하시면 Maynard Williams에게 알려 주십시오. 상을 타려고 노력하지는 않을 것이며 달리기 대회를 즐기는데 초점을 맞출 것입니다.
>
> Brian Lockwood 드림

어휘 sponsor 후원자 in case ~하는 경우에, ~하는 경우를 대비해서 material 재료, 자료 encourage 격려하다, 고무시키다 participate in ~에 참여하다 entry fee 참가비 devote 바치다, 헌신하다 finish line 결승선

172.

이메일의 목적은 무엇인가?

(A) 자선 행사에 기부를 요청하기 위해

(B) 달리기 대회의 수상자를 발표하기 위해

(C) 사람들에게 야유회 참석을 권장하기 위해

(D) 스포츠 행사를 홍보하기 위해

회사에서 후원 예정인 Trenton Fun Run이라는 달리기 대회를 소개하고 직원들이 행사에 참여할 것을 독려하고 있다. 따라서 이메일을 작성한 목적은 (D)로 볼 수 있다.

173.

티셔츠는 어떻게 받을 수 있는가?

(A) 달리기 대회에 참가함으로써

(B) 경주 대회 중 하나에서 수상함으로써

(C) 자원봉사로 일을 함으로써

(D) 돈을 기부함으로써

you will receive a free T-shirt and water bottle upon registering(등록 시 무료로 티셔츠와 물병을 받을 수 있다)이라는 문구에서 티셔츠는 대회 참가자들에게 주어지는 것임을 알 수 있다. (A)가 정답이다.

174.

Trenton Fun Run에 대해 언급되지 않은 것은 무엇인가?

(A) 보수를 받지 않는 사람들의 서비스를 이용한다

(B) 걷기 대회와 달리기 대회가 있다.

(C) 오전에 시작할 것이다.

(D) 모든 연령의 사람들이 등록할 수 있다.

자원봉사자가 필요하다는 언급에서 (A)는 사실임을 알 수 있으며, 10킬로미터의 달리기 대회와 그보다 거리가 짧은 걷기 대회가 있을 것이라고 했으므로 (B)도 언급된 사항이다. 달리기 종목은 오전 9시 30분, 나머지 종목은 그 이후의 오전 시간대에 시작될 것이라고 했으므로 (C)도 맞는 내용이나, (D)의 참가자 연령 제한에 대한 규정은 언급된 바가 없다.

175.

이메일에 의하면 Kennedy 씨는 어떤 일을 담당하는가?

(A) 도움을 주고자 하는 사람들을 상대한다

(B) 달리기 선수들을 구성한다

(C) 신청서를 취합한다

(D) 자원봉사자들의 교통편을 마련한다

Ms. Kennedy라는 이름은 'You can speak with Jade Kennedy regarding this.'에서 찾을 수 있는데, 전후 문맥상 이 문장의 this가 가리키는 것은 자원봉사자들의 업무라는 점을 알 수 있다. 따라서 그녀가 담당하는 일은 (A)이다.

Coldwater 아카데미
수강 신청서

신청서를 빠짐없이 작성해 주시고 8월 30일까지 프런트 데스크로 직접 제출해 주십시오. 가을 학기 수업은 8월 31일에 시작될 예정입니다. 수강료는 학점당 200달러입니다.

이름	Roger Dare	주소	W. Davidson 가 930번지, 밀턴, 오하이오
전화번호	857-4093	이메일 주소	roger_dare@homemail.com

강의 번호	강의명	요일/시간	학점
RJ54	로봇 공학 개론	월 9:00 A.M. – 11:30 A.M.	3
AT22	기계 공학	목 1:00 P.M. – 3:00 P.M.	4
MM98	고급 미적분학	수 9:00 A.M. – 10:30 A.M.	2
XR31	유기 물리학 실험	금 2:00 P.M. – 5:00 P.M.	3

복학생입니까?	[✓] 네	[ ] 아니요
재정적인 지원을 받고 있습니까?	[ ] 네	[✓] 아니요
결제 방식	[✓] 신용 카드 [ ] 현금	[ ] 수표 [ ] 계좌 이체

총 금액: $2,400
서명: Roger Dare
제출일: 8월 27일

어휘 in its entirety 온전히, 전부 credit 신용; 학점 calculus 미적분학
returning student 복학생 bank transfer 계좌 이체

수신 roger_dare@homemail.com
발신 registration@coldwateracademy.edu
제목 가을 학기
날짜 8월 29일

친애하는 Dare 씨께,

Coldwater 아카데미의 학생으로서 다시 한 번 맞이하게 되기를 기대합니다. 귀하의 수강 신청서는 받았으며 목록에 있는 세 개의 수업에 귀하께서 성공적으로 등록되셨다는 점을 알려 드립니다.

안타깝게도 미적분학을 가르칠 예정이셨던 Wilcox 교수님께서는 개인적인 사정 때문에 이번 가을 이곳에서 강의를 못하시게 되었습니다. 따라서 그분의 수업은 폐강되었습니다.

저희는 그분을 대체하실 분을 고용했습니다. 그분의 성함은 Andrea Wang입니다. 그분께 배우고자 하신다면 월요일 오후 2시부터 3시 30분까지의 수업을 수강하실 수 있습니다. 학기가 시작되기 바로 전날인 내일 오후 6시까지 귀하의 의향을 알려 주시면 고맙겠습니다.

다가오는 학기에 행운이 깃들기를 바랍니다.

Meredith Watson
입학처

어휘 enroll 등록하다 intention 의도, 의향

176.

8월 31일에 어떤 일이 일어날 것인가?
(A) 오리엔테이션이 실시될 것이다.
(B) 접수를 받기 시작할 것이다.
(C) 한 교수가 사임할 것이다.
(D) 수업이 시작될 것이다.

문제의 핵심어구인 August 31는 첫 번째 지문의 'Classes for the fall session will begin on August 31.'라는 문장에서 찾아볼 수 있다. 여기에서 8월 31일은 가을 학기 수업이 시작되는 날임을 알 수 있으므로 (D)가 정답이다.

177.

Dare 씨에 대해 알 수 있는 것은 무엇인가?
(A) 그는 8월 27일에 아카데미를 방문했다.
(B) 그는 처음으로 아카데미에서 공부할 것이다.
(C) 그는 주로 경영학 공부에 관심이 있다.
(D) 그는 계좌 이체로 수강료를 납부했다.

첫 번째 지문에서 신청서는 '프런트 데스크에 직접 제출해야 한다'(submit it in person to the front office)고 적혀 있고, 지문 맨 아래에는 제출일 칸에 '8월 27일'이라고 적혀 있다. 따라서 Dare 씨는 8월 27일에 아카데미를 찾아와서 신청서를 제출했을 것이므로 정답은 (A)이다. 신청서 양식에 Dare 씨는 returning student로 기록되어 있으므로 (B)는 사실이 아니며, 수강 신청한 과목들이 주로 이공대 과목이라는 점을 감안하면 (C) 역시 잘못된 내용이다. 신청서 양식에 그가 결제한 방식은 신용 카드로 나와 있으므로 (D)도 오답이다.

어휘 primarily 주로

178.

Dare 씨는 어떤 수업에 가장 비싼 수강료를 지불했는가?
(A) 로봇 공학 개론
(B) 기계 공학
(C) 고급 미적분학
(D) 유기 물리학 실험

첫 번째 지문에서 수강료는 $200 per credit(학점당 200달러)이라고 안내되어 있으므로 표에서 학점이 가장 높은 과목을 고르면 된다. 정답은 신청 과목 중 4학점으로 학점이 가장 높은 (B)이다.

179.

어떤 강의가 폐강되었는가?
(A) RJ54
(B) AT22
(C) MM98
(D) XR31

이메일 두 번째 단락에서 폐강된 과목의 Wilcox 교수에 대한 설명은 whom you were scheduled to learn calculus with로 나와 있다. 즉 Wilcox 교수의 미적분학 수업이 폐강되었음을 알 수 있으므로 미적분학 수업의 강의 번호인 (C)가 정답이다.

180.

Watson 씨는 Dare 씨에게 무엇을 하라고 요청하는가?
(A) 학기 첫 날 수업에 참석한다
(B) 그 다음날까지 질문에 대한 답을 한다
(C) 전화를 걸어 수업에 대해 논의한다
(D) 최종 수강료를 납부한다

이메일의 마지막 문장에서 Watson 씨는 강사가 교체된 미적분학 수업의 수강 여부에 대해 '내일 오후 6시까지 Dare 씨의 생각을 알려 달라'(we would appreciate your informing us of your intentions before 6:00 P.M. tomorrow)고 당부하고 있으므로 보기 중 그녀가 요청한 것은 (B)이다.

어휘 tuition payment 학비, 수강료

Deerfield 지사 이전

고급 전자 제품을 제조하는 국내에서 가장 큰 업체 중 하나인 Hobson 주식회사가 Deerfield 지사를 이전할 예정입니다. Deerfield 지사는 27명의 정규직 직원과 12명의 비정규직 직원을 고용하고 있는데, 앤도버로 장소를 옮길 것입니다. 새로운 지사는 Fulton 가 982번지에 위치하게 될 것이며, Hobson 주식회사 소유의 건물이자 새로운 지사를 수용하기 위해 특별히 지어진 건물에 입주할 것입니다. Deerfield 지사는 4월 19일 금요일에 폐쇄될 것이며, 그 다음 월요일인 4월 22일에 Andover 지사가 문을 열 것입니다. Andover 지사는 인근 3개 주의 모든 업무를 처리할 것이기 때문에 그곳에서 근무할 신입 직원들이 여러 명 채용될 것입니다. Deerfield 지사 및 Andover 지사의 위치와 관련된 질문이나 기타 하실 말씀은 897-1902로 Melvin Sullivan에게 해 주십시오.

어휘 high-end 고급의 relocate 이전시키다, 이동하다 specifically 특별히 house 수용하다 tri-state area 3개 주에 걸치는 지역 comment 주석, 논평

수신	Ken Worthy, Sue Parker, Elliot Jung, Rosemary Kline
발신	Andrew Meade
제목	전근
날짜	4월 4일

국내 지사의 내부 이동과 관련하여 결정이 내려졌습니다. 이동이 승인된 지사장 리스트를 알려 드립니다. 모든 경우, 새로운 지사에서도 동일한 직위와 업무가 유지될 것입니다.

지사장	현재 위치	새로운 위치	전근 날짜
Dina Smith	빌록시	해리스버그	4월 10일
Serina Chapman	스위트루터	배턴루지	4월 17일
Lucas Bobo	잭슨빌	앤도버	4월 22일
Tom Wright	애니스턴	아테네	4월 29일
Peter Sullivan	해리스버그	게인즈빌	5월 1일

전근 예정인 일반 직원들의 리스트는 너무 길어서 점심 시간 이후에 이메일로 발송해 드릴 것입니다. 언제든지 내선 번호 58로 제게 연락을 주십시오.

어휘 internal transfer 내부 이동 domestic 가정의; 국내의 retain 보유하다, 유지하다 title 제목; 직함 duty 임무

181.

Deerfield 지사에 대해 언급된 것은 무엇인가?
(A) 폐쇄될 것이다.
(B) Sullivan 씨에 의해 운영되고 있다.
(C) 새로운 관리자를 맞이할 것이다.
(D) 최근에 일부 직원을 해고했다.

첫 번째 지문은 Deerfield 지사가 다른 곳으로 이전할 것이라는 소식을 전하고 있다. 해당 지사는 '4월 19일에 폐쇄되어'(will close on Friday, April 19) 앤도버로 이전한다고 안내되어 있으므로 보기 중 Deerfield 지사에 대해 언급된 사항은 (A)이다.

182.

공지에서 첫 번째 단락 아홉째 줄의 "matters"라는 단어와 가장 의미가 유사한 것은
(A) 협회
(B) 논평
(C) 건물
(D) 일

명사 matter는 원래 '문제' 혹은 '사안'이라는 뜻을 나타내는데, 해당 문장에서 쓰인 branch(지사), handle(다루다, 처리하다)라는 단어들과의 관련성을 생각해 보면 보기 중 (D)의 business(사업, 일)와 그 의미가 가장 비슷하다고 할 수 있다.

어휘 association 연관(성); 협회

183.

Sullivan 씨에 대해 암시되어 있는 것은 무엇인가?
(A) 아테네로의 전근을 요청했다.
(B) 최근에 Hobson 주식회사에서 일을 시작했다.
(C) Smith 씨가 그를 대신할 것이다.
(D) 다른 주로 이사할 것이다.

두 번째 지문인 회람의 리스트에서 Sullivan이란 이름을 찾으면 그는 현재 해리스버그에서 일하며 곧 게인즈빌로 자리를 옮길 것이라는 점을 알 수 있다. 한편 해리스버그로 오게 될 지사장은 Dina Smith로 적혀 있으므로 보기 중 추론할 수 있는 사항은 (C)이다.

184.

Andover 지사에 대해 알 수 있는 것은 무엇인가?
(A) Bobo 씨가 지사장이 될 것이다.
(B) 건물 1층에 위치할 것이다.
(C) 그곳에서 50명의 정규직 직원들이 일하게 될 것이다.
(D) 해외 고객들을 상대할 것이다.

두 번째 지문의 리스트에서 앤도버로 전근할 사람의 이름은 Lucas Bobo로 나타나 있으므로 (A)가 정답이다. 이전할 건물의 층수에 대해서는 언급된 바가 없으므로 (B)는 정답이 아니며, 이전 후의 구체적인 직원 수 역시 찾아볼 수 없으므로 (C)도 오답이다. Andover 지사는 해외 업무가 아니라 '인접 3개 주'(tri-state area)의 업무를 처리할 것이므로 (D) 역시 잘못된 내용이다.

185.

Meade 씨는 오후에 어떤 일을 할 것 같은가?
(A) 전근에 관한 결정을 내린다
(B) 동료들에게 이메일로 리스트를 보낸다
(C) 직원들을 상담한다
(D) 전근에 관한 회의 일정을 정한다

Meade 씨는 회람을 작성한 사람인데, 그는 회람의 마지막 부분에서 'The list of regular workers who are transferring is much longer, so it will be sent through e-mail sometime after lunch.'라고 적고 있다. 여기에서 그는 점심 시간 이후에 일반 직원의 명단을 이메일로 보낼 것임을 알 수 있으므로 그가 오후에 할 일은 (B)이다.

Calhoun 도서관 워크숍

Calhoun 도서관에서 5월 23일 토요일에 작가들을 위한 워크숍을 개최합니다. 다음과 같은 행사가 진행될 예정입니다:

10:00 A.M. – 10:50 A.M.	소설 속 캐릭터 만들기	Carlos Correia
11:00 A.M. – 11:50 A.M.	새로운 세계관 만들기	Mei Johnson
1:00 P.M. – 2:50 P.M.	편집하기	Xavier Mahler
3:00 P.M. – 3:50 P.M.	원고 출판하기	Belinda York

이번 행사는 리치몬드 주민이라면 무료로 참석하실 수 있지만, 좌석 수는 제한되어 있습니다. 좌석을 예약하시려면 482-8274로 전화를 주십시오.

각 세션의 진행자는 인근 지역에서 활동 중인 소설가들입니다. 그들의 작품은 워크숍이 진행되는 당일 도서관에서 판매될 예정입니다.

워크숍은 도서관의 2층에 있는 Belmont 실에서 진행될 것입니다. 적은 금액으로 다과와 차가운 음료를 이용하실 수 있습니다.

어휘　fictional 허구의; 소설의　manuscript 원고　session 시간, 기간
locally based 해당 지역을 기반으로 하는　fiction novel 소설　on
sale 판매 중인　beverage 음료

Calhoun 도서관에 의견을 남겨 주십시오

게스트: Carla Stewart
날짜: 5월 23일

의견: 저는 매년 수 차례 도서관의 워크숍에 참석하고 있는데, 이번이 제가 와 본 것 중 최고였습니다. 11시까지는 도착하지 못했지만 끝날 때까지 앉아 있을 수 있었습니다. 저는 지금 소설을 쓰고 있는 중이기 때문에 워크숍에서 들은 조언은 너무나 귀중한 것이었습니다. 운이 좋다면 저는 올해 말쯤 제 작품을 완성해서 공식적으로 작가가 될 수도 있을 것입니다.

어휘　have been to ~에 갔다 오다　manage to 그럭저럭 ~하다, 가
까스로 ~하다　invaluable 매우 소중한　with luck 운이 좋으면
published author 책을 출간한 작가

워크숍이 인기를 끌다

Jefferson Lee

작년부터 Calhoun 도서관에서 워크숍을 개최하기 시작했는데, 워크숍은 그곳에서 가장 인기 있는 행사가 되었다. 지난 주말에는 작가를 위한 워크숍이 열렸다. 좌석은 모두 찼고, 예비 작가들의 티켓 요청이 너무 많아서 도서관은 다음 달에도 똑같은 워크숍을 개최할 예정이다. 사서인 Beth Robinson은 한 명만 제외하고 모든 작가들이 다시 올 것을 약속했다고 말했다. Xavier Mahler는 최근에 발표된 본인 소설인 *달의 어두운 면*을 홍보할 예정이기 때문에 Melissa Gilbert가 그를 대신할 것이다.

Robinson 씨에 따르면 도서관은 올해가 끝날 때까지 매월 두 차례의 워크숍을 개최할 계획이다. 보다 많은 자금을 지원받게 되면 내년에는 더 많은 워크숍이 개최될 것이다.

어휘　aspiring 장차 ~가 될; 포부가 있는　commit (잘못 등을) 범하다; 약
속하다　conclude 결론짓다; 끝나다　funding 자금, 자금 지원

186.

Calhoun 도서관에 대해 암시되어 있는 것은 무엇인가?
(A) 3층으로 되어 있다.
(B) 연체 도서에 대해 연체료를 부과한다.
(C) 주말마다 워크숍을 개최한다.
(D) 리치몬드에 위치해 있다.

첫 번째 지문에서 리치몬드 주민들은 무료로 행사를 참석할 수 있다'(this event may be attended at no charge by all residents of Richmond)고 했으므로 Calhoun 도서관은 리치몬드라는 지역에 위치해 있을 것으로 추측할 수 있다. 정답은 (D)이다.

187.

워크숍에 대해 사실이 아닌 것은 무엇인가?
(A) 해당 지역에 사는 사람이면 참석할 수 있다.
(B) 다과를 구입할 수 있었다.
(C) 워크숍 기간 동안 소설이 판매되었다.
(D) 참가비가 있었다.

첫 번째 지문인 공지에서 각 보기의 내용을 하나씩 확인해 보도록 한다. 리치몬드 주민이면 무료로 참여가 가능하다고 했으므로 (A)는 사실이나 (D)는 사실이 아니다. 따라서 (D)가 정답이다. 다과와 음료가 준비될 것이라고 했으므로 (B)는 언급된 내용이며, 워크숍 진행자들의 소설이 판매될 것이라고 했으므로 (C)도 사실이다.

어휘　refreshment 다과

188.

Stewart 씨는 누구의 세션에 참석할 수 없었는가?
(A) Correia 씨의 세션
(B) Johnson 씨의 세션
(C) Mahler 씨의 세션
(D) York 씨의 세션

Stewart 씨는 의견 카드를 작성한 사람인데, 카드에서 그녀는 'I didn't arrive until eleven but managed to stay until the end.'라고 언급하고 있다. 따라서 첫 번째 지문의 표에서 11시 이전에 진행된 세션을 찾으면 그녀가 놓친 세션은 (A)의 'Correia 씨의 세션'이다.

189.

기사는 주로 무엇에 관한 것인가?
(A) 도서관의 확장
(B) 프로그램의 성공
(C) 차후의 도서관 행사
(D) 책을 쓰는 가장 좋은 방법

기사 제목에서도 알 수 있듯이 기사는 Calhoun 도서관에서 진행한 행사가 큰 인기를 끌었다는 소식을 전하고 있다. 따라서 기사의 주제는 (B)로 볼 수 있다.

190.

Gilbert 씨에 대해 알 수 있는 것은 무엇인가?
(A) Robinson 씨와 친구 사이이다.
(B) 소설을 출간했다.
(C) 출판사에서 일한다.
(D) Mahler 씨를 알고 있다.

세 번째 지문인 기사의 두 번째 단락 마지막 문장에서 Melissa Gilbert라는 사람은 Xavier Mahler를 대신할 워크숍 진행자임을 알 수 있다. 한편 첫 번째 지문에서 각 세션 진행자들은 '인근 지역에서 활동 중인 소설 작가'(locally based writers of fiction novels)라고 했으므로 Gilbert 씨 역시 소설가일 것으로 추측할 수 있다. 따라서 (B)가 정답이다.

[191-195]

Memories of Georgia
Richard Horner
Kirkwood 스튜디오

4년 동안 녹음과 순회 공연을 하지 않던 Richard Horner가 돌아왔다. 수백 만장의 앨범을 판매한 포크 가수이자 작사가인 그가 얼마 전 *Memories of Georgia*라는 타이틀의 새 앨범을 발표했다. 이번 앨범에 수록된 노래는 데뷔 앨범인 *My Life*와 그의 두 번째 앨범 *Heading out West* 이후로 가장 좋은 곡들이다. 지난 앨범인 *What's Going On?*을 뛰어넘는 상당한 발전이 이루어졌다. Horner 씨가 이번 앨범의 모든 가사를 썼을 뿐만 아니라 모든 악기를 연주했다는 사실을 알면 팬들이 기뻐할 것이다. 이번 앨범은 분명 뛰어난 음악성을 인정받게 될 것이며, 첫 번째 곡인 "Appalachian Home"은 이미 전국적으로 라디오 방송에서 많이 들을 수 있다. 반드시 이번 앨범을 구입하고, 그가 차후 순회 공연 때 당신이 있는 도시를 방문하면 잊지 말고 Horner 씨의 공연을 보도록 하자.

어휘　absence 부재　entitle 제목을 붙이다　tremendous 막대한 lyrics 가사　musical instrument 악기　recognize 인식하다, 인지하다　outstanding 뛰어난　airplay 음악 방송, 음악 방송 시간

Richard Horner

Richard Horner가 4년 만에 루이빌의 Rosemont 극장으로 돌아옵니다.

Horner 씨는 다음 날짜의 밤에 라이브로 공연을 할 것입니다:

9월 28일 목요일
9월 29일 금요일
9월 30일 토요일
10월 1일 일요일

모든 공연은 오후 7시에 시작됩니다. 예매를 하시려면 849-2892로 전화를 주시거나 www.rosemonttheater.com을 방문하십시오. 티켓 가격은 좌석당 30달러부터 시작합니다. 살아 있는 전설을 바로 눈 앞에서 볼 수 있는 이번 기회를 놓치지 마십시오.

어휘　legend 전설　up close and personal 바로 가까이에서, 눈 앞에서

수신 tickets@rosemonttheater.com
발신 lucypeters@homemail.com
제목 Robert Horner
날짜 9월 22일

담당자님께,

이틀 전 저는 Robert Horner의 공연을 보기 위해 전화로 4장의 티켓을 예매했습니다. 귀하의 극장에서 진행될 마지막 밤 공연의 티켓을 예매했습니다. 그의 공연을 보게 될 것이라는 점에 들떠 있었지만, 안타깝게도 개인적인 이유 때문에 가족들과 함께 시를 떠나야만 해서 티켓을 사용할 수가 없게 되었습니다. 저는 귀하께서 그에 대해 환불을 해 주실 것인지 궁금합니다. 이번 일과 관련해서 답장을 주시면 고맙겠습니다.

Lucy Peters 드림

191.

Horner 씨에 대해 언급되지 않은 것은 무엇인가?

(A) 새로운 앨범이 아직 발매되지 않았다.
(B) 악기를 연주할 수 있다.
(C) 작사를 한다.
(D) 지난 앨범은 몇 년 전에 나왔다.

첫 번째 지문의 시작 부분에서 Horner 씨가 *Memories of Georgia*라는 앨범을 발표했다는 소식을 전하고 있으므로 (A)는 사실과 다른 내용이다. Mr. Horner not only wrote all the lyrics to the songs on this album but also played every single musical instrument라는 언급을 통해 (B)와 (C)를, after a four-year absence from recording and touring이라는 언급을 통해 (D)의 내용을 확인할 수 있다.

192.

리뷰에서 첫 번째 단락 아홉째 줄의 "recognized"라는 단어와 가장 의미가 유사한 것은

(A) 수여하다
(B) 인사하다
(C) 이해하다
(D) 인정하다

recognize는 '인지하다' 혹은 '인정하다'는 뜻을 나타내므로 보기에서 이와 가장 유사한 의미를 가진 단어를 찾으면 정답은 (D)이다.

어휘　greet 인사하다　appreciate 감사하다; 인정하다

193.

Horner 씨는 마지막으로 루이빌에 왔을 당시에 어떤 앨범을 발표했는가?

(A) *Heading out West*
(B) *Memories of Georgia*
(C) *What's Going On?*
(D) *My Life*

두 번째 지문의 첫 문장에서 Richard Horner는 '4년 만에'(after a four-year absence) 루이빌을 다시 방문할 것이라는 점을 알 수 있다. 한편 첫 번째 지문 중 after a four-year absence from recording and touring이라는 어구를 통해 그가 4년 동안 활동을 하지 않았다는 점과, his last album, *What's Going On?*이라는 어구를 통해 공백기를 갖기 직전의 앨범 타이틀이 *What's Going On?*임을 확인할 수 있다. 이러한 사실들을 종합하면 Horner 씨가 4년 전 루이빌을 방문하기 직전에 발표했던 앨범의 타이틀은 (C)의 *What's Going On?*임을 알 수 있다.

194.

Peters 씨는 왜 이메일을 보냈는가?

(A) 공연 티켓을 예매하기 위해
(B) 환불과 관련된 문의를 하기 위해
(C) 좌석의 위치를 알기 위해
(D) 결제 수단에 대해 질문하기 위해

이메일 후반부의 'I wonder if you are offering refunds on them.'이라는 문장에서 이메일을 작성한 이유를 확인할 수 있다. 티켓 환불과 관련된 문의를 하기 위해 이메일을 보낸 것이므로 (B)가 정답이다.

195.

Peters 씨는 어떤 공연의 티켓을 예매했는가?

(A) 9월 28일
(B) 9월 29일
(C) 9월 30일
(D) 10월 1일

이메일 중 'I booked tickets for the last night he'll be playing at your theater.'라는 문장에서 그녀는 마지막 날 공연을 예매했음을 알 수 있다. 한편 두 번째 지문인 안내문에서 마지막 공연의 날짜는 '10월 1일'로 적혀 있으므로 결국 그녀가 예매한 공연의 날짜는 (D)이다.

[196-200]

수신 Susan Wallace 〈susanwallace@caravanhotel.com〉
발신 Cathy Wilde 〈cathy_w@honoria.com〉
제목 질문
날짜 3월 14일

친애하는 Wallace 씨께,

저는 Honoria 주식회사의 Cathy Wilde입니다. 저희는 오랫동안 근무한 회사를 떠나려는 직원을 위해 특별한 저녁 식사를 준비하려고 합니다. 저는 그곳의 식당 중 한 곳에서 그에게 저녁 식사를 대접하고 싶습니다. 이번 행사는 3월 29일 금요일, 대략 오후 6시 30분부터 9시까지 진행될 예정입니다. 행사에는 40명의 인원이 참석할 것입니다.

저희는 식대로 1인당 60달러에서 75달러 사이를 희망합니다. 이 가격에 음료는 포함되어 있지 않으나 애피타이저와 디저트는 포함되어 있어야 합니다. 뷔페 스타일의 만찬도 좋지만, 시푸드 레스토랑이나 스테이크 레스토랑 같은 스타일에도 만족할 것입니다. 저희는 또한 독실을 선호합니다. 지난 번 그곳에서 행사를 했을 때에는 어떤 식당에도 독실이 없다는 이야기를 들었지만, 최근에 그곳에서 리모델링 공사를 했다고 알고 있기 때문에 이번에는 긍정적인 답변이 있기를 기대해 봅니다.

Cathy Wilde 드림
Honoria 주식회사

Caravan 호텔 식당

회사명: Honoria 주식회사
담당자: Cathy Wilde
인원: 40명

식당	음식	가격 (인당 /총)	독실
The Grill	스테이크/바베큐	$62 / $2,480	있음
Blue Rhapsody	시푸드	$85 / $3,400	없음
The Washingtonian	서양식/아시아식 뷔페	$80 / $3,200	있음
Green Forest	채식	$50 / $2,000	있음

최소한 식사 3일 전에는 전체 금액의 절반에 해당되는 예약금이 결제되어야 하며 예약금은 환불이 불가능합니다. 음식 주문은 식사 하루 전에 이루어져야 합니다.

어휘 **nonrefundable** 환불되지 않는 **deposit** 착수금, 예치금 **prior to** ~에 앞서

수신 Cathy Wilde 〈cathy_w@honoria.com〉
발신 Susan Wallace 〈susanwallace@caravanhotel.com〉
제목 [Re] 예약
날짜 3월 25일

친애하는 Wilde 씨께,

제 상사를 통해 귀하의 만찬 행사를 위한 3,400달러가 전액 납부되었다는 사실을 알게 되었습니다. 신속한 처리에 감사드립니다. 귀하의 테이블은 이번 주 금요일 저녁 6시 30분에 귀하의 단체가 도착할 시간에 맞춰 준비될 것입니다. 귀사의 행사를 보다 기억에 남는 행사로 만들기 위해 제가 또 해야 할 일이 있으면 주저하지 마시고 말씀해 주십시오.

Susan Wallace 드림
Caravan 호텔

어휘 **promptness** 신속함 **memorable** 기억할 만한 **hesitate** 주저하다

196.

첫 번째 이메일에 의하면 어떤 종류의 행사가 진행될 것인가?
(A) 생일 파티
(B) 조인식
(C) 수상식
(D) 송별회

첫 번째 이메일의 시작 부분 중 a special dinner for an employee who's leaving the firm after many years라는 언급을 통해 회사를 떠나려는 직원을 위한 행사가 진행될 것임을 알 수 있다. 따라서 진행될 행사의 종류는 (D)의 '송별회'이다.

197.

Wilde 씨가 Caravan 호텔에 대해 언급한 것은 무엇인가?
(A) 호텔 요금이 인상되었다.
(B) 전에 그곳에서 식사를 한 적이 없다.
(C) 최근에 보수되었다.
(D) 얼마 전 그곳에서 새로운 식당이 문을 열었다.

첫 번째 이메일의 후반부에서 Wilde 씨는 '최근에 그곳에서 보수 공사가 이루어졌다고 알고 있다'(I believe you underwent some renovations recently)고 했으므로 (C)가 언급된 사항이다. 그녀는 전에 그곳에서 행사를 한 적이 있다고 했으므로 (B)는 사실과 반대되는 내용이며, (A)의 호텔 요금과 (D)의 신규 식당에 대해서는 전혀 언급된 바가 없다.

198.

어떤 식당 요금이 Wilde 씨가 언급한 예산에 가장 부합되는가?
(A) The Grill
(B) Blue Rhapsody
(C) The Washingtonian
(D) Green Forest

첫 번째 이메일에서 Wilde 씨는 식대로 '1인당 60달러에서 75달러'(between $60 and $75 per person)를 희망한다고 했으므로 두 번째 지문에서 이러한 조건에 부합하는 식당을 찾으면 1인당 식대가 62달러인 (A)의 The Grill이 정답이다.

199.

Wallace 씨는 왜 Wilde 씨에게 이메일을 보냈는가?
(A) 예약에 대해 묻기 위해
(B) 저녁 식사 메뉴를 알려 주기 위해
(C) 결제 사실을 확인시켜 주기 위해
(D) 저녁 식사 시간을 변경하기 위해

두 번째 이메일에서 Wallace 씨는 Wilde 씨에게 '저녁 파티를 위한 3,400달러'(full amount of $3,400 for your dinner party)의 결제 사실을 알리고 있다. 따라서 이메일을 작성한 이유는 (C)로 볼 수 있다.

200.

Honoria 주식회사의 사람들에게 어떤 음식이 제공될 것인가?
(A) 스테이크
(B) 시푸드
(C) 서양식 및 아시아식 음식
(D) 채식

마지막 지문인 이메일에서 Wilde 씨의 회사는 3,400달러를 결제했다는 사실을 알 수 있는데, 두 번째 지문에서 총 식대가 3,400달러인 곳은 Blue Rhapsody로 적혀 있다. 즉 Honoria 주식회사가 최종적으로 선택한 식당은 Blue Rhapsody라는 곳이며 이곳의 메뉴는 (B)의 '시푸드'이다.

ANSWER SHEET

TOEIC 실전 테스트

LISTENING COMPREHENSION (Part 1-4)

No.	ANSWER	No.	ANSWER	No.	ANSWER	No.	ANSWER	No.	ANSWER
1	Ⓐ Ⓑ Ⓒ Ⓓ	21	Ⓐ Ⓑ Ⓒ Ⓓ	41	Ⓐ Ⓑ Ⓒ Ⓓ	61	Ⓐ Ⓑ Ⓒ Ⓓ	81	Ⓐ Ⓑ Ⓒ Ⓓ
2	Ⓐ Ⓑ Ⓒ Ⓓ	22	Ⓐ Ⓑ Ⓒ Ⓓ	42	Ⓐ Ⓑ Ⓒ Ⓓ	62	Ⓐ Ⓑ Ⓒ Ⓓ	82	Ⓐ Ⓑ Ⓒ Ⓓ
3	Ⓐ Ⓑ Ⓒ Ⓓ	23	Ⓐ Ⓑ Ⓒ Ⓓ	43	Ⓐ Ⓑ Ⓒ Ⓓ	63	Ⓐ Ⓑ Ⓒ Ⓓ	83	Ⓐ Ⓑ Ⓒ Ⓓ
4	Ⓐ Ⓑ Ⓒ Ⓓ	24	Ⓐ Ⓑ Ⓒ Ⓓ	44	Ⓐ Ⓑ Ⓒ Ⓓ	64	Ⓐ Ⓑ Ⓒ Ⓓ	84	Ⓐ Ⓑ Ⓒ Ⓓ
5	Ⓐ Ⓑ Ⓒ Ⓓ	25	Ⓐ Ⓑ Ⓒ Ⓓ	45	Ⓐ Ⓑ Ⓒ Ⓓ	65	Ⓐ Ⓑ Ⓒ Ⓓ	85	Ⓐ Ⓑ Ⓒ Ⓓ
6	Ⓐ Ⓑ Ⓒ Ⓓ	26	Ⓐ Ⓑ Ⓒ Ⓓ	46	Ⓐ Ⓑ Ⓒ Ⓓ	66	Ⓐ Ⓑ Ⓒ Ⓓ	86	Ⓐ Ⓑ Ⓒ Ⓓ
7	Ⓐ Ⓑ Ⓒ Ⓓ	27	Ⓐ Ⓑ Ⓒ Ⓓ	47	Ⓐ Ⓑ Ⓒ Ⓓ	67	Ⓐ Ⓑ Ⓒ Ⓓ	87	Ⓐ Ⓑ Ⓒ Ⓓ
8	Ⓐ Ⓑ Ⓒ Ⓓ	28	Ⓐ Ⓑ Ⓒ Ⓓ	48	Ⓐ Ⓑ Ⓒ Ⓓ	68	Ⓐ Ⓑ Ⓒ Ⓓ	88	Ⓐ Ⓑ Ⓒ Ⓓ
9	Ⓐ Ⓑ Ⓒ Ⓓ	29	Ⓐ Ⓑ Ⓒ Ⓓ	49	Ⓐ Ⓑ Ⓒ Ⓓ	69	Ⓐ Ⓑ Ⓒ Ⓓ	89	Ⓐ Ⓑ Ⓒ Ⓓ
10	Ⓐ Ⓑ Ⓒ Ⓓ	30	Ⓐ Ⓑ Ⓒ Ⓓ	50	Ⓐ Ⓑ Ⓒ Ⓓ	70	Ⓐ Ⓑ Ⓒ Ⓓ	90	Ⓐ Ⓑ Ⓒ Ⓓ
11	Ⓐ Ⓑ Ⓒ Ⓓ	31	Ⓐ Ⓑ Ⓒ Ⓓ	51	Ⓐ Ⓑ Ⓒ Ⓓ	71	Ⓐ Ⓑ Ⓒ Ⓓ	91	Ⓐ Ⓑ Ⓒ Ⓓ
12	Ⓐ Ⓑ Ⓒ Ⓓ	32	Ⓐ Ⓑ Ⓒ Ⓓ	52	Ⓐ Ⓑ Ⓒ Ⓓ	72	Ⓐ Ⓑ Ⓒ Ⓓ	92	Ⓐ Ⓑ Ⓒ Ⓓ
13	Ⓐ Ⓑ Ⓒ Ⓓ	33	Ⓐ Ⓑ Ⓒ Ⓓ	53	Ⓐ Ⓑ Ⓒ Ⓓ	73	Ⓐ Ⓑ Ⓒ Ⓓ	93	Ⓐ Ⓑ Ⓒ Ⓓ
14	Ⓐ Ⓑ Ⓒ Ⓓ	34	Ⓐ Ⓑ Ⓒ Ⓓ	54	Ⓐ Ⓑ Ⓒ Ⓓ	74	Ⓐ Ⓑ Ⓒ Ⓓ	94	Ⓐ Ⓑ Ⓒ Ⓓ
15	Ⓐ Ⓑ Ⓒ Ⓓ	35	Ⓐ Ⓑ Ⓒ Ⓓ	55	Ⓐ Ⓑ Ⓒ Ⓓ	75	Ⓐ Ⓑ Ⓒ Ⓓ	95	Ⓐ Ⓑ Ⓒ Ⓓ
16	Ⓐ Ⓑ Ⓒ Ⓓ	36	Ⓐ Ⓑ Ⓒ Ⓓ	56	Ⓐ Ⓑ Ⓒ Ⓓ	76	Ⓐ Ⓑ Ⓒ Ⓓ	96	Ⓐ Ⓑ Ⓒ Ⓓ
17	Ⓐ Ⓑ Ⓒ Ⓓ	37	Ⓐ Ⓑ Ⓒ Ⓓ	57	Ⓐ Ⓑ Ⓒ Ⓓ	77	Ⓐ Ⓑ Ⓒ Ⓓ	97	Ⓐ Ⓑ Ⓒ Ⓓ
18	Ⓐ Ⓑ Ⓒ Ⓓ	38	Ⓐ Ⓑ Ⓒ Ⓓ	58	Ⓐ Ⓑ Ⓒ Ⓓ	78	Ⓐ Ⓑ Ⓒ Ⓓ	98	Ⓐ Ⓑ Ⓒ Ⓓ
19	Ⓐ Ⓑ Ⓒ Ⓓ	39	Ⓐ Ⓑ Ⓒ Ⓓ	59	Ⓐ Ⓑ Ⓒ Ⓓ	79	Ⓐ Ⓑ Ⓒ Ⓓ	99	Ⓐ Ⓑ Ⓒ Ⓓ
20	Ⓐ Ⓑ Ⓒ Ⓓ	40	Ⓐ Ⓑ Ⓒ Ⓓ	60	Ⓐ Ⓑ Ⓒ Ⓓ	80	Ⓐ Ⓑ Ⓒ Ⓓ	100	Ⓐ Ⓑ Ⓒ Ⓓ

READING COMPREHENSION (Part 5-7)

No.	ANSWER	No.	ANSWER	No.	ANSWER	No.	ANSWER	No.	ANSWER
101	Ⓐ Ⓑ Ⓒ Ⓓ	121	Ⓐ Ⓑ Ⓒ Ⓓ	141	Ⓐ Ⓑ Ⓒ Ⓓ	161	Ⓐ Ⓑ Ⓒ Ⓓ	181	Ⓐ Ⓑ Ⓒ Ⓓ
102	Ⓐ Ⓑ Ⓒ Ⓓ	122	Ⓐ Ⓑ Ⓒ Ⓓ	142	Ⓐ Ⓑ Ⓒ Ⓓ	162	Ⓐ Ⓑ Ⓒ Ⓓ	182	Ⓐ Ⓑ Ⓒ Ⓓ
103	Ⓐ Ⓑ Ⓒ Ⓓ	123	Ⓐ Ⓑ Ⓒ Ⓓ	143	Ⓐ Ⓑ Ⓒ Ⓓ	163	Ⓐ Ⓑ Ⓒ Ⓓ	183	Ⓐ Ⓑ Ⓒ Ⓓ
104	Ⓐ Ⓑ Ⓒ Ⓓ	124	Ⓐ Ⓑ Ⓒ Ⓓ	144	Ⓐ Ⓑ Ⓒ Ⓓ	164	Ⓐ Ⓑ Ⓒ Ⓓ	184	Ⓐ Ⓑ Ⓒ Ⓓ
105	Ⓐ Ⓑ Ⓒ Ⓓ	125	Ⓐ Ⓑ Ⓒ Ⓓ	145	Ⓐ Ⓑ Ⓒ Ⓓ	165	Ⓐ Ⓑ Ⓒ Ⓓ	185	Ⓐ Ⓑ Ⓒ Ⓓ
106	Ⓐ Ⓑ Ⓒ Ⓓ	126	Ⓐ Ⓑ Ⓒ Ⓓ	146	Ⓐ Ⓑ Ⓒ Ⓓ	166	Ⓐ Ⓑ Ⓒ Ⓓ	186	Ⓐ Ⓑ Ⓒ Ⓓ
107	Ⓐ Ⓑ Ⓒ Ⓓ	127	Ⓐ Ⓑ Ⓒ Ⓓ	147	Ⓐ Ⓑ Ⓒ Ⓓ	167	Ⓐ Ⓑ Ⓒ Ⓓ	187	Ⓐ Ⓑ Ⓒ Ⓓ
108	Ⓐ Ⓑ Ⓒ Ⓓ	128	Ⓐ Ⓑ Ⓒ Ⓓ	148	Ⓐ Ⓑ Ⓒ Ⓓ	168	Ⓐ Ⓑ Ⓒ Ⓓ	188	Ⓐ Ⓑ Ⓒ Ⓓ
109	Ⓐ Ⓑ Ⓒ Ⓓ	129	Ⓐ Ⓑ Ⓒ Ⓓ	149	Ⓐ Ⓑ Ⓒ Ⓓ	169	Ⓐ Ⓑ Ⓒ Ⓓ	189	Ⓐ Ⓑ Ⓒ Ⓓ
110	Ⓐ Ⓑ Ⓒ Ⓓ	130	Ⓐ Ⓑ Ⓒ Ⓓ	150	Ⓐ Ⓑ Ⓒ Ⓓ	170	Ⓐ Ⓑ Ⓒ Ⓓ	190	Ⓐ Ⓑ Ⓒ Ⓓ
111	Ⓐ Ⓑ Ⓒ Ⓓ	131	Ⓐ Ⓑ Ⓒ Ⓓ	151	Ⓐ Ⓑ Ⓒ Ⓓ	171	Ⓐ Ⓑ Ⓒ Ⓓ	191	Ⓐ Ⓑ Ⓒ Ⓓ
112	Ⓐ Ⓑ Ⓒ Ⓓ	132	Ⓐ Ⓑ Ⓒ Ⓓ	152	Ⓐ Ⓑ Ⓒ Ⓓ	172	Ⓐ Ⓑ Ⓒ Ⓓ	192	Ⓐ Ⓑ Ⓒ Ⓓ
113	Ⓐ Ⓑ Ⓒ Ⓓ	133	Ⓐ Ⓑ Ⓒ Ⓓ	153	Ⓐ Ⓑ Ⓒ Ⓓ	173	Ⓐ Ⓑ Ⓒ Ⓓ	193	Ⓐ Ⓑ Ⓒ Ⓓ
114	Ⓐ Ⓑ Ⓒ Ⓓ	134	Ⓐ Ⓑ Ⓒ Ⓓ	154	Ⓐ Ⓑ Ⓒ Ⓓ	174	Ⓐ Ⓑ Ⓒ Ⓓ	194	Ⓐ Ⓑ Ⓒ Ⓓ
115	Ⓐ Ⓑ Ⓒ Ⓓ	135	Ⓐ Ⓑ Ⓒ Ⓓ	155	Ⓐ Ⓑ Ⓒ Ⓓ	175	Ⓐ Ⓑ Ⓒ Ⓓ	195	Ⓐ Ⓑ Ⓒ Ⓓ
116	Ⓐ Ⓑ Ⓒ Ⓓ	136	Ⓐ Ⓑ Ⓒ Ⓓ	156	Ⓐ Ⓑ Ⓒ Ⓓ	176	Ⓐ Ⓑ Ⓒ Ⓓ	196	Ⓐ Ⓑ Ⓒ Ⓓ
117	Ⓐ Ⓑ Ⓒ Ⓓ	137	Ⓐ Ⓑ Ⓒ Ⓓ	157	Ⓐ Ⓑ Ⓒ Ⓓ	177	Ⓐ Ⓑ Ⓒ Ⓓ	197	Ⓐ Ⓑ Ⓒ Ⓓ
118	Ⓐ Ⓑ Ⓒ Ⓓ	138	Ⓐ Ⓑ Ⓒ Ⓓ	158	Ⓐ Ⓑ Ⓒ Ⓓ	178	Ⓐ Ⓑ Ⓒ Ⓓ	198	Ⓐ Ⓑ Ⓒ Ⓓ
119	Ⓐ Ⓑ Ⓒ Ⓓ	139	Ⓐ Ⓑ Ⓒ Ⓓ	159	Ⓐ Ⓑ Ⓒ Ⓓ	179	Ⓐ Ⓑ Ⓒ Ⓓ	199	Ⓐ Ⓑ Ⓒ Ⓓ
120	Ⓐ Ⓑ Ⓒ Ⓓ	140	Ⓐ Ⓑ Ⓒ Ⓓ	160	Ⓐ Ⓑ Ⓒ Ⓓ	180	Ⓐ Ⓑ Ⓒ Ⓓ	200	Ⓐ Ⓑ Ⓒ Ⓓ

확인

절취선

TOEIC 실전 테스트

ANSWER SHEET

확 인

수험번호	
성 명	한글
	한자

LISTENING COMPREHENSION (Part 1-4)

No.	ANSWER	No.	ANSWER	No.	ANSWER	No.	ANSWER	No.	ANSWER
1	Ⓐ Ⓑ Ⓒ Ⓓ	21	Ⓐ Ⓑ Ⓒ	41	Ⓐ Ⓑ Ⓒ Ⓓ	61	Ⓐ Ⓑ Ⓒ Ⓓ	81	Ⓐ Ⓑ Ⓒ Ⓓ
2	Ⓐ Ⓑ Ⓒ Ⓓ	22	Ⓐ Ⓑ Ⓒ	42	Ⓐ Ⓑ Ⓒ Ⓓ	62	Ⓐ Ⓑ Ⓒ Ⓓ	82	Ⓐ Ⓑ Ⓒ Ⓓ
3	Ⓐ Ⓑ Ⓒ Ⓓ	23	Ⓐ Ⓑ Ⓒ	43	Ⓐ Ⓑ Ⓒ Ⓓ	63	Ⓐ Ⓑ Ⓒ Ⓓ	83	Ⓐ Ⓑ Ⓒ Ⓓ
4	Ⓐ Ⓑ Ⓒ Ⓓ	24	Ⓐ Ⓑ Ⓒ	44	Ⓐ Ⓑ Ⓒ Ⓓ	64	Ⓐ Ⓑ Ⓒ Ⓓ	84	Ⓐ Ⓑ Ⓒ Ⓓ
5	Ⓐ Ⓑ Ⓒ Ⓓ	25	Ⓐ Ⓑ Ⓒ	45	Ⓐ Ⓑ Ⓒ Ⓓ	65	Ⓐ Ⓑ Ⓒ Ⓓ	85	Ⓐ Ⓑ Ⓒ Ⓓ
6	Ⓐ Ⓑ Ⓒ Ⓓ	26	Ⓐ Ⓑ Ⓒ	46	Ⓐ Ⓑ Ⓒ Ⓓ	66	Ⓐ Ⓑ Ⓒ Ⓓ	86	Ⓐ Ⓑ Ⓒ Ⓓ
7	Ⓐ Ⓑ Ⓒ	27	Ⓐ Ⓑ Ⓒ	47	Ⓐ Ⓑ Ⓒ Ⓓ	67	Ⓐ Ⓑ Ⓒ Ⓓ	87	Ⓐ Ⓑ Ⓒ Ⓓ
8	Ⓐ Ⓑ Ⓒ	28	Ⓐ Ⓑ Ⓒ	48	Ⓐ Ⓑ Ⓒ Ⓓ	68	Ⓐ Ⓑ Ⓒ Ⓓ	88	Ⓐ Ⓑ Ⓒ Ⓓ
9	Ⓐ Ⓑ Ⓒ	29	Ⓐ Ⓑ Ⓒ	49	Ⓐ Ⓑ Ⓒ Ⓓ	69	Ⓐ Ⓑ Ⓒ Ⓓ	89	Ⓐ Ⓑ Ⓒ Ⓓ
10	Ⓐ Ⓑ Ⓒ	30	Ⓐ Ⓑ Ⓒ	50	Ⓐ Ⓑ Ⓒ Ⓓ	70	Ⓐ Ⓑ Ⓒ Ⓓ	90	Ⓐ Ⓑ Ⓒ Ⓓ
11	Ⓐ Ⓑ Ⓒ	31	Ⓐ Ⓑ Ⓒ	51	Ⓐ Ⓑ Ⓒ Ⓓ	71	Ⓐ Ⓑ Ⓒ Ⓓ	91	Ⓐ Ⓑ Ⓒ Ⓓ
12	Ⓐ Ⓑ Ⓒ	32	Ⓐ Ⓑ Ⓒ Ⓓ	52	Ⓐ Ⓑ Ⓒ Ⓓ	72	Ⓐ Ⓑ Ⓒ Ⓓ	92	Ⓐ Ⓑ Ⓒ Ⓓ
13	Ⓐ Ⓑ Ⓒ	33	Ⓐ Ⓑ Ⓒ Ⓓ	53	Ⓐ Ⓑ Ⓒ Ⓓ	73	Ⓐ Ⓑ Ⓒ Ⓓ	93	Ⓐ Ⓑ Ⓒ Ⓓ
14	Ⓐ Ⓑ Ⓒ	34	Ⓐ Ⓑ Ⓒ Ⓓ	54	Ⓐ Ⓑ Ⓒ Ⓓ	74	Ⓐ Ⓑ Ⓒ Ⓓ	94	Ⓐ Ⓑ Ⓒ Ⓓ
15	Ⓐ Ⓑ Ⓒ	35	Ⓐ Ⓑ Ⓒ Ⓓ	55	Ⓐ Ⓑ Ⓒ Ⓓ	75	Ⓐ Ⓑ Ⓒ Ⓓ	95	Ⓐ Ⓑ Ⓒ Ⓓ
16	Ⓐ Ⓑ Ⓒ	36	Ⓐ Ⓑ Ⓒ Ⓓ	56	Ⓐ Ⓑ Ⓒ Ⓓ	76	Ⓐ Ⓑ Ⓒ Ⓓ	96	Ⓐ Ⓑ Ⓒ Ⓓ
17	Ⓐ Ⓑ Ⓒ	37	Ⓐ Ⓑ Ⓒ Ⓓ	57	Ⓐ Ⓑ Ⓒ Ⓓ	77	Ⓐ Ⓑ Ⓒ Ⓓ	97	Ⓐ Ⓑ Ⓒ Ⓓ
18	Ⓐ Ⓑ Ⓒ	38	Ⓐ Ⓑ Ⓒ Ⓓ	58	Ⓐ Ⓑ Ⓒ Ⓓ	78	Ⓐ Ⓑ Ⓒ Ⓓ	98	Ⓐ Ⓑ Ⓒ Ⓓ
19	Ⓐ Ⓑ Ⓒ	39	Ⓐ Ⓑ Ⓒ Ⓓ	59	Ⓐ Ⓑ Ⓒ Ⓓ	79	Ⓐ Ⓑ Ⓒ Ⓓ	99	Ⓐ Ⓑ Ⓒ Ⓓ
20	Ⓐ Ⓑ Ⓒ	40	Ⓐ Ⓑ Ⓒ Ⓓ	60	Ⓐ Ⓑ Ⓒ Ⓓ	80	Ⓐ Ⓑ Ⓒ Ⓓ	100	Ⓐ Ⓑ Ⓒ Ⓓ

READING COMPREHENSION (Part 5-7)

No.	ANSWER	No.	ANSWER	No.	ANSWER	No.	ANSWER	No.	ANSWER
101	Ⓐ Ⓑ Ⓒ Ⓓ	121	Ⓐ Ⓑ Ⓒ Ⓓ	141	Ⓐ Ⓑ Ⓒ Ⓓ	161	Ⓐ Ⓑ Ⓒ Ⓓ	181	Ⓐ Ⓑ Ⓒ Ⓓ
102	Ⓐ Ⓑ Ⓒ Ⓓ	122	Ⓐ Ⓑ Ⓒ Ⓓ	142	Ⓐ Ⓑ Ⓒ Ⓓ	162	Ⓐ Ⓑ Ⓒ Ⓓ	182	Ⓐ Ⓑ Ⓒ Ⓓ
103	Ⓐ Ⓑ Ⓒ Ⓓ	123	Ⓐ Ⓑ Ⓒ Ⓓ	143	Ⓐ Ⓑ Ⓒ Ⓓ	163	Ⓐ Ⓑ Ⓒ Ⓓ	183	Ⓐ Ⓑ Ⓒ Ⓓ
104	Ⓐ Ⓑ Ⓒ Ⓓ	124	Ⓐ Ⓑ Ⓒ Ⓓ	144	Ⓐ Ⓑ Ⓒ Ⓓ	164	Ⓐ Ⓑ Ⓒ Ⓓ	184	Ⓐ Ⓑ Ⓒ Ⓓ
105	Ⓐ Ⓑ Ⓒ Ⓓ	125	Ⓐ Ⓑ Ⓒ Ⓓ	145	Ⓐ Ⓑ Ⓒ Ⓓ	165	Ⓐ Ⓑ Ⓒ Ⓓ	185	Ⓐ Ⓑ Ⓒ Ⓓ
106	Ⓐ Ⓑ Ⓒ Ⓓ	126	Ⓐ Ⓑ Ⓒ Ⓓ	146	Ⓐ Ⓑ Ⓒ Ⓓ	166	Ⓐ Ⓑ Ⓒ Ⓓ	186	Ⓐ Ⓑ Ⓒ Ⓓ
107	Ⓐ Ⓑ Ⓒ Ⓓ	127	Ⓐ Ⓑ Ⓒ Ⓓ	147	Ⓐ Ⓑ Ⓒ Ⓓ	167	Ⓐ Ⓑ Ⓒ Ⓓ	187	Ⓐ Ⓑ Ⓒ Ⓓ
108	Ⓐ Ⓑ Ⓒ Ⓓ	128	Ⓐ Ⓑ Ⓒ Ⓓ	148	Ⓐ Ⓑ Ⓒ Ⓓ	168	Ⓐ Ⓑ Ⓒ Ⓓ	188	Ⓐ Ⓑ Ⓒ Ⓓ
109	Ⓐ Ⓑ Ⓒ Ⓓ	129	Ⓐ Ⓑ Ⓒ Ⓓ	149	Ⓐ Ⓑ Ⓒ Ⓓ	169	Ⓐ Ⓑ Ⓒ Ⓓ	189	Ⓐ Ⓑ Ⓒ Ⓓ
110	Ⓐ Ⓑ Ⓒ Ⓓ	130	Ⓐ Ⓑ Ⓒ Ⓓ	150	Ⓐ Ⓑ Ⓒ Ⓓ	170	Ⓐ Ⓑ Ⓒ Ⓓ	190	Ⓐ Ⓑ Ⓒ Ⓓ
111	Ⓐ Ⓑ Ⓒ Ⓓ	131	Ⓐ Ⓑ Ⓒ Ⓓ	151	Ⓐ Ⓑ Ⓒ Ⓓ	171	Ⓐ Ⓑ Ⓒ Ⓓ	191	Ⓐ Ⓑ Ⓒ Ⓓ
112	Ⓐ Ⓑ Ⓒ Ⓓ	132	Ⓐ Ⓑ Ⓒ Ⓓ	152	Ⓐ Ⓑ Ⓒ Ⓓ	172	Ⓐ Ⓑ Ⓒ Ⓓ	192	Ⓐ Ⓑ Ⓒ Ⓓ
113	Ⓐ Ⓑ Ⓒ Ⓓ	133	Ⓐ Ⓑ Ⓒ Ⓓ	153	Ⓐ Ⓑ Ⓒ Ⓓ	173	Ⓐ Ⓑ Ⓒ Ⓓ	193	Ⓐ Ⓑ Ⓒ Ⓓ
114	Ⓐ Ⓑ Ⓒ Ⓓ	134	Ⓐ Ⓑ Ⓒ Ⓓ	154	Ⓐ Ⓑ Ⓒ Ⓓ	174	Ⓐ Ⓑ Ⓒ Ⓓ	194	Ⓐ Ⓑ Ⓒ Ⓓ
115	Ⓐ Ⓑ Ⓒ Ⓓ	135	Ⓐ Ⓑ Ⓒ Ⓓ	155	Ⓐ Ⓑ Ⓒ Ⓓ	175	Ⓐ Ⓑ Ⓒ Ⓓ	195	Ⓐ Ⓑ Ⓒ Ⓓ
116	Ⓐ Ⓑ Ⓒ Ⓓ	136	Ⓐ Ⓑ Ⓒ Ⓓ	156	Ⓐ Ⓑ Ⓒ Ⓓ	176	Ⓐ Ⓑ Ⓒ Ⓓ	196	Ⓐ Ⓑ Ⓒ Ⓓ
117	Ⓐ Ⓑ Ⓒ Ⓓ	137	Ⓐ Ⓑ Ⓒ Ⓓ	157	Ⓐ Ⓑ Ⓒ Ⓓ	177	Ⓐ Ⓑ Ⓒ Ⓓ	197	Ⓐ Ⓑ Ⓒ Ⓓ
118	Ⓐ Ⓑ Ⓒ Ⓓ	138	Ⓐ Ⓑ Ⓒ Ⓓ	158	Ⓐ Ⓑ Ⓒ Ⓓ	178	Ⓐ Ⓑ Ⓒ Ⓓ	198	Ⓐ Ⓑ Ⓒ Ⓓ
119	Ⓐ Ⓑ Ⓒ Ⓓ	139	Ⓐ Ⓑ Ⓒ Ⓓ	159	Ⓐ Ⓑ Ⓒ Ⓓ	179	Ⓐ Ⓑ Ⓒ Ⓓ	199	Ⓐ Ⓑ Ⓒ Ⓓ
120	Ⓐ Ⓑ Ⓒ Ⓓ	140	Ⓐ Ⓑ Ⓒ Ⓓ	160	Ⓐ Ⓑ Ⓒ Ⓓ	180	Ⓐ Ⓑ Ⓒ Ⓓ	200	Ⓐ Ⓑ Ⓒ Ⓓ

ANSWER SHEET

TOEIC 실전 테스트

수험번호		
성명	한글	
	한자	
확인		

LISTENING COMPREHENSION (Part 1-4)

No.	ANSWER	No.	ANSWER	No.	ANSWER	No.	ANSWER	No.	ANSWER
1	Ⓐ Ⓑ Ⓒ Ⓓ	21	Ⓐ Ⓑ Ⓒ Ⓓ	41	Ⓐ Ⓑ Ⓒ Ⓓ	61	Ⓐ Ⓑ Ⓒ Ⓓ	81	Ⓐ Ⓑ Ⓒ Ⓓ
2	Ⓐ Ⓑ Ⓒ Ⓓ	22	Ⓐ Ⓑ Ⓒ Ⓓ	42	Ⓐ Ⓑ Ⓒ Ⓓ	62	Ⓐ Ⓑ Ⓒ Ⓓ	82	Ⓐ Ⓑ Ⓒ Ⓓ
3	Ⓐ Ⓑ Ⓒ Ⓓ	23	Ⓐ Ⓑ Ⓒ Ⓓ	43	Ⓐ Ⓑ Ⓒ Ⓓ	63	Ⓐ Ⓑ Ⓒ Ⓓ	83	Ⓐ Ⓑ Ⓒ Ⓓ
4	Ⓐ Ⓑ Ⓒ Ⓓ	24	Ⓐ Ⓑ Ⓒ Ⓓ	44	Ⓐ Ⓑ Ⓒ Ⓓ	64	Ⓐ Ⓑ Ⓒ Ⓓ	84	Ⓐ Ⓑ Ⓒ Ⓓ
5	Ⓐ Ⓑ Ⓒ Ⓓ	25	Ⓐ Ⓑ Ⓒ Ⓓ	45	Ⓐ Ⓑ Ⓒ Ⓓ	65	Ⓐ Ⓑ Ⓒ Ⓓ	85	Ⓐ Ⓑ Ⓒ Ⓓ
6	Ⓐ Ⓑ Ⓒ Ⓓ	26	Ⓐ Ⓑ Ⓒ Ⓓ	46	Ⓐ Ⓑ Ⓒ Ⓓ	66	Ⓐ Ⓑ Ⓒ Ⓓ	86	Ⓐ Ⓑ Ⓒ Ⓓ
7	Ⓐ Ⓑ Ⓒ	27	Ⓐ Ⓑ Ⓒ Ⓓ	47	Ⓐ Ⓑ Ⓒ Ⓓ	67	Ⓐ Ⓑ Ⓒ Ⓓ	87	Ⓐ Ⓑ Ⓒ Ⓓ
8	Ⓐ Ⓑ Ⓒ	28	Ⓐ Ⓑ Ⓒ Ⓓ	48	Ⓐ Ⓑ Ⓒ Ⓓ	68	Ⓐ Ⓑ Ⓒ Ⓓ	88	Ⓐ Ⓑ Ⓒ Ⓓ
9	Ⓐ Ⓑ Ⓒ	29	Ⓐ Ⓑ Ⓒ Ⓓ	49	Ⓐ Ⓑ Ⓒ Ⓓ	69	Ⓐ Ⓑ Ⓒ Ⓓ	89	Ⓐ Ⓑ Ⓒ Ⓓ
10	Ⓐ Ⓑ Ⓒ	30	Ⓐ Ⓑ Ⓒ Ⓓ	50	Ⓐ Ⓑ Ⓒ Ⓓ	70	Ⓐ Ⓑ Ⓒ Ⓓ	90	Ⓐ Ⓑ Ⓒ Ⓓ
11	Ⓐ Ⓑ Ⓒ	31	Ⓐ Ⓑ Ⓒ Ⓓ	51	Ⓐ Ⓑ Ⓒ Ⓓ	71	Ⓐ Ⓑ Ⓒ Ⓓ	91	Ⓐ Ⓑ Ⓒ Ⓓ
12	Ⓐ Ⓑ Ⓒ	32	Ⓐ Ⓑ Ⓒ Ⓓ	52	Ⓐ Ⓑ Ⓒ Ⓓ	72	Ⓐ Ⓑ Ⓒ Ⓓ	92	Ⓐ Ⓑ Ⓒ Ⓓ
13	Ⓐ Ⓑ Ⓒ	33	Ⓐ Ⓑ Ⓒ Ⓓ	53	Ⓐ Ⓑ Ⓒ Ⓓ	73	Ⓐ Ⓑ Ⓒ Ⓓ	93	Ⓐ Ⓑ Ⓒ Ⓓ
14	Ⓐ Ⓑ Ⓒ	34	Ⓐ Ⓑ Ⓒ Ⓓ	54	Ⓐ Ⓑ Ⓒ Ⓓ	74	Ⓐ Ⓑ Ⓒ Ⓓ	94	Ⓐ Ⓑ Ⓒ Ⓓ
15	Ⓐ Ⓑ Ⓒ	35	Ⓐ Ⓑ Ⓒ Ⓓ	55	Ⓐ Ⓑ Ⓒ Ⓓ	75	Ⓐ Ⓑ Ⓒ Ⓓ	95	Ⓐ Ⓑ Ⓒ Ⓓ
16	Ⓐ Ⓑ Ⓒ	36	Ⓐ Ⓑ Ⓒ Ⓓ	56	Ⓐ Ⓑ Ⓒ Ⓓ	76	Ⓐ Ⓑ Ⓒ Ⓓ	96	Ⓐ Ⓑ Ⓒ Ⓓ
17	Ⓐ Ⓑ Ⓒ	37	Ⓐ Ⓑ Ⓒ Ⓓ	57	Ⓐ Ⓑ Ⓒ Ⓓ	77	Ⓐ Ⓑ Ⓒ Ⓓ	97	Ⓐ Ⓑ Ⓒ Ⓓ
18	Ⓐ Ⓑ Ⓒ	38	Ⓐ Ⓑ Ⓒ Ⓓ	58	Ⓐ Ⓑ Ⓒ Ⓓ	78	Ⓐ Ⓑ Ⓒ Ⓓ	98	Ⓐ Ⓑ Ⓒ Ⓓ
19	Ⓐ Ⓑ Ⓒ	39	Ⓐ Ⓑ Ⓒ Ⓓ	59	Ⓐ Ⓑ Ⓒ Ⓓ	79	Ⓐ Ⓑ Ⓒ Ⓓ	99	Ⓐ Ⓑ Ⓒ Ⓓ
20	Ⓐ Ⓑ Ⓒ	40	Ⓐ Ⓑ Ⓒ Ⓓ	60	Ⓐ Ⓑ Ⓒ Ⓓ	80	Ⓐ Ⓑ Ⓒ Ⓓ	100	Ⓐ Ⓑ Ⓒ Ⓓ

READING COMPREHENSION (Part 5-7)

No.	ANSWER	No.	ANSWER	No.	ANSWER	No.	ANSWER	No.	ANSWER
101	Ⓐ Ⓑ Ⓒ Ⓓ	121	Ⓐ Ⓑ Ⓒ Ⓓ	141	Ⓐ Ⓑ Ⓒ Ⓓ	161	Ⓐ Ⓑ Ⓒ Ⓓ	181	Ⓐ Ⓑ Ⓒ Ⓓ
102	Ⓐ Ⓑ Ⓒ Ⓓ	122	Ⓐ Ⓑ Ⓒ Ⓓ	142	Ⓐ Ⓑ Ⓒ Ⓓ	162	Ⓐ Ⓑ Ⓒ Ⓓ	182	Ⓐ Ⓑ Ⓒ Ⓓ
103	Ⓐ Ⓑ Ⓒ Ⓓ	123	Ⓐ Ⓑ Ⓒ Ⓓ	143	Ⓐ Ⓑ Ⓒ Ⓓ	163	Ⓐ Ⓑ Ⓒ Ⓓ	183	Ⓐ Ⓑ Ⓒ Ⓓ
104	Ⓐ Ⓑ Ⓒ Ⓓ	124	Ⓐ Ⓑ Ⓒ Ⓓ	144	Ⓐ Ⓑ Ⓒ Ⓓ	164	Ⓐ Ⓑ Ⓒ Ⓓ	184	Ⓐ Ⓑ Ⓒ Ⓓ
105	Ⓐ Ⓑ Ⓒ Ⓓ	125	Ⓐ Ⓑ Ⓒ Ⓓ	145	Ⓐ Ⓑ Ⓒ Ⓓ	165	Ⓐ Ⓑ Ⓒ Ⓓ	185	Ⓐ Ⓑ Ⓒ Ⓓ
106	Ⓐ Ⓑ Ⓒ Ⓓ	126	Ⓐ Ⓑ Ⓒ Ⓓ	146	Ⓐ Ⓑ Ⓒ Ⓓ	166	Ⓐ Ⓑ Ⓒ Ⓓ	186	Ⓐ Ⓑ Ⓒ Ⓓ
107	Ⓐ Ⓑ Ⓒ Ⓓ	127	Ⓐ Ⓑ Ⓒ Ⓓ	147	Ⓐ Ⓑ Ⓒ Ⓓ	167	Ⓐ Ⓑ Ⓒ Ⓓ	187	Ⓐ Ⓑ Ⓒ Ⓓ
108	Ⓐ Ⓑ Ⓒ Ⓓ	128	Ⓐ Ⓑ Ⓒ Ⓓ	148	Ⓐ Ⓑ Ⓒ Ⓓ	168	Ⓐ Ⓑ Ⓒ Ⓓ	188	Ⓐ Ⓑ Ⓒ Ⓓ
109	Ⓐ Ⓑ Ⓒ Ⓓ	129	Ⓐ Ⓑ Ⓒ Ⓓ	149	Ⓐ Ⓑ Ⓒ Ⓓ	169	Ⓐ Ⓑ Ⓒ Ⓓ	189	Ⓐ Ⓑ Ⓒ Ⓓ
110	Ⓐ Ⓑ Ⓒ Ⓓ	130	Ⓐ Ⓑ Ⓒ Ⓓ	150	Ⓐ Ⓑ Ⓒ Ⓓ	170	Ⓐ Ⓑ Ⓒ Ⓓ	190	Ⓐ Ⓑ Ⓒ Ⓓ
111	Ⓐ Ⓑ Ⓒ Ⓓ	131	Ⓐ Ⓑ Ⓒ Ⓓ	151	Ⓐ Ⓑ Ⓒ Ⓓ	171	Ⓐ Ⓑ Ⓒ Ⓓ	191	Ⓐ Ⓑ Ⓒ Ⓓ
112	Ⓐ Ⓑ Ⓒ Ⓓ	132	Ⓐ Ⓑ Ⓒ Ⓓ	152	Ⓐ Ⓑ Ⓒ Ⓓ	172	Ⓐ Ⓑ Ⓒ Ⓓ	192	Ⓐ Ⓑ Ⓒ Ⓓ
113	Ⓐ Ⓑ Ⓒ Ⓓ	133	Ⓐ Ⓑ Ⓒ Ⓓ	153	Ⓐ Ⓑ Ⓒ Ⓓ	173	Ⓐ Ⓑ Ⓒ Ⓓ	193	Ⓐ Ⓑ Ⓒ Ⓓ
114	Ⓐ Ⓑ Ⓒ Ⓓ	134	Ⓐ Ⓑ Ⓒ Ⓓ	154	Ⓐ Ⓑ Ⓒ Ⓓ	174	Ⓐ Ⓑ Ⓒ Ⓓ	194	Ⓐ Ⓑ Ⓒ Ⓓ
115	Ⓐ Ⓑ Ⓒ Ⓓ	135	Ⓐ Ⓑ Ⓒ Ⓓ	155	Ⓐ Ⓑ Ⓒ Ⓓ	175	Ⓐ Ⓑ Ⓒ Ⓓ	195	Ⓐ Ⓑ Ⓒ Ⓓ
116	Ⓐ Ⓑ Ⓒ Ⓓ	136	Ⓐ Ⓑ Ⓒ Ⓓ	156	Ⓐ Ⓑ Ⓒ Ⓓ	176	Ⓐ Ⓑ Ⓒ Ⓓ	196	Ⓐ Ⓑ Ⓒ Ⓓ
117	Ⓐ Ⓑ Ⓒ Ⓓ	137	Ⓐ Ⓑ Ⓒ Ⓓ	157	Ⓐ Ⓑ Ⓒ Ⓓ	177	Ⓐ Ⓑ Ⓒ Ⓓ	197	Ⓐ Ⓑ Ⓒ Ⓓ
118	Ⓐ Ⓑ Ⓒ Ⓓ	138	Ⓐ Ⓑ Ⓒ Ⓓ	158	Ⓐ Ⓑ Ⓒ Ⓓ	178	Ⓐ Ⓑ Ⓒ Ⓓ	198	Ⓐ Ⓑ Ⓒ Ⓓ
119	Ⓐ Ⓑ Ⓒ Ⓓ	139	Ⓐ Ⓑ Ⓒ Ⓓ	159	Ⓐ Ⓑ Ⓒ Ⓓ	179	Ⓐ Ⓑ Ⓒ Ⓓ	199	Ⓐ Ⓑ Ⓒ Ⓓ
120	Ⓐ Ⓑ Ⓒ Ⓓ	140	Ⓐ Ⓑ Ⓒ Ⓓ	160	Ⓐ Ⓑ Ⓒ Ⓓ	180	Ⓐ Ⓑ Ⓒ Ⓓ	200	Ⓐ Ⓑ Ⓒ Ⓓ

500 문제로 끝내는 실전 토익 RC